江阴市建国后"三亲"史料丛书

市级机关卷三

工交城建

江阴市政协学习文史委员会 编

上海古籍出版社

图书在版编目(CIP)数据

工交城建/江阴市政协学习文史委员会编.—上海：
上海古籍出版社,2012.3
(江阴市建国后"三亲"史料丛书)
ISBN 978 - 7 - 5325 - 6285 - 5

Ⅰ.①工… Ⅱ.①江… Ⅲ.①城市交通运输—交通运
输史—史料—江阴市—1949～2009②城市建设—城市史—
史料—江阴市—1949～2009 Ⅳ.①
F572.89②TU984.253.4

中国版本图书馆 CIP 数据核字(2012)第 029043 号

江阴市建国后"三亲"史料丛书
工 交 城 建
江阴市政协学习文史委员会 编
上海世纪出版股份有限公司
上 海 古 籍 出 版 社 出版
(上海瑞金二路 272 号 邮政编码 200020)
(1)网址:www.guji.com.cn
(2)E - mail:gujil@guji.com.cn
(3)易文网网址:www.ewen.cc
上海世纪出版股份有限公司发行中心发行经销
江阴金马印刷有限公司印制

开本 889×1194 1/32 印张 15 插页 18 字数 330,000
2012 年 3 月第 1 版 2012 年 3 月第 1 次印刷
印数:1—4,500
ISBN 978 - 7 - 5325 - 6285 - 5
K·1529 定价:70.00 元
如有质量问题,请与承印公司联系

《江阴市建国后"三亲"史料丛书》编审委员会成员合影 2011年10月

第一排（左起）：陈　楠　殷林根　喻伟力　曹恩华　须振宇　黄满忠　薛　良　黄丽素　张英毅　吴林兴　毕祥昭　黄林法
第二排（左起）：沈兵祥　庄铁声　唐汉章　王　沅　李中林　赵　统　柳　田　程以正　沈俊鸿　黄启元　刘湘和　邵振良　杨德生
第三排（左起）：梁英航　瞿江烨　俞　芳　席小华　徐秀芬　何红亚　薛国平　姚毓青　朱建华　林克文　凌卫华　陶建荣　许建铭　王建铭　朱建华　周　龙　刘徐昌　王建新　薛炼成　胥洪才　顾敏明

1998年4月21日，中共中央总书记、国家主席、中央军委主席江泽民视察江阴长江大桥工地并为大桥题名。（王加令摄）

1998年4月20日，中共中央总书记、国家主席、中央军委主席江泽民等领导人视察阳光集团，图为阳光集团董事长陆克平介绍产品。（张坚标摄）

2

1998年4月20日，中共中央总书记、国家主席、中央军委主席江泽民视察双良集团。

（王加令摄）

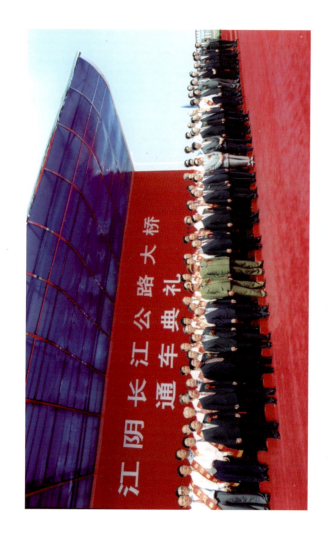

1999年9月28日，中共中央总书记、国家主席、中央军委主席江泽民出席江阴长江公路大桥通车典礼。（王加今摄）

2004年3月26日，中共中央政治局常委、国务院总理温家宝视察江苏法尔胜光子有限公司、江阴职业技术学院、农工商大卖场、中共无锡市委常委、江阴市委书记、市人大常委会主任王伟成等领导陪同视察。（法尔胜提供）

2004年3月5日至15日，十届全国人大二次会议在北京举行，图为3月11日温家宝总理在参加江苏代表团审议《政府工作报告》时与周建平代表亲切握手。（周建平提供）

2009年1月9日，中共中央政治局常委、国务院总理温家宝视察新潮集团，中共无锡市委常委、江阴市委书记朱民阳，江阴市市长王锡南等领导陪同视察。（顾强摄）

1996年5月1日，国务委员、中央军委副主席、国防部部长迟浩田视察江苏法尔胜集团公司，中共江阴市委书记、市人大常委会主任翟怀新，江阴市市长袁静波，江阴市人大常委会副主任周建松等陪同视察。（郭炯摄）

8

2004年10月29日，全国政协副主席、中国工程院院长徐匡迪视察兴澄特钢，江阴市政协主席孙福康、副市长赵国权等领导陪同视察。（顾强摄）

20世纪50年代的江阴机床厂。（市档案馆提供）

20世纪50年代的东门外蒲桥老宅、老街、老桥。（陈宝金摄）

1965年11月，江阴化肥厂投产。（钱福华提供）

20世纪60年代的新沟闸。（城建档案馆提供）

20世纪70年代的江阴钢厂全貌。（陆卫宇提供）

20世纪70年代的江阴钢厂办公室。（陆卫宇提供）

20世纪70年代
江阴钢厂炼钢车间。
（陆卫宇提供）

20世纪70年代的
江阴瓷厂。（市档案
馆提供）

13

20世纪70年代的人民路。（郭炯摄）

14

20世纪60年代的人民路。（陈宝金摄）

2006年，人民路改造后的步行街新貌。（孔维贤摄）

20世纪70年代的东门汽车站售票处。（黄丰摄）

20世纪80年代的西门广场。（陈宝金摄）

20世纪80年代的南门老街。（陈宝金摄）

20世纪70年代的君山路。（陈宝金摄）

21世纪初的君山
路。（陈宝金摄）

20世纪70年代的高巷路口。（陈宝金摄）

20世纪90年代改
造后的高巷路。（陈
宝金摄）

20世纪80年代的青果路。（陈宝金摄）

20世纪90年代改造后
的青果路。（陈宝金摄）

21世纪初改造前的三元坊巷。（陈宝全摄）

2010年，改建后的澄江福地。（孔维贤摄）

1969年的黄田港轮渡。（陈宝金提供）

2004年的黄田港。（孔维贤摄）

　　20世纪90年代，澄西船厂自己建造的国内最大浮船工坞"衡山号"。（孔维贤摄）

　　21世纪初的澄西船厂夜景。（张曾楷摄）

20世纪90年代修缮前的胜水桥。（城建档案馆提供）

2005年修缮后的胜水桥。（唐汉章摄）

1994年11月22日，长江大桥开工典礼。（孔维贤摄）

1996年6月5日，长江大桥施工现场。（孔维贤摄）

2003年，新长铁路建设场景。（王加令摄）

2004年航拍的澄南立交。（孔维贤摄）

2004年航拍的锡澄高速江阴南出口。（孔维贤摄）

21世纪初，江阴城市掠影。（张曾楷摄）

21世纪初的江阴大剧院。（张曾楷摄）

序

  江阴自 1949 年 4 月 23 日全境解放以来,在党和政府领导下,社会主义政治、经济、文化等方面都取得了举世瞩目的成就,城乡面貌发生了翻天覆地的变化,人民生活日益富裕,江阴已率先步入小康社会。通过征集挖掘翔实可信、生动感人的"三亲"(亲历、亲见、亲闻)史料,可以为后人留下一笔极为宝贵的精神财富,可以更好地教育今人、启迪后人,真正发挥文史资料"以史团结人、以史影响人、以史教育人"的积极作用。

  2008 年春,遵照全国政协关于"文史资料征集由建国前向建国后延伸"的指示精神,我市政协开始启动了建国后"三亲"史料的广泛征集和抢救挖掘工作。经过认真梳理,我们印发了江阴市建国后"三亲"史料征集提纲;印发了征稿启事和范文选编;分别召开了各镇(街道),市级机关各部门,各驻澄单位,历届市(县)委、市(县)政府老领导,机关各部门离退休干部党支部书记等史料征集座谈会,同时还召开了各种类型的培训会、总结会、交流会、推进会等,全面、系统、深入、细致地搞好了宣传发动工作。市级机关各部门、各驻澄单位和各镇(街道)的党政领导对这一工作十分重视,迅速召开专门会议,专题研究部署,明确分管领导,抽调相关人员,成立写作班子,落实办公场所,提供工作经费,从而在全市范围内形成了多形式、多渠道、多层次、宽领域的"上下联动、部门协同、各方配合、全员参与"

的征集工作良好局面。

通过全市各级、各部门三年多时间的共同努力，我市建国后"三亲"史料征集工作成绩显著，硕果累累。此次征编出版的《江阴市建国后"三亲"史料丛书》共23卷，其中17个镇（街道）各自为一卷，市级机关结集了党政群团、农林水利、工交城建、商贸财经、教科文卫、社会综合等6卷。《丛书》内容涵盖了江阴市建国后各个历史时期的重大事件和重要人物；各条战线、各个领域的重大发展和重要贡献；江阴籍人士的卓越成就及关心家乡建设、回报桑梓的殷殷之情；党和国家领导人与著名国际人士莅澄视察指导等方面，可谓史料翔实，内容丰富，数量庞大，规模空前，确实可喜可贺。在此，我代表市政协，向全市各级、各部门领导，特别是各位老领导、老同志和全体审稿、统稿人员，以及为《丛书》征编出版工作付出辛劳和作出贡献的所有同志，表示最衷心的感谢和最崇高的敬意！

征编出版《江阴市建国后"三亲"史料丛书》，是一项功在当代、利在千秋的社会主义文化事业，也是一项浩繁复杂的文化工程。此套《丛书》客观反映了江阴建国后60年曲折而辉煌的发展历程，集中了当事人从不同角度对历史事件、历史人物的认识和看法，蕴含了许多值得借鉴的宝贵经验和值得记取的深刻教训，凝聚了丰富的人生阅历与心得感悟，给人们以启迪和教育，为人们了解、熟悉江阴，对人民群众特别是青少年进行爱国主义和革命传统教育提供了具体生动的教材。尤为难能可贵的是，我们及时抢救挖掘了一批濒临湮没的重点史料和珍贵的历史老照片。相信随着时间的推移，其存史价值将会更加凸显。

"前事不忘,后事之师。"回忆和总结过去,是为了站在历史的高度,更加坚定不移地走有中国特色的社会主义道路。我相信,此套《丛书》的出版发行,必将为我市打造和建设"文化江阴"、创建全国历史文化名城、促进我市文化大发展大繁荣提供良好载体,也必将会较好地发挥其"存史、资政、团结、育人"的积极作用。

江阴市政协主席 黄满忠

2011 年 12 月

目　　录

改革是乡镇企业的活力之源

吴振法

历经 30 年改革开放,江阴经济社会发生了沧桑巨变。在群星闪耀的 30 年进程中,深化乡镇企业改革是浓墨重彩的一笔。通过改制,明晰了产权,增强了经营者责任;优化了资本结构,提高了资源配置效率;转换了管理意识,改善了政企关系,使乡镇企业这艘乘风破浪的大船在风云变幻的商海中越发显示出强劲的竞争活力。作为当初市委分管改革的领导,我对此感触颇深。

江阴是中国乡镇企业的发源地之一。经过多年的蓬勃发展,至 20 世纪 90 年代,乡镇企业已成为江阴经济的中流砥柱,为全市经济社会发展做出了重要贡献。但是长期形成的单一经济模式和粗放型经济增长方式尚未从根本上得到转变,随着社会主义市场经济的深化,其弊端也日益显现出来,阻碍了乡镇企业的进一步发展,主要表现在:投资主体单一,企业负债率普遍很高;产权关系模糊,公有资产所有者责任缺位或错位;企业缺乏有效的制约机制,造成公有资产流失;权责不明,赚了自己的,亏了集体的,企业负债,银行负责,厂长负盈,企业负亏。同时,还有一部分企业在激烈的市场竞争中经营状况堪忧,包袱沉重,效益低下,亏损严重,导致引发诸多社会问题。例如,创办于 1984 年的夏港镇镇办企业江阴市无缝钢管厂,办厂十年,亏损十年,到 1995 年亏损 501 万元,负债 148.87 万元,成为

"厂长负盈、企业负亏、政府负债"的典型。面对这一严峻情况，市委决定就在这个企业搞试点，由村办企业新长江集团兼并市无缝钢管厂，搞"四二二"股份制。结果一年扭亏，企业经济指标创下历史最高纪录，10个月销售收入比改制前全年增加两倍多，利税达631.8万元，职工队伍稳定，全厂面貌焕然一新。试点的成功，使市委、市政府决策层清醒地看到，若不改革创新，为乡镇企业寻求新的活力，江阴有可能在新一轮区域竞争中失利。因此，必须坚定不移地实施改革促发展战略，进一步深化企业改革，转换经营机制，创新管理制度，加快资产重组步伐，提高资本经营能力，使乡镇企业在市场经济环境中增强发展的生机与活力，再创辉煌，再展雄风。

在全市近百家企业进行改革试点取得经验的基础上，市委、市政府于1997年1月出台了《关于全面推进乡镇企业改革的意见》，要求到20世纪末，全市所有乡镇企业都要基本建立起适应社会主义市场经济体制要求的运行机制，并提出了具体实施意见：骨干企业和企业集团要加快建立现代企业制度；中型企业要多形式进行改制转制，组建有限责任公司或股份合作制企业；对一些微、小、亏企业，进行兼并、租赁、拍卖、转让；对长期经营不善、连年亏损、扭亏无望的企业，依法实行破产；对"戴帽"企业和"一脚踢"经营企业全面进行清理整改。全市上下以"三个有利于"为标准，以确保集体资产保值增值不受损失为原则，进行多路探索，"抓大扶小"，大胆尝试，乡镇企业改革取得了实质性进展。2000年初，全市6307家乡镇企业完成了产权制度改革，改制面达87.6%，其中对净资产在50万元以下的1964家微、小、亏企业通过兼并、拍卖、转让等方式，推动这批企业"金蝉脱壳"搞民营，收回的资金为实施新的项目做好准备。文林镇改制 29 家微亏企业,将收回的资金投入骨干企业,帮助骨干企业"强身健体"。其次对效益较好的 2 547 家中型企业组建股份合作制或有限责任公司,明晰产权,多方参股增实力。月城镇新江玻璃钢有限公司原来产权不明晰,分配制度不合理,挫伤了职工积极性,生产、销售的骨干纷纷"跳槽"。公司改制后,严格按有限责任公司的规章强化管理,企业兴衰与职工利益直接相联,人员减少了 2%,但产量增加了 50%以上。他们开发生产的自由降落救生艇在市场上一炮打响,同时获得世界各主要船级社的认可。另外,全市还改制歇业了 1 458 家企业。改制后的乡镇企业所有制结构由集体经济"一花独放"向集体经济、混合经济、私营经济、个体经济"多花齐放"转变,使众多企业形成了法人实体和市场竞争主体,使一大批中小企业摆脱困境,焕发了活力。

　　全市 103 家大型乡镇企业的改制工作进展也比较顺利,但是,其中有些企业存在着部门怕失控,厂长经理怕失权,职工怕失业,经营者怕冒风险还有畏难情绪。这一现象引起了市委、市政府的高度重视,为此,我们多次召开大型骨干企业座谈会,进一步解放思想,转换观念,提倡"三不"精神,即不动摇、不争论、不等靠。通过教育引导,大家充分认识到,要使企业今后发展得既快又好,根本动力还是继续深化改革,加快建立产权明晰、权责明确、政企分开、管理科学的现代企业制度。

　　在实施大型企业改制过程中,我们实事求是,因厂制宜,注重在两方面实现创新突破。首先是通过改革,在企业产权制度上实行创新,打破清一色的集体经济格局,以法人参股、公私合股、职工内部持股等形式实现投资主体多元化,进一步扩大企业资本,使生产要素合理流动,优化组合,形成新的生产力。三房巷村改制为股份有限公司后,公司按净资产5亿多元配股,将66%股份分配给村民,全村300多户自然人户户持股。广大村民普遍反映:"现在厂里也有份了,我们要多出力,为集体同时也为自己多谋利。"大家关心企业的命运,主人翁的意识增强了,公司也得到迅速发展,2006年名列全国民营企业500强第19位。如今,公司已拥有涤纶树脂、化纤布、热电等10多家股份有限公司。2008年三房巷投资5 500万美元与新加坡裕廊芳烃集团有限公司进行国际合作,成为无锡地区企业赴境外投资的最大项目。与此同时,在经营制度上实现创新,一些大型骨干企业通过改制,捷足先登,与证券市场结缘,抢占资本市场"头班车",由生产经营型跃入资本经营型。至2000年,江阴有8家公司上市,在全国证券界形成独特的"江阴板块",而其中6家企业是在乡镇企业基础上改制设立的。他们将上市筹集的近20亿元资金用于科技创新。一是技术改造和新产品开发,借此提高主体产业水平,实现传统产业升级换代。阳光集团连续3年投资8亿元,引进德、意、法等国一批世界最先进技术设备,传统的毛纺业得到脱胎换骨的改造。二是并购同类企业,实现低成本扩张,进一步拓展市场。澄星集团实施"走出去"发展战略。从20世纪90年代末开始,在云、贵、川地区租赁、收购、兼并了4家同行企业,并先后投资30亿元在云南建设投产了红河州弥勒矿电磷一体化项目、曲靖宣威矿电磷一体化项目、昆明东川澄星磷业有限公司,从更大范围、更大层面上有效地整合中国磷化工行业,并以此为载体,延伸和影响到全球市场。三是发展高新技术产业,实现跨行业发展,向新兴产业进军。如模塑科技、四环生物等通过资产重组,由传统行业向汽车配件、生物医药等产业转型。华西村、三房巷、双良集团等企业成功上市后,使企业规模得到进一步扩大。华西村根据市场经济规律,确定了"求质不求数"的发展方向,围绕名牌产品和提高产品质量,年年都有大投入,年年都有大发展,成为全国第一个"百亿村"。时隔一年,华西与阳光、三房巷年销售收入均突破200亿元。资本与科技成功对接,使企业越做越大,越做越强,活力四射。

至20世纪90年代末,在全国乡镇企业排行榜上,江阴分别有41家、36家和52家进入了全国千家最大规模、最高利税和最多出口创汇乡镇企业。在全国184家国家级大型乡镇企业中,江阴就有13家,占7%。

通过改革,这些来自大型骨干乡镇企业的"关键的少数"为江阴最近10多年来以12%的年递增幅度发展挑起了大梁;为江阴最近连续6年在全国县域经济基本竞争力排名第一作出了巨大贡献;无疑,还将为江阴未来经济社会又好又快发展谱写更加辉煌的篇章。

记江阴沿江新材料
产业带的建设

从 1992 年起,江阴就开始组织实施沿江开发战略,新材料产业在沿江开发过程中迅速集聚、崛起,形成了光电子通讯材料、金属新材料、有机高分子复合材料、精细化工材料和纺织新材料五大新材料产业群。为进一步加快江阴新材料产业发展,2000 年,江阴市政府向科技部申报了国家新材料产业基地,并于当年 9 月正式被批准为"国家 863 计划、攻关计划新材料成果转化及产业化基地",成为全国第二家以城市立项建立的国家863 计划基地。自此以后,江阴吸引了全国范围内新材料领域的高新技术成果在基地进行工程开发和产业化,形成新材料技术产业发展的区域优势,提高了新材料领域产业工作对全市经济发展的贡献率,促进了我国新材料技术的科技进步。2005年,沿江国家新材料产业带由于建设成效显著,被科技部评为全国新材料综合基地第五名。

2010 年,我市又根据江苏省沿江开发的规划,建立江阴沿江新材料产业群,新材料产业进一步向沿江地区集中。同年,科技部批准在江阴建设"江阴沿江国家新材料产业带"。产业带依托高等院校、科研院所和企业研发中心,瞄准国内、世界科技制高点,分别在光电子、新型特钢、软塑包装、精细化工和纺织新材料等领域,担负起国家重点项目研发和重点新产品的开发的任务。2010 年,全市新材料产业销售额 135 亿元,占全市高新技术产品销售额的 68%。

在江阴的新材料产业中,金属新材料是主导产业,已形成汽车用特种钢、轴承钢、风电用钢、海洋用钢、特种钢丝制品等多种高新产品,在国内外市场上有着较高的占有率,一大批科技项目列入国家、省以产业化为目标的火炬计划。2005 年,在新材料产业带基础上,我市又规划建设了"国家火炬计划江阴高性能合金材料及制品产业基地"。该基地现有骨干企业 7 家,其中,国家火炬计划重点高新技术企业 4 家,江苏省高新技术企业 6 家,已经实施了国家重点科技攻关计划 8 项,江苏省攻关高技术研究计划 7 项,国家和省级火炬计划 15 项。这些项目的实施大力推动了特种金属材料产品的突破性发展,使金属新材料产业逐渐成为江阴工业经济的重要力量。

几年来,沿江国家新材料产业带和国家火炬计划江阴高性能合金材料及制品产业基地的建设始终坚持以市场为导向,以法尔胜集团、兴澄特钢、阳光集团、海澜集团、澄星集团等高新企业为龙头,以高新技术产品为重点,逐步成为全市高新技术产业的重点发展领域,初步形成了以省级高新技术产业开发园为重要基地,以国家级高新技术创业园为创新载体,以高新技术企业为产业化载体,以高等院校、科研院所、企业研发中心、博士后科研工作站为主要依托的沿江新材料产业开发新格局。

目前江阴新材料产业带在全国 40 多个新材料产业基地建设中成为全国新材料特色基地建设典范,呈现出"两大三多"的特色,即:新材料产业规模大,实现的重大关键技术影响力大,新材料的生产和出口基地多,集聚的高新技术企业和研发中心多,承担的国家重大科技项目多。我们江阴作为全国新材料特

色基地建设的典范,其表率作用主要表现在以下几个方面:

新材料产业成长性全国领先。江阴沿江新材料产业带 2000 年完成新材料产业销售额 135 亿元,2008 年达到 900 亿元,8 年增长了 5.7 倍,占全市工业产值的 21%;其中高性能合金材料 2005 年销售额 138 亿元,2008 年达到 340 亿元,4 年增长了 1.5 倍,继续处于全国各新材料产业化基地前茅。

支柱产业特色显著。新材料产业已成为我市高新技术产业化工作的支柱,重点扶持了光电子材料、特种金属材料、有机高分子材料、精细化工新材料和纺织新材料等五大高新技术产品群。8 年来,产业带开发高新产品 1 000 多只,其中获省认定高新产品 300 多只,其中国家、省火炬计划 100 多项,占全市高新产品和火炬计划的 60% 以上;法尔胜集团、兴澄特钢等企业承担的 5 个项目被批准为国家科技支撑计划。同时,在特种金属材料等新材料重点领域培育高新技术企业,扶持龙头企业,14 家企业按新标准被认定为高新企业。

研发创新能力突出。产业带内形成一批重点研发机构。建有国家工程技术研究中心 1 家,国家企业技术中心 5 家,省级企业技术中心 6 家,省工程技术研究中心 5 家,博士后科研工作站 6 家,9 家企业被认定为江苏省技术创新试点企业,法尔胜集团和阳光集团被认定为国家创新型企业,兴澄钢铁被江苏省科技厅认定为江苏省节能减排科技创新示范企业。

产业集聚度不断提高。纺织新材料、金属新材料、光电子材料、磷化工等产业链向上下游扩展,已初步建成精纺面料生产基地、磷化工生产出口基地、软塑包装材料生产出口基地、轴承钢生产基地、汽车特用钢生产基地、特种钢丝绳生产出口基地、醇醚生产基地、单模光纤生产基地、轮胎用钢帘线生产基地,新材料产业链上下游配套优势继续全国领先。

从"国家863计划、攻关计划新材料成果转化及产业化基地"、"江阴沿江国家新材料产业带"到"国家火炬计划江阴高性能合金材料及制品产业基地"建设,我们始终贯彻科学发展观,坚持以市场为导向,以高新企业为龙头,以高新技术产品为重点,走出一条独具特色、切合本地实际发展的新路子。新材料产业已成为江阴参与新一轮竞争的重要产业。

回眸建设江阴电厂的日日夜夜

丁汉宝、钱福华、黄林德、舒均炳、
车导明口述 车导明整理

1986年至1988年,在江阴城东周庄原第二化肥厂五层办公大楼上一直挂着一幅标语——"汇四海资金,邀九洲人才,共建江阴电厂大业"。这每个两米见方的大字,格外引人注目。当年,这幅气势恢弘的标语下,就是江阴电厂热火朝天的建设工地。在两年多时间里,汇聚在这里的数以千计建设者,群策群力,日夜奋战,终于建成总容量为10万千瓦、当时全国最大的地方电厂。

江阴电厂的建成投产,不但完全解除了当时本地区严重的电荒,而且开创了我国地方大容量办电的先河,为地方能源建设树立了样板,在本地电力建设领域具有里程碑的意义,曾被水利电力部史大桢副部长题词称誉为"长江之口,办电之首";其更深层次的意义,还在于使人们进一步认识到能源建设与经济高速发展密不可分的关系。

乡镇企业崛起 电荒席卷全江阴

20世纪80年代初,摆脱了"文革"灾难的神州大地,改革开放浪潮方兴未艾。江阴,这一物华天宝、人杰地灵的江南小县城,表现尤为活跃。被誉为"苏南模式"的乡镇企业,以锐不可挡之势在江阴崛起。一时间所有30个乡镇都办起了工厂,中小型的纺织厂、化工厂、化纤厂、冶金厂等,如雨后春笋般的拔地而起。

1987年9月,中共江阴市委书记成强(左四)视察江阴电厂建设情况
(市档案馆提供)

随着乡镇企业的快速发展,电力供应不堪重负。那时还处于计划经济时代,国家按指标供应电力,不允许超越。在江阴,一个新的名词——"电力缺口",不断地摆到了各级领导的面前。1983年,全县年用电4.95亿千瓦时,计划供电仅有3.49亿千瓦时,缺口达1.46亿千瓦时,占总需求的29.5%。而且,这个"缺口"呈越来越大之势。

如何填补电力缺口,在当年已成为县主管领导和主管部门的大事。每到年底、年初,相关领导和工作人员就要为"加工电"而奔忙。"加工电"这一词,现在知道的人很少了,但那时它确实为江阴填补电力缺口起了很大的作用。办法是高价购进计划外煤炭和燃油,再去与一些有退役或闲置发电机组的电厂洽谈合作,实施"来煤(油)加工电"。经过努力,前后为江阴提供加工电的有上海杨树浦、江苏谏壁和南通等电厂。1983年开始,年加工电已达1.2亿千瓦时。填补电力缺口的另一办法,由缺电企业购买小型柴油发电机组,进行自发电。至1983年底,全县的自发电机组总容量有5万余千瓦。进入1984年,无论加工电或自发电都已难以抵挡电力缺口日益增大之势。1984年全县缺电已超过2亿千瓦时,缺口达38%。当时预计1985年全县缺电将超过3亿千瓦时,缺口可能突破50%。后来的实际用电证实了这个预测。1985年全县实际用电6.5亿千瓦时,缺电达3.54亿千瓦时,缺口高达54.4%,年平均约缺5万~6万千瓦电力。

面对难以扭转的困难局面,1983年和1984年,江阴县计委、县供电局被迫开始实施一系列的避峰、限电措施,一些乡镇企业被强制执行"停三开四"措施,即一周内必须停产3天,允许生产4天;对冶金企业要求白天停产避峰;对居民用电也进行了限制。缺电已成为严重制约本地区经济发展的瓶颈,各行各业和广大百姓全都吃够了电荒的苦头。

建10万千瓦发电厂
具有远见卓识的决策

正当人们在严重的电荒中备受煎熬时,一个大胆的设想产生了——建设一个属于我们江阴自己所有的发电厂,实现自发自用。这一设想立即获得县领导的重视与支持。中共江阴县委和县政府相继作出决定,以最快的速度建设电厂,并明确由县委副书记吴新雄主持该项工作。在吴新雄的策划下,1984年11月组建了由钱福华、舒均炳和张克诚三人组成的江阴电厂筹建小组。在此基础上,中共江阴县委于1985年8月正式下文成立了"江阴电厂筹建指挥部"。总指挥由吴新雄兼任,其他主要成员有副指挥丁汉宝(兼)、陈玉清、钱福华、黄林德、江中和等,陈玉清任常务副指挥。

建设电厂面临的关键问题是,建多大的发电厂,安装几台机组,采用何种参数的系统和设备。这对于没有办电经验的江阴来说,是个难题。起先,曾经酝酿建设两台1.2万千瓦或两台2.5万千瓦的汽轮发电机组。如采用后者,一年约可供电力3亿千瓦时,刚好能补电力缺口。后向行家请教、咨询,上海重型机器厂朱春华厂长认为,电力建设应有较大的提前量,他建议建两台5万千瓦的高温高压机组,总容量为10万千瓦,并答应在设备成套等方面给予帮助。

与此同时,一些关注江阴办电厂的热心朋友纷纷提供信息,建议采用电力系统退役的旧机组,说这样可以快速解除缺电的燃眉之急。为此,指挥部的钱福华、舒均炳、张克诚和车导明等又分别到四川乐山、河北保定和唐山等地进行实地考察,一度曾酝酿购进列车电站和引入唐山旧机组。当各种信息、资料汇总后,经过分析比较,权衡利弊,最终排除了采用旧机组的方案。县委领导拍板决定:江阴要上就上新机组,要建就建大电厂。也就是说,决定采纳朱春华厂长的建议,建总容量为10万千瓦的高温高压机组的电厂。

在当时的条件下,这一决定可算是"胆大包天"的决定。看看周边,张家港、吴县、吴江和太仓等地,无一例外地都在建设或准备建设 2×1.2 万千瓦机组的发电厂,唯有江阴却要建容量 4 倍于他们的发电厂。这一决定甚至受到上级某部门个别领导的怀疑。有人曾经这样发问:你们知道解放前国民党首都南京下关发电厂多大吗? 3.8 万千瓦。你们知道王震司令员在新疆自治区建设的发电厂多大吗? 5 万千瓦。不言而喻,其潜台词为:你们小小的一个县,竟要建 10 万千瓦的发电厂,行吗?内外的怀疑论调,并未动摇江阴领导人的信心和决心。20 余年过去了,当今天全国为节能、减排大规模关停小火电时,我们看到那时与江阴电厂同时建成的周边"小火电",大多已经关停,而我们的江阴电厂,只因当年选择了高温高压较大容量机组,以后又及时进行了扩建和供热改造,现已成为本市典型的热电联产企业,成为城东工业区的供热中心。实践充分证明,当年决策建设 10 万千瓦规模的电厂,堪称是具有远见卓识的决策、造福于民的决策。

电厂筹建工作　在步履艰难中前行

在县委、县政府的全力支持下,江阴电厂筹建工作开始启动。1985 年 5 月,总指挥吴新雄一声令下,无锡部队爆破拆除了位于周庄镇的县第二化肥厂,以作新电厂的厂址。原二化厂的党委书记、厂长钱福华,不仅主持拆除了二化厂的生产厂房和生产设施,使主生产区"虚席以待",迎接江阴电厂在此诞生,而且还为安置老厂的数百名职工做了大量工作。被保留下来的原二化厂的办公和生活建筑设施等,为建设电厂节省了费用,也为工程建设提供了便利。

　　1985年下半年,由于资金未能及时跟上,电厂的筹建工作只能缓慢进行。在这期间,指挥部在陈玉清常务副指挥的带领下,着手委托设计和勘探,对西北电力设计院的可行性研究报告和江阴供电局的接入系统设计进行审查,并引进了少量技术人员。为落实资金,我们特向无锡市委邓鸿勋书记作了汇报。这位曾经担任过江苏谏壁电厂党委书记的领导人,表态十分果断、干脆,令人难忘:"电厂一定要建,没有钱,当了裤子也要建。"后商定无锡和江阴合作建设江阴电厂,双方投资各半,投产后享用电力各半。1985年底,黄林德、宣耀明等人拓展资金渠道的工作在上海和江阴均有进展,首批资金来自上海交行和江阴工行。1 000余万元贷款的到账,为电厂建设实质性运作创造了条件。

　　1985年下半年,有一个消息在流传,说从明年开始,所订加工电一律"收归国有",禁止地方使用。这消息对江阴来说,意味着电厂尚未上马,而多年努力获得的加工电却要付之东流。为了争取继续使用加工电,1986年春节刚过,吴新雄接受车导明的建议,在车导明的陪同下赴京,向水利电力部和在京工作的乡友寻求帮助,同行者有县物资局副局长唐金华和李明二人。在江阴乡友季诚龙的热情引见下,吴新雄等4人在京拜访了许多部门和领导,收获颇大,一些经过也耐人回味。

　　经季诚龙事先联系,3月27日下午,吴新雄等如约来到水电部,拜会时任部总工程师的史大桢。水电部正好在召开"全国电力工作会议",史大桢在会议间隙召来了多位部里的司长,还邀来了华东电管局和江苏电力局周、杨两位局长和谭总工程师,一起听"来自江阴"的汇报。颇感意外的吴新雄,按史大桢的要求走上小讲台。他向到会者汇报,江阴1985年工农业总产值已达 38 亿元,利税 2.4 亿元,大发展带来了严重电荒,全年用电 6.5 亿千瓦时,最高负荷达到 11 万千瓦,电力缺口高达54％,一些工厂要依靠加工电和自发电度日,一些工厂被强制执行"停三开四";他还反映了"农村形势大好,但要摸黑睡觉,老太太夜间上楼摔跤"的情况,讲了农民盖了楼房电灯没电,买了电视机却看不成电视,还讲到建设地方电厂遇到的种种困难,等等。年轻的江阴县委副书记的这场汇报,深深打动了每个听众的心,可谓讲者动情,听者动容。史大桢当场说,缺电给地方造成这么大的困难,说明我们部的工作没有做好,面对地方,我们有愧。还说,地方自筹资金办电建电厂是件好事,两个积极性总比一个积极性要好,水电部一定要支持江阴办电厂。一位计划司司长接着说,加工电是地方政府和电力企业合作挖出的设备潜力,计委停止使用加工电是不对的,要进行抵制。华东电管局和江苏电力局周、杨两位局长也对吴新雄说,加工电你们接着用,用了再说。

从此,江阴电厂的建设受到水电部的重视,一系列具体帮助接踵而至。水电部调了阜新电厂的副总工程师周铭来担任江阴电厂厂长,派基建司前司长殷俊来江阴长期帮助筹建工作,并为江阴从电力系统引进技术人员和熟练技工开了绿灯。

吴新雄这次北京之行,另两位乡友不可不提。在季诚龙的引见下,吴新雄等在国务院发展研究中心见到了季诚龙的堂叔季树农(时任全国政协委员、中国信托投资公司顾问)和胞弟季崇威(我国著名经济学家,时任国务院发展研究中心总干事)。后来,由季崇威的帮助,我们从中信公司和工商银行各获贷款1 200 万元。

吴新雄的北京之行收获很大,这要感谢季诚龙所作的周到安排。年过七十的季诚龙,是红军时期的老干部,具有丰富的电力基建领导、指挥经验,是电力系统著名的实干家。之后,季诚龙和殷俊均被我县政府聘为顾问。季诚龙又介绍镇江的邓嘉和苏州的吴家训两位富有经验的老同志,来电厂筹建指挥部任顾问,帮助工作。

电厂工程破土动工 建设工地热火朝天

1986年1月16日是所有江阴电厂建设者不会忘记的日子,这是江阴电厂破土动工的日子。虽然没有举行奠基仪式,也没有剪彩,但数百名来自苏北的民工推着小车,挑着簸箕,浩浩荡荡进入工地,打响了土方工程第一仗,工地呈现出轰轰烈烈、热火朝天的景象。

1986年的春天是电厂建设的一个转折点,不仅建设电厂所需的启动资金解决了,后续资金可望源源而来;而且,经县委领导班子研究,调整加强了江阴电厂筹建指挥部的领导力量,除吴新雄、丁汉宝等职务不变外,增补周庄镇党委副书记曹忠兴为电厂党委书记,兼任副指挥;任命西石桥乡党委书记陈金玉为电厂党委副书记,兼任副指挥。指挥部成立总工室,任命车导明和谢惠泉两人为副总工程师,主抓土建和安装工程。指挥部下设办公室、工程技术科和设备供应科,先期到位的一些技术人员和供应人员充实到后两个科室。

3月中旬,承担主厂房施工的江阴县建筑公司,承担辅助建筑和水、电、煤系统建筑施工的县第二建筑公司,数百上千的施工人员,在王宝根、沈誉澄、杨洪鼎、曹坤湘等负责人带领下,相继进入工地,奠基开工。

总投资 1.5 亿元的江阴电厂,其建筑工程,无论耗资、工程量和技术难度,均是江阴有史以来可称"第一"的工程。以上两大建筑公司把承担电厂工程,看作是自己光荣的使命,引以为豪。他们组织了最强的施工队伍,投入了最大的力量进行施工。在一年多时间的施工中,75 项、20 000 余平方米的所有主、辅建筑以及所有地下隐蔽工程等,均按总工室制定的工程网络控制点,如期、优质地完成。指挥部总工室的谢惠泉、王桂澄,工程科的朱锡根、诸绍良等人,代表甲方在认真管理进度、监督质量和配合施工方面做了大量工作,他们和施工单位一样,在江阴电厂建设中功不可没。

在摆脱了资金困扰的情况下,指挥部安排精兵强将,组织了最强的采购力量,按照设计院提供的设备和器材清册进行订货和采购。江阴电厂的建设项目虽已获得省里的批准,但仍属"计划外"项目。锅炉、汽轮机和发电机三大主机,数以百计台套的附属设备和属于国家统管的原材料,都要通过艰难的"公关"和"攻关"来挤进相关厂家的生产计划,挤进国家的物资供应渠道,其难度极大。设备供应科的全体人员发扬了"四千四万"(千山万水、千辛万苦、千思万想和千恩万谢)精神,联系了上海电气联合公司、西北电力设计院、上海重型机器厂、上海三大动力设备厂以及北京、上海等地的许多物资供应部门和厂家等,使所需的所有设备、原材料都按照工程进度如期到位。期间遇到的困难举不胜举,如上海电机厂在制造两台 5 万千瓦发电机的过程中,突然发生所需国家统管原材料矽钢片断货,于是我们江阴的同志竭尽全力,从哈尔滨国库的储备中获得货源。从厂家告急开始,仅用 20 余天时间就将百余吨矽钢片原材料运抵制造厂,保证了制造工期。再有,电厂大型设备的运输,又是摆在我们面前的难题。如从上海运来的发电机定子单体重达 52 吨,锅炉汽包 50 吨,从常州运来的主变压器重达 94吨。在当时的交通条件下,沿线道路和沿路的许多桥梁都不能满足运输要求。为此,我们特别组成了大件运输组,除了落实运输单位、解决运输车辆和起吊设备外,还要事先沿路实地踏看、调查,深入了解每一路段和每座桥梁的路况和承载能力,采取了许多措施,克服超重、超高等困难,才把那些庞然大物——锅炉、汽轮机、发电机和主变压器等按时安全运抵工地。

电厂的整个设备和材料供应工作,打了一个漂亮仗,没有发生任何因供应不及时而影响施工的情况,也没有发生因质量问题而影响施工或影响日后电厂安全生产的情况。

建设电厂,安装工程是关键。要求安装工程保质、保量、保进度,必须选择一个技术素质、工作作风和装备条件等俱佳的安装单位。当时全国电力紧缺,电厂建设任务繁重,优秀的电建公司排满了任务,最后在殷俊顾问介绍和我们的努力下,几次去河南焦作洽谈,终于请来了河南电力建设二公司来承担电厂安装工程;请河南电力建设一公司来承担 150 米烟囱的施工任务。他们为江阴电厂优质安装施工和提前投产起到了关键的作用。

在工程进行过程中,指挥部的力量不断得到加强。1986 年3 月,周铭被任命为指挥部总工程师。4 月,无锡市派王玉祥和汤宝琪两人加强了筹建指挥部,王玉祥被任命为副指挥。他们两人都是熟悉电力建设并具有丰富经验的老同志。8 月开始,黄林德任常务副指挥,主持日常工作。11 月,江阴县政府任命周铭为江阴电厂厂长,车导明、何大钊和张克诚为副厂长。

1986 年年底前后,建设工程进入关键阶段。工程分四大部,分工进行,王玉祥、谢惠泉总抓工程部,工程重心开始由土建转向安装;黄林德、何大钊等主抓物资供应部;周铭和车导明主抓生产准备部;曹忠兴和陈金玉主抓后勤和周边协调等工作。工程进入最高潮时,工地施工人员达到 2 300 余人。攻坚阶段,指挥部领导倾注全力,抓进度,抓质量。吴新雄、丁汉宝两位领导每天都亲临工地,召开会议,听取汇报,及时处理发生的各种问题,他们与所有建设者一起,度过了无数个日日夜夜。

　　就在这阶段,吴新雄向指挥部发出"争九保十"计划,把原定的 1987 年 12 月竣工投产,要求提前至 10 月竣工投产,并希望争取 9 月就能并网发电。甲乙双方都把"争九保十"作为目标和方向。从 1987 年 5 月开始,并网投产进入倒计时。7 月,工程碰头会由每周一次,改为每天一次。由王玉祥主持,各施工单位和电厂领导及各专业负责人参加,每天定时由车导明、谢惠泉两位副总工程师将工程进度和质量问题汇总提交会议。各乙方单位十分重视,在施工中认真逐项整改,满足甲方要求。甲乙双方人员在工作中、在共同的目标下,建立了良好的合作关系。特别是来自河南电建二公司的干部、职工,西北电力设计院的驻工地代表等,他们在紧张的施工中,急江阴所急,想江阴所想,与江阴建设者风雨同舟,同喜同忧。河南电建二公司的经理王连喜、总工程师文明阳,设计院的总工程师张永德和驻工地代表侯清江等与指挥部和电厂的同志关系融洽,结下了友谊。

江阴电厂正式诞生
两机组成功并网发电

　　建设电厂的生产准备工作,关系到建设单位在工程竣工后是否能按时接收电厂,组织生产;关系到是否能确保建成的电厂长期安全、经济发电供电。生产准备工作内容多,任务重。在诸多的准备工作中,生产人员的准备尤为关键。生产准备部制定的 5 科室 6 个分场编制方案,以及需要引进大量熟练运行工的要求,得到指挥部领导的支持。为了尽快按要求引进技术人员和熟练技工,市人事、劳动部门全力配合,甚至两局的领导亲自携带公章在指挥部人员吴汉铭等陪同下,在严冬季节多次赴陕西、甘肃、辽宁等省,这样超常规、高效率引进人才的做法在江阴是没有先例的。在人员安排上,许多原二化厂的干部经过努力,在技术知识方面,完成了从化工生产到电力生产的过渡,被安排到新的生产、管理岗位上,成为电厂的中坚、骨干。

在解决熟练技工的同时,更多的一般运行、检修等工人,决定在本地招收。由于招工困难,在周庄中学何永清校长的大力支持下,动员在校初三毕业班的 50 余名学生,进入电厂"职业班"进行专业培训。另外,市劳动部门将花山煤矿的数十名矿工安排来电厂。这样,连同原化肥厂转来职工,以及引进人员的随调子女等,才满足要求。全厂定员 630 人,符合电力系统同等规模电厂定员标准。

所有新职工均进行严格培训,必须经过理论基础、分专业实习和定岗跟班实习三阶段培训,最后经上岗考试合格方允许上岗工作。在整个培训中,特别重视安全生产思想和专业技能教育相结合,取得了良好的效果。在整个培训工作中,许多组织、带队人员,如张克诚、舒均炳、邬南生、顾轶群等都恪尽职责,确保了培训工作的圆满完成。在生产人员培训中,我们得到上海杨树浦电厂、南京第二热电厂、河南开封发电厂以及浙江半山电厂等的大力支持和帮助。此外,上海电力学院还应我们要求,派出教师来江阴开班进行理论培训。

在生产人员准备中,经过严格选择,引进了一大批技术水平高、生产经验丰富的技术人员和熟练技工,这些来自西北、东北、华北等地电力系统的职工,为江阴电厂带来了电力系统良好的作风和丰富的生产、管理经验。以后的实践证明,这些引进人员不仅在当时满足了江阴电厂建成投产的需要,而且在以后还为江阴能源建设,如新建电厂和发展地方小热电等方面发挥了作用。

1987年10月26日,终于迎来了首台机组整机启动投产的盛事。事前成立了由各部门、各施工单位领导参加的"江阴电厂启动委员会",吴新雄担任主任,丁汉宝、周铭、王玉祥和王连喜等担任副主任,文明阳和车导明任启动总指挥,下设各专业负责人和各班组。所有生产系统和设备通过了分部验收和试运行,并准备好了投产所需的人员、燃料、药品、工具材料和仪器设备等。整机启动工作受到江苏省以及无锡市和江阴市相关领导的高度重视,许多领导亲临现场指导、帮助工作。如省电力局总工程师文颖村和生技处长于新泳亲临电厂,一连数日在现场指导工作,直接与省电力调度中心进行联系,为电厂并网简化了审批程序和手续,节省了许多工作量。

这一天,当完成锅炉定压、汽机定速和发电机升压至10.5千伏时,文明阳、车导明两位总指挥在主控制室向江阴电厂筹建指挥部指挥长、启动委员会主任吴新雄报告,江阴电厂1号机组整体系统、设备启动完毕,工作正常,已具备并网条件,请求吴新雄下令进行并网操作。吴新雄听取报告后,又询问了设备和人员的一些情况,确认一切正常后,挥手下令进行并网操作。这天执行并网操作者为当班电气班长赵国良,他在众多领导关注下,在值班领导的监护下,准确无误地完成了并网操作。1987年10月26日17时24分,这是一个具有纪念意义的时刻,江阴电厂正式并入华东大电网,向严重"贫血"的本地电网输进了新鲜的血液。

机组完成并网后,运行正常,所有人均沉浸在喜悦之中,特别是肩负着重大责任和巨大压力的领导同志,更是如释重负,都为实现多年的愿望而兴奋和激动。在电厂整组投产试运行中,各专业的负责人都夜以继日地坚守岗位、认真工作,许多人与厂长们一道,连续数日没有离开现场,及时处理出现的一切问题,为电厂取得一次并网投产成功作出了贡献。

在一号机组实现正式并网对外供电的情况下,电厂由此开始一手抓生产,一手继续抓工程,又经半年多时间的努力,2号机组于1988年7月19日成功并网发电。

江阴电厂建成投产,无疑是我市经济领域里的一件大事,在建设过程中,中央和地方许多领导十分关心,先后亲临建设工地慰问、视察的领导同志有滕藤、季崇威、季诚龙、史大桢、顾秀莲、吴冬华、顾志鹏、徐松达、邓鸿勋等。本市的党政领导更是倍加关注,除吴新雄每天出没在现场外,成强、许祖元和孙福康等曾多次到建设工地,给予所有建设人员以关心、慰问和鼓励。电厂首台机组投运2个月后,1987年12月25日,中共无锡市委书记邓鸿勋和江阴市委书记成强为江阴电厂投产剪彩,并举行了隆重的"江阴电厂投产庆典大会"。

旧机组焕发青春　老电厂再创辉煌

新投产的江阴电厂,作为当时全国最大的地方电厂,在生产经营、技术管理上，与系统内电厂有着许多不同之处。我们有充足的资金可供技术改造，而且费用很高的改造项目，不需打报告和申请批准，厂领导意见一致就可进行，办事效率很高，进行的许多改造，都取得了显著的节能降耗和提高安全性能的效果，从而探索、开创了全新的紧跟市场的生产经营方式，使电厂生产取得良好的业绩，各项技术经济指标均达到系统内同类型机组的先进水平。电厂从1989年开始，年年进入电力系统同类型机组电厂的先进行列。后来，史大桢部长曾感慨地说："地方电厂好呀，与系统电厂相比，机制不同啊！"

江阴电厂的建成投产，不仅取得了重大的物质成果，同时在提倡无私奉献精神和树立良好作风等方面，也有丰硕的收获。应该说，这是所有电厂建设的领导者和参与者共同创造的一笔极其珍贵的精神财富。

时光流逝，岁月悠悠，20余年过去了。在这期间，继首任厂长周铭之后，电厂又历经陶建华和顾轶群两任厂长，在他们主持下，江阴电厂在市场经济中搏击，经受了电力需求多变、煤炭大幅涨价和环保要求越来越高等严峻考验。为了满足本市经济发展和适应市场的需要，江阴电厂与时俱进，进行了"顺天应时"的改造和扩建。在跨入新世纪的四五年内，完成了多项重大举措：为了实现供热，大规模建设热网，使热网管线总长达到100余千米；对原装的两台汽轮机完成供热改造，使电厂实现热电联产；在原厂区扩建了5万千瓦的3号机组，异地扩建了2×2.5万千瓦的周北电厂。在全国关停"小火电"热潮中，江阴电厂不仅没有关停，相反在发展中不断创造出新的奇迹。在生产人员没有增加的情况下，电厂规模翻了一番，装机总容量达到20万千瓦，每日供热7 000～8 000吨，平均热负荷为300～330

吨/时。现在的江阴电厂已成为江阴城东工业最发达地区不可或缺的供热中心——江阴热电厂,整个电厂的生产经营,正处于一个新的水平,继续为江阴的经济发展作出新贡献。

今天,在实现经济腾飞和建设幸福江阴之时,回顾江阴电厂的建设历程,前可告慰那些曾经为开创江阴电力建设而奉献出聪明才智和付出艰辛劳动的决策者、领导者和广大参与者,后可让一代代新人了解、借鉴、传承前人的创业精神,激励人们迈向新时代的征程。

我的创业之路

周建松

一

1965年夏天,我高中毕业,当大学之门关闭后,当年7月进了县手工业联社举办的会计培训班。

那时候,黄田港船闸西北,有一家隶属于手工业联社的澄江制绳生产合作社。1964年,当制绳社从江海渔业社划出的时候,仅有正式职工54人,几间芦扉棚、两只小马达和几台用来制作麻绳的手摇绞车便是制绳社的全部家当。

20世纪80年代初的周建松

（沈俊鸿摄）

我在会计培训班学习了3个月后,和另一名小青年一起,于1965年10月分配到制绳社,成为这个企业的第一个高中生。领导将我安排给一位姓徐的主办会计当助手,并要我在学徒见习期内接任主办会计,就这样,我迈出了人生事业的第一步。

当时,随着船工渔民生

产方式的改变,制绳社生产的麻绳日趋滞销。就在我进社不久,制绳社为了摆脱困境,决定适应市场变化转产钢丝绳。1967年,正是"文革"深入开展,社会急剧动乱之际,我被领导从财务科抽调出来,与其他5位职工一起,被派往无锡钢丝绳厂学习钢丝绳制造工艺。从此,我与金属制品生产技术打起了交道。

到了1969年,制绳社穷办巧干,从人家废铁堆里买回旧设备,因陋就简,配套成龙,生产出了钢丝绳。1971年9月,制绳社更名为江阴钢丝绳厂。

企业的发展为我提供了用武之地,在艰苦创业的过程中,我先后担任了车间主任、生技科长、分管企业工艺技术的副厂长,并于1975年5月加入了中国共产党。我利用参加全国金属制品情报会议的机会,虚心拜师求教,积累起金属制品领域的专业知识。

1978年,我从一位专家那里获悉,冶金部等4个部联合向国务院打报告,请求在国内尽快安排研制交通、能源等产业急需的胶带钢丝绳,以替代进口。我感到,这是一个足以改变企业命运的机会。

然而,对于一个技术薄弱、设备简陋的小企业来说,要攻克国际尖端的胶带绳技术难关谈何容易。针对某些人的畏难情绪,我认为,如果不尽快形成一个具有高技术含量的拳头产品,光守着粗、大、黑的普通钢丝绳,企业是没有前途的。

领导班子的思想统一后,我带领攻关小组,驱车奔赴山东。沿途,我们顾不上下车吃饭,饿了,就吃几只煮鸡蛋充饥。在胶带钢丝绳使用单位——青岛橡胶六厂,我详细地了解了该产品的技术要求,并带回了进口胶带绳样品,回来后经过解剖、测试,总结出十大技术难关。

为了抢时间、争速度,我带领员工顶着高温,钻在塑料棚内日夜攻关搞试验,经过 5 个月的日夜煎熬,当年 10 月,终于试制出第一条胶带钢丝绳。12 月,在省冶金厅主持下,通过了新产品技术鉴定,青岛橡胶六厂当场试订了 10 吨胶带钢丝绳。

翌年,青岛橡胶六厂首次使用江阴钢绳厂的胶带绳作骨架材料生产出了胶带,经 24 小时连续运行和全面质量测试,完全符合国家标准。于是,该厂决定将原打算进口的 260 吨胶带钢丝绳全部转给江阴钢绳厂生产。此后,江阴钢绳厂被冶金部确定为全国胶带钢丝绳定点生产单位,我国胶带钢丝绳依赖进口的历史宣告结束。

二

1979 年春,党的十一届三中全会召开不久,我担任了江阴钢绳厂厂长。

命运也许注定了我要走曲折的路,就在我担任厂长不久,国民经济进入了调整阶段。钢丝绳由短线产品跌落成长线产品,我发动干部和销售人员一起背着沉重的钢丝绳样品上矿山、奔林区促销,然而,成效甚微。面对强手如林、产品滞销的严峻局面,江阴钢绳厂究竟该怎么办? 终于,我打定主意,走另一条路。干部会上,我对大家说:"在国内与同行争高低算不了什么,我们要有志气,把产品打到国外去!"当时,生产企业一般都很难获得自营进出口权,要想把产品销往国外,只能通过外贸公司搞"曲线出口"。这一年,江阴钢绳厂的首批出口钢丝绳通过外贸公司打进了东南亚市场,由此迈出了发展外向型经济的第一步。

为了在国外市场站住脚跟,我不仅提出"质量是创造未来的关键",围绕生产全过程建立、完善质量管理体系,而且把目光瞄准了国际钢丝绳先进水平,提高产品实物质量。我通过各种渠道收集国外钢丝绳的各种标准。有一次,一位与我打了多次交道的芬兰客商要送礼物给我,我说:"先生,别的礼品都不必送,要送,就送我一些国外钢丝绳的标准吧。"要制造高标准产品,先造就高素质员工。我精心编写教材,亲自给管理人员和工人上国际标准和技术知识课。当我父亲病危的时候,我正利用星期天休息时间在厂里赶写《国际标准常识》的讲稿,等我赶到家,父亲已停止了呼吸。

我一手抓外贸出口,一手抓新产品开发,为了扩大拳头产品胶带钢丝绳生产能力,我亲自抓技改项目,1980 年争取到冶金部技改贷款 250 万元,企业自筹 132 万元,上了年产 2 000 吨胶带钢丝绳扩能项目,当年生产胶带绳 320 吨,实现利税 114 万元。在此基础上,我与青岛橡胶六厂签订了胶带绳十年供需协议。1981 年,工厂开始由狭窄的东厂区越过通江路,向西发展,新建胶带绳车间 8 244 平方米。这一历史性转移,使企业拥有了大展宏图的广阔天地。

在胶带绳生产形成规模后,我带领技术人员、销售人员再接再厉,又相继开发出胶管钢丝绳、航空钢丝绳、拉筋钢丝绳等一系列新产品。

与此同时,外贸出口量逐年增加,产品不仅在东南亚站住了脚跟,而且开始进入欧洲市场。

改革开放给江阴钢绳厂插上了腾飞的翅膀,昔日名不见经传的小厂开始在金属制品行业中崭露头角,出口、技术、质量、品种等指标均跃居前列,令同行们刮目相看。此时,我开始考虑如何加入国际大循环,确立我国钢丝绳产品在国际竞争中的地位。

1984 年 3 月,我第一次走出国门,赴意大利考察。曾经孕育了欧洲古代文明的意大利,如今金属制品生产技术处于国际领先地位。在 25 天的考察中,我们考察小组马不停蹄地参观了雷德里、基西阿尔等意大利四大金属制品公司所属 13 个工厂,深入了解该行业的生产现状和发展趋势。白天,参观现场,业务洽谈;晚上,整理资料,交流心得,每天工作 10 多个小时。当我率领考察组从意大利归来,海关检查人员发觉我们的行李沉甸甸的,打开一看,几乎全都是技术资料和带回来研究用的拉丝模、润滑剂样品,足足有 40 多千克。就凭这些沉甸甸的行李,我和我的企业不久就在金属制品领域里站到了国际先进技术的前沿。

1985 年阳春三月,我带着 6 种新产品的样品,率队飞赴日本,代表中国首次参加在东京举行的国际钢丝绳博览会。当中国的展台上出现了由江阴钢绳厂生产的被称为金属制品"皇冠"的轮胎用镀铜钢帘线时,立即引起了国际同行的关注和赞叹。博览会闭幕之际,组委会特地邀请我在酒会上发表演讲。

1986 年 7 月,江阴钢绳厂因外贸出口发展迅猛,被国家批准为机电产品出口基地,这在全国钢丝绳行业中是唯一的一家。我抓住这一机遇,迅速上项目扩大出口生产能力。1987 年底,投资 2 500 万元的出口基地技术改造扩建项目竣工投产。一位美国客商在参观了工厂之后,握着我的手说:"真没想到,在世界地图上找不到的江阴,竟有如此规模的钢丝绳厂!"随着美国客户一批批登门,订单一张张落实,大洋彼岸美国市场的大门终于被打开了。

三

1985年11月,江苏省冶金企业厂(矿)长工作研究会举行学术讨论和经验交流会。会上,我的论文《厂长"为企业明天而工作"中的地位和作用》获得了与会者的一致好评。就在这篇论文中,我提出了"为明天而工作"的理念。我把这6个字写成条幅,镶进镜框,挂在办公室,并以此作为自己的座右铭。

"百年大计,莫如树人。"我把加强职工队伍建设作为企业长期发展的根本任务来抓。除强化厂内职工教育外,我不惜投入巨额教育经费,选送员工去大专院校脱产学习,而且先后与北京科技大学、上海机械学院、同济大学、南京大学、南京理工大学、哈尔滨工业大学等院校合作,通过开办在职大专班、专升本班、外语班、工程硕士班、定向代培等各种渠道,大力培养技术、管理、外贸等各类人才。与此同时,敞开大门,大量引进高科技人才。

围绕企业明天的目标,我确定了"抓机遇,快半步"的工作方针,把各项工作推向前进。

"七五"、"八五"期间,我带领技术人员又先后开发出轮胎用钢丝,光缆用镀锌钢丝绳,涂塑弹簧钢丝绳锁,电话、电报用镀铜钢丝等10余种新产品;在创优方面,继胶带钢丝绳两次获得国家银质奖后,轮胎钢帘线也获得了国家银质奖的殊荣,航空绳、拉筋绳、光缆绳、高压胶管钢丝等一系列产品相继被评为部、省优质产品;电梯钢丝绳、轮胎钢帘线分别获得美国奥的斯电梯公司、英国邓力普公司质量认可。我亲自参与、组织研制的高压除磷装置、热扩散导轮、开放式钢帘线变形分线器、应力消除器等一批新工艺、新装备获得 10 多项国家专利。企业还先后获得了英国劳埃德船级社工厂认可证书以及 ISO9002 国际质量体系认证。

1988 年 9 月,我由国务院机电出口办组织赴美国俄亥俄州立大学进修。在为期三个月的学习考察中,我认真钻研了美国的经济状况和国外先进的企业管理,并结合自己企业的发展实践进行了深刻的反思和深入的研究。

1991 年 11 月,江阴钢绳厂被正式批准为国家一级企业。江苏省冶金厅召开了"江阴钢绳厂治厂之道经验交流会",系统总结推广江阴钢绳厂"以人为本,科技立厂,以质取胜,管理求实"的治厂之道。

1992 年 4 月,江阴钢绳厂在全国钢丝绳行业中第一个获得自营进出口权,从此,企业外向型经济发展揭开了新的一页。

四

江阴钢绳厂的迅速崛起引起了各级领导的重视。1985 年以来,李鹏、朱镕基、李瑞环、尉健行等党和国家以及省、部级领导分别视察了江阴钢绳厂。我从各级领导的勉励和关怀中受到了巨大的鼓舞和极大的鞭策。最令我难以忘怀的是朱镕基同志曾两次来厂视察。

1985 年 10 月 29 日,时任国家经委副主任的朱镕基首次来到江阴钢绳厂,听了我的汇报,视察了生产现场,我们这个企业引起了他的浓厚兴趣,他希望江阴钢绳厂在办好具有中国特色的社会主义企业的道路上创造出新的经验。

1989 年 5 月,已经担任上海市市长的朱镕基又一次视察了江阴钢绳厂。他仔细地询问了各方面的情况,视察临近结束时,他给我亲笔题词"锐意进取"。

1991 年,江阴钢绳厂科技大厦落成,刚担任国务院副总理的朱镕基特地为大楼题写了"钢绳科技大厦"六个大字。

1992 年 12 月 11 日,我出席了全国第三届科技实业家创业会议,荣膺全国科技实业家创业奖银奖。我同与会的 40 名获奖者一起,在北京人民大会堂受到江泽民、李鹏、乔石、李瑞环、朱镕基、刘华清、胡锦涛等党和国家领导人的亲切接见,并一起合影留念。

中央和各级领导对江阴钢绳厂的重视和关怀,如同时雨春风,激励着我锐意进取,不断创造出新的业绩。

花香引得蝶飞来。随着改革开放的深入,蒸蒸日上的江阴钢绳厂成为海内外投资者关注的热点。我把握时机,果断决策,筑巢引凤,利用企业的知名度和规模优势,引进外资,强强联合,加快发展。

1991 年春,阔别家乡 40 载的台湾知名企业家焦廷标回乡考察,市府领导将他领进了江阴钢绳厂。我俩一见如故,当即萌发了合作意向。1992 年 8 月,在江阴市委、市政府组织的赴港招商会上,我与焦廷标商定合资建厂,生产国家急需的道桥用厚镀锌、高强度、低松弛预应力钢丝及钢绞线。当年 11 月 9 日,总投资 1 530 万美元的江阴华澄(后更名为华新)钢缆有限公司合资项目在江阴正式签约,并于 12 月 8 日奠基。经过一年建设,1993 年 12 月 11 日竣工投产。

几乎是在同一时间,国际跨国公司、世界著名的金属制品企业比利时贝卡尔特公司经过反复筛选,也把江阴钢绳厂列为合作目标。1991 年 10 月,我亲自接待了前来进行合资考察的该公司副总裁海伦麦奇等一行 6 人,并举行了第一轮会谈。1993 年 1 月 9 日,我与比方代表就总投资 5 000 万美元的钢帘线合资项目在上海正式签字。1993 年 3 月 31 日,中国贝卡尔特钢帘线有限公司在江阴经济开发区奠基,1995 年 8 月 31 日正式投产。

以高新技术为依托的合资企业投产后即显示出非凡的实力。当广东虎门悬索大桥进行国际招标时,开业不久的江阴华新钢缆有限公司与美国、英国、日本、德国、韩国等 12 支劲旅展开了激烈的竞标。经过三轮紧张角逐,1994 年 2 月 4 日开标,江阴华新钢缆有限公司力挫群雄,终于与德国阿迈德公司双双中标,平分秋色,从而结束了中国桥索用材由“舶来品”一统天下的历史。

从那时以来,我们企业的桥索产品相继为江阴长江大桥、上海南浦大桥、苏通大桥等众多大桥所采用,成为国内最大的道桥钢缆用钢丝生产基地。

中国贝卡尔特钢帘线有限公司投产后,成为远东地区最大的钢帘线供应基地。同时,也为江阴提供了稳定的税源,并在江阴高层次人才的引进和解决就业诸方面作出了很大贡献。2000 年 5 月 7 日,由菲利浦王储率领的比利时商务代表团前来公司访问,王储握着我的手,盛赞贝卡尔特钢帘线公司是中比强强联手成功的典范。2004 年 11 月,菲利浦王储受阿尔伯特二世国王委托,在上海授予我比利时王国“国王勋章”。

通过引进外资,企业在技术、体制、机制、管理经验、市场、人才六个方面与国际接上了轨,实现了质的飞跃。

五

从 20 世纪 90 年代后期起,我在致力于现有金属制品产业高新技术化的同时,开始谋划企业 21 世纪的发展方向。为了使今后的产业新格局不再受传统产品的束缚,我觉得企业名称中不宜再保留"钢绳"二字。经过再三斟酌,我为集团公司取了一个崭新而响亮的名字——"法尔胜",其意即以法治厂,百战百胜;取其谐音,则发源于绳,发达于绳也。

在多年的科技跟踪和市场分析的基础上,经过深思熟虑,反复研讨,我决定带领企业介入信息产业领域。

早在 20 世纪 80 年代中期,江阴钢绳厂曾应电子八所等科研部门的请求,为我国自行研制的光纤光缆配套开发出高质量的光缆用钢丝绳,从而为我国成功地铺设第一根光缆主干线提供了可靠的骨架材料。随着工艺的不断完善,江阴钢绳厂开发的光纤光缆钢丝绳进入了珠海—香港海底光缆、西昌卫星发射中心、北京地铁等国家级大工程以及全国各主干线的邮电通讯工程和国际工程。正是在为光纤光缆配套的过程中,我越来越强烈地意识到光电子产业的远大前景。

我亲自飞赴大洋洲,考察了澳大利亚国家光电子研究中心。经过近两年的调查、研究和谈判,终于达成协议,与该中心下属产业实体合资筹建江苏法尔胜光子有限公司,生产大直径光导纤维预制棒,并继而生产各种光纤、特种光缆和光子器件等延伸产品,最终将建成一家在全球范围内具有相当竞争力和拥有自主知识产权的中国光通信材料高科技企业。2001 年 7月 11 日,江苏法尔胜光子有限公司隆重投产。

在大规模进军光电子产业的同时,我又指挥集团科技人员在镍钛形状记忆合金新材料的研究开发和产业化进程中大显身手,取得了重大进展。

高科技需要高投入。为了筹集发展高新技术产业的资金,我从1993年起开始探索资本经营的路子。1998年11月,经中国证监会批准,由我担任董事长的江苏法尔胜股份有限公司公开发行6 000万A股,加上2001年配股,共计募集资金7亿元。

进入新世纪以来,法尔胜集团实现了新的跨越,走上了创新发展、科学发展之路。在努力提升传统产业、实现光通信、新材料、基础设施材料产业化和发展进出口、房地产、酒店服务业过程中,发挥大集团、大产业、大外贸优势,追求更大、更高、更强崛起。

2008年,集团实现营业收入152亿元,销售收入138亿元,利税14.7亿元,出口创汇3.8亿美元,总资产62.7亿元。自1990年以来,主要技经指标连续19年位居全国同行第一。就在这一年,年逾花甲的我,从集团总裁、集团公司党委书记的位子上退了下来,担任集团董事局主席,将企业的接力棒交给了年轻的下一代。对于我来说,传承给下一代的是责任,我要求下一代挑起法尔胜集团这副担子,要交好税,养好人,发展好。要坚持企业文化之根,根深才能叶茂。

回顾我的人生历程,在党的领导下,我为企业、为国家做了一些工作,尽到了我应尽的责任,共和国给予我崇高的荣誉,先后被评为全国劳动模范、全国首届冶金工业系统优秀企业家、国家级有突出贡献的中青年专家,享受政府特殊津贴,并荣获全国"五一"劳动奖章、全国科技实业家创业奖。2007年,江阴市委、市政府授予我"时代先锋"称号;江苏省委统战部、省经贸委、省人事厅、省工商局、省工商联联合授予我"优秀中国特色社会主义事业建设者"称号。2008 年,无锡市委、市政府授予我"无锡市改革开放 30 周年杰出企业家"称号。

滔滔长江向东流,奔流到海不复回。作为一个有着 45 年厂龄的老法尔胜人,我希望法尔胜集团以科技为先导,以创新为动力,向着新的目标,向着更加光辉灿烂的明天进军,为国家、为人民作出更大的贡献。

我与澄星同行

李 兴

　　江阴澄星实业集团有限公司创办于 1984 年 12 月 1 日,当时仅 13 人、3.8 万元借贷资金、3 间石棉瓦房,年销售额仅 20 多万元。经过 20 多年的艰苦创业和快速发展,现已拥有 6 000 多名员工,120 多亿元总资产,50 多家独立法人企业,各种产品年综合生产能力发展到 150 多万吨,拥有磷化工、石油化工、煤化工、国际商贸及液体化工品仓储物流等五大事业部,产品销往全球 70 多个国家和地区。2007 年集团完成营业收入 154.2 亿

澄星磷厂区　　　　　　　　　　　　　　（顾强摄）

元,实现利税总额 8.53 亿元。2007 年跻身中国企业 500 强第 291 位。

澄星能取得今天的成绩,得益于党的改革开放好政策,得益于乡镇企业蓬勃发展的大好局面。从村办作坊式小化工发展到今天的综合性企业集团,澄星 20 多年的发展历程也可以说是我的创业史,我与澄星同行,澄星的发展轨迹与成功实践,实现着我的一片心愿。

吃苦、吃亏、吃气,艰苦创业白手起家

我是江阴长寿分水墩村人。江阴长寿一带,地属澄东高亢平原。我的父母种田,家里穷,读小学三年级时,我就开始割草卖钱交学费;不够,就将家里的布票卖给老师顶学费。家里有台铁木机,织土布,"嘎吱嘎吱",夜里总响个不停。母亲织,我也学会了,有时也上机去忙一阵子。可"一天做到夜,火柴买一盒",吃不起干饭,只能喝粥;没有菜,只能蘸蘸盐或酱油。那时就想,长大了一定要有出息,买萝卜干,买豆腐乳,让全家人吃个够。为此,我发愤读书,从小学到高中一直任班长,成绩总名列前茅。哪里会想到,几十年后,我手上会有一个集生产、经贸、科研、储运于一体,拥有几十家下属企业,控股一个上市公司的大型集团企业呢? 从未做过这样的梦。

1973 年我高中毕业,理想是入党、提干、当兵,可因为家庭成分不好,理想一一破灭。但我做事依然十分卖力,当中学代课老师,去公社搞宣传报道、扫盲,参加路线教育工作队……我跟在领导后面拎包,没有一个领导不喜欢我。

一天,机会来了,村里有保送上大学的名额,我有幸摊上

了，生产队、大队、公社，一级级报到县里，最终被刷掉了。

后来，母校长寿中学的老校长和公社团委书记来找我，要我去教书，教了两年语文、政治和农业基础知识，还能胜任。

1977 年，农村兴起了创办社队企业的热潮，我有些跃跃欲试。母亲找人替我算命，说我不是当老师的命，将来要当老板。我将信将疑。

记得 3 月的一天，公社要办化工厂，生产磷酸，要有懂化工的人，到中学找人，选中了我，我不同意。领导许诺保留我的教师待遇，说是要放手用我，还说要我为家乡做贡献。我能不答应吗？这是一次机会，抓住它，没准哪一天我真的当老板哩！

我跟着公社分管社队企业的一位领导去南京化工学院进修了两个月，我的大学梦算是沾了点边。回来后，我先后当过技术员、车间主任、科长、厂长，五年迈出五大步，小厂做出大贡献，可谓是得心应手，踌躇满志。

天有不测风云，人有旦夕之祸。此话一点不假。突然厄运降临，长寿和全县其他地方一样，推广"一包三改"，即企业由个人承包……此时，工厂年销售额已超 140 万元，净利润 60 余万元，成了公社的"摇钱树"，早就有人眼红。有人写"万言书"寄到县委告我，诬陷我。不等县委表态，公社就将我撤了。离开时，我带走了 8 年积累下的 4 大蛇皮袋化工资料，回到贫穷破败的家。

此处不留我，自有留我处。我到处闯荡，寻找适合自己的工作。心里憋着一股气，非得干出点名堂让那些人看看。我先后在江苏宜兴、江西井冈山办化工厂，赚了一些钱。但我是个恋家恋土的人，在外面转了几年后又回到了江阴，但也不想回长寿干。当时我妻子在县城童装厂做工，两人商量在城区租了间房安家，一时没找到合适的事做。夏天，赤日炎炎，就在县城高巷口摆了个瓜摊卖西瓜，做小本生意。1984年10月的一天，房东带信给我，说要塞镇澄南村要办化工厂，很想请我去，不知愿不愿意。我听了浑身热血奔涌，重操旧业，干嘛不去？于是开始了自己的第三次创业。去了澄南，先承包一年，村里要我一年拿下20万元产值，上缴5万元利润。年底核算，产值27万元，利润8万元。村里按劳付酬，我的月工资涨到4 000元。长寿把我当根草，要塞把我当个宝。这期间，要塞镇党委书记王伟成力排众议，将我的户口迁到澄南来，享受城镇居民待遇。知遇之恩搁在心里，我唯有拼命干。但由于国家的政策时有调整变动，资金、原料、销路等也遇到不少困难。那时，江阴流传着一个说法：大发展小困难，小发展大困难，不发展最困难。大发展大实惠，小发展小实惠，不发展没实惠。发展，是唯一的出路。

要发展，靠的是艰苦奋斗。那时，厂房仅三间石棉瓦工棚，五氧化二磷这种产品质量要求很高，要有严格的质量检验，工棚不行，只好借了邻厂配电房一角，清除了杂物，砌上水泥墩，买来一台半自动万分之一的天平，担当起质检重任。夫妇俩带着幼女在此简陋、逼仄的地方住下。

其实，这点苦算什么？谁都清楚，一个企业，必须有优质产品才能占有市场，而优质产品靠的是优质原料。因而，从一定意义上说，优质原料对一个企业的发展是至关重要的。云贵川的黄磷价廉质优，成了我的主攻目标。鞋儿破帽儿破，哪有黄磷哪有我。黄磷产自山区，进进出出，我总用邓拓的"生来奔走万山中，踏尽崎岖路自通"来激励自己。仅1985年一年，我在外地度过了251个日日夜夜，先后穿破了三双布鞋。收获则尽在不言之中。

联合、收购、兼并，资本经营加快发展

澄南化工厂正常运转，产品质量稳定，销量也在不断增长，效益不错。但品种过于单一，综合竞争实力弱，严重影响了企业的发展壮大。这是企业初创时期的一块心病，我常在思考如何突破。一天，我得到一条重要信息：上海牙膏厂为扩大专业生产，准备易地生产牙膏用原料——磷酸氢钙。上海牙膏厂是国内同行业中的翘楚，搭上这个靠山，还愁澄南厂的发展吗？

机不可失，时不再来。我驱车赶赴上海。

一个村办小厂居然敢上门洽谈合作，胆子不小。何况，在我之前已有数家企业缠上了上海牙膏厂。难度可想而知。

江阴人总是坚韧不拔，百折不挠，我深知事情不会一蹴而就，得一步步来。我一次次登门，讲澄南厂的发展优势和优惠政策，可无济于事。于是改变策略，讲澄南厂的创业经过及其"团结、开拓、敬业、创新、高效、奉献"的企业精神，没有空泛地宣传，而是列举一个个生动的事例。自1985年至1987年的三年内，我数十次赴沪，有一个月竟跑了15次。精诚所至，金石为开。上海牙膏厂的领导终于松口了，就差签约了。做好上海的工作，我又回头做村、镇领导的工作，项目太大，需要理解、重视和支持。最后总算如愿，镇、村领导与我同去上海，最后双方拍板签约，合作期10年。

三年谈判，从江阴到上海牙膏厂各部门，共加盖了408个图章，终于使生产磷酸氢钙这个重大项目落户江阴。投产后，磷酸氢钙专供上海牙膏厂生产国家金奖产品"美加净"。闻知

此事,国内另一家大厂——天津牙膏厂主动找上门来要求订货,双方签约,合作期也是 10 年,该厂生产的国家金奖产品"蓝天"自此用的也是澄南厂的磷酸氢钙。有沪、津两家大厂做后盾,澄南厂的磷酸氢钙产量连年翻番,企业也有了长足发展。

接着,我们又开发了食品级磷酸氢钙。该产品的工艺技术先进,产品档次和生产效益高,填补了省内空白。此后,又在江阴黄田港建设了我国唯一的散装磷出口基地。此举将全国磷酸厂矿与东南沿海港口直接沟通起来,对全国磷化工行业的外向型发展起了一定的推动和促进作用。

1997 年后的 5 年,澄星进入了重要的发展时期。企业在先后走过了"横向联合起步、依靠科技进步、发展外向型经济迈大步"的发展三部曲后,利用充裕的原始资本积累,迈出了资本经营低成本扩张的步伐。乡镇企业在资本的原始积累阶段一度创造了各自的辉煌,形成了一定的规模实力,但在市场经济条件下,企业要想进一步集结资本,单靠自身积累求得突破性发展已难上加难。在新的历史条件下,实施资本经营便成了乡镇企业实现持续发展和再创辉煌的根本出路和唯一途径。我是这样想的,也是这样做的。1997 年之后,澄星相继租赁经营了连云港锦屏化工厂、天津日用化学助剂厂;同时,参与开发西部,与湖北葛宜黄磷厂合作建设澄星磷化工集团磷酸二分厂,兼并贵州遵义乌江黄磷厂;并成功收购鼎球实业法人股,实现"借壳"上市。在此基础上,2001 年 3 月,顺利完成了企业改制,江苏澄星磷化工集团公司成为江阴澄星实业集团有限公司。为了突破原料供应瓶颈,创造企业竞争的比较优势,从 1997 年以来,我们在云贵川地区加大了原料基地投资建设力度。尤其在磷矿资源丰富的云南省,公司于 2001 年收购了云南昆明东川区东川磷化学工业总公司(可年产2.5万吨黄磷),之后相继投资建设了两个矿、电、磷一体化项目(购买磷矿、建设电站电厂、生产黄磷),即红河州弥勒县矿、电、磷一体化项目(投资12亿多元,建设6万吨黄磷、10.8万千瓦的雷打滩水电站以及配套项目),曲靖市下辖宣威市矿、电、磷一体化项目(一期工程已经投资12亿元,建设6万吨黄磷矿、15万千瓦火力发电厂),配套磷矿6个、煤矿5个,配套了156辆铁路自备化工专用罐车和2 000多个集装箱罐及储罐设施。下一步计划还要在宣威建设年产60万吨的焦化厂、200万吨的水泥厂、5万吨的甲酸厂和利用黄磷尾气发电、磷矿粉综合利用加工等项目,建设一个年吞吐量120万吨的铁路专用火车站以及配套的加工项目。真正做到吃干榨净、综合利用,达到经济发展有循环、循环之中有经济的目的,成为循环经济、综合利用、节能减排的标兵模范企业。

目前,澄星在云南的矿、电、磷一体化项目已全部建成投产,并产生了良好的经济效益,特别对当前推进新型工业化,提倡集约化、集聚化经营,实行节能减排方面发挥了积极有益的示范作用。

除此以外,集团2004年还收购了江苏新亚化工集团公司(原武进化肥厂),近三年来,每年赢利近1 000万元。

适应、加盟、融合,绑在跨国 公司战车上闯世界

新的世界经济全球化势不可挡,特别是中国加入WTO之后,怎么能将企业融入国际经济一体化,这是每个企业必须考

虑的问题。最大的市场不在中国,最大的市场是世界市场。很多人都有自己的定位,比如海尔讲的他们不是创汇,他们是到外面创牌。有的人说他到外面闯荡世界,不是为了暂时的利益,但是我不是这样考虑的:我既要效益,又要市场,效益要靠市场来。一个企业在国内称雄不算英雄,只有到国际市场上冲杀才算豪杰。澄星的目标不是中国 500 强,而是在世界同行中有分量。国际化是企业长命百岁的必由之路。走向国际要研究战略,我们不具备单打独斗走向国际的条件,但又要走出去,怎么办?凭我李兴这个水平,凭我澄星集团现有的水平,要去闯荡世界是有难度的:其一,澄星缺乏国际化的经营人才;其二,我的普通话讲得不好,更不要说外语了。怎样才能到发达的资本主义市场上去喝一口水,甚至分一勺羹呢?我由海轮上的一颗螺丝钉随着海轮走向大海联想到,我们可以跟着跨国公司走出去,成为跨国公司产业链上的一环。加入国际跨国大公司的产业链,成为他们的供应商,把我们带到世界各地去,也就是说要捆绑在跨国公司的列车上闯荡世界。而且要老老实实地捆绑在跨国公司的列车上,而不是三心二意,过几年,企业日子好过了,就下车。这是我这几年尝到的甜头。现在澄星集团磷化工产品 50%以上远销到 71 个国家和地区,在亚洲远东 17 个国家和地区,有好多产品都是我们独家经营。比如说高露洁牙膏、黑人牙膏里面用的 54.7%的成分都是我们供应的,可口可乐、百事可乐里边用的磷酸是我们供应的,海飞丝、飘柔、潘婷等洗发水里面的磷酸盐也是我们独家供应的。有人问:怎么来解释国际化定位?我们回答是六个字:适应、加盟、融合,要适应国际游戏规则,要适应外国人的习惯。要加盟,要和他们一起吃饭,一起工作。要融合,最好和他们建立起共同利益。

所以我们和高露洁、宝洁、联合利华、可口可乐、百事可乐等企业都建立起利益共同体,所以不管长线短线,我这里只要有竞争力,我就能保证我的产品能够源源不断地供应给他们。

和跨国公司合作,他们对供应商要进行培训,要进行认证,现在讲起来就是叫"技术壁垒"。你必须要符合它们的一套规定,才能走得进去,否则你是要被拒之门外的。应该说和跨国公司合作后,确实对我们澄星的管理等各方面都起到很好的促进作用,水平也提高了不少,所以现在很多跨国公司到中国来找供应商的时候,他只到我澄星来就不想再走了。为什么? 因为我们有一套国际化管理,13 套文件可以摊在桌上马上给他看,他到其他地方没有。

谦虚、勤奋、厚道,先做人再做事

今天,澄星的事业取得一点成功,与澄星人如何做人是分不开的。古人云:"做事先做人。"我要求澄星人做人做事的原则是:谦虚、勤奋,为人厚道,不能缺德、失信和骄傲。这是说如何为人。"生来奔走万山中,踏尽崎岖路自通",这是说如何做事。这做人做事的准则也是我的座右铭。

客户首先接受你这个人,接受你这个企业,才会接受你的产品。我们也碰到有一些人说拜访客户时人家不客气,我就反问他:"人家来了你对他们客气热情吗?"我出去人家都对我很好,为什么? 客户只要上我门,我非常热情,非常主动地招待人家,不是光吃。你谈话,包括你的一举一动,都能体现你这个人待人的真诚。当然我不会抽烟,人家说一定要会抽烟才能交际,我不相信这些话。我从来不抽烟,出去从来不发烟,人家照

样接受我,关键是做人,人家才会信得过。其次,什么东西都要
创造双赢。有人说我门槛精,精打细算,社会上的人也是这样
说我精,其实我是算得远,算大账、远账、活账,不算小账、死账、
呆账。今天吃点亏可以,明天吃点亏可以,但是后天我不能吃
亏。千做万做蚀本生意不做,这个是对的,但是暂时的蚀本生
意我也肯做。我说一个人赚点钱并不难,难的是一辈子赚钱,
常常赚钱。你天天赚钱,人家不赚钱,人家会接受你吗? 在特
定的时候,比如东南亚金融危机,我的一些跨国公司客户要求
我帮他们共渡难关,你说你能不支持他们? 你支持了他们,今
后他们一定也会回报的,这也是"做人"。有的人所以失败,是
因为做缺德事。我这个人要么当面锣对面鼓地干一场,背后坏
良心的事我不做。同时我决不能失信,凡是答应的东西,哪怕
觉得是吃亏了,既然已经讲了,我决不收回。

　　企业改制后人家问我,你的净资产有多少? 我说从来没有
计算过,也从来没有想过。除了吃掉的、用掉的、花掉的是我
的,其他都不是我的,是属于社会的。澄星改制以前是集体企
业,但我一直把它当成个人的企业来经营;改制后,我从来没有
把它当作自己的企业,而是看成社会的资产由我负责管理。改
制前公司最好的车是一台奥迪和桑塔纳 2000,改制后我为公司
配的车是奥迪和奔驰。改制前车间工人工作场所没有一台空
调,而改制后,为了改善职工工作环境和福利,我给车间安装了
几百台空调,为员工交了"五险一金"(养老保险、医疗保险、工
伤保险、失业保险、生育保险和住房公积金)。我经常讲,大河
涨小河才能满,澄星发展了,我们的员工就一定能得到更多的
实惠。

　　乡镇企业起步于 20 世纪 60 年代,发展于 80 年代,辉煌于

90 年代。从村村点火、处处冒烟到工厂进园区,实现集约化经营,经历了一个漫长曲折的发展过程。乡镇企业发展史为:60年代是"地下党",70 年代是"游击队",80 年代是"独立团",90年代是"正规师",新世纪是"集团军"。今天的第一不稀奇,明天、后天的第一才有意义。新的世纪,面对新的挑战和机遇,我们乡镇企业只有坚定不移地"走出去",融入全球一体化,才会在新的历史条件下求得规模更大、水平更高、效益更好的发展。

不断否定自己　永远追求卓越

周建平

海澜集团(原三毛集团)创办于1988年,是一家以服装为龙头产业,以精毛纺面料为基础产业的大型国家级企业集团。目前,集团已拥有总资产100亿元、上市公司(凯诺科技股份有限公司)一家,五星级涉外旅游大酒店一家,员工2万余名,目前已形成300万套西服、400万件衬衫及1 500万米中高档面料的年生产能力。2007年集团公司完成营业总收入超160亿元,完成利税达8亿元。

海澜集团目前已成为中国最大的高档男装生产基地之一,是中国服装业唯一通过国家科技部和中科院"双高"认证的国家重点高新技术企业。素有"欧陆风情"之誉的海澜工业园,成为香港凤凰卫视在中国内地设立的首个工业见习基地,并被国家旅游局评定为"全国工业旅游示范点"。

立志创业、创新进取,
打造世界服装"航母"

我自小就崇拜英雄人物,英雄们的壮举常常会令我小小的心灵受到深深的震撼。我喜欢读关于英雄的小说,看描写英雄的连环画,直到现在,我仍十分喜爱读《三国演义》、《东周列国志》等书籍,对雄才伟略的英雄们深深佩服。这也养成了我后来创办企业时办事果断、争强好胜的性格特征。

人是要有点精神和追求的。我一直认为,人活着就要拼搏,就要奋斗,就要闯出一条新路来,这样才有可能实现自我价值。我可以容忍自己犯一时的过错,但决不容忍自己平平庸庸、窝窝囊囊地活着。能成大树的,决不做小草;能变大山的,决不做小丘。要干就要干第一,凡事用心去做,用心去创造,把人生最精彩的东西奉献给这个世界。

一、艰苦创业,粗纺起家

1984年,改革开放的大潮席卷大江南北,当时在江阴县新桥乡文化站宣传队工作的我,毅然放弃了让人羡慕的文化饭碗,在新桥办起了第一家照相馆。不久,全国各地掀起了大办公司的热潮,我听说当地政府也准备办公司,但苦于没有合适的人选。当时,我根据自己平时对毛纺原料积累的一些知识,结合新桥"毛纺之乡"的特点,主动到镇政府请缨开办毛纺原料公司。当时,镇政府只给了我一块牌子,订下一年上缴10万元的协议。我自带资金、自任法人代表,公司悄悄开张了。结果,半年未到,我就上缴了镇政府5万元。有了这半年办公司的经验,我的心里亮堂多了,精神也大大地充实了,生活也有滋有味起来了。但毛料公司终究是空的,没有实体,买空卖空,风险大,底蕴差,我便趁势向镇领导提出干脆让我办个毛纺厂。

想不到一石激起千层浪。社会上本来就有人说我"个人捞足了,要捞政治资本"。现在一听说我要办厂,而且一定要办集体的厂,就说"这回是金钱与政治资本同时都要捞了,啥个办集体的厂,还不是挂挂牌子,自己赚票子"。

对此,我确实犹豫过,想打退堂鼓,但我越来越感到人追求精神的充实及个人自身价值的实现和超越,远远比追求物质的充裕来得更重要,更富有意义。因为,我渴望像古今中外的英雄俊杰一样干一番轰轰烈烈的事业。于是,我主动到镇里立下军令状:钱,我来出;风险,我来担。企业办成了,是集体的;办砸了,就算是自己交的学费。为了表达诚意,我说投入的30万元只拿银行利息,只要求年底按乡镇企业厂长同等待遇支付我的报酬就行了,以此来消除大家的片面看法。

1988年12月1日,江阴市新桥第三毛纺厂正式诞生了,简称三毛厂。我带了从一家倒闭的玻璃纤维厂分流过来的18名工人,拿出30万元私款,赊了7台H1515粗织机,租了镇里10多间闲置空房,干起来了。办厂不比开照相馆那么轻松了,而且还有大家的不理解。我立下誓言,争取用三年时间把三毛厂办成江阴一流的集体企业。

从1989年3月开始,在我的带领下,开始粗纺起家。由于刚刚起步,工人没有织布经验,每人每日平均产布只有8.8米。随着市场销售形势的火爆,我决定逐渐扩大粗纺生产,从1989年到1991年相继上马了5个粗纺台套。

办厂之初,条件十分艰苦。没有食堂,用煤油炉子炒菜。没有桌椅,坐在纱筒上吃饭。10多间平房,既是车间,又是办公室。厂里缺什么,只要家里有的,就到家里去搬来。办厂过程中,我先后把家里的冰箱、空调、高档摩托车、大发面包车乃至棉被之类都拿到厂里充了公。我记得,第一个月发给职工的劳动先进奖的奖品——缎子被面和枕套,也是从家里拿出来的。

二、超前决策,精纺发家

1991年,我根据当时市场形势,分析了粗纺呢绒产品投资少、生产厂家多、竞争激烈的实际情况,果断决策,上马精纺。一家小小的粗纺厂,只拥有近 200 万元资本,在保证粗纺正常生产的前提下,要投资 1 000 多万元上马 2 400 锭精纺、一个洗毛厂和一个制条厂,许多人认为是天方夜谭。在镇里也有不同看法,综合部门认为条件不成熟,别人又说我胆大包天。

但我是一个认准一条道非走到底不可的青年人,更何况我当时已有充足的市场分析证据,来证明粗纺市场的暂时性和精纺呢绒的必然性——随着人们生活水平的提高,精纺呢绒的需求量将越来越大。从那时起,我开始规划了一个五年计划:压缩并逐步淘汰粗纺,上马并扩大精纺生产能力,达到逐步配套完善纺、织、染、检一条龙,五年之内跨入国家大型毛纺企业行列。这个计划一提出,立即引起轩然大波,有人说我是吹牛皮、夸海口,又在搞宣传攻势。而我有了创办三毛厂的经历,加上三年经营经验,对此有足够的信心。

投入发展,没有资金等于空话。为了争取到国家经贸委投资公司一笔 400 万元的贷款,我连夜冒雨开车赶到北京。我的精神感动了国家经贸委的领导,赢得了他们的支持。1991 年 10 月,6 000 锭精纺生产线投产了。从 1993 年开始,全面配套完善精纺,形成了条染、精织、染整等全套工艺流程。到 1994 年,公司的精纺生产能力已经突破百万米,销售首次突破亿元,利税突破千万元,经济规模和效益跃居全国同行第五位,成为省级企业集团,具备了在全国市场的竞争实力,实现了营造规模、企业做大的飞跃。

随着销售的迅猛发展,我进一步扩大生产规模,从 1995 年 7 月到 1998 年 5 月,新桥镇圩里分厂、江阴滨江开发区分厂、苏市分厂、泰兴分厂、玉祁分厂等相继投产。值得一提的是,泰兴分厂前身是处于困境的国营大企业,这首创了乡镇企业与国营企业合作的范例。到1997年,公司销售首次突破10亿元大关,利税突破亿元大关,经济规模和综合效益跃居全国同行第二位。1998年,万锭车间、1 000万米高档呢绒后整理扩能工程相继投产,公司的精纺生产能力增至1 000万米。到2002年,海澜集团已形成1 500万米精纺呢绒的年生产能力,成为国家"以产顶进"最大的毛料生产基地之一。

三、产业延伸,服装当家

随着市场份额的逐渐扩大,20世纪90年代末的海澜集团已在毛纺行业奠定了"巨子"的地位,客户、营销、服务网络遍布全国各地,企业知名度大为提升。如何利用已有的各种优势,进一步做大做强企业? 当时,摆在我面前的选择,是在一个还是在几个行业做大做强。经过对市场的精确判断,我最终将方针定在同一行业的纵深点:从面料向服装延伸,形成自己的内部产业链。当时,中国"入关"(后来的"入世")谈判已进行了10年之久,国内金融界开始觉悟,要在服务、形象、效率上与国际接轨。海澜人通过考察,了解到国际上银行有统一着装的惯例,于是将目标瞄向了国内银行。我们首先定位团体消费,避开了零售可能面临的产品库存多、市场不景气、商家应收款多等陷阱,连续6年产销翻番,打入国内5 000多家金融机构,涵盖了所有商业银行。目前,海澜集团已成为国内服装团购市场的龙头企业之一。

自2001年起,我们就大规模实施产业结构调整,全面进军服装业。集团投巨资先后从德国、法国、瑞典、意大利等国引进当今世界最先进的服装智能生产流水线,建造了高档服装生产大楼并投产使用。至此,我们将面料由原来的龙头产业逐渐转变为基础产业,从而向下游产业延伸,形成了服装做大、毛纺做强的发展战略。2007年,集团完成营业总收入超160亿元,服装在其中的贡献率占到了70%以上。海澜集团连续三年在中国服装双百强企业排名中名列三甲,被评为中国服装行业优势企业。

近年来,我们以实施名牌战略为目标,大力推进自主品牌的创立和建设。被评为中国十大职业服装品牌的"圣凯诺",以优良的品质、遍布全国的营销网络以及量体定做的个性化服务,努力塑造新成功者的形象,成为国内高级职业装的龙头品牌。"海澜之家"是集团旗下的一个新生品牌,以"时尚品位,大众价位"定位于中档消费群体。自2002年创立以来,"海澜之家"以全国连锁的统一形象、超市自选的营销模式、品种丰富的货品选择等优势,给一向沉闷的中国男装零售市场带来前所未有的活力。目前,"海澜之家"已在全国开设了500家专门店。形成了稳居华东地区、逐步挺进全国市场的喜人局面。近两年来,"海澜之家"在有着中国服装界"奥斯卡奖"之誉的中国服装品牌年度大奖中分别获得"营销大奖"和"潜力大奖",用5年时间走完了同类品牌10年的路程。目前,"圣凯诺"品牌继荣获中国名牌、国家免检产品之后,又被认定为"中国驰名商标"。"海澜之家"也相继获得江苏名牌、中国名牌、国家免检产品等称号。

在大力发展自主品牌的同时,多年来我们还通过控股、买断、代理等方式,与一些国际品牌紧密合作,从而快速、直接地获取了国际服饰潮流的最前沿信息,为集团自主品牌的发展提供了强大的技术支持。

四、技术创新成为发展的原动力

从1995年开始,我们就开始了全面技术改造工程。当时我意识到中国与国外在毛纺织品上的差距主要在后整理上。于是,我在 1995 年引进全套德国染整设备,使当时的三毛呢绒在原有风格、品质领先国内同行的基础上再上升一个档次。1996 年,又根据国外纺织品向高支、轻薄、挺括方向发展的趋势,及时引进了 100 台意大利剑杆织机。1997 年,投入 2 亿元筹建了国内规模最大、设施最先进的 2 万锭精纺车间,全面配套引进了意大利、德国、瑞士筒、并、捻设备,生产高支无结毛纱。仅仅 5 年左右的时间,就投入 4 亿多元,95% 以上的设备属国际一流,为当时的三毛集团在国内奠定了"毛纺巨子"的地位。1999 年 6 月,海澜集团被国家科技部列为中国毛纺行业唯一一家国家重点高新技术企业。

同时,我瞄准世界毛纺的前沿技术,积极与国际毛纺研究机构和国内高等院校以及毛纺技术科研所合作,形成了产学研一体化的自主创新格局。采用新材料,运用新工艺,开发新功能,生产出了防水、防缩、防污和抗皱、抗静电、抗起球的新一代高档面料,在复合型、功能型、环保型、轻薄型面料的开发上取得显著成绩,产品形成了 12 大系列 3 000 多个花色品种。其中 16 只高新产品和 7 项技术先后获国家级和省级新产品、新技术奖,并夺得全国毛纺新产品评比五连冠,高新技术产品在销售中的贡献率已高达 85% 以上。

创新现代化企业的管理模式

一、人才机制创新是做大做强的关键

"不怕不使用,就怕不冒尖。"在人才的选拔上,我制定了严格的标准：一要年纪轻，二要能力强，三要肯钻研，四要肯吃苦。四个条件缺一不可。若暂时没有合适人选，宁可虚位待贤，也不勉强让不够条件者占有。凡是人才，不管是外地引进的"飞鸽牌"，还是本地培养的"永久牌"，我都及时放到一定的位置上锻炼使用，创造工作环境，提供发展条件，使他们有用武之地，尽快脱颖而出。年轻人，难免有缺点，我允许他犯错误，只要主流是好的。但四平八稳，没有闯劲和干劲的，我坚决不用。因为海澜要跻身世界一流企业之列，是一项非常大的事业，需要非常多的人才。在这种思想指导下，我用了不少二十几岁的能人。目前在集团内部，员工平均年龄不到 28 周岁，中层队伍平均年龄不到 35 周岁。海澜重用年轻人的方式形成了自己鲜明的特征。

我用人有本账，集团公司大中专生就有 2 000 多人，怎样用？我的办法是贤者居上、能者居中、智者居侧、工者居下，各安其位，各尽其才。是人物的做大事，是人才的挡一面，是人手的做工去，基本不错位。错位了，就是一种人才浪费。你有多大才，就给你搭多大台。在赛马场上挑骏马，在竞争中挑人才。

近年来，我们积极倡导"移民文化"，以开放的观念"不拘一格引人才、用人才"。同时以环境吸引人，以文化熏陶人，以舞台造就人。目前，海澜 2 万余名员工中，营销、管理、设计、技术等各类专业人才已占总数的 25％。与此同时，海澜积极实施人才专业化培训战略，与同济大学、复旦大学、南京大学等国内各大高校联手在服装界率先开办多期 MBA 班以及各类大专班，目前已有 200 多名硕士生走上了集团的营销、管理和科研开发岗位。依托雄厚的人才资源优势，海澜还拥有行业一流的科研开发中心，建有中国服装业第一家博士后科研工作站。通过不断营造良好的环境,用事业留人,用文化留人,海澜为参与国际竞争蓄积了充足的人才资源。

二、管理机制创新焕发活力

海澜人认为:"企业要长久保持一种良好的发展状态,仅靠人治是不行的,必须建立起以结果导向为主的企业管理机制,充分体现价值分配的合理化,以激发员工价值最大化,使发展环境最优化。"

所谓结果导向就是设定可评量的目标,依设定的时间表提出阶段性的成果。以结果为导向的模式让海澜务实而创新,无论在产业、工艺或服务上,都能为集团、为客户带来最大的收益。以量化的手法,务实地制订能实现进度和成果的指标。这样一来,每个员工就能站在自己的岗位上,尽一己之力。在海澜,员工既有施展才华的舞台,更有充分发挥潜能的擂台。在这个擂台上,不论年龄、学历、资历,只论才能和实绩。于是,集团涌现了获奖轿车的"销售状元",有刚进公司不久就被任命为分公司经理的年轻大学生,还有上班才一个星期就被派到香港培训的木工。

创造独特的企业文化,打造核心竞争力

我对文化情有独钟。以前在镇文化站搞过文化,兴办实业以后,又不忘文化对实业发展的推动作用。有人说,海澜集团是年轻人向往的地方,是一个充满朝气与活力的创业乐园。那么,是什么力量能让来自五湖四海的2万余名员工,在这里工作并快乐着?我想归根结底是浓郁的企业文化,是"不断否定自己,永远追求卓越"的企业精神。海澜文化不仅在公众面前塑造了良好的企业形象,而且提升了生产力,激发了创造力,增强了竞争力,形成了凝聚力。

一、创造以人为本、和谐的海澜文化

海不择细流而成其大,有了海之大,方有澜之壮美。"家园"是海澜文化的一个重要内涵,它是一种氛围,营造了劳动者心情解放的工作生态,拓展了年轻人施展才干的创业空间,它与海澜人达观的人生态度相联系。

我们是一个年轻的群体。年轻人有生气,有活力,也有分外强烈的精神文化需求。我们是一个高速成长的企业。节奏快,压力大,尤其要有宽广的包容开放的胸襟,有高效的调适整合的能力。

在海澜,你可以和员工一道感受"心情餐厅"的气氛,不同的餐厅,不同的装饰,不同的色彩,你可以随心选择;走在"音乐车间"里,一首首轻松、美妙的"背景乐曲"飘洒在员工单调、紧张的操作之中;参观文化娱乐中心,工作之余的年轻人在图书室里消遣,在网吧里漫游。另外,我们还有企业"文联",有文学、书画、摄影、音乐、体育5个协会,几百名文艺爱好者拥有了又一方温馨的天地……

"工作并快乐着。"海澜营造了一个强调以人为本的工作环境。从江南田野上起步的乡土企业,成长为一个疾步融入世界的现代集团,这是一个历史性的跨跃。要尽快实现这一跨跃,前些年,我推出了"移民文化"工程。敞开大门公平聘用,广纳外地人才。如今外来人员已占公司员工的70%左右。在这一方天地里,摒弃方言,推广普通话。在今天,说好普通话已成为

海澜衡量一个管理人员是否合格的标准之一。可别小看这个"工程"，想当初，不少外来务工者就因听不懂这里的"土话"而倍感孤独，本地人也因担忧手中的饭碗被抢而对外来人员另眼相看。如今，这都成为过去，因为我明白：一方水土毕竟只能养一方人，八方人士才能兴千秋大业。唯有以真正开放的心态，建设兼收并蓄、多元融合的文化，才会使企业基因进化，素质优化，才能使企业有持续创新的原动力。

与不同岗位的海澜员工接触、交谈，你都可以触摸到他们对企业发自内心深处的一种真诚、强烈的认同、珍惜和自豪。这里有我的另一个理论——"双赢"，即"共同创业、共同发展"，企业需要的是市场、前景，个人需要的是舞台、空间，不双赢，就不会长久。

二、创设适合企业实际的文化发展平台

海澜企业文化阵地建设，有着坚实的基础、多样的载体和鲜活的形式。多年来，我们形成了八个文化阵地：《海澜人》报、海澜电视台、海澜文联（系江苏省直属文联）、海澜业余艺术团、海澜厂史展览馆、海澜图书馆、海澜大学及海澜职工文化娱乐中心（包括千人迪斯科舞厅、健身房等文化娱乐设施）。员工们在这里焕发了自己的青春，交融着自己的情感。去年，我们又投资建成了集健身、休闲、娱乐为一体的海澜农庄马术运动场，这将成为海澜对内提升干部员工身心素质，对外发展休闲观光旅游又一新亮点。

三、开展特色企业文化活动

我们把每年5月定为海澜健身月，把5月1日定为海澜健

身日;把中秋节定为海澜团圆日;将 11 月份定为海澜文化月,把 12 月 1 日定为海澜的生日。这些丰富多彩的活动不仅弘扬了企业文化,增强了企业凝聚力,同时也造就和发现了一批批精英人才。

四、企业文化也是生产力

"做企业就是做文化,做产品就是做艺术品!""人要穿衣服是永远不变的事实,人要穿什么样的衣服是永远在变的文化。"这是我们海澜人全新理念的经营文化。其实,服装给消费者提供的就是一种文化,唯美的文化内涵与服装这个特定的产品要素是紧密相连的。

"服装是流动的艺术,而建筑是凝固的音乐,何不把流动的艺术流淌在凝固的音乐之中呢!"我曾有过这样的设想。于是,雄伟的欧式风格的高科技生产大楼、凯旋门、国际会展中心、占地 1 万平方米的凯诺广场等在江阴新桥这个江南小镇上应运而生。加上当今世界最先进的纺、织、染、检测及服装智能生产线和从羊毛到服装的完整的产业流程,一条新的文化旅游链就此打造成功。"海澜园景,欧陆风情"不仅深受员工的喜爱,它的卓尔不群,更使世人瞩目。香港凤凰卫视 2001 年底抛来绣球,与海澜共建其在大陆的第一家工业影视见习基地。我们因势利导,成立旅游接待中心,推出工业旅游,结果一炮打响。到 2007 年底,我们集团总计接待海内外游客达 100 余万人次。今天的旅游者也许就是明天的消费者,海澜的企业形象因此得到了空前提升。老挝国家主席、南非非洲人国民大会总书记、乌拉圭议长等外国政要,也先后前来参观。

"长风破浪会有时,直挂云帆济沧海。"海澜已走过不平凡的 20 年,但要打造百年名牌,造就不败的企业,前面的路还很长。"路漫漫其修远兮,吾将上下而求索。"始终坚持"不断否定自己,永远追求卓越"的改革创新精神,必将迎来海澜更加辉煌的明天。

我和阳光集团一起成长

陈丽芬

　　我从 1979 年踏进江阴毛纺厂的那一刻起,就与毛纺结下了不解之缘。从纺布车间的试验员做起,我当过工艺员、车间主任、生技科长、副厂长、副总经理;1999 年,江苏阳光股份有限公司成功上市,我出任董事长兼总经理;2007 年 11 月,出任江苏阳光集团有限公司董事长。如今,我在毛纺行业已经摸爬滚打了 29 个春秋,获得了全国纺织巾帼建功标兵、全国青年星火带头人、全国纺织工业系统劳动模范、全国纺织行业企业家创业奖、江苏省优秀技术开发人才奖等荣誉,并被列为江苏省"333 跨世纪学术、技术带头人培养工程"培养对象,享受国务院特殊津贴。2008 年,作为十一届全国人大代表,我肩负着父老乡亲的重托,踏进北京人民大会堂,和来自全国各行各业的

江苏阳光集团董事长、总经理陈丽芬(中)
(王加令摄)

代表一起，为国家的兴旺昌盛建言献策。我清醒地认识到，这些荣誉凝聚了领导的信任、同事的理解和阳光集团一万多名员工对我的支持，凝聚着许多关心、帮助过我的朋友们的心血。

江苏阳光集团董事长、总经理陈丽芬(中)与工人一起作技术攻关
（王加令摄）

"工欲善其事，必先利其器"

阳光集团目前是中国乃至世界毛纺行业"生产规模最大、花色品种最多、产品品质最优、科技含量最高、技术装备最好"的企业，是引起全球关注的毛纺、服装生产企业。改革开放的时代造就了"阳光"的辉煌，是"阳光"培育了我，我的成长也伴随着"阳光"的发展。

1975年高中毕业后，我进入新桥镇建筑构件厂工作。1979

年企业进入毛纺领域,作为当时为数不多的高中生,我顺利转入毛纺行业,先从纺布车间的试验员做起,逐步提升为工艺员、车间副主任、车间主任。岗位不断变化,责任逐步加重,对外业务接触也日益增多,我越来越感到自身专业知识的不足。自1980年从事毛纺工作以来,我不断为自己"充电"、"加油"。我买来了相关书籍自学,边学边干,先是通过了江阴市第一批毛纺技术员考试,随后又两次参加了中国纺织大学纺织材料学及纺织专业知识的培训。1986年,企业正式进入精毛纺行业,我是精毛纺项目的筹备班子成员,担任了生技科长,负责产品开发设计、生产计划、工艺技术管理,新岗位对我的专业知识要求也更高了。在此期间,我又参加了天津纺织工程学院毛纺织染整专业的培训及苏州大学经贸管理专业的学习,并经常向同行请教,边学边干,边干边学。我和同事们的努力使"阳光"的产品研发完成了从模仿到自主开发的过程,研发能力从只能生产简单、普通的品种到生产国有企业不愿生产的高难度品种,产品的品质水平也从中低档发展为中高档,市场从江浙地区发展到覆盖全国,连续5年创出精纺呢绒全国销量第一。1993年,企业成立集团,我被推上副总经理的位子,仍然负责产品开发、生产、技术、外经外贸工作。这时候的阳光集团已经在全国毛纺行业崭露头角,产品领导国内市场的潮流。同行盯着你,客户向着你,领导期待着你,我感到肩负的责任更大,需要的知识更全面,因此,我又参加了在江苏省委党校经济管理本科专业的学习。长期的基层工作实践和高等院校多专业的学习,让我提高了素质,拓宽了视野,较好地完成了从工人到管理者、从纯生产管理人员到兼顾生产、营销、管理与设计开发的集团副总经理的角色转变。我对毛纺这个传统产业的前景更加充满信心。

1986 年,阳光涉足精毛纺行业初期,可以说是一无资金,二无技术,三无市场。无技术,怎样从无到有?我这个生技科长责无旁贷。开拓市场,新产品是敲门砖。我带领一班人从东北到西北,天南海北进商场,跑工厂,进行市场调研,捕捉市场信息,研究开发方向,攻克技术难题。从 1990 年到 1995 年,阳光相继成功开发了彩色呢绒、牙签呢、贡丝锦、高密哔叽等品种,在我国的毛纺市场上,掀起了一个又一个呢绒革命,成了新型呢绒的发源地。从此,江阴市精毛纺厂的知名度日益提高,企业在这期间也得到迅速发展。

中国老百姓随着改革开放富起来,他们的穿着习惯、消费观念、审美观都悄悄起了很大的变化,对精纺呢绒服装面料的消费要求趋向时尚、个性、轻薄化,抓住这个市场变化,我们及时调整研发方向,走出国门做调研,不耻下问,聘请洋专家,消化吸收国外大胆入时的开发思路、科学合理的开发模式,将研发重点放在了个性化的高支薄型和功能性产品上。这期间,我们完成了弹力、羊绒精纺、赛络纺等一系列新风格精纺呢绒项目的开发,被列入全国工业性试验项目;利用世界上最稀少的优质超细羊毛研制成的 SPAC180 支中华极品呢绒,被业内专家称赞为"对现有纺织染整技术尤其是纺纱和整理技术进行了重大突破"。一匹 48 米的极品呢绒能卖上一辆桑塔纳轿车的价钱,数量不大又颇为抢手的极品呢绒一上市,每米以 2 000 元成交,成为全国同行争说的一大新闻。我们还按照 IWTO 标准,对 18.5 微米以下的各种规格的羊毛进行集中性开发,研发和完善了一组超细羊毛织物的生产技术。

从那时起,我们"阳光"凭着每天一个新面孔在市场上打出八面威风,全国十大名牌西服的面料,阳光面料占据了半壁江山;1998 年 3 月,阳光在昆明挂出了 5 000 多个花色品种的新品,轰动了春城;一位西欧客商分别向 6 个中国外贸公司下了订单,结果 6 个外贸公司向他提供的全部是阳光的面料;香港回归时,我人民解放军驻港部队校官以上军服面料来自阳光,中国十大航空公司空姐的服装也多来自阳光。据国际羊毛局消息,"阳光"现在在世界同行中坐上了第三把交椅。

　　进入 21 世纪,世界毛纺制造中心逐步转移到中国,西方发达国家甚至出现了"中国威胁论"。审时度势,我们将开发重心瞄准国际先进水平的技术课题和在国际市场上具有竞争力的品种开发,相继开发了抗静电、抗皱、免烫、三防(防水、防污、防油)、可降解的绿色产品等功能性的品种和精纺纯羊绒、毛丝绒、毛棉绒、毛麻丝混纺等高档纯天然纤维保健品种。仅 2003 年,我们的新品研发就新增国家级科技项目 7 项,省级科技项目 8 项,市级项目及获省、市科技进步奖 9 项。其中 WN8 可溶性纤维精纺呢绒、印花雅丽呢、丝毛灯芯绒被列入国家级火炬计划项目,双弹可机洗花呢被评为国家重点新产品,阳光集团成为入围 2003/2004 秋冬中国流行面料最多的企业。过硬的产品成为开启国际市场的金钥匙,近几年来,"阳光"呢绒与许多国际著名品牌建立了供应链关系,世界顶级品牌阿玛尼、BOSS 等都使用阳光面料。外贸出口连续 5 年大幅度增长,2007 年,实现外贸出口 3.77 亿美元。

加快设备更新,发展高精尖产品

　　建厂初期,我们以自己开发的中国第一批彩色呢绒和牙签呢抢占了市场先机,让我们尝到了"敢为人先"的甜头。然而,模仿者很快接踵而至,市场随即饱和。我们从中悟出了一个道理:要获得高回报,产品必须"高人一筹,快人一拍"。当时的牙签呢、高密哔叽,市场上还有销路,我们毅然决策,停止生产,转为开发高支轻薄、高档纯天然纤维产品,同时进行大规模的设备更新和技术改造。我们从意大利、德国、比利时、法国、瑞士等国家引进了世界上最先进的纺、织、染、成衣制作等生产及检测设备,整个生产流水线上,"八国联军"的先进装备到处可见,实现了硬件建设与国际名牌企业创建同步,部分关键设备甚至超过国外著名生产企业——一家拥有无毛羽纺纱技术的企业。

从1993年以来的10年时间里,我们共投入了12亿元,进行了4次大规模的技术改造。2001年,当世界上第一台纺细支毛纱的四罗拉毛纺细纱机在意大利诞生时,第一张订单就来自我们"阳光",一次就是20台。2003年,我们又投入3 500万元从意大利购进世界一流的紧密纺设备,成为国际毛纺企业拥有紧密纺设备规模最大的企业。

构筑科技创新体系是提高企业整体创新能力的重要基础。近几年来,我们新建了28层的科技大厦,建起了国家级技术中心、省级毛纺织技术中心和博士后科研工作站,配置了从德国、英国、瑞士等发达国家引进的全套电脑设计系统,电子测色、电子配液系统及毛纺织物特殊性能试验仪器等先进设备,目的是采用先进的检测手段,跟踪和研究世界毛纺前沿的最新技术。国家级技术中心主要负责科技开发、工艺研究、设计打样、科研成果的推广和管理工作,下设省级毛纺技术中心和毛纺研究所,形成了以技术中心为主体的、集中与分散相结合的三级研发体系,不断承接开发国家863计划项目和火炬计划项目,使企业在中国乃至世界毛纺行业中始终保持领先地位。目前,集团共承担了 4 个国家 863 项目、5 个国家技术创新项目、26 个国家重点新产品、16 个国家高新火炬计划项目的科研攻关,获得中国专利 47 个。

高素质人才是企业科技创新的根本保证。我们把自主培养与招聘引进相结合,每年都向社会招聘和引进大中专毕业生,与此同时又不唯学历,引进各种类型、各个层次的专业人士,做到广纳人才,从而形成了一支强大的专业技术人员队伍。目前,我们已引进各类大中专毕业生 2 000 多名,高素质的人才比例达到了 18%。另外,我们还十分重视对全厂职工的专业技术培训,每年都制定系统的培训计划,对全厂职工分车间、分工种进行培训,聘请有关的大学专业教师来公司授课,以提高职工队伍的整体技术素养。

为激发科技创新人才的积极性,我们采取年薪制、岗位技能制、科技成果奖等办法。同时每年都组织生产、管理、设计及营销等部门的骨干到意大利、法国、德国以及香港等国家和地区考察学习,鼓励他们开眼界、破迷信、闯禁区、攻难关、出成果。目前,我们已拥有 1 名国家级专家、2 名"江苏省 333 跨世纪学术、技术带头人培养工程培养对象",形成了以国家级专家、博士为技术带头人的高素质人才梯队。2003 年 1 月,博士后工作站研发出"洗羊毛废水综合处理技术",可将每吨原毛回收的羊毛脂从 40 千克提高到 65 千克,仅这一项,每年就增加了 14 万美元的收益。

中国是世界纺织服装的生产大国和出口大国,但还不是生产强国,因为我们还缺少世界级的品牌。在今后的发展过程中,我们将坚持以科技创新为主导,加强品牌建设,通过提升文化理念、创新设计思路、延伸服务,提高产品品位和附加值,培养企业的核心竞争力,实现由劳动密集型向知识密集型转变,把"阳光"打造成世界级品牌,把阳光集团建设成为世界级的毛纺服装的生产基地,用高新技术重新定义中国毛纺业,变"中国制造"为"中国创造"!

多元化投入、跨行业发展

22 年来,阳光集团大力实施科技创新和可持续发展战略,坚持以品牌建设为依托,以提升主业、完善多元化产业链为发展方向,运用阳光品牌积累的无形资产,走多元化发展道路,在做大做强毛纺服装主业的同时,涉足生物医药、生态农林、房地产、金属冶金、新能源、热能电力等产业,为"阳光"品牌注入了更多的科技含量和发展潜力。2002 年,我们响应国家开发中西部的号召,利用当地资源,在西藏拉萨投资建起了江苏最大的援藏工业项目。2003 年,我们以工业资本反哺高效农业,致富一方百姓,人均增收 3 000 多元。2006 年,我们又投巨资,在宁夏石嘴山建设多晶硅项目,2008 年 12 月正式投产。

在今后的发展中,我和同事们决心继续致力于品牌建设,不断培育新的经济增长点,加大自主品牌的建设力度,让"阳光"的终端产品直接走向零售市场,逐步告别"贴牌"加工。2008 年,我们依托自己的开发经营团队并邀请了法国的设计师,创建一个新的品牌"阳光时尚",该品牌采用国际流行元素,融合阳光历史背景文化,体现国际产品形象,针对中国中高档市场目标消费群体(25～35 岁青年男女),包括商务装、商务休闲装。2008 年 8 月,"阳光时尚"在上海、南京、江阴、张家港面市,3 年内在全国开设 300 家连锁店。此后,阳光品牌将形成威尼帝高档品牌、庞贝职业装品牌、阳光时尚中高档品牌,从而覆盖国内中高档职业装市场,以提升阳光毛纺、服装主产业的综合实力,把阳光集团建设成为主业突出、品牌卓越、研发力强,具有跨行业经营能力的、多产业的国际品牌集团。

江阴钢绳厂的三十年

沈俊鸿

　　江阴钢绳厂自 1964 年建厂,至 1994 年已整整三十年。三十年间,该厂从手摇麻绳起家,艰苦创业,开拓奋进,现已成为国家一级企业、全国金属制品行业中的佼佼者,产品远销 60 多个国家和地区。

　　追本溯源,江阴钢绳厂的历史渊源,可以追溯到建国初期的 1951 年。当时,复员军人潘振宝等将复员费凑作生产资金,在江阴北外办起了"江阴县转业生产组",属县民政局管辖。开始时,他们自产自销毛刷,后来看到地处长江口的黄田港,作为南北交通的咽喉,江海水产的集散地,渔船麇集,运输船如梭,船用及打包用的麻绳、麻布需求量很大,于是,便将产销范围扩大到手摇麻绳及打包麻布,"转业生产组"也改名为"麻纺生产组"。不久,潘振宝因病去世,麻纺生产组由王菊负责。1956年,在工商业合营合作化高潮中,麻纺生产组并入了蒋、施、林、许四家麻绳店,更名为"麻纺生产合作社"。1958 年"大跃进"时

钢绳厂厂区　　　　　　　　　　　　　　　（顾强摄）

期,麻纺社又与其他几个单位合并,成立了"江阴县地方国营棉麻纺织厂"。至1960年,棉麻纺织厂所属的制绳小组划归江海渔业社领导,改为"江海绳网厂",顾春富任厂长,蒋富成任副厂长。这,便是江阴钢绳厂的前身。

一

1964年9月,经江阴县人民委员会批准,江海渔业社所属绳网厂从渔业社划出,建立了独立核算、自负盈亏的"澄江制绳生产合作社",隶属县手工业联社。合作社主任王槐友,副主任顾春富。今天的江阴钢绳厂由此迈开了创业之路。

制绳社成立伊始,仅有正式职工54人,以传统落后的方式,生产手摇麻绳。几间芦扉棚、两只小马达和几台手摇绞车便是企业的全部家当。固定资产仅1 400元,年销售收入5.1万元,利税总额5 700元。

随着国民经济的发展,船工渔民的生产方式发生了变化,麻制绳索日趋滞销,成立不久的制绳社面临着危机。为了摆脱困境,企业决定适应市场变化,转产钢丝绳。1966年12月,蒋富成带领张志刚、叶金元前往南通钢丝绳厂,学习手摇钢丝绳捻制工艺。12月30日,第一条手摇钢丝绳在制绳社试制成功。

1967年,正是社会动乱之际,高炳郎、叶金元赴吕城拉丝厂学习拉丝技术,周建松、刘兴才、缪玉仙、周秀芬等6人前往无锡钢丝绳厂学习钢丝绳制造工艺。学习回来后,他们一方面购进部分钢丝绳生产设备,同时因陋就简,废物利用,自行拼装了一些设备。1968年3月,制绳社成立了"革命领导小组",负责人为顾春富。工人们利用简陋的拉丝设备,初试锋芒,为县里加工铝线,支援农业,受到了县领导的嘉奖。

1969年,制绳社穷办巧干,土法上马,配套成龙,生产出3.77吨钢丝绳。从此,企业开始由生产麻绳转向生产钢丝绳。

1971年9月18日,经江阴县革委会批准,原"澄江制绳生产合作社"更名为"江阴钢丝绳厂",属小集体企业。企业建立了党支部、革委会,储世荣任党支部书记、革委会主任。当年,新建配电间221平方米,搭芦扉棚1 391平方米,初步形成年产300吨钢丝绳的生产能力。工人们在芦扉棚内生产出一批又一批钢丝绳,由于生产条件差,工人劳动强度很高。没有运输车、电动行车和吊丝架,那时的酸洗工人硬是靠人力,每班将万斤钢丝运到各车台旁。

1972年5月,省冶金厅向江阴钢丝绳厂首次下达300吨钢丝绳生产任务,企业正式纳入国家计划经济轨道,当年完成295吨钢丝绳,实现利税17.68万元。这一年,由纺器厂调来的曹慎祥担任了钢丝绳厂党支部副书记、革委会副主任。1973年,企业再接再厉,翻建了车间,添置了设备,全年生产钢丝绳808吨,实现利税48.86万元。就在这一年,江阴钢丝绳厂由小集体上升为县属大集体企业。

1974年,原企业领导人储世荣离职,由曹慎祥接任厂党支部书记、革委会主任,吴毛囡、周建松为革委会副主任,工厂抓住矿山建设和治淮水利工程急需钢丝绳的有利时机,自筹资金扩建了拉丝和捻绳两个车间。工人们克服困难,艰苦奋斗,在芦扉棚里搞生产,芦扉棚外翻车间,翻好车间拆芦棚,做到施工、生产、安全三不误。同时又进一步大搞自我武装,购进高速拉丝机,采用磷化润滑新工艺,生产规模迅速扩大,1977年,年产量已突破2 000吨,年利税达64.03万元。经过14年的艰苦创业,企业固定资产已由 1964 年的 1 400 元增至 1977 年的 104 万元。老一代钢绳职工历经坎坷,自强不息,以转产钢丝绳为突破口,为企业的生存和发展闯出了一条新路。

二

如果说从 1964 年至 1977 年的 14 年,作为江阴钢绳厂发展的第一阶段,仅仅是通过转产谋出路,为立业打下了基础,那么,从 1978 年至 1983 年的 6 年,则是企业全面发展的第二阶段。这一阶段,以产品品种的优化和企业外向型经济的起步为两大标志。就在这期间,党中央召开了十一届三中全会,党的一系列改革开放的方针政策,为江阴钢绳厂的发展提供了空前良好的外部环境。企业紧紧抓住这一发展机遇,在宏观战略上确定了拓展国外、代替进口和国内三个市场的目标,大力开发新产品,提高企业经济效益。

江阴钢绳厂通过各种途径捕捉市场信息,获悉胶带钢丝绳在国内还是一个空白,国家每年都要动用大量外汇从国外进口。于是,他们参照国外有关技术标准,大胆改进工艺、经过反复试验,终于在 1978 年 10 月生产出第一条胶带用钢丝绳。同年 12 月,在省冶金厅主持下,该产品通过了技术鉴定,青岛橡胶六厂当即向江阴钢绳厂试订了 10 吨胶带钢丝绳。次年,青岛橡胶六厂使用江阴钢绳厂生产的胶带钢丝绳试制成功的第一条胶带,经 24 小时连续运行和全面质量测试,完全符合有关标准。在这个基础上,该厂将原先打算进口的 260 吨胶带钢丝绳全部转给江阴钢绳厂生产。此后,江阴钢绳厂被冶金工业部确定为全国胶带钢丝绳定点生产单位,我国胶带钢丝绳依赖进口的历史宣告结束。

1979 年,正当改革开放的大潮方兴未艾之际,33 岁的周建松走上企业主要领导岗位,担任了江阴钢绳厂厂长,吴玉君任副厂长,曹慎祥任党支部书记。这一年,江阴钢绳厂与中国五金矿产进出口总公司辽宁省分公司建立起合作关系,不久,江阴钢绳厂通过辽宁五矿向东南亚市场出口了第一批钢丝绳,由此迈出了发展外向型经济的第一步。

1980 年 3 月,冶金工业部召开专项会议,通过了江阴钢绳厂胶带钢丝绳项目审定,并于 3 月 25 日发文,批准了江阴钢绳厂扩建年产 2 000 吨胶带钢丝绳技改项目,总投资 382 万元,其中冶金工业部技改贷款 250 万元,企业自筹 132 万元。项目下达后,仅仅 8 个月时间,便建成厂房 1 054 平方米,新添设备 88 台套,当年生产胶带绳 320 吨。就在这一年,江阴钢绳厂与青岛橡胶六厂签订了胶带钢丝绳十年供需协议,正式建立起长期合作关系。

1981 年,江阴钢绳厂新建胶带绳车间 8 244 平方米,工厂开始由狭窄的东厂区越过通江路,向广阔的西厂区转移。这一历史性转移,使企业拥有了大展宏图的天地,逐步形成了江阴钢绳厂今天的厂区框架。

1982 年,工厂开始对外开放,首批接待了多米尼加妇女代表团。

1983 年 1 月,党支部改选,赵昌信任党支部书记,曹慎祥退居二线,改任调研员。行政方面,增补朱鼎明任副厂长。这年 9 月,胶带钢丝绳荣获国家银质奖。

在第二阶段 6 年间,企业相继开发的胶带钢丝绳、胶管钢丝绳、航空钢丝绳、拉筋钢丝绳等新产品产生了可观的经济效益,实现利税总额 1 048.92 万元,1983 年与 1978 年相比,年利税增长 10 倍,年平均递增率为 161.47％。在这一期间,代替进口量达 1 134 吨,节汇 304.7 万美元;累计出口量达 1 603.5 吨,创汇 154.8 万美元。

通过这一阶段的发展,企业实力大大增强。江阴钢绳厂从一个名不见经传的小厂,跃进了全国金属制品行业的前列。

三

第三阶段,从 1984 年至 1993 年的 10 年,江阴钢绳厂致力于进一步巩固、提高。在这一阶段内,企业以深化改革为动力,以科技进步为先导,紧紧围绕提高经济效益这个中心,坚持不懈地在优化产品结构、提高产品质量、强化内部管理、开拓国内外市场上下真功夫,推进外向合作,加快国际接轨。

1984 年 3 月,周建松、严一民等组成的江阴钢绳厂第一个出国考察团组,走出国门,飞赴意大利。这次考察,使企业作出了开发钢帘线这一决策。同年 9 月,确定了从意大利引进 32 台套设备。10 月,新产品轮胎用钢帘线和高压胶管钢丝通过了鉴定。12 月,经上级批准,厂党支部升格为党总支,赵昌信任总支书记。

1985 年 4 月,周建松厂长率队赴日本,参加在东京举行的第 11 届国际钢丝绳博览会。这是中国金属制品行业首次派代表出席国际钢丝绳博览会。江阴钢绳厂生产的 6 个系列产品的样品在博览会期间引起了国际同行的关注和赞叹。

江阴钢绳厂的迅速崛起引起了各级领导的重视。1985 年 10 月 16 日、10 月 29 日,国务委员、国家科委主任宋健,国家经委副主任朱镕基分别视察了江阴钢绳厂。1986年2月14日，江苏省省长顾秀莲来厂视察工作。顾省长将江阴钢绳厂赞誉为"江南冶金一枝花"。8月10日，冶金工业部部长戚元靖也来厂视察。

1986年7月，江阴钢绳厂成立了党委，周建松厂长兼任党委书记，赵昌信为党委副书记。同月，集团联营企业——江阴钢绳总厂成立，周建松任总厂厂长。7月31日，江阴钢绳厂被国务院机电产品出口办公室、对外经贸部批准为全国钢丝绳行业中唯一的机电产品出口基地企业。

1987年4月江阴撤县建市后，性质为市属大集体的江阴钢绳厂升为中型企业。5月，对钢绳厂的发展作出重大贡献的老书记曹慎祥病逝。12月，厂出口基地技改扩能工程提前竣工，在省冶金厅主持下顺利通过了验收。

1988年9月，周建松厂长由国务院机电出口办组织赴美国考察三个月。朱鼎明由冶金部组织赴美考察两个月。赵昌信率郑汉清、缪振华等人赴意大利学习考察一个月。

1989年3月，经省冶金工业厅批准，企业上升为地方大型企业。5月，上海市市长朱镕基来厂视察，并题词"锐意进取"赠周建松厂长。6月，企业获英国劳埃德船级社的工厂认可。这一年，轮胎用钢帘线继胶带钢丝绳之后，也获得了国家银质奖。

1990年2月，西郊乡文富村特种车辆厂转让给江阴钢绳厂的有关协议达成，3月生效，成立了903分厂，经各方会战，6月底，一期技改即竣工投产。3月21日，中共江阴市委、市政府作出全市工业向江阴钢绳厂学习的决定。4月27日，无锡市政府受国家人事部委托，授予周建松国家级"有突出贡献的中青年专家"证书。12月，吴玉君副厂长随省冶金厅团组赴日本考察。

1991年1月,市委组织部任命陈秀网任江阴钢绳厂党委副书记。4月15日,中共中央政治局常委李瑞环在江苏省委书记沈达人、无锡市市长王宏民等陪同下视察了江阴钢绳厂。6月,钢绳科技大厦落成,投入使用,成为江阴钢绳厂第一次创业的里程碑。该大厦高18层,"钢绳科技大厦"六个大字由朱镕基副总理题写。6月30日,江阴钢绳厂通过了冶金工业部、江苏省冶金工业厅"晋升国家一级企业"联合考评组的综合考评。11月1日,国务院企业管理指导委员会正式发文确定江阴钢绳厂为"国家一级企业"。同月,江苏省冶金工业厅来厂举行了"江阴钢绳厂治厂之道经验交流会",对江阴钢绳厂"以人为本,科技立厂,以质取胜,管理求实"的治厂经验予以充分肯定。

1992年4月30日,国家经贸部发文批准江阴钢绳厂享有自营进出口经营权。5月24日,中共中央政治局常委、国务院总理李鹏在中共江苏省委书记沈达人、省长陈焕友等陪同下来厂视察。李鹏总理为江阴钢绳厂题词:"科技立厂,开拓未来。"11月9日,江阴钢绳厂与台湾华新丽华股份有限公司所属的香港华成国际有限公司合资的"江阴华澄钢缆有限公司"正式签约,该项目总投资1 530万美元,主要生产高强度、低松弛预应力钢丝和钢绞线。12月11日,出席全国第三届科技实业家创业会议的江阴钢绳厂厂长周建松,荣膺全国科技实业家创业奖银奖,并同与会的40名获奖者一起,在北京人民大会堂受到党和国家领导人江泽民、李鹏、乔石、李瑞环、朱镕基、刘华清、胡锦涛等的亲切接见,并一起合影留念。

1993年1月9日,江阴钢绳厂与比利时贝卡尔特公司合资的"中国贝卡尔特钢帘线有限公司",在历经两年时间的认真考察洽谈后,于上海希尔顿酒店北京厅举行了合资合同和章程的正式签字仪式。该项目总投资 5 000 万美元,主要生产轮胎用钢帘线。3 月 31 日,该合资项目隆重奠基。6 月 14 日,江苏省体改委发文,将原江阴钢绳集团列为省级企业集团,并更名为江苏钢绳集团,核心企业江阴钢绳厂更名为江苏钢绳集团公司。9 月 20 日,国家经贸委、国家计委、国家统计局、财政部、劳动部、人事部联合发文,江阴钢绳厂被认证为大型一档企业。12 月 11 日,江阴华澄钢缆有限公司隆重举行竣工投产典礼,该合资公司从签约到投产,仅用了一年时间。投产不久,即逢广东虎门悬索大桥国际招标,江阴华澄钢缆有限公司与美国、英国、日本、德国、意大利、比利时、西班牙、土耳其、韩国的十二支劲旅纷纷应标,展开了一场没有硝烟的激战。经过三轮紧张角逐,1994 年 2 月 4 日开标,江阴华澄钢缆有限公司力挫群雄,连克对手,终于与德国阿迈德公司平分秋色,双双中标,从而结束了中国桥索用材由"舶来品"一统天下的历史。

沧海横流,方显出英雄本色。三十年间,江阴钢绳厂克服千难万险,创造出辉煌业绩,企业面貌发生了翻天覆地的巨变。至 1993 年,工厂占地面积 41.18 万平方米,拥有固定资产 17 563 万元,职工 2 243 人,分别比建厂初期增加 182 倍、12.54 万倍和 40.5 倍。1993 年年产值达 23 689.52 万元,与 1964 年比,翻了 10 番,年平均递增速度为 27.36%。产品自 70 年代末替代进口、打入国际市场以来,为国家累计节汇 8 655 万美元,累计出口创汇 7 079 万美元,多年来雄踞国内同行业出口创汇之首。三十年利税平均年递增率为 33.27%,1993 年人均创利税和全员劳动生产率分别比建厂初期提高 103.6 倍和 27.13 倍。

德国英特卡勃公司总裁赫门先生在发给江阴钢绳厂的厂庆贺电中说:

"在贵厂成立 30 周年之际,我们向你们表示衷心的祝贺!

我们与贵厂技术部门、商务部门的女士、先生们密切友好合作了多年,我方感到非常荣幸。由于贵方各个方面一流的质量,良好的交货服务,精通国际市场的需求,诚实、有能力的个性,使我们得以在欧洲成功地树立了中国产品良好的形象,在中国所有钢丝绳制造业中,江阴钢绳厂的地位是独一无二的。"

江阴自行车配件工业今昔

王福民

　　自行车配件工业是建国后江阴新兴的轻工行业之一。江阴自 20 世纪 50 年代中期兴办、生产自行车配件以来,几乎从未中断过。而且,曾先后两次组织生产自行车,虽然都因故中途下马,但却为江阴自行车配件工业培养、锻炼了一批专业技术人才和技术工人,促进了江阴地方工业——自行车配件工业的发展。

　　1954 年 10 月,江阴城区永泰工记、源大、姜鑫泰等木行和永达新布庄的老板,筹集 36 000 余元资金,在征存路 2 号(现杜康路底)创设捷利车轮钢丝工业社,从业人员 24 人,聘请一名上海技工师傅,靠几台冲床、钻眼机、车条搓丝机等设备,专业生产"天"字牌自行车钢丝以及三轮车、人力车钢丝。江阴的自行车配件工业即发端于此。还有,当时分布在城内东大街、司马街和北大街上的 10 多家私人自行车车行,以及青阳和周庄集镇上的私人车行,后来,他们大多成为发展江阴自行车配件生产的基业。

　　1956 年 1 月,捷利车轮钢丝工业社接受对私营工商业的社会主义改造,实行公私合营,更名公私合营捷利钢丝厂,公方代表(厂长)刘生才。此时从业人员 26 人。其中私方人员 5 人,生产工人 18 人。生产的车轮钢丝全部自销,主要销往上海、广州、厦门、武汉和南京等 9 省(市)12 个大中城市。捷利钢丝厂不久改为地方国营江阴车辆厂,由于其产品质量好,部分车轮钢丝原材料由无锡市五金交电公司按计划供应,并包销大部分产品。这样,工厂产量逐年上升,由 1955 年的 154.63 万支,以44.10％的年平均速度递增,1960 年,达到 1 384.4 万支的最高年产量。1962 年,无锡市五金交电公司调整车轮钢丝生产布点,地方国营江阴车辆厂(原公私合营捷利钢丝厂)的产品不再列入计划,因此产量锐减。1964 年 10 月,转产螺丝成功,更名地方国营江阴螺丝厂,从此不再生产车辆钢丝。这是计划经济时代出现的那种无奈景况,好端端的产品不得不放弃而中途转产。

几乎与捷利车轮钢丝工业社接受社会主义改造,更名为公私合营捷利钢丝厂的同时,江阴城区 13 家车行于 1956 年 1 月,在新生街成立城区自行车修配生产合作组。1957 年由组转社,更名为澄江镇自行车修配生产合作社,社员 19 人,其中生产人员 17 人,章泉林任理事会副主任。合作社除了修配自行车,还仿制自行车车脚、保险杠、链壳、手闸等零件,组装自行车。

1958 年 8 月,澄江镇自行车修配生产合作社与镇渔钩生产合作社合并,在东门外河北街原大众戏院内建立东风车辆厂,后又经多次分拆、合并。至 1962 年,原自行车修配生产合作社恢复单独建制和合作社体制,定名澄江车辆修配生产合作社,除修配车辆外,还生产自行车车架、车把、支架等配件,产品销往江苏启东和安徽省各地。

江阴周边城市自行车工业在 20 世纪 70 年代快速发展,以无锡为例,1969 年恢复生产自行车产量达到 5 040 辆,1975 年为 100 020 辆,比恢复生产前的 1962 年历史最高产量 6 378 辆增加 15.68 倍。这一现象引导和推动江阴自行车配件工业的再次兴起和发展。1970 年,澄江制鞋社抓住无锡发展自行车工业的机遇,缝制猪皮自行车鞍面销往无锡,企业得到发展,1975年更名江阴自行车鞍座厂,专业生产猪皮自行车鞍面。同年 8月,顺应无锡市自行车工业的发展,江阴县工业局规划,将澄江车辆修配生产合作社与澄江金属制品生产合作社合并,在环城北路 65 号(现中山北路 77 号"东海馨苑"内)组建江阴金属车辆厂,当年即承接无锡市自行车工业公司委托生产的鞍座和手闸。次年 9 月和 12 月,澄江人民服装社和澄江铁业社先后并入金属车辆厂,企业规模扩大。1972 年,该厂承接省轻工业局下达的鞍座、手闸生产任务,并作为省定点生产企业。

随着生产批量的增大,设备逐年更新换代,技术创新,产品质量和精度都有很大提高。至 1975 年,鞍座手闸总共 84 道冲压工序,其中 33 道冲裁工序大多实现机械自动进给,51 道压形工序实行手工钳夹进给。1977 年,省轻工业厅拨款 40 万元,重点进行技术改造和扩能改造,添设备建厂房。1978 年 2 月,江阴自行车鞍座厂鞍座车间亦并入金属车辆厂,工厂逐步形成鞍座、手闸两大类四个系列 33 个花色品种,并能根据用户需求设计产品,生产能力分别达到 400 万只和 700 万套。"六五"期间,鞍座、手闸产量分别以 23.4％和 21.55％的年平均速度增长。1985 年时,鞍座、手闸分别占全国单配量的 6.6％和 15.25％,产量分别名列国内同行业的第五位和第二位;产值占江阴县、镇、村三级轻工业产值的 4.86％,占县属轻工企业产值的41.17％。鞍座、手闸均被评为省、轻工业部的优质产品。自行车配件产品成为江阴工业的重点产品之一。

当 1958 年 11 月澄江镇自行车修配、渔钩两家生产合作社合并组建的东风车辆厂,刚并入公私合营江阴金属制品厂不久,又更名为地方国营江阴轴承车辆厂的时候,全厂干部职工依靠简陋设备和手工操作,土法上马,试制成功了江阴第一辆自行车。当年,在一个小县城能造自行车,这的确是个奇迹。这在全省乃至全国都是绝无仅有的。即便周边有一定机械制造工业基础的大中城市,除了上海,就只有无锡自行车修配厂在 1958 年试制成功第一辆"东方红"牌自行车。这反映了江阴地方工业的经济实力和技术基础。

第一辆自行车诞生后,国营江阴轴承车辆厂内一片欢腾,锣鼓喧天,干部职工敲锣打鼓向有关部门报喜,并作为国庆 10 周年献礼产品,分别在县人民大会堂(现红磨坊大剧院·音乐厅)和县工人俱乐部会堂(现江阴市工人文化宫)展出。后来,由于地方工业调整和重新布局,生产自行车中途下马。1958 年 12 月至 1959 年 8 月生产的百辆左右自行车,据说后来都奖给了当年农业战线摆擂台、打擂台的英雄好汉和农业战线优胜单位。

16 年后的 1975 年,江阴再次试制自行车。是年,苏州地区工业局投资 25 万元,江阴县工业局组织江阴机械厂等几家机械制造企业加工自行车生产设备,抽调技术人员设计自行车,由江阴金属车辆厂试制样车,并计划筹建江阴自行车厂。金属车辆厂组织厂内技术人员动手设计、技术工人加工生产专用设备,如车圈成型机、车架装配机、车把劈头机等,他们克服各种困难,很快试制成功红马牌 PA75 型 28 英寸自行车 60 辆。但当时由于受资金限制,一些加工的自行车生产设备不能到位,1978 年终因投资不足等诸多原因,自行车生产再次中途下马。自 1975 年下半年至 1978 年,金属车辆厂共制造红马牌 PA75 型 28 英寸自行车 591 辆。此车在工业系统内部销售。该厂自行车生产设备后来转让给无锡小轮自行车厂。

　　江阴自行车配件工业的顺利投产和迅速发展,还得到乡镇工业的支持与帮助。江阴较早专业生产自行车配件的乡镇企业,有夏港的江阴县自行车配件厂,曾为湖北省天门县生产金凤牌自行车车架;陆桥的江阴县自行车配件二厂,1981年开始生产24英寸、28英寸自行车车架,1986年同上海自行车四厂结成松散型联营,为该厂生产"飞达"牌QH452-3型24英寸女式轻便车车架。1982年时,全县乡镇企业有8家电镀厂和4家冲压件厂为江阴金属车辆厂加工配件,至1987年,已发展到48家,生产鞍座、手闸的配件数量,几乎达到该厂总生产量的1/4。

　　全国自行车生产厂家在20世纪80年代进行了一次大洗牌,一些自行车厂下马。面对自行车产销形势发生急剧变化,1986年江阴金属车辆厂采取两大步骤应对,一是生产外贸鞍座、手闸,通过上海轻工进出口公司外销;二是加入上海自行车厂等14家单位联合发起成立的全国第一家名牌自行车专业集团——永久自行车企业集团。可是,1998年该企业集团破产。江阴金属车辆厂(1987年改称江阴鞍座手闸厂)也随之破产。此后,工厂有些职工下岗再就业;有些职工到乡镇企业工作;还有少数职工开办家庭式作坊,继续生产鞍座、手闸,经过努力,规模逐渐扩大,产量持续提高,销路越来越广,其中不乏脱颖而出的佼佼者,嘉思特车业有限公司便是一例。

　　民营企业嘉思特车业有限公司坐落在开发区澄江中路177号。该公司从最先的几台破旧注塑机和老式冲床,发展到现在拥有十几台大型先进的注塑机和冲床,建有从国外引进的生产流水线(已投产2条),设有电泳涂装车间,员工六七百人,已具规模,专门生产外贸鞍座,挑起了江阴自行车配件工业的发展大业。

周庄、华士、新桥乡镇
工业发展见闻

吴鑫昌

  我长期在无锡市乡镇企业局工作,目睹了无锡乡镇企业发展的过程。2001年曾对江阴市的周庄、华士、新桥三个镇在"九五"期间的发展作了一次调查,现把当时在这三个镇乡镇企业发展的所见所闻呈献给读者,作为对改革开放三十周年重要成果的一个纪念。

  在江阴的东部,有一块充满生机的热土,周庄、华士、新桥三个毗邻的乡镇镶嵌其中,构成了一个三角形。"九五"期间,

江苏三毛集团

（孔维贤摄）

三镇的工业经济取得了显著成绩,销售收入、利税总额年均增幅分别为 16.2％和 16.7％,分别高出全市增幅 4.9 个百分点和 4 个百分点。"九五"的中后期,三镇就分别包揽了全市乡镇企业工业销售收入、利税总额的前 3 名,成为全市乡镇企业发展最快、水平最高、效益最好、贡献最大、后劲最足的"金三角"地区。这三个镇始终保持了快速发展的强劲势头,有着胜人一筹的举措。

一、注重升级换代,运用高新技术改造传统产业

　　周庄、华士、新桥是全市的纺织之乡。全国毛纺业的两位巨子阳光、海澜(三毛)就坐落在新桥镇上。周庄镇更是村村有

江阴市精毛纺厂　　　　　　　　　　　　　　(孔维贤摄)

布厂、户户有织机,早在 1987 年全镇就有 10 000 多台织机。华士镇的纺织行业一年也有 20 亿元的销售规模。时代在发展,纺织业作为一种劳动密集型的低门槛产业,面临着越来越激烈的竞争。三镇有关部门领导深刻地认识到,纺织业再走传统的路子,必定日渐式微,要想让这棵老树发新芽,只有搞"嫁接",用高新技术对其进行全面改造,以适应市场需求。20 世纪 90 年代中后期,三镇开始涉足精纺呢绒,追求高附加值,经过几年的发展,精毛纺业形成了独一无二的大市场,风靡海内外。具体说来,他们是在两方面进行了改造。

一是装备改造。工欲善其事,必先利其器。三镇不断斥巨资从国外引进先进设备。新桥镇一直把引进科技装备、淘汰旧设备当作大事来抓,着力提高科技装备水平。自 1995 年开始进行第二次大规模科技装备改造,5 年投入达 24.2 亿元,年均投入 4.8 亿元。阳光集团的国际先进设备率达 100%,号称"八国联军"。集团最先进的一个车间里,光设备就价值 6 亿元。生产出来的产品当然是世界一流,国内领先。1997 年,香港回归,驻港部队就是穿着阳光集团生产的面料制成的戎装威风凛凛地出现在世人面前。周庄镇原先曾有"江南布码头"的称号,但一个"布"字,无形中道出了装备不精、产品档次不高的现实。他们励精图治,舍得花钱,注重引进,打出了一片新天地。镇内的倪家巷集团原是个不起眼的村办企业,近几年在技术装备上进行大规模的改造,"鸟枪换炮",产品质量、品位、档次明显上升,创出可与世界精纺权威、意大利精纺面料相媲美的高档服装面料,市场覆盖率和竞争力大大提高。二是注重新品开发。三镇技改投入的主要投向就是放在增强企业的自我创新能力上,增强新品开发能力,促进产品升级换代,提高产品的市场竞争能力。三镇的企业抓住顾客求新、求奇的消费心理,把力气下在产品创新上,不断推陈出新。以新桥镇为例,该镇平均每天有10只以上的新品推出,全镇开发成功填补省级以上空白新产品900项。阳光集团提出了"以开发新品引导市场消费潮流"的市场观念,每天可开发新品3到4只。海澜集团提出了"不断否定自己,永远追求卓越"的市场意识,坚持适时推出新品。他们率先在同行业中采用纳米技术开发新功能服装面料,走在了国际纺织业的前沿。新桥镇的毛纺业正是在层出不穷的新品中,品种由单一变齐全,品位能适应多种消费,产品结构正趋合理,产品市场日趋扩大。

二、调整行业结构,培育新的增长点

独臂不能擎天。同样,健康的经济发展需要多元化的结构作支撑。三镇坚持以市场为导向,积极进行产业结构调整,另辟蹊径,大胆探索新路,该长的长,该短的短,降低不合理的产业比重,力求形成多头并举的经济格局。其中,周庄镇曾在5年内关闭了14家企业,包括当时还很赚钱的砖瓦厂,结构调整力度之大,可见一斑。

三镇借助产品延伸,搞同心多圆。一些以服装面料起家的企业,纷纷进入服装领域,从做中间产品到直接面对消费者,形成了一条完整的产品链。阳光的威尼帝西服、海澜的奥德臣服饰目前已成为国内服装业的后起之秀。华西村依托名村、名人、名品效应,产品涵盖纺织、建材、服装、食品等几大领域。新桥镇的精亚集团是国内最大的纺织空调除尘设备制造商,蜂窝除尘机组国内市场占有率达60%。周庄镇除纺织外,在人造革、汽车配件、橡胶制品等新兴产品领域内也形成了气候。以龙山集团为龙头的人造革产品,产品新,款式多,批量大,成为全镇的一大支柱产业,年产量超 6 亿平方米,年销售收入可达 18 亿元。该镇海达公司在橡胶制品上做足了文章,开发的船舶橡胶制品、集装箱门密封条、工程橡胶制品、特种橡胶制品和塑料橡胶制品五大系列的 100 多只产品,百分之百被国内外客商评定为满意产品。

　　同时,三镇依托资本经营,四面开花。至 2000 年底,三镇共拥有上市公司 5 家,分别是华西村、江苏阳光、四环生物、凯诺科技和模塑科技。这些上市公司充分发挥自身优势,通过兼并、联合、控股、租赁、收购,实现低成本、高速度的跨行业裂变扩张,短短几年,三镇已从证券市场募集资金 16.5 亿元,瞄准新兴产业,瞄准高科技前沿,向生物医药、新型建材、电子网络等领域跨进。阳光集团花 1.7 亿元成功收购了北京一家药厂,并与无锡微生物研究中心合作,共同开发研制生物制药。江南模塑是周庄镇的巨头企业,首开我市乡镇企业采用机器人操作的先河。该集团与外方合资生产轿车保险杠和大中型精密注塑模具,并增加了年产 30 万只各类高级旅行箱包项目;通过向荷兰进口生产保险杠的工程原料,又与荷方合资生产塑料件原料;针对生产保险杠对塑料机械的大量需求,又开发出各种大中型精密塑料机械,建立起二次配套厂;高精度的模具和高科技含量的原料使江南模塑成功地推出高质量的塑钢门窗,形成年产轿车保险杠 50 万套、各种大中型精密注塑模具 30 台套、化工原料 2 万吨、塑钢门窗 2 万平方米的生产能力,其研制的专为轿车工业配套的塑料封头机、保险杆专用打孔机等多项产品填补了国内空白。

三、寻找市场切入点,构筑规模 经济的立体层次

实践证明,以集团为载体、促进生产要素向优势企业集结,实行集约化、规模型经营,是乡镇企业发展到一定阶段的必然选择,也是乡镇企业在市场竞争中取胜的重要措施。周庄、华士、新桥三镇在发展中,注重寻找最佳的市场切入点,把做大企业和做强企业结合起来,加速培育规模优势,规模经济在这三个镇具有"定海针"的作用。2000年底,新桥镇阳光、海澜两个集团企业的经济总量占到全镇的84.4%。当时,三镇有集团企业20家,其中国家级和省级11家。在全市30家重点乡镇企业中,有5家出自这三个镇。全省销售收入超10亿元的乡镇企业有23家,这三个镇占据了其中5个席位;全省有利税超亿元的乡镇企业19家,三个镇有5家入选,占四分之一。华西、阳光完成的主要经济指标列全省前茅。

规模经济在这三个镇中起到了排头兵、领头雁的作用,促进了结构调整和产业升级,带动了中小企业蓬勃发展,一批如龙山、精亚、蝙蝠、海达等前景看好的成型企业脱颖而出,一批小而精、小而特、小而优的企业犹如雨后春笋般出现。

四、大力建设乡镇工业园区, 培育新的发展载体

三个镇在抓好技改投入的同时,把工业园区作为乡镇企业发展的新载体,加大招商引资力度,筑巢引凤,培育新的企业

群体。

三镇建有工业园区6个。在建办工业园区上,三镇也有独到之处。一是利用品牌办园区。华西村本身就是一个工业园区,占地面积4平方千米。村内企业相对集中,相互照应。基础设施共同使用,物业管理统一实施,对外打华西牌,对内自主经营,各负其责,最大限度发挥出集聚效应。二是办出园区特色。周庄镇现有三个工业园区,每个园区各具特色。欧洲工业园区为外商投资科技园,三房巷工业园为轻纺工业园,周西工业园为科技创业园。三个园区已成为外商投资的集聚地、经济发展的快速增长区、高新技术示范区和小城镇建设的样板区。三是吸纳民资办园区。三个镇的党委政府十分重视工业园区建设,重在政策扶持、营造环境,千方百计吸引社会资金加大后续投入,培育以民营资本为主的企业群体。据统计,三镇的乡镇工业园区中民营资本投入达5.5亿元。华士镇的私营工业园是在一块闲置土地上建设起来的。开办伊始,周边企业闻知,纷沓而至,当年就被35家私营企业占满。

五、把握知识经济潮流,信息化带动工业化

知识经济的浪潮已席卷全球,三镇得风气之先,相继用信息化带动了工业化。新桥镇在不断的实践和发展中完善自身的管理机制,用先进的思想意识、先进的管理方法来武装"人脑",并利用"电脑"等先进的设施装备来武装企业,使企业管理机制更具活力。在1999年时,该镇已投入3 000多万元致力于电脑网络建设和管理,拥有电脑450多台,电脑操作管理人员

500多名。阳光、海澜集团分别建立了网站,对总厂和分厂实行信息互联,对生产、质量、设备、信息4大块实行电脑管理,成立企业信息管理中心。阳光集团还将信息网络建设推广到驻全国各地的办事处。

三个镇的工业经济是全市乡镇中的佼佼者,他们代表了无锡乡镇企业的发展水平,预示着未来发展方向。

一是有了高瞻远瞩的企业家队伍,才能保证资金投向准、见效快。任何事物都有两面性。投入作为市场经济中一种资金运作的方式,具有较高的风险,特别是大投入,结果不是大成就是大失败,没有中间路线可走。如何才能保证投得准、见效快?关键在于决策者。周庄、华士、新桥三镇,近几年累计投入金额几十亿元,大小项目几十个,无不喜获成功,不能不说是个奇迹。追溯根源,还是一群素质超群的企业家在背后运筹帷幄所致。现在,这三个镇涌现出了以吴仁宝为代表的企业家群体。他们大多深谋远虑,注重不断学习,市场感觉敏锐,能正确把握世界经济潮流的方向,了解本行业发展的趋势。有了这样的舵手,这艘大船自然就一帆风顺了。

二是有了多元化的投资结构,才能解决资金制约的瓶颈。"资金少,贷款难"一直是困扰乡镇企业发展的一大顽症。要打破这一制约瓶颈,必须得有新的思路,不搞成分论,多渠道吸引投资。他们或利用自有资金,或通过银行贷款,或对上争取,或以建办乡镇工业园区为载体,吸引民资、外资和社会资金。总之是多管齐下,产生联动效应。尤其是在进入资本市场后,筹措资金更是如鱼得水,为我们展示了一个不被资金所制约的成功范例。

三是有了正确的市场定位,才能有企业的市场地位。观察三镇的企业,可以发现一个共同点,它们在市场上的地位都比较高,整体形象都比较突出,在本行业或多或少都有些他人难以企及的影响力。这种大家风范背后的底蕴,就是这些企业有着正确的市场定位。它们在创办之初,就把自己置身于国际舞台中,追求自主知识产权和自主开发能力,接轨国际大公司、国际先进技术和国际主流市场,从而形成了一种独占鳌头的大气魄,夺得了属于自己的市场份额。

四是有了宽松的外部环境,才能促进经济发展。发展需要好环境,大发展需要大环境。事实上,三镇经济的发展并不是朝夕之功,也经历了起步、提高、优势确立三大阶段。这其中,三镇党委、政府领导不管外部环境怎样变化,始终把为企业创造良好的发展环境作为工作的重点,合理规划,科学调度,持之以恒地支持企业发展。他们在建办工业园区上,始终把服务放在首位,降低门槛,方便业主,很快就招来了一大批企业进园办厂。最突出的表现就是在政策上重点扶持,资金上不搞天女散花,而是集中用在几家大企业、大集团上,以利于其迅速成长壮大。这种工作方法,不仅培育了"盆景"企业,还带动了其他一批相关小企业,经实践验证,是行之有效的。

江阴乡镇(社队)工业发展情况

董士良

江阴乡镇(社队)工业追溯到 20 世纪 50 年代末,至今已有半个多世纪了,它的发展历程是:

一、"文化大革命"前的社队工业

1958 年,党的八届六中全会提出"人民公社必须大办工业"的号召,江阴依据自力更生,以小为主,土法为主和就地取材、就地生产、就地销售的方针,在农村兴起了办工业的热潮。除澄江镇(1956 年 12 月 21 日撤销城区建立澄江镇,1960 年 6 月 22 日澄江镇改为澄江人民公社)外,全县成立 112 个手工业生产合作社组,并组成 58 个公社集体所有制工厂,成为江阴第一批乡镇(社队)骨干企业。同时小炼钢、小炼铁、机械修配、采矿建筑材料、日用五金和其他小型加工企业大量涌现。到 1958 年末,全县社队工业企业数达到了 346 个,工业总产值(按 1957 年不变价格计算)1 322 万元,占农村农、副、工三业总产值的 10.8%。随后遭到连续三年自然灾害困难,1961 年 4 月,国家实施了"调整、巩固、充实、提高"的八字方针,为加强农业,对农村社队工业采取了整顿、收缩、关停的方针,并出台限制举办社队工业企业的相关措施,社队工业在国民经济暂时困难和国家经济政策调整的双重作用下连年萎缩,绝大部分社队工业被逼关、停。1961 年末,全县社队工业企业减少到 91 个,工业总产值下降至 1 114 万元。1962 年,是国民经济最困难的年份,社队工业生存十分艰难,年末工业企业数再次锐减到 45 个,工业总产值仅有 671 万元。1963 年上半年,随着自然灾害程度的减弱,实施的八字方针取得明显成效,国民经济开始逐渐复苏,社队工业开始缓慢地回升。1965 年末,全县社队工业企业数回升到 61 个,工业总产值上升到 2 784 万元。这时的社队工业企业大部分依靠本地技术人员,利用比较简单的工具和城市工厂淘汰的落后设备,生产一些为农业生产服务的小机械、小五金、小纺织、小建材、小化工,企业规模较小,产品档次较低,经济效益较差。

二、"文化大革命"时期的社队工业

1966 年 5 月,党中央号召人民公社有条件的也要由集体办些小工厂,社队工业再度兴起。随着中共中央下达《五·一六通知》,8 月 23 日起"文化大革命"迅速展开。在"文化大革命"初期,城市部分工厂停工、停产,市场商品匮乏,社队工业及时从城市弄来机器,请来技术人员和工人师傅,先后创办了包括五金、机械、建材、纺织、轻工、化工等 10 个行业的各种工厂,社队工业有了一定发展。1970 年 10 月,党中央为尽快实现农业机械化,号召各地要大办农机厂、农具厂以及与农业有关的其他企业,特别是 1972 年 3 月国务院发布的《中华人民共和国工商税收条例(草案)》中规定地方有权力对当地社队企业确定征税和减免税,这直接催化和推动了社队工业的进一步发展。1975 年 12 月,县委召开发展社队工业会议,进一步明确了发展社队工业的重要性,掀起了社队工业发展高潮。会后,25 个县属工业企业、商业、物资部门与 13 个公社挂钩,积极扶持社队工业发展,并把农村手工业、民间运输业组织起来纳入了集体经济体系。1975 年,全县社队工业企业由 1965 年的 61 个增至 245 个,净增 184 个;工业总产值(按 1970 年不变价格计算)达到 16 022 万元,占全县工业总量的比重达到 34.4%,实现了"三分天下有其一"。1976 年国家相继出台了一些扶持社队企业发展的优惠政策,江阴及时调整了社队工业发展方针,冲破了"一围绕、三就地"(围绕农业办工业、就地取材、就地加工、就地销售)的旧框框,使社队工业向更广阔领域发展,实现了全县公社个个大队有工业。至 1978 年,全县社队工业企业总数达 2 054 个,比 1970 年增 1 809 个,总数中社办工业 386 个,队办工业 1 668个;工业企业职工人数为 119 405 人,其中社办工业 60 703 人,队办工业 58 702 人;工业总产值(按 1970 年不变价格计算)38 299 万元,其中社办工业 25 079 万元、队办工业 13 220 万元;工业利税总额 8 379 万元,其中社办工业 5 219 万元,队办工业 3 160 万元;利润总额 6 869 万元,其中社办工业 4 230 万元,队办工业 2 639 万元;拥有固定资产原值 12 082 万元,其中社办工业 8 369 万元,队办工业 3 713 万元;工业企业自有资金 17 627 万元,其中社办工业 12 124 万元,队办工业 5 503 万元。社队工业总产值占到全县工业总量的比重为 55.64%,首次超过县属工业,实现了"平分天下"。

三、"文化大革命"结束后的乡镇(社队)工业

"文化大革命"结束后的 1978 年 12 月 18 日,党的十一届三

中全会在北京胜利召开,江阴揭开了乡镇(社队)工业发展的新篇章,异军突起的乡镇工业经历了初步发展阶段、加快发展阶段、迅速发展阶段、稳步发展阶段(下限2000年)。

(一) 初步发展阶段(1979～1983)

1979年7月3日,国务院发布的《关于开展社队企业若干问题的决定(草案)》中规定"没有纳入计划而社会需要的产品,原材料和动力供应有来源的,人民公社可以自订计划生产"。这为社队工业企业突破单一指令性计划的限制,在国家计划指导下,以市场调节为主,从事生产经营活动提供了政策依据。广大农民强烈的致富愿望,促使一批能干贤人勇于站出来,带领农民兄弟白手起家办工厂,农村出现了"村村点火、处处冒烟"大办社队工业的热潮,社队工业从星星之火迅猛发展成为燎原之势,全县乡镇(社队)工业经济呈现一派繁荣景象。1983年,中共中央发出了一号文件,进一步肯定了发展乡镇工业的重要性和必要性(1980年实行了乡镇建制),全县各级领导进一步树立了搞好乡镇工业的信心和决心。1983年,实行了市管县新体制后,江阴大力支持乡镇工业发展提出了"扶持、规划、指导、促进"的八字方针和行政上加强管理、经济上促进联合、技术上全力支持、渠道上积极疏通的具体措施,乡镇工业得到了较好发展,1983年全县乡镇工业企业数达1 049个,其中乡镇办工业501个,村办工业548个;职工总人数182 216人,比1978年增62 811人,总数中镇办工业97 799人,村办工业84 417人;工业总产值(按1980年不变价格计算)103 864万元,其中镇办工业70 015万元,村办工业33 849万元;工业产品销售收入102 226万元,其中乡镇办工业64 936万元,村办工业37 290万元;工业利税总额17 920万元,比1978年增9 541万元;其中镇办工业 11 702 万元,村办工业 6 218 万元;工业利润 12 767 万元,比 1978 年增 5 898 万元,其中镇办工业 8 228 万元,村办工业 4 539 万元;固定资产原值 36 309 万元,比 1978 年增 24 227 万元,其中镇办工业 25 228 万元,村办工业 11 081 万元;自有资金总额 44 260 万元,比 1978 年增 26 633 万元,其中镇办工业 30 118 万元,村办工业 14 132 万元。

(二) 加快发展阶段(1984~1988)

1984 年,国家对农村办企业再一次作出了扶持的决定。3 月在《中共中央、国务院转发农牧渔业部〈关于开创社队企业新局面的报告〉的通知》中,对社队企业的积极作用予以充分肯定,要求各级党委和政府对乡镇企业要和国营企业一样一视同仁,给予必要的扶持。农民私人办企业得到了国家的鼓励和支持。1986 年 6 月,江阴出台《关于推动横向联合组建企业群体的若干意见》,鼓励和引导工业企业组建企业群体,加强经济联合、横向联合的步伐。全县各级领导抓紧机遇不放,适时推出了一些鼓励扶持措施,创造性地把农业联产承包的经验带进了乡镇工业企业,推广了无锡县堰桥乡"一包三改"的经验,使积累多年的能量一下子得到了释放。1988 年末,全市(1987 年 4 月撤县建市)乡镇工业企业数为 2 880 个,比 1983 年增 1 831 个,其中镇办工业 872 个,村办工业 2 008 个;职工人数 322 642 个,比 1983 年增 14 038 个,其中镇办工业 169 738 个,村办工业 152 904 个;工业总产值 589 207 万元,比 1983 年增 4.67 倍,5 年间平均年增 41.5%,其中镇办工业 32 913 万元,村办工业 260 076 万元;工业产品销售收入 540 684 万元,比 1983 年增 4.29 倍,5 年间平均年增 39.53%,其中镇办工业 294 678 万元,村办工业 246 006 万元;工业利税总额 33 072 万元,比 1983 年增 6.85 倍,5 年间平均年增 13.03％,其中镇办工业 22 786 万元,村办工业 10 286 万元;工业利润总额 12 852 万元,其中镇办工业 9 523 万元,村办工业 3 329 万元;拥有固定资产原值为152 564 万元,比 1983 年增 3.2 倍,5 年间平均年增 33.26％。

(三)迅速发展阶段(1989~1995)

1988 年下半年开始到 1991 年 3 年多的"治理、整顿",使乡镇工业经受了严峻的考验,一些人指责乡镇工业是产生"不正之风的源头","与城市工业争资金、争原料、争机器设备、争人才、争市场";面对信贷紧缩、税后还贷、利率调整、税金减免的优惠政策范围缩小等不利因素,全市乡镇工业干部职工没有退缩,而是在困境中寻找机遇,通过调整产品结构,优化企业组合,加强技术改造,搞好市场营销,强化企业管理,积极发展外向型经济等有效措施,在这几年中,乡镇工业的工作重点从外延扩大生产转变到内涵发展生产;从偏重数量、产值转变到抓质量、上水平;从主要靠国家贷款扶持转变到主要依靠自身积累;从劳动密集型转变到技术密集型,依靠科技进步,全面上质量、上技术、上管理、产品创优,出口创汇,开展增产节约,增收节支,技术改革活动,提高企业经济效益。1992 年,市委、市政府提出"科技兴市、外向带动",大胆引进外资,引进国外新设备,引进人才,大力建办"三资"企业,大投入大开放,增强乡镇工业发展的后劲。

1992 年,在邓小平南巡讲话精神的鼓舞下,在中央 2 号文件精神的推动下,全市乡镇工业按照"发展、改革、完善、提高"的方针,鼓足干劲,乘势而上,改变经营模式,普遍推行劳资滚动承包两段结算分配责任制、供销人员包干制、中层干部聘用制、职工工资浮动制等,增强了干部职工的危机感和责任感,组建适应市场经济的企业集团公司,提高乡镇工业企业在国内外市场上的竞争能力。1994 年在改进和完善承包经营责任制的同时,以产权制度为核心的企业改革全面推进。全市乡镇二级改制企业累计 562 个,组建企业集团累计 84 个,其中省级集团公司 46 个,市级集团公司 38 个,增强了企业活力,为乡镇工业发展提供了强大动力。同时乡镇工业企业营销机制灵活多变,采取了"人无我有,人有我优,人优我廉,人廉我变"的战略,用人上采取了择优聘用,实行了干部能上能下,工人能进能出;分配上完善了考核机制和鼓励冒尖的激励机制,对有贡献的实行重奖。同时积极策应上海浦东对外开放,大量引进资金、先进技术设备,学习和借鉴国外先进经验和经营思路,使乡镇工业实现了脱胎换骨的调整改造,大大增强了发展后劲和竞争能力,乡镇工业得到了迅速发展。1995 年末,全市乡镇工业企业数为 3 566 个,比 1988 年增 686 个,其中镇办工业 971 个,村办工业 2 595 个;工业总产值(按 1990 年不变价格计算)为 4 041 770 万元,其中镇办工业 2 159 484 万元,村办工业 1 882 286 万元;工业产品销售收入 3 902 819 万元,比 1988 年增 6.22 倍,7 年间平均年增 32.63％,其中镇办工业 2 174 873 万元,村办工业 1 727 946 万元;工业利税总额 285 765 万元,比 1988 年增 7.64 倍,7 年间平均年增 36.08％,其中镇办工业 145 784 万元,村办工业 139 981 万元;工业利润总额 170 777 万元,比 1988 年增 12.29 倍,7 年间平均年增 44.71％,其中镇办工业 82 146 万元,村办工业 88 631 万元;固定资产原值 1 264 476 万元,比 1988 年增 7.29 倍,7 年间平均年增 168.66％,其中镇办工业 730 992 万元,村办工业 533 484 万元;工业技改投资 284 551 万元,其中镇办工业 165 115 万元,村办工业 119 436 万元,创乡镇工业发展史新高。

　　(四) 稳步发展阶段(1996～2000)

　　1996 年,江阴进一步全面推进乡镇工业企业产权制度改革步伐,促使企业机制变活,生产经营变好,经营者积极性变高,资本结构变优,企业费用变少,镇村集体投入变多,基本上解决了政府负债的问题,建立了适应市场经济要求的法人治理结构,乡镇工业经济步入了稳步发展的新阶段。

　　1998 年 4 月,江泽民总书记视察江阴乡镇企业,并发表了重要讲话。在此前后,江苏省乡镇工业工作会议、全国技术改造工作会议、全国乡镇工业管理会议先后在江阴召开,全市乡镇工业干部职工奋勇开拓,争创一流,乡镇工业经济实现了新发展、新突破。

　　2000 年,乡镇工业企业深入开展致富思源,富而思进教育活动,以江泽民总书记"三个代表"重要思想为指导,抓住国民经济景气指标全面好转的时机,加大"三创、三资引进"突破力度,攻坚克难,勇于创新,开展"学华西、上台阶"活动,深化改革,强化管理,推进工业结构调整,加大创新、创优、创后劲工作力度,乡镇工业持续保持了稳步发展的大好形势。年末,全市乡镇工业企业数(含个体、私营工业企业)共计达 5 170 个,比上年增加 5.12％;职工 25.63 万人,同比增加 5.15％;拥有总资产501.47 亿元,同比增长 12.95％;拥有固定资产原值 234.50 亿元,同比增长 8.13％;所有者权益 222.37 亿元,同比增长10.77％。上述指标中,镇办工业企业 874 个,同比减少 7.12％;所有者权益 106.27 亿元,同比增长 6.63％;拥有职工 10.21 万人,同比减少 5.21％;固定资产原值 116.77 亿元,同比增长0.89％。村办工业企业 1 638 个,同比减少 2.03％;所有者权益

95.0亿元，同比增长10.85％；职工9.36万人，同比增加4.86％；固定资产原值93.88亿元，同比增长12.81％。个私工业企业2 658个，同比增长33.24％；固定资产原值23.85亿元，同比增长33.24亿元；所有者权益21.10亿元，同比增长37.07亿元；职工6.14万人，同比增长28.92％。全市乡镇工业完成工业产品销售收入638.63亿元，同比增长15.75％，占全市总量比重为86.84％；其中镇办工业完成269.87亿元，村办工业完成265.29亿元，私营工业完成103.46亿元，同比分别增长4.47％、18.59％和48.51％。周庄、华士、新桥3个镇超50亿元，要塞、澄江2个镇超40亿元，利港、璜土2个镇超30亿元。完成现行价格工业总产值722.60亿元，同比增长16.72％，占全市工业总量的比重为87.76％，其中镇办工业完成306.94亿元，村办工业完成292.44亿元，私营工业完成123.21亿元，分别同比增长13.45％、15.14％和30.37％；实现工业增加值158.49亿元，同比增长9.23％，占全市工业总量比重为86.35％，其中镇办工业65.32亿元，村办工业63.36亿元，私营办工业30.13亿元，同比分别增长6.84％、7.07％和20.28％；实现利税总额46.55亿元，同比增长11.19％，占全市总量的比重为80.35％，其中镇办工业20.31亿元，村办工业19.80亿元，私营工业6.44亿元，分别同比增长8.66％、6.49％和40.66％；实现账面利润27.58亿元，同比增长10.05％，占全市总量比82.91％，其中镇办工业11.31亿元，村办工业12.96亿元，私营工业3.31亿元，同比分别增长9.06％、5.79％和36.10％。璜土、利港、申港、夏港、华士、周庄、长泾、新桥、要塞、澄江等10个镇实现利润超亿元，其中周庄、华士、新桥3个镇工业利税超4亿元。乡镇工业产品销售率为95.92％，同比提高

0.39 个百分点；完成自营出口 2.95 亿美元，合同利用外资20 773 万美元；合同到账外资 10 950 万美元；完成工业技改投资 44.69 亿元，同比增长 20.65%。

是年，乡镇工业按照"大型企业集体控股上水平，中型企业主多参股增活力、小型企业拍卖转让搞民营"总体思路，推进大型企业改革取得了明显成效。全市乡镇 103 个大型企业改制率达 85%。资本经营跃上新台阶，"江阴板块"达 10 家，其中乡镇工业企业占 8 家。

2000 年止，乡镇工业拥有市级集团企业 52 个，省级集团企业 73 个，其中国家级集团企业 46 个；有大型一档企业 7 个，大型二档企业 9 个，中型一、二档企业 33 个；拥有省级重点集团企业 9 个，无锡市级重点企业 11 个。累计 87 个工业企业通过ISO9000 系列标准认证，有 218 个工业企业通过七基认证，其中65 个通过一级认证，有 9 个工业企业通过综合管理认证。

2000 年 7 月，市政府出台《关于鼓励各类投资，加快园区建设的若干意见》，明确园区建设一系列优惠政策，以政策激励推动园区建设的发展，以利益吸引外资、法人资本、私人资本进园区投资。全市 28 个乡镇、31 个园区规划相继通过市长办公会议审核，全市乡镇工业园区规划面积达 63 平方千米，批准进园区建设项目 51 项。

进入 21 世纪，乡镇工业全面贯彻落实科学发展观，抓紧国家加入 WTO 良好契机，稳中求快，提速增效，创新发展，科学发展，继续不断创出辉煌的成果。

忆 1996 年江阴乡镇企业
发展史上的两件大事

赵云飞

1996 年,是江阴乡镇企业发展历程中极不平凡的一年。当年 1 月,江阴荣获国家农业部"乡镇企业先进市"称号;5 月 22 日—24 日,江苏省委、省政府在江阴召开盛况空前的全省乡镇企业工作会议。这两件大事不仅使我市乡镇企业的发展在全省乃至全国出了名,而且为江阴以后乡镇企业的发展指明了方向、壮了胆。我作为乡镇企业管理部门的一员,亲身经历了这个过程,也做了一些具体工作。

一、为何选择江阴

从江阴市统计局编印的 1995 年《江阴统计年鉴》中所载沿海十五县(市)交流资料反映,当时江阴的一些经济指标绝对数还不如人家。GDP、工业增加值、工业销售收入、利税总额、固定资产和流动资产平均余额、财政收入、人均储蓄,锡山市比我市高。自营出口、实际利用外资和人均储蓄,张家港市比我市多。但我们江阴乡镇企业在发展规模经济、调优产品结构、强化技术装备、着力人才培养等方面走在人家前面,在争创乡镇企业发展新优势上做出了成绩。我认为这是被评为全国"乡镇企业先进市"和全省乡镇企业工作会议在江阴召开的原因所在。具体表现在：

（一）规模企业群集崛起。至 1995 年，江阴市有乡镇企业集团 93 家，其中，省级集团 50 家、市级集团 43 家；有国家级乡镇企业集团 23 家，经国家审定为大中型工业企业 56 家；有 13 家乡镇企业集团被国家经贸委等 5 部委定为全国大型工业企业，其中大一型企业在全省 6 家中占了 5 家。据 1995 年 100 家重点骨干企业统计资料反映，占全市不足 3％的企业，当年完成工业总产值 341.2 亿元、销售收入 278.24 亿元、利税总额 25.24 亿元，分别占全市乡镇工业总数的 56.81％、63.34％和 97.97％；1995 年底，拥有固定资产原值 94 亿元，占全市乡镇工业固定资产总量的 59.49％。1995 年，全市 18 家农村现代化示范村工业经济统计显示，当年完成工业总产值 97.7 亿元、销售收入 73.92 亿元、利税总额 8.52 亿元，分别占全市村办工业总数的 47.99％、42.78％和 60.89％。1995 年底，固定资产原值 26.21 亿元，占全市村办工业总量的 49.12％。通过"内联外合"、组建企业集团、培育"企业巨人"，一批企业成为行业巨头，成为江阴乡镇企业持续健康发展最有力的支撑，为江阴在区域经济竞争中保持领先地位奠定了有力基础。

（二）产品调整不断优化。在激烈的"买方市场"竞争中，全市乡镇企业始终把调整产品结构作为"生命线工程"，以求提高产品的竞争力和市场覆盖率。当时，主要反映为：一是涌现了一批上规模的名牌产品。1994、1995 两年，乡镇企业共创 6 只省级名牌、12 只无锡市星级名牌产品。江阴的精纺呢绒、溴化锂制冷机、磷化工、模塑、灯芯绒、纤维辊、不饱和树脂、床单等 8 只产品，市场占有率居国内第一，成为行业中的"单打冠军"。顾山镇还通过联营、挂靠、借名牌生产的有上海恒源祥集团"小囡牌"毛绒、"皇后牌"毛线、"鹅牌"针织内衣、"鄂尔多斯——云蝠牌"羊绒衫 5 个品种。我市乡镇企业还为名牌产品配套生产。江阴模塑集团开发了为"桑塔纳"配套的 40 多个注塑零部件,被德国大众专家评审为 A 级企业和 5 个样板厂之一。企业不仅为国内最大的轿车保险杆生产基地,自身产品也成为名牌产品。江阴全方位立体式的创名牌工程的实施,使全市乡镇企业在科技创新、科技投入、建立健全质量体系、商标策略等方面有了质的飞跃。二是涌现了一批市场适应性强的新产品。1995 年,全市乡镇企业开发了 141 只新产品,其中有 58 只已通过省、市级鉴定。在开发投产的新产品中,有 46 只产品填补了国内空白或达到国内领先水平,有 63 只新品填补了省内空白,全市新产品产值率达到 14.38%,比上年提高了 5.4 个百分点。新产品的开发和鉴定投产,形成了工业生产新的增长点,促进了产品结构的调整优化。

(三)科技创新迈开大步。"八五"期间,一批大中型乡镇企业高举科技创新大旗,依靠科技领先、技术创新来实现乡镇企业的第二次飞跃。一大批市镇企业始终围绕国家产业政策和市场动态,把发展高水平、高效益、高科技项目作为调整产业、产品结构,实行产业升级的经营目标和市场战略。1995 年,乡镇企业就有 22 个重点重大在建项目,当年就有 11 个项目竣工投产,完成总投产 11.75 亿元。一些乡镇企业家科技创新的意识更为理性、成熟,更加注重运用新技术、新工艺、新装备来改造现有的生产手段和产品结构,提高产品的技术含量,增强企业适应市场、开拓市场的能力。全市乡镇企业累计技改投入 116 亿元,其中,用于引进国内外先进技术装备的投资占 30 多亿元。江苏阳光集团 3 年投资 3 亿多元,引进欧美 8 国具有 90

年代国际先进水平的纺织设备,进行全面技术改造,形成年产精纺呢绒 1 500 万米的生产规模,并全面推动了新产品的开发与创新,平均每天 1.5 只新品问世,创造了毛纺行业 5 项"全国之最"。至 1995 年,全市乡镇企业与国内 1 000 多所大专院校、科研单位建立了协作关系,引进各类技术人才 3 200 多名,建立各类企业技术中心和厂办研究所 80 多家,有 18 家达到省级高新技术企业。1995 年,全市高新技术产值达到 50 多个亿,占全市工业产值近 10%,创利税 10 亿元多,出口创汇近 1 亿美元。与此同时,科技创新开始进入乡镇企业经营管理领域,为科学决策、科学管理提供有效保障。江苏双良集团在引进国外先进生产技术的同时,还引进了当时国际最先进的"零库存"管理模式及其管理软件。一批大中型乡镇企业普遍开始运用微机进行现场生产管理、财务管理、成本控制等。他们运用情报信息网络进行检索、咨询上新项目、开发新产品。还积极引进专利成果,加强专利申请,实行专利保护,据不完全统计,1995 年,全市乡镇企业就达 100 多项。

(四)人才培养成效明显。至 1995 年,我市乡镇企业已经培育和造就了"三支队伍"。一是培育和造就了一批优秀的企业家队伍。他们在改革开放的实践中坚持政治信念,在市场经济活动中坚持纪律约束,在发展创业的成功中坚持奉献精神。在市场经济博士弈中涌现出像吴仁宝、卞兴才、陆克平、缪双大等一批功勋卓著的乡镇企业家,正是这些企业家支撑了全市经济大局。二是培育和造就了一支高素质的科技、管理人才队伍。一大批大中型乡镇企业,通过引进招聘、委培代培、自我教育等多层次人才队伍建设,使我市乡镇企业人员素质发生了质的变化。据统计,"八五"期末,我市各类专业人员占到职工总数的 5.3％,其中大专以上学历的达到 1.2％;专业人才的年递增率为 9.8％,其中,中级以上技术职称人员的年递增率为 16.6％。三是培育和造就了一支素质较好的产业工人队伍。我市大中型乡镇企业通过建办厂校,进行岗前培训、岗位轮训、实行岗位技能工资制,全面强化企业职工学文化、学技术的自觉性。周庄镇政府与江南大学联办周庄大专班;香港实业家陆镇捐资与南闸镇政府联手,创办陆金标科技学校,为乡镇企业发展培养合格使用人才。这样,多层次、多渠道的职业培训,大大加快了全市高素质职工队伍的培养和建设进程。

二、荣获全国"乡镇企业先进市"和全省乡镇企业工作会议经过情况

(一)江阴被农业部评为全国"乡镇企业先进市"情况。江阴是乡镇企业的发祥地之一,起步较早;党的十一届三中全会后,乡镇企业更是雨后春笋,异军突起;1992 年,邓小平南方谈话后,再掀发展高潮。至"八五"期末,我市乡镇企业不仅具备了较强的经济实力,而且在规模经济发展、产品结构优化、科技创新加快、人才培育等方面创出了发展新优势。国家农业部乡镇局,省、市乡镇企业局领导曾多次来我市视察,入企业调查,听取汇报,对全市一些著名企业情况十分了解。江阴市乡镇企业局多次在省、无锡市乡镇企业局召开的各种会议上作了专题发言,交流乡镇企业发展情况。我们曾在中国管理科学院科技进步研究所在江阴举办的研讨班上作了《江阴乡镇企业发展与展望》的专题介绍,受到了与会专家、学者的肯定和赞誉。在江苏省乡镇企业局推荐下,经国家农业部审核,1996 年 2 月 2 日,

农业部在全国农业工作会议上表彰江阴市为全国乡镇企业先进县(市),江苏省有 9 个县(市)获表彰,江阴是其中之一。

(二)全省乡镇企业工作会议在江阴召开情况。1996 年 5 月 22 日—24 日,江苏省委、省政府在我市召开了盛况空前的全省乡镇企业工作会议。省委、省人大、省政府、省政协的主要领导同志,省直各部门负责同志,全省各市县党委、政府的主要负责人,全省各级乡镇企业局主要负责人,著名乡镇企业家代表,共 420 余人出席了会议,会期 3 天。5 月 22 日上午,会议在长江影剧院隆重召开。会议的主题是:总结“八五”期间全省乡镇企业发展的经验,分析面临的形势,研究确定全省“九五”期间进一步加快发展和提高乡镇企业的目标和措施,促进全省乡镇企业再上新台阶。会议由时任省委副书记许仲林主持,时任省委书记陈焕友作了题为《加快推进两个根本性转变,促进我省乡镇企业再上新台阶》的报告。接着,江阴市委书记翟怀新作了《培育企业集团,发展名牌产品,创造乡镇企业发展新优势》的发言。当天下午,连云港市、锡山市、张家港市、东台市、泰兴市、淮安市、江宁县、徐州市贾汪区及丹徒县龙山鳗业联合公司、溧阳市稀土总厂、银河电子集团、泰星集团领导先后作了大会交流。5 月 23 日上午,与会代表分两路参观了我市乡镇企业中 8 个排头兵企业:华西集团、三房巷集团、阳光集团、江南模塑集团、双良集团、申达包装集团、金三角集团及永丰余造纸有限公司。代表每到一个企业,参观生产现场,听取企业主要负责人介绍,留下了深刻的印象。5 月 23 日下午和 24 日上午,大会安排分组讨论。24 日上午,省领导还与企业家代表举行座谈会。座谈会由时任副省长姜永荣主持,省委副书记许仲林出席会议并在会上讲了话。24 日下午,会议在长江影剧院胜利闭幕,由姜永荣主持大会,许仲林作了重要讲话。会上,江苏捷达摩托(集团)公司等 269 家企业被授予"1994—1995 年度省级明星企业"称号,江苏龙山鳗业联合公司总经理刘和平等 277 位厂长(经理)被授予"1994—1995 年度省乡镇企业家"称号。我市阳光集团、三毛集团、华西集团、澄星磷化工集团、三房巷集团、双良集团、模塑集团、新长江实业集团等 15 家企业和陆克平、吴仁宝、卞兴才、缪双大、周建平、李兴、曹明芳、张时献等 11 位总经理受到了表彰。

三、反响良好,意义深远

　　1996 年,无论是"全国乡镇企业先进市"誉归江阴,还是省乡镇企业工作会议在江阴成功召开,都为江阴乡镇企业发展史添上了浓墨重彩的一笔。那一年,江阴在获得乡镇企业发展史上国家级荣誉的同时,又成功召开高规格盛会,凝聚了江阴人的奋斗和努力。回想起来,我认为一是领导高度重视,市委、市政府主要领导亲自抓,建立责任机构,明确分工和职责;二是市、镇两级机关部门之间通力合作,充分体现了江阴"人心齐、民性刚、敢攀登、争一流"的江阴精神;三是工作高标准、严要求,我印象深刻的是,全省乡镇企业工作会议时的材料准备、会场布置、参观企业及现场确定、厂容厂貌要求,企业现场接待介绍,参观线路时间安排、路容路貌、车队编组、即时广播介绍,会议期间交通秩序,与会领导、代表的食宿娱乐等真正做到了一丝不苟。会议组织安排得到了领导和代表们称赞,反响良好。省委副书记许仲林在接受《江阴日报》记者采访时说:"这次会议在江阴召开,从一定意义上讲有开现场会的性质。"时任无锡市委书记洪锦炘在无锡组讨论会上的"开场白"直接就说："如何深刻、全面贯彻陈焕友书记重要讲话,就应向江阴8个先进企业学习,在乡镇企业的第二次创业中再创辉煌。"与会代表听取了我市的发言介绍并参观了我市部分乡镇企业,普遍认为"江阴乡镇企业发展的经验值得借鉴"。《江阴日报》记者采访时任省乡镇企业协会、省乡镇企业家协会秘书长冯玉璋时,这位秘书长快人快语地评价了江阴的乡镇企业:"江阴的乡镇企业正呈现强劲发展势头,有这么好的成果,主要得益于江阴乡镇企业起步较早、市里重视。江阴的乡镇企业目前呈现出最大优势在于规模经济和结构调整比较合理……江阴乡镇企业的实力在全省是名列前茅的。江阴有条件走在其他县市的前面……争第一、拿第一,江阴应该有这个雄心壮志,江阴发展的前景是美好的……这次会议在组织安排上是一流的,无可挑剔。"

1996年,江阴乡镇企业发展史上的两件大事,无疑使我市乡镇企业在全省乃至全国出了名,为整个江阴争了光。但更多的是对全市乡镇企业的激励和鞭策,使江阴乡镇企业发展得更快更好。1998年4月20至21日,中共中央总书记、国家主席、中央军委主席江泽民考察了江苏阳光集团、双良集团、华西村等乡镇企业,并发表了重要讲话。5月8日—10日,全省乡镇企业工作会议再次在江阴召开。1999年6月27日—29日,全国乡镇企业管理工作会议在江阴召开。从此,江阴乡镇企业进入持续、稳定、快速发展的新时期。

创新使"万翔"不断发展

陈建忠

管理创新挽危局

1996 年 3 月,我是在江苏万翔集团公司处于经营危机的时候被马镇党委、政府任命为集团公司董事长的。

公司的前身是江阴市第一化纤厂,创建于 1981 年。20 世纪 80 年代,第一化纤厂曾经有过不错的业绩,在化纤市场竞争激烈的严峻形势下,不仅站稳了脚跟,而且人均产值和利润都是江阴县第三名。1989 年,企业是江苏省明星企业,厂长俞宗仪是江苏省乡镇企业家,被列入《中国农民实业家辞典》。俞宗仪出差途中不幸罹难,新领导接任后的最初几年,企业仍保持了较好的发展势头。1995 年,江阴市第一化纤厂升格为江苏万翔集团公司。然而,随着化纤市场竞争的不断加剧,企业领导的经营理念相对落后,致使人才大量流失,经营管理混乱,从 1993 年起,企业连续亏损。到 1995 年底,已冲减净资产 2 000 余万元。公司经营处于十分困难的境地。我就是在这种情况下,接任公司董事长的。

我任镇工业公司总经理的时候,就已初步看到万翔集团公司经营危机的一些症结。上任后,我用了整整一个月的时间,边工作边下车间考察,进科室调研,了解各种数据,召开多次座谈会,倾听各方面意见。经过认真分析,我认为,万翔集团公司问题的症结在于管理混乱,人心涣散。于是,我召开了集团公司领导班子工作会议。会上,我剖析了公司生产经营的现状,指出重振万翔雄风的关键是管理,根本在人才,必须管理创新、深化改革,必须以人为本,凝聚人心。我提出了五条对策:即严把原料入口关,切实提高原材料采购质量;强化营销管理,建立营销联款联酬责任制;撤科建部,精简下来的非生产人员,充实加强生产一线;严格承包核算,压缩开支提高效益;把好控制复核关口,对各项消耗、原材料采购和产品销售价格进行有计划控制和复核。会议还就加强公司精神文明建设,提高员工思想道德素质,凝聚员工人心形成合力等问题进行了研讨,作出了部署。会后采取的一系列具体措施取得了明显的效果。制定的《关于原辅材料采购和验收入库的管理规定》,从组织体系、验收程序、质量标准、入库入账、送审程序等各个环节都作出了硬性规定,杜绝了徇私舞弊现象,确保了原辅材料质量,使采购成本大幅度下降,原辅材料利用率大幅度提高。

营销联酬责任制的建立,把销售、货款回笼、费用开支同报酬结合起来,增强了营销人员的责任感和压力感。

精简非生产人员,将原来的 13 个科室精简为 6 个职能部门,精简的 129 名人员充实到一线车间班组,降低了管理成本,提高了全员劳动生产率。

严格核算承包,对后勤服务部门实行定额承包核算,对生产车间实施联产、联质、联消耗、联现场管理、联报酬的“五联”承包责任制。

把好控制复核关,对各种消耗,有关部门必须在月初编报计划交公司领导审批,对原辅材料采购和产品销售价格,必须按公司领导根据市场形势变化作出的采购最高限价和销售最低限价执行。

这些制度的执行取得明显效果：1996年底，原辅材料采购合格率达100％，压减原库存贬值产品200余吨，化纤产量同比增长30％，全员劳动生产率提高110％，消化增本减利因素1000余万元，职工人均年收入比上年增加3000余元，公司由上年的亏损2000多万元扭转为盈利2000多万元。

在实施管理创新的同时，精神文明建设也不断加强。我和公司领导班子成员都认为，只有高素质的员工才能真正托起"万翔"腾飞的翅膀，众人划桨才能开大船。1996年起，我们先后开展了"社会公德、职业道德、家庭美德"教育活动，开展了"艰苦创业、团结奋进、爱岗敬业、文明礼貌"的企业精神教育，开展了学习华西经验的"我能不能比现在做得更好"的大讨论，开展了学习深航经验、学习女排精神的活动。在马镇党校陈泉兴校长和江阴市文化馆汪凯平科长的帮助下，创作了反映公司风貌、催人奋进、雄壮激越的《万翔之歌》，创办了公司《今日万翔》月报。同时，公司每年都要开展岗位操作竞赛活动和文化体育活动，以提高员工业务素质和丰富员工业余文化生活。

经营管理的创新和精神文明建设的持续开展，激发了员工的积极性和创造性，凝聚了人心，使公司摆脱了困境，走上了健康发展的轨道。

思维创新促发展

经过全体员工的团结拼搏，万翔集团公司重新挺立起来了。公司以过硬的产品质量和良好的信誉重新赢得了用户的信任，以明显的经济效益和职工收入的增加重新鼓起了员工信心,镇党委、镇政府也对我的工作给予了充分肯定。

在初步成功的喜悦里,一个现实的问题又摆在我的面前:十多年来,化纤市场风云多变,产品销售时而旺盛,时而滞销积压,一年之中销售也分旺季淡季,影响正常的生产经营。如何摆脱这一怪圈的影响?我同领导班子反复商讨,决定利用公司自身优势,发展纱线生产。在镇党委、镇政府支持下,1997 年 9 月,我们迈出了资本扩张的第一步,兼并了有 12 年办厂历史、生产经营不太景气的马镇华霞纺纱厂。兼并以后,我们发挥了公司的管理优势和原材料供应优势,健全完善了生产经营机制,调整产品结构、精简机构、压缩开支,取得了显著效果:员工出勤率提高 18％,涤纶纱月产量增长 15.8％,产销率、货款回笼率达到 110％,月开支压缩 5 万元,员工月人均收入增长59.5％,公司涤纶纱的生产也得到稳步发展。

兼并华霞纺纱厂后,公司规模仍然不大,实力有限。这时,我产生了一个大胆的设想:借鸡生蛋,跨地区发展。我的这一设想得到了公司领导班子的支持。在广泛采集信息的基础上,1998 年,我们经过筛选,先后租赁了停产近半年、拥有 5 万枚纱锭的睢宁县金宇棉纺厂和经营亏损、拥有 3 万枚纱锭的上海崇明棉纺厂两家国营企业,以及经营亏损、拥有 1.2 万枚纱锭的锡山志达棉纺厂。当时,一些人怀疑,一个乡镇企业一下子租赁两家国营企业,能管理得好吗?不要借鸡不成亏了本。但我们有信心。租赁以后,我们挖掘这些企业自身的优势特点,扬长避短搞改革,精心管理增效益,调整产品结构,完善管理机制,定标竞争上岗,精简机构冗员,加强成本核算,实行效能与酬劳挂钩等一系列改革措施,实现了这些企业扭亏为盈的预期目标。这一年,公司销售收入 3.2 亿元,利税总额 3 325 万元。

1999年,公司重新获得江苏省明星企业荣誉称号,公司生产的"万翔"牌涤纶短丝和"霞客"牌涤纶纱双双被国家企业发展中心评为AAA级品牌。

连续两年租赁经营的成功,壮大了公司的综合实力。2000年,我们又迈出了更大的发展步伐,继续租赁崇明棉纺厂,出资收购了锡山志达棉纺厂和安徽滁州华宇集团公司,使公司的纱锭达到了15万枚。是年底,江苏省政府同意霞客色纺有限公司改为江苏霞客环保色纺股份有限公司,我担任总经理。在其后的两年中,我们又扩大了涤纶短丝的生产规模,创办了江阴市霞客废旧塑料回收有限公司、江阴利德毛巾有限公司、盱眙蓓蕾纺织品有限公司,形成了年产10万吨涤纶短丝、3.5万吨涤纶纱线的生产能力,打造了一条从化纤原材料拓展到涤纶短丝、涤纶纱线、涤纶纺织品的比较完整的产业链。2002年,公司总资产4.5亿元,销售12亿元,员工超过了4 000人,名列中国最大经营规模乡镇企业第246名、中国化纤行业最大经营规模乡镇企业第10名、中国最高利税总额乡镇企业第263名。中央电视台《成功之路》栏目组专程来公司采访拍摄了纪实专题片《霞客之路》,在中央电视台经济频道播出。

科技创新强企业

科技是第一生产力,用科技进步壮大企业是我们公司十多年来一贯坚持的方略。

研发先染后织的环保新技术。传统的纺织都是先纺成原色丝或织成白坯布料后将纱或布染成各种颜色,染整后废水对环境产生了严重污染,且染整成本较高。为了解决这个问题,公司早在1992年10月就与江苏省纺研所合作开发成功有色醇解双抗涤纶短纤维产品,当时品种单一,所占产量比例不大。1996年下半年起,我们与纺研所合作,加大了生产有色涤纶短线的研发力度,研制出各种配方,生产各种颜色的色母粒,掺入到化纤原料中,利用生产过程中的高温熔化使化纤原料染色,生产出有色涤纶丝。采用这一新工艺,能生产出各种颜色的涤纶短丝,从而生产出各种颜色的纱线和纺织品。这一新工艺,简化了染整,从根本上解决了染整所造成的污染问题,还大大降低了后加工生产的成本,增强了公司产品的竞争力,也得到环保部门的支持。现在我们公司能利用各种不同配方,生产出100多种不同颜色的涤纶短丝,满足用户的不同需要。

研发废弃聚酯物回收利用技术,发展循环经济。随着人们生活水平的提高和生活习惯的改变,聚酯物产品被广泛应用于人们的日常生活,而废弃聚酯物对环境的污染也越来越严重。生产涤纶短丝的原料是聚酯切片,小化纤生产涤纶短丝的原料大多是大化纤企业生产的涤纶切片的下脚料,经过去杂洗净晒干后用于生产。能否将生活中的废弃聚酯物回收利用使之变废为宝?在科研单位的帮助下,经过化验分析,结论是废弃聚酯经过加工整理后完全适合于生产涤纶短丝。1996年8月,我们创办了江阴市霞客废旧塑料回收有限公司,购置了专门设备,从事废弃聚酯物开发利用的实质性研究。这一技术的研究,得到了各级科技环保部门的高度重视和支持,先后获得国家科技创新基金和江阴市科技局技术创新基金60万元的资金支持。2001年7月,《废弃聚酯物的回收与开发利用项目》同时通过了中国环境保护协会的技术评议和江苏省科委的成果鉴定,同时举办了由《人民日报》、《中国环境报》、《法制日报》、无锡电视台、江阴电视台等多家中央和地方媒体参加的新闻发布会。2002年4月,这一技术获得中国技术监督情报协会、中国环境保护专委会认定的首批中国环境产品质量信得过重点品牌。6月,废弃聚酯资源回收利用项目通过国家环保总局的评审,并列入2002年国家重点环境保护实用技术项目。12月,这一项目获江苏省科技厅颁发的江苏省火炬计划项目立项证书,2003年4月,又获国家科技部火炬高技术产业开发中心颁发的国家级火炬计划项目证书。废弃聚酯资源回收利用技术的开发成功,为人工的聚酯物处理找到了出路,既减轻了环境污染,又节约了资源,发展了循环经济,同时还降低了涤纶短丝的生产成本,探索出一条利国、利民、利己的发展道路。

锐意技改扩能,增强公司发展后劲。为了提高劳动生产率,我们公司在狠抓管理创新和凝聚人心工作的同时,于1997年下半年在全公司开展了生产工艺、技术质量、设备改进大讨论,进行了生产设备的技术革新,取得了初步成果。但是,随着公司自营出口业务的增加,色纺业的发展和市场需求的不断扩大,供需矛盾日益突出,原有的生产规模和相对陈旧的设备已成为制约公司进一步发展的瓶颈。1998年,我们实施大规模技改项目:通过对原有生产线的技术改造,建成了两条年产4 500吨差别化纤维的生产线,又经国家纺织局、江苏省纺织总会核准,建成了有色纤维及功能型差别化纤维生产线,这些生产线全部采用了先进设备和先进工艺,实行高压纺丝,产品档次上了一个新的台阶。同时,新增了3万枚纱锭,安装了具有国际先进水平的自动络筒设备,在色纺纺纱车间安装了吹吸风机,不仅扩大了生产能力,提高了劳动生产率,而且对减少疵点,提高产品质量档次起到了重要作用。

产品创新,拓展公司发展空间。公司原先的产品,档次都比较低,所纺的丝也只能作为织袜原材料。进入新世纪,随着设备的技改创新,产品上档次已初步具备了条件。2002年10月,我和公司领导班子经过进一步的调研分析后,在全体中层干部参加的领导班子扩大会上,提出公司新的发展战略:化纤产品要走向中高档市场,由单一的纺织原料向无纺布、复合型纤维拓展;色纺要实现涤棉混纺,由小化纤色纺转向中化纤色纺;除了袜子,还要生产毛巾、色纺布等。由此,拉开了新产品开发的序幕。会后,领导分工,各抓一块,明确科技开发部门和营销部门、生产部门各自的责任,出台了相应的激励措施。新产品开发成为全公司工作的重中之重,人才、资金都向新产品开发重点倾斜。在各部门的协同努力下,高收缩纤维、中孔纤维、粗旦纤维、T边纤维等适销对路、附加值高的化纤产品相继研发成功,并很快形成批量生产能力。涤纱、蒙混纺纱、有色氨纶包芯纱、有色涤粘纱、有色涤纱等具有市场竞争力的色纺产品纷纷脱颖而出,并很快为用户所认可。这些高人一筹、快人一步的新产品,为公司拓展了新的利润空间。

拓展领域谱新篇

经过十多年的创新发展,公司终于成为名副其实的省级集团公司。为了向更多的领域发展,我首先把发展目光投向了资本市场和高档次色纺。

早在2000年8月,我公司就计划公司发行股票上市并同证券公司就公司股票上市的有关问题进行了磋商。根据证监会关于股票上市的规定要求,着手将江苏霞客环保色纺股份有限公司同江苏万翔集团公司实行资产、人员、机构、业务、财务五分开,由江苏霞客环保色纺股份有限公司上市,并做好上市的前期准备工作。经验收合格,证监会于 2004 年 6 月 22 日核准江苏霞客环保色纺股份有限公司以全部向二级市场投资者定价配售方式公开发行 200 万股人民币普通股。7 月 8 日,在深圳证券交易所上市交易,实收募股金额 1.2 亿元,成为徐霞客镇首家上市企业。公司股票上市后一路看好,至 2007 年年底,江苏霞客环保色纺股份有限公司的总股本已增加到 1.7 亿多股。

第二步,公司控股收购安徽滁州安兴环保彩纤有限公司。该公司具有国际先进水平的纺丝工艺,它采用对苯二甲酸和乙二醇通过酯化聚缩反应形成聚酯熔体着色后通过熔体管道分配系统直接纺出各种颜色各个品种的彩色丝,省去了传统纺丝工艺中的许多工序,实现了污染物的零排放,能生产阻燃、抗紫外线、抗静电、仿真丝、仿毛等多种系列的高档次差别化彩色纤维和纱线,是国家鼓励发展的环保型产业项目。设计生产能力为年产 18 万吨彩色纤维,是国内第一家。项目全部建成投产后,将成为世界最大的彩色环保纤维生产基地。项目于 2008年年底陆续建成投产,随着销售市场的不断开发,产品将越来越被市场所接受,我对此充满信心。

从两个土布市场兴建到
染织厂成立的三步曲

周孝华

两个土布市场的兴建

解放初期百废待兴、百业待举。首先是要安定人民生活、改善人民生活。江阴民间织造业历来是人民生活的主要副业，尽可能地让民间大量的织机转动起来，是增加人民经济来源上的一个有效渠道。织机转动需要纱，生产出来的布需要出售。根据当时的社情民意，国营江阴花纱布公司因地制宜建立了两个土布市场(收购点)。一个在城区，一个在乡区。城区一个土布市场建立在江阴南门外石子街天主堂旁。乡区一个土布市场建立在周庄。土布市场的建立，解决了民间织业生产的土布出路。土布由江阴花纱布公司统一收购，原料纱由花纱布公司统一供应。当时两个土布市场所在地，每天熙熙攘攘，从早到晚，人来人往，热闹非凡，一派生意兴旺的景象。多时一天有数千人来往，少时也有几百人来往。因为民间织户的土布，每天有几千匹(一匹＝30码)要到土布市场上去出售，然后购纱再生产。城区的南门土布市场最多的一天，收购土布12 000匹。当时的土布品种有彩格布、毛呢条、被单格、被单条、白坯布、蚊帐布等。江阴土布生产的兴旺也带动了颜料业、扎箬业以及平布拉绒整理厂的业务。当时有两个平布拉绒整理厂，一个叫义大祥厂,在南门外石子街上,一个叫义澄厂,在南门外忠义街上,后来这两个厂合并发展成江阴印染厂。

棉织社的建立

江阴民间织业,原是家庭副业,分散在家家户户。解放后逐步地搞互助合作,搞工场集中,让原来民间织业一步一步走上集体的道路。当条件基本具备,人心所向已趋一致,出台了建社办法,又在这个办法下不断调整,使各乡镇、各村庄的织户加入各个棉织社。

现将江阴手工业联社于1958年出台的棉织社、社名、所在地、机台数及包括地区列成表和1958年9月29日棉织社调整情况表分别转录如下:

1958年棉织社原布局情况表

原布局(社名)	所在地	机台数	包 括 地 区			
新　　东	泗港闸上	559	新华 309	后塍 146	泗港 95	周庄 9
后　　塍	后塍袁家桥	1 338	杨舍 10	南沙 540	周庄 343	后塍 445
新　　华	南沙占文桥	505	山官 215	周庄 100	南沙 190	
要　　塞	金童桥	704	金童 471	三官 183	板桥 50	
花　　山	云亭蔡村	805	云亭 593	峭岐 95	板桥 117	

续　表

原布局(社名)	所在地	机台数	包 括 地 区				
长　寿	长　寿	730	峭岐 76	璜塘 26	长寿 578	祝塘 22	陆桥 28
澄　江	澄　江	598	南闸 42	板桥 250	金童 82	夏港 8	澄江 216
峭　岐	峭　岐	974	璜塘 27	青阳 67	峭岐 822	南闸 58	
新　成	云亭横村桥	648	云亭 355	周庄 260	长寿 33		
新　建	周庄刘家桥	465	长寿 191	周庄 274			
华　士	华　士	936					
周　庄	周　庄	1 212					
合　计		9 474					

1958 年 9 月 29 日棉织社调整情况表

社　　名	所在地	机台数	包 括 地 区			
新　东	泗港闸上	531	新华 309	后塍 118	泗港 95	周庄 9
后　塍	袁家桥	930	周庄 253	后塍 473	南沙 204	
新　华	占文桥	664	山官 38	周庄 100	南沙 526	
要　塞	金童桥	569	金童 519	板桥 50		

社　　名	所在地	机台数	包　括　地　区			
花　　山	蔡　村	712	云亭 595	板桥 117		
长　　寿	长　寿	888	璜塘 26	祝塘 22	陆桥 28	长寿 812
澄　　江	澄　江	528	板桥 250	金童 54	夏港 8	澄江 216
峭　　岐	峭　岐	1 079	璜塘 27	峭岐 1 052		
新成(撤)						
新建(撤)						
华　　士	华　士	936				
周　　庄	周　庄	1 836				
三　　官	山　观	360				
合　　计		9 033				

　　根据以上两表所列数字,民间织业的织户,基本上已组织加入各棉织社,在民间未入社的仍有一小部分,约千户左右。主体上的织户成为棉织社一员。江阴历史上相传千百年的民间织业经过改制走合作化道路,分别成立棉织社。就棉织社范围各乡组织起来的织户,部分集中到社里形成工厂雏形;部分在工场按社的要求生产;也有部分留在原地,由社分配任务织造。对于1958年建社时包括后来划入沙洲县的各乡,如新东(泗港、闸上),后塍(袁家桥),新华(占文桥)等在内,1961年上述乡镇划入沙洲县(后改为张家港市),所有在划出乡镇棉织社

的社员,均根据划出的村到相应的棉织社参加工作。未列入划出村的社员,根据条件参加县内就近的棉织社。

调整中新成、新建二社,其社员除参加新成立的山观棉织社外,均按就近条件,并入各社。后来各乡镇棉织社发展成要塞、周庄、华士、陆桥、长寿、峭岐、山观、云亭、澄江九个棉织社。

染织厂的成立

各棉织社从 1958 年建立以来,经过十多年的努力,对厂房、设备逐步全面更新。织机由铁木机改造成铁机,其中有的织机配上多臂装置,能生产多页棕小提花织物。浆染和前织设备也得到逐步改造和更新。整个企业在原有基础上改进了管理,建立了设备、工艺、操作管理制度,配备了设备保全保养人员、品种设计人员、操作测定管理人员,加强了"三基"(设备管理、工艺管理、操作管理)工作,提高了产品质量和生产效率,增加了花色品种,扩大了销路。企业的素质得到了全面提高,棉织社的面貌大有改观。

江阴县的染织厂和白织厂的排名称厂名,有一定的历史根源。最早的是,原大安和天安两个布厂都是染织厂,公私合营后在 1959 年合并时,经两厂领导与工业局领导研究,厂名定为江阴染织一厂,后来色织改为白织,厂名也随之改为江阴第一织布厂,公私合营后的白织厂还有新华和万源两个布厂,当时排名改厂名时,该两厂没有改厂名,仍保持原厂名,按此排下来,云亭棉织社改为白织后,厂名改为江阴第四织布厂。公私合营的汇纶染织厂后来改为红星染织厂,没有参加排名称厂名。

　　各棉织社排名改成染织厂,是江阴县工业局根据当时的情况,经研究把有关棉织社排名改为各染织厂。原澄江棉织社、棉麻纺织厂曾改为工农染织厂,后改为江阴第二染织厂;要塞棉织社改为江阴第三染织厂;周庄棉织社改为江阴第四染织厂;华士棉织社改为江阴第五染织厂;陆桥棉织社改为江阴第六染织厂;长寿棉织社改为江阴第七染织厂;峭岐棉织社改为江阴第八染织厂;山观棉织社改为江阴第九染织厂。

回顾江阴乡镇
纺织企业的崛起

张金初

江阴乡镇(村)纺织企业的崛起,大致经历了"兴起、发展、腾飞"三个阶段。它们的路又是怎样走过来的呢?凭我的亲历、观察和思考,体会是:

一、立足自身,发挥"小、灵、快"优势,
在夹缝中求生存争发展

纺织是江阴的传统工业,历史上"江阴土布"名闻遐迩,小纺织遍布各乡村角落。20世纪五六十年代,乡村纺织企业星星点点,形不成气候。资料显示:1957年仅有13个棉织社,1959年增至29个(其中老社12个,新建社17个),另有3家乡办纺纱厂。1961年因受三年自然灾害影响,新建社全部停办,老社保留,其中3个划给当时的沙洲县,实际存下9个。

党的十一届三中全会后,在改革开放政策指引下,乡村纺织企业"异军突起"。据1986年统计,乡、村两级企业为452家,其中乡镇155家、村297家。按工业产值比重计算:乡、村两级企业占全纺织行业69.93%;出口创汇占三分之二。可以说它们的崛起,为国家提供积累、致富农村、加快小城镇建设作出了很大贡献。

乡镇(村)纺织企业恰似一匹骏马,闯进了经济大舞台,然而在这个大舞台中也经历了一段痛苦的磨难。1989年至1991年的"治理整顿"是乡镇企业最不平凡的3年。人们也许不会忘记"治理整顿"初期,那一些空前的舆论压力,什么"挖墙脚、抢人才、以小挤大、不正之风"……乡镇企业几乎成了"万恶之源"。而经济政策上的紧缩更给乡镇企业致命一击。在经营生产上,不仅遇到了原料、资金等限制,而且又经受了"限产、压库"等严峻考验。这三年中乡镇企业普遍陷入了效益滑坡,甚至处于"无米下炊、停机停产、工人下岗"的困境。

为了尽快走出困境,步入良性循环轨道,乡镇纺织企业以坚韧不拔、百折不挠的精神,以开拓创新、主动出击的气概,充分发挥"船小好调头"的优势,跑部、跑省、跑市场,寻客商,谈生意,终于摆脱了困境,开创出"柳暗花明又一村"的新天地。

市第二化纤厂(璜塘)是一个比较典型的事例。它原来是一个账上无资金、借贷无处贷、销售无渠道、供应无基地、内外债务395万元的企业。面对如此困难重重的局面,他们没有退却。一是变压力为动力。从原料供应到销售渠道,家家走访,户户拜望,寻师求救,以"逆水行舟"的精神,战困难求生存。集企业职工之力,每年上一条新品生产线,形成了"三个梯形结构"的产品优势,其中"长纤维、毛维纤维、有色异形纤维"三只新品很快占领了市场,使企业从"山重水复疑无路"的困境中走了出来。二是变动力为活力。他们实行了原料功能多样化,产品形成了多品种,为企业冲出低谷打下了坚实的基础。三是变活力为创造力。他们从对原料"搜搜吃吃"的游击战,进入了购销稳定的"阵地战"。他们以"诚信为本"的理念,征服了很多竞争对手,也激发了企业活力。因此在"治理整顿"三年中跨出了三大步,利税以年均 48.26％和 69.44％递增,充分显示出企业顽强的生命力。

还有许多企业采取"内外结合、以外补内"的经营策略,拓展市场,寻找出口创汇的突破口,从而在内销市场疲软的情况下,争得了生产主动权。同时,还以自己"小、灵、活"的特点,去挤占国际市场。仅以 1992 年统计,乡镇纺织"三资"企业达 38 家。另从出口产品产量看,外销比重发生了明显变化,其中出口棉布(含印染布)占总量的 48.14％;针棉织品折用纱量占60.46％;服装出口量占 44％;原来以内销为主的色织行业几乎家家都有外贸出口任务。在当时,外向型经济成为乡镇纺织企业新的增长点。素有"服装之乡"之称的祝塘镇就是以"工贸合营为跳板"、"借船出海",而一跃成为"出口创汇的外贸生产强镇"。全镇外贸生产形成了纺—织—染—制一条龙,针织服装远销五大洲 60 个国家和地区,为之荣获"江南外贸第一镇"的称号。

在"治理整顿"的 3 年里,我市乡镇纺织企业开始战略转变,转向"外贸突围"。有一位乡镇企业家说,中央提出的沿海地区发展战略为乡镇企业参与国际经济大循环指明了方向,地方政府又为我们开了绿灯,现在就看我们有没有本事去闯世界了。"机不可失,时不我待",启示是深刻的。他们不断调整自己,寻找生存发展的机会。终于敲开了"重兵把守"的外贸大门,冲出了"国门",在国际市场经济大舞台上扮演了一个熠熠生辉的角色。

江苏红柳集团就是这个角色的成功扮演者之一。现在的红柳已家大、业大,有职工 6 000 多名,占地面积 40 多万平方米,其中建筑面积 35 万平方米,总资产超 15 亿元。年销售 20

亿元,外贸供货值 1.8 亿美元,年产各类床上用品 3 000 万套,
家用特阔幅的印染布 1 亿多米,成为世界上最大的床上用品基
地。然而这家企业,竟是 1965 年在古庙十方庵里靠 500 元起家
的,当时工人不满 30 人,仅有的几十台脚踏织机还是职工从家
里搬来的。"红柳"的创业者从纺纱、织布到织花边、床单;再从
手工台板印花、土法感光制版到成功生产出第一条印花床单,
40 多年来,始终坚持百折不挠、开拓创新的理念,一步一个脚
印,用辛勤的汗水培育"红柳"茁壮成长。

　　如今,"红柳集团"拥有 7 条国际领先的进口特阔幅漂白染
色印花连续生产后整理设备流水线,生产一线的主要设备 80%
是从国外引进的。每年都要生产上千多个印花、绣花花色品
种、上百种款式床上用品。"红柳"品牌现已成为普斯林、沃尔
玛、凯文科琳、都玛、宜家等国际知名品牌的贴牌生产企业,在
国际家纺行业的舞台上写下了绚丽、灿烂的篇章。

二、避实就虚,运筹应变对策,
　　增强市场竞争力

　　在消费需求多变、快变的市场环境中,尤其在市场疲软不
利的情况下,顺应市场变化,优化产品结构,既是摆脱困境的有
效途径,又是搞活企业经营的根本出路。

　　各乡镇纺织工业紧紧抓住原料、市场这两个关键,向调整
原料、市场要效益;在"细、混、化、薄"四个字上做文章、下工夫,
以缓解原棉紧缺、市场疲软造成的困难。20 世纪 90 年代初建
厂的江阴市精毛纺厂(现江苏阳光),在毛纺织市场处于低谷、
徘徊不前的时候,抓住社会消费观念的变化,开发出五颜六色

和各种花型的呢绒产品,为广大消费者展现了一个崭新的"呢绒世界"。接着又开发出舍咪呢、牙签呢、薄型女士呢、凡立丁等五大类 100 多个颜色和花型的精纺呢绒,在京、沪老字号商店,以至全国 80 多个城市中小出风头。它们曾两度轰动大上海,在北京王府井百货大楼刮起了一个"彩色世界"的冲击波。当时的纺织工业部和北京进出口公司领导高度评价这个厂的创新精神,说:"这在我国毛纺呢绒产品生产方面是一个突破,是一个重大的创新。"该厂当年的这一经营谋略和创新之举,为后来企业发展、壮大打下了坚实的基础。

在商品经济时代,强烈的市场意识,驱使每一个企业一刻不停地"求新、求变、求快",这是引导消费、占领市场的主旋律,也是企业自下而上发展之道。从 20 世纪 90 年代起,该企业几乎每一年都有 2 000 多只新产品、新品种、新花色投放市场。同时,通过实施名牌战略,发展品牌经济,优化经济结构,提升质量水平,构筑区域竞争优势。

对此,有位企业家说得好:这是"逼出来的"。因为我们没有国有大中型企业的实力,缺乏它们的优势,我们只有随机应变,开发适销对路的产品去抢占市场。

许多乡镇纺织企业正是凭借着这一"与生俱来"的经营机制,驰骋于市场经济的竞争中,原料靠市场采购,产品靠市场营销,生产靠市场调节,人才、技术靠市场聘请、引进。它们就凭自主经营、自负盈亏的经营机制,日益发展、壮大。以至 20 世纪末,相继涌现出江苏阳光、海澜、三房巷、云蝠、申澄、红柳、向阳、万翔、倪家巷、康妮等 11 家企业集团,其规模、实力在同行业中均是佼佼者。如江苏阳光集团、三房巷集团、海澜集团等列入了中国企业 500 强。

三、夯实基础，确立创新理念，
加快企业转型升级

在商品经济条件下，竞争规律要求企业的资本必须不断升值，没有增值就没有企业的发展，就会在激烈的市场竞争中被淘汰。乡镇企业历经风雨、坎坷，它们深谙此理。所以，各企业"掌门人"非常清醒地认识到：企业要生存、要发展，不抓后劲不行，抓后劲不增投入也不行，必须紧紧依靠科技进步，加快企业的转型升级。

为此，他们把工作的着眼点始终放在：

一是围绕生产发展，实施老厂技术改造。他们从实际出发，第一次技术改造，土设备换上了型号机，提高了产品质量；第二次技术改造，设备更新换型，提高了产品质量；第三次技术改造，加快了设备引进，提高了装备水平。仅"八五"期间，乡镇（村）两级技改投入计37.35亿元，全程引进毛纺锭5.8万锭、毛纺自动络筒机43台，达到每台纱锭1.9台，棉纺锭精梳2台，万锭自动络筒机0.5台。同时，引进了具有国际先进水平的片梭织机、喷气、喷水织机、剑杆织机、无梭织机等计1 248台。三房巷集团为提高印染产品档次，投资1.44亿元引进了一套高档的印染生产线。

通过技术改造，不仅技术装备有了明显改善，而且提高了参与市场竞争的实力。

二是围绕经营机制，加快企业转型升级。乡镇纺织企业是脱胎于田野，植根于农村的经济细胞。党的十一届三中全会以来，以其辉煌的业绩，逐步成为农村经济的重要支柱和国民经济的重要组成部分。如何保持和提高这个地位？从江阴纺织工业"两头在外"的实际出发，一方面，完善企业经营机制，建立一个以市场调节，对市场竞争和需求更为适应的经营机制；另一方面，加快企业的转型升级，把握机遇，运用高新技术武装企业，抢占市场竞争的制高点，并以创新理念，激活企业的活力和动力。对此，许多企业结合自身实际，先后对企业经营机制、分配机制、劳动用工等进行改革，促使企业更富有活力。

1988 年 12 月，18 名工人创办新桥"三毛"，1994 年成立三毛集团，后更名海澜集团，而今已成为毛纺行业全国著名企业。原来总产值仅 30 多万元，现达到 10 亿元，生产规模、经济总量均居同行业前列。该集团生产的"奥德臣"品牌西服在法国注册，精纺呢绒远销东南亚、香港、日本、法国、德国等国家和地区，经销客户多达 1 000 多家，"海澜之家"已家喻户晓。

海澜集团是在改革开放中诞生的，从生产到发展，基本上没有纳入国家计划轨道，也没有要国家投资。事实说明：企业活与不活的关键在机制。否则，在全国毛纺行业强手如林、竞争激烈的情况下，一家初出茅庐的乡镇企业，怎么能做到后来居上呢？

三是围绕适应市场，加大行业结构调整力度。江阴纺织工业原来一直是以精纺织为主，市属企业为主，中小企业比重较大，难以在激烈的竞争中"立脚"。

"事在人为"、"业在人创"。"八五"计划以来，全市纺织行业经过调整发生了根本性的变化，乡镇（村）纺织企业的崛起，已超越了市属纺织企业，并且挑起了纺织行业的大梁，形成了一个以棉纺织为主体，印染、化纤、毛纺织、针织复制、服装、纺机器材等门类比较齐全，生产能力较大，具有一定规模的纺织工业体系。

乡镇纺织企业在改革开放三十多年来,在竞争中发展,在调整中壮大。具体反映在:

1. 企业经营机制更加灵活。它们运用价值规律,以及快速反应机制的优势,组织生产经营。

2. 产品结构实行"内外结合",它们从原来一个国内市场转向国内、国外两个市场,拓宽了销售领域。

3. 产品结构向"新、优、特"调整,大力组织生产市场热销的,紧俏的纺针织品,争得了市场主动权。

4. 产业结构更趋合理,通过扬长避短的调整,使产业向合理化、优势化方向发展。

在具有一定经济实力的乡镇企业中,除了保持主业优势之外,又实施了跨行业发展。如"江苏阳光"先后进军房地产、医药环保、新能源利用等领域。

一个乡镇,在商品经济的汪洋中犹如一叶扁舟,但只要顺应潮流,适时应变,它就不会凭波涛摆布,而在风口浪尖里搏击前进。

江阴乡镇纺织企业崛起的历史,就是一个真实的风雨历程求生存、开拓创新争发展的过程。

我愿做一颗闪亮的"织女星"

陈小妹口述 朱晓晓整理

1959年,在首都北京举行的全国普通织机操作比赛中,一位名不见经传的纺织女工以其首创的"游梭工作法",一举摘取了桂冠。就在这一年,仍然是这位普普通通的纺织女工和郝建秀、章瑞英一起出席了全国群英会,毛主席亲切地和她握手……随着织机的不断进步,之后的漫漫30年间,她先后四次获得了"全国之最"。

那名纺织女工就是我。我从没想过自己有一天会成为全国劳模和五一劳动奖章的获得者。对我来说,这是我一生引以为豪和悉心呵护的荣誉。

我叫陈小妹,出生在旧社会一个贫苦的家庭。8岁就进了资本家的织布厂当童工。悲惨的儿时记忆让我不堪回首,也因为那些苦难的日子,我更加珍惜解放后的美好生活。进入江阴棉纺厂当挡车工以后,我就下决心要为党努力工作,一定不能愧对自己的岗位。虽然我没有文化,不识字,但是我信奉"拳不离手,曲不离口"。在我的生活里,几乎没有星期天和节假日,我总是纱不离身,打结不离手。我把家当作练功场:晚上,床沿成了我的走梭板,我铺上绸被面就开始研习"游梭"操作;洗衣水泥板成了我的机台,我在上面苦练"单手投梭"。即使在"文革"时期,在被揪斗失去自由的逆境里,我还是偷偷躲进厕所练习打结。时间长了,我的食指就变得畸形了,指头有近两指杆儿宽,指头肚上的茧皮坚硬如铁。可是,正是靠着这双因为长期练习变得并不雅观的手,我的投梭单项操作超过了国家标准速率,断经处理速率达43秒,打结率为每分钟50个。20世纪80年代,我通过努力,又试制成功了细支纱胶接头法。

我这个没有什么文化的一线工人,一时间成了远近闻名的"织女星"。1959年起,按照组织的安排,我从江阴棉纺厂走向全国,作无偿巡回表演。我总是身穿洁白的织布装,把满头黑发塞在洁白的织布帽里,它虽然朴实无华,但却是我一生中最喜爱的装束。我到过全国许多城市,在陌生的机器旁操作,那种熟能生巧的感觉就像在跳舞,我觉得无比快乐。有很多同行的姐妹竞相观摩,甚至千里迢迢来江阴向我拜师学艺,我也从不吝啬传授自己摸索出来的技艺,我希望我能为国家的棉纺业做出自己微薄的贡献。因为全心全意投入到自己的工作中,我几乎把家庭抛到了一边。有一次,我当驾驶员的唯一的儿子因交通事故受伤住院,作为母亲,我很想亲自去病床前照料儿子,可当时身在柳州棉纺厂的我,望着青工们一双双渴望学艺的眼睛,我咬咬牙,拜托爱人请假回家照顾孩子。但天有不测,爱人又不慎从楼上摔下,腰部受伤,无法动弹。我仍然没有离开,再一次咬咬牙,让大女儿担当起照顾父子俩的责任。

1985年冬天,让我永生难忘。已经49岁的我应当年和我一同参加群英会的郝建秀之邀,去了中南海做客。临行前,有人开玩笑说:"中南海过去是皇帝住的地方,你能去做客是一件了不起的事啊!"这话让我想起了自己的身世:旧社会我在工厂当童工,和村里十来个姐妹天不亮就在厂门外等着开门,冬天寒风刺骨,有时只得爬进厂门口的狗洞去避寒。现在我能堂堂正正去中南海做客,我激动得连续几天睡不着觉。见到已是党中央书记处领导成员的郝姐姐,她告诉我:"你目前的工作很重要,把你的基本功、操作技能传授交流给许许多多年轻工人,提高他们的操作水平,使他们在各自的岗位上为纺织工业翻两番作出更大的贡献,这要比你一个人看机台、挡车的作用更大。"看着郝姐姐深情的鼓励眼神,我把苏南地区纺织女工劳动强度较大,待遇相对偏低,纺织厂招工困难的情况和自己的建议详细地向她汇报,她一一记在了笔记本上,这让我觉得我应该始终留在生产一线,发挥应有的作用。

回到江阴后,我依然勤奋地干着工作,在江阴棉纺厂的布机值车工、教练员的岗位上,我继续毫无保留地敞开自己的心胸,向徒弟们揭示织布创造的真谛。经过坚持不懈地示范,手把手地教艺,徒弟们慢慢成长起来,技艺越来越娴熟了。江阴棉纺厂的操作率由原来的37.9%提高到90%以上,我的600多名徒弟们有不少被评为省级和全国劳模。

1986年,我退休了。一些公司想借助我在棉纺业的一点名气谋利,但是在种种诱惑面前,我异常平静,婉言谢绝了"捞一把",我知道我是共产党员,我的一生都交给了党。我当时的心愿是:"人退休,心不退休;清福不享,大钱不赚,我要继续发挥余热,尽我所能扶持几个技术薄弱厂上水平。"于是1987年,我应聘到厂穷、技术差的帆布厂,当上了厂部技术顾问和车间副主任。厂部专门为我安排了舒适的办公室,可我一天也没有去坐,因为我一见到织布机就兴奋,叫我坐在办公室我真的会生病。就这样,在退休后的7年里,我几乎天天泡在车间,用心血培育了156名徒弟,其中有2名破天荒获得市第10次纺织操作比赛亚军。如果不是因为当时快到70岁的我,体弱多病,无法胜任一线的劳动强度,我一定会继续干下去。

这就是我近 60 年的织布生涯。仿佛我的一生,都在织布车间里默默劳作,从童年、青年、中年再到老年,我始终没有离开生产一线。天上的"织女星"闪闪烁烁,她带给人们的是引起遐想的神话故事,而我甘愿做一颗地上的"织女星",用我的光辉,带动整个棉织行业的技艺提升到新的水平。回顾这一生,我想我是活得有意义的。

走过四十年纺织女工平凡路

许凤玉口述 朱晓晓整理

我是一名平凡的纺织女工。

1954年2月4日，我出生于江阴城区南门一个普通的工人家庭。1970年初为解决本县国营、集体企业职工老化减员、后继乏人的紧迫问题，县劳动部门决定在在校中学生中急招一批优秀小青年进厂接班。就这样，我被分配进了当时的江阴五一棉纺厂工作，在劳动繁重、技术单一的筒子车间当上了一名值车学徒工。我一个刚满16岁的小姑娘整天在机声喧嚣、空间狭小的操作道上值车头、跑脚头、打结头，顿时感觉既学不到技术，又没有前途，无啥奔头。厂党委和工会领导及时有针对性地对我们进行了思想动员，我们企业的百年厂史和老工人的血泪家史以及立足本职为国争光、苦练本领力作贡献的先进事迹深深打动着我年轻的心。

慢慢地，我干起活也来劲了，只是即使我手不歇、脚不停干得满头大汗，累得腰酸腿痛，单班日产仍然完不成任务，总量比其他操作水平一般的熟练工还差6袋纱，质量也有一定差距。我暗下决心、勤学苦练，不断实践和探索结头操作技巧。我主动提前一小时上班，延迟一小时下班，通过现场观摩、反复琢磨，利用一切可以利用的时间勤学苦练。手指磨破了、手腕练肿了，但是工夫不负有心人，我终于把接头速率从10个头耗时45秒减少到35秒，单班日产量从12袋提高到20袋，还创造出了自己独有的一整套"稳、准、快筒子值车操作法"。后来,我进一步把接头速率从 10 个头耗时 35 秒减少到 27 秒,单班日产量稳定在 25 袋以上,最高达到 36 袋,比车间平均单班日产量整整提高了一倍。同时,产品质量达到百分之百合格,且废纱减少了三分之一,每月节省棉纱 50 多千克,全年节省 600 多千克。我当值车工 8 年,完成了 15 年的产量,减少废纱 5 000 余千克。

成绩的背后,是我执著的付出。1975 年,因劳累过度,体力透支严重,我患上了风湿性关节炎和心脏病,连续一年多低烧乏力,我仍没请假一天;车间开水意外烫伤了脚,满是水泡,疼痛难忍,可我还是坚持单腿值车走巡回,不忘工作。即使父亲在住院期间突发脑中风去世了,可做女儿的我也没有离开岗位去陪过一天,错过了见父亲的最后一面,这使我终身感到遗憾。

1974 年 4 月我加入中国共产党。不久,县委选送我去苏州地委党校学习半年,回来后县委组织部曾两次调我去县机关工作,但当时,我觉得自己年纪轻轻,应该留在基层进一步锻炼提高,厂里领导也有挽留培养的意思,因此我毅然选择了留下,心甘情愿地当一名普普通通的纺织女工。1973 年到 1978 年,我连续 6 年参加了苏州地区纺织工人技术比赛,夺得第一名,还代表江阴参加了在丹阳举办的全省职工技术操作表演,得到全体评委和参加操作表演者的一致好评与交口称赞。也因此,我连续 10 年被评为厂先进个人或标兵,多年被评为江阴县先进生产者或劳动模范。1976 年被团省委评为全省优秀青年,并予以表彰。

1977 年 4 月,我有幸代表苏州地区全体产业工人光荣出席了"全国工业学大庆会议"。在这次大会上,我被国务院授予全国先进生产者荣誉称号。当时的党和国家领导人华国锋、叶剑英、李先念等亲切接见了我们，并与我们一起合影留念，我刚好排在中央领导同志身后一排，就在可敬的邓颖超妈妈后面，当时的激动真是难以言表，我在心里默默地告诫自己：要一辈子珍惜今天的荣誉和机会，一辈子跟着共产党，像"铁人"王进喜那样当个好工人！

回到工厂后，我仍然是一名普通值车工，只是更以这次大会精神和全国先进生产者、省劳动模范的荣誉来鞭策和激励自己，以更严格的要求和更高的目标来锤炼自己。当年县委组织部发文，让我担任车间党支部书记，但我不想年纪轻轻就脱产当干部，只想扎根生产第一线，把操作技能再创新、再提高，以更优异的成绩向党和人民汇报，因此继续留在了值车一线。后来厂领导考虑到我身患风湿性关节炎、心脏病等疾病，又要调我到厂科室部门工作，结果也被我一再婉拒了。直到1979年，才开始担任半脱产的运转值班长（带班长），并逐步走上了单位中层干部岗位。

踏入新的岗位，我没有放松对自己的要求，仅有初中文化程度的我深知只有不断学习，才能在工作中做出更好的成绩。于是我通过努力，先后取得中专及大专学历。在工作中，不管岗位频调、职务高低、报酬多少，也不管做任何熟悉或不熟悉的工作，我总能紧紧依靠上级组织和职工群众，虚心学习，诚恳求教，把职工冷暖放在前头挂在心间。我深深懂得"身教重于言教"的道理，清楚知道"榜样的力量是无穷的"这一名言。所以我一直用"劳模"、"标兵"的荣誉和使命来鞭策和激励自己。结婚时，只因丢不下带班工作，放心不下班上一百多号人，连仅有的三天婚假都没歇着。怀孕期间我又顶着剧烈的妊娠反应，挺着肚子硬是坚守岗位，分娩那天仍在一线坚持工作，直至下班后走到医院生产。

1992年10月，按总厂要求，整个后勤条线要由"吃皇粮"转为单独核算、自负盈亏、分别考核、落实奖惩。这项工作涉及方方面面的实际利益，而精减分流人员、工作指标细化、分解落实工作难度大。当时已是厂里中层干部的我经过逐个部门和班组的调查摸底，发扬民主，集思广益，制订了贯彻落实条例和分解实施细则，通过内部竞岗招标等形式，合理精简并转岗安置了富余人员48人，节省人工费用24万余元；利用食堂富余人员办起了内外兼容的"锦利达"酒楼，使食堂饭菜丰富、质量提高，且当年就扭亏盈利7万余元；另外，在宿舍管理、节能降耗上我积极与同事们开动脑筋，使水、电、气消耗大幅下降，仅用水量就降为上年的六分之一。我就像一位企业大家庭"主妇"，悉心照料着几千人的饮食起居，受到上级领导和广大职工群众的一致好评。

随着经济形势的变化，企业加快了改革的脚步。1998年适逢全国纺织业大规模减产压锭工作的全面开展，我公司要压锭2.4万锭。因为纺三分厂设备年代最长、最为陈旧，这样压锭下来，整个分厂就不复存在了，也就意味着有不少职工面临着下岗分流、转岗内退的结果。群众议论纷纷，情绪一度失控。对此，我和分厂领导班子成员都忧心如焚，一方面为朝夕相伴20多年的机器设备即将被变卖而心有不忍；另一方面更为这么多姐妹兄弟即将失去工作岗位而烦心不已；再是自己也面临着下岗、转岗的去留考验。可是在那种情况下只能把个人利益置之度外。我每天深入车间、工段、班组，走访职工宿舍、家庭，了解每个职工的思想、情绪、困难和需求，及时把政府的优惠政策、分流步骤传达到每个职工，把党组织的温暖送到大家心中。纺三分厂压锭后有 600 多名职工被先后分流、转岗、内退,却没有发生一起干群冲突和上访事件。

随着纺三分厂压锭分流工作的完成,我也再次转岗回到纺二分厂担任了党支部副书记兼分工会主席和后纺技术员,一段时间后再兼任生产运转副厂长。自我到任后,利用生产条线管理经验相对丰富的优势,以及对工序流程和在岗员工比较熟悉的长处,迅速进入角色,使纺二分厂的各项工作都有了新起色,总能走在全公司各分厂的前列,在当年学习和赶超安庆棉纺厂的活动中被总公司领导称为本公司"学安庆的带头人",树为"赶安庆的示范点"。

2008 年底至 2009 年初,适遇金融危机来袭,我们的企业——我市唯一的百余年老厂面临艰难抉择。有关企业破产倒闭的消息不绝于耳,职工情绪难以掌控,分厂生产秩序陷入混乱,而自己也即将办理退休手续。面对一生钟爱并曾经为之付出全部心血和精力、一辈子魂系梦牵的工厂即将倒闭的这一局面,我正是百感交集、心如刀绞、欲哭无泪! 但是,理智和责任告诉我:只要一天未办理退休手续,我就要为企业站完自己最后一班岗,就应该竭尽所能站好最后一班岗,为了把工厂财物的损失降到最低,把有关职工切身利益的预期保障提到最高,把部分职工群众与厂方和上级派驻审计人员的对立情绪化解到最小,我协助领导做好职工群众工作,一边艰难地维持着生产,保证到期交货合同的履行;一边恳切地做着群众思想的稳定工作。2009 年 2 月底,企业无奈地正式进入破产程序,企业与我一起退休了。

这就是我的纺织女工生涯。在我的生命中是一段让我成长和收获的岁月。40 年来,我在平凡的岗位上做着平凡的事、当着平凡的人，不骄不躁、始终如一。党和国家曾给予了我那么崇高的荣誉，我虽没有做出什么惊天动地的壮举，不过反躬自问，也觉问心无愧。作为一名有着 36 年党龄的中共党员，离开纺织舞台的我，还将一步一个脚印地走下去。

江阴晶体管厂的创建与发展

陆庆丰

1970年，中央强调国家要大力发展电子工业，此时，适逢江阴以外销服装为主的江阴长江内衣厂开始不太景气，厂革委会主任田秀清等去上海、苏州、无锡、南京等地调研，正好遇上了无锡电容器厂领导徐良洪。他原是四川成都四机部部属军工企业从事技术工作的领导，调回无锡后，制造的和平牌电容器，因质量好，名声大震，享誉全国。在徐良洪的支持下，田秀清将目标瞄准电子产品，要带领裁缝攻克电子产品，试产晶体管。此举得到了江阴县领导的首肯和支持，时任澄江镇党委书记刘其洲、镇革委会副主任陶彦生等研究决定，由内衣厂、人印厂各抽出人员，去无锡学习晶体管生产工艺，由内衣厂生产组负责人张金才，带领包涌潮、支佩明、杨锦霞、沈幼芳、潘锦屏、徐美英等共18名员工去无锡无线电元件一厂学习，为期一个月。将试产产品定向为硅平面三极管。

为加强技术力量，澄江镇还决定，江苏省南菁中学介入晶体管的试制，由虞德范、浦珊元（女）和我三人所在的物理教研组参与。我一面上课教书，一面在校办工厂开发试制生产压电陶瓷喇叭及晶体管。因试制晶体管的需要，县里又决定，人印厂人员全部撤出，我作为技术人员借调去晶体管生产线工作，而由内衣厂派员代替我上课，几经试教，最后由吴新雄顶替我的教学工作，直至1973年9月，他被南京化工学院录取。1970

年11月,由内衣厂职工家属、当时在成都军工企业工作的周永华牵头,厂又派出我、冯玉清、张曾楷、骆虹玫、沈慕铮、许秀玉、姚玉芬、吴新法8人去成都四机部部属企业970厂学习晶体管生产工艺流程及设备制造。定人定岗位,日夜三班倒,跟师傅包学包干,50天紧张学习,基本独立操作,年底返回江阴,立即投入晶体管生产线的建设和试制。

　　厂书记、厂革委会主任田秀清亲自带领,首先在厂内新建三间平房,作为晶体管生产线,抽调高德良、颜云台等机械设备高手,带领金工车间工人日夜奋战、攻关,终于自制了扩散炉、去离子水系统、工作台等设备,我也通过在部队时与南京714厂军代表的关系,用低价从该厂废旧品库中,将一批可用的零部件运回厂,自制了一批测试仪器。在技术人员上,又得到县领导的支持,将成都周永华、北京刘瑞富、山东蒋伟甫先后调进厂,充实技术力量。工艺上,由冯玉清编写工艺流程,要求各操

开创江阴电子工业的领路人田秀清　　　　　　　　(张曾楷摄)

作者严格执行。张金才亦由内衣厂生产组长,转而扑向晶体管试制、生产。田秀清书记更是不分日夜,与试制人员一起刻苦钻研、奋斗,终因积劳成疾,患上淋巴癌重病,不幸于39岁就英年早逝。大家化悲痛为力量,继续加紧试制。

　　1972年4月,经江阴县革委会批准,将内衣厂晶体管车间正式划出,选址在手工业局原址,正式成立江阴晶体管厂,由陆惠芬任书记兼厂革委会主任,陈宝才任副书记,我正式调入,任厂革委会副主任,分管生技、质量。建厂初期,在内衣厂18名裁缝的基础上,加上从农村上调的十几名知青等,共有40多名职工。生产线由硅外延片至封装打印,共有十几道工艺。建厂后的第一份订单是由无锡电容器厂徐良洪转给的,是徐良洪在成都的母厂715厂订的货,产品用于军事科技、卫星、火箭、原子弹等设备中,要求极高,面对军品耐冲击、耐震动、耐离心力及超负荷等高可靠性的严峻考验,全厂职工没有退缩,而是严格操作工艺,终于在当年四季度拿下了晶体管。后我们又根据军品级晶体管的质量要求,按照四机部部颁标准,又添置了冲击台、震动台、离心试验台和高低温($-55℃$)冲击试验装置及变频振动台,建立了当时苏州地区第一家完善的例行试验室。从此,在相当长的时间内,也成为江苏省的定点例行试验室,除了本厂外,还承担着周边城市的晶体管产品的出厂质量鉴定,最后还获准成为四机部质量协会的会员单位。

　　1972年,上级决定抽调澄江综合厂10多名员工,兼并华士晶体管厂,有10多名员工调入,充实我厂。生产线上的工作有序地进行,对新来的员工,厂部加紧进行培训、实习,新老交替,互帮互学,很快成为一支能拉得出、打得赢的队伍。首批供货给715厂,质量上乘,赢得了他们的好评,在此后的数十万只晶体管的供货中，从未发生过质量事故。苏州地区工业局电子组副组长顾寿南一直非常关心、支持我厂的发展，每次带领全区电子工业企业参加部、省产品订货会，总是帮助我厂找关系、通渠道，迅速建立了一张销售关系网，产品军、民齐上，形成20多个系列的硅平面晶体管、开关管、高频管、金属壳封装管，使晶体管生产线初具规模。

随着厂的发展，原有的厂房已不适应，县革委会副主任刘立荣亲自带领陆惠芬和我去澄江镇二大队现场办公，察看地形，与二大队洽谈，当场拍板迁址、征地、用二大队土地工名额、名单等事宜，正式选址南街56号，办手续，建厂房，发动全厂职工参与义务劳动，将建筑材料从平冠桥河浜的小船上运回工地。很快，1975年，搬迁至南街新址，又是职工自己搬运，一座洁净大楼建成投产，配套辅助设施也一应俱全地建起，集体宿舍、食堂都配齐，厂部办公室仍在临时搭建的芦扉棚中办公。新的厂房建成后，生产车间仅用一星期调试，就正式投入生产。随后又建起了一定规模的金工车间和仓库、教室楼。

后来，我厂在引进技术人才上，化了不少工夫，县领导亦很重视，为了适应政策上的需要，成立了江阴电子研究所，一个厂挂两块牌子，避免了集体单位不能引进国营全民职工及不能接受国家分配大专院校毕业生的困扰，这样，解决了生产、技术、维修、销售等各类人才的引进和调入问题。调入、引进的蒋伟甫、刘瑞富、周永华、缪森林、陈皋、陈新江、吴振江、刘明才等各自发挥了较大作用。

1975年，县里考虑到我厂生产的晶体管以军工配套为主，加上生产的自动发报机又是军工产品，通过向邮政部门申报，获准设立"江阴101信箱"邮政代号。自此始，印制了江阴101

信箱信封、信笺，生产线一律用保密工作册，记录事宜不得对外，为此，厂部经常对职工进行保密教育。

在此期间，全国掀起了"工业学大庆"热潮，我们通过学习、实干，将大庆精神落到实处，在生产发展上创造了很大的效益，生产的军工产品晶体管质量越来越高，对国家急需的晶体管，全厂职工非常认真，在质量上严格筛选，真正做到一丝不苟，步步把关，百里挑一，保证了国家重点工程如期实施，为我厂争得了荣誉。1977 年和 1984 年，因我厂配套的晶体管在国家尖端科技工程上的成功使用，两次受到了中共中央、国务院、中央军委的嘉奖，给全厂职工极大的鼓舞。1977 年，经苏州地区验收核准，江阴晶体管厂荣获大庆式企业称号。当年，陆惠芬去北京参加会议并去大庆参观，我和厂先进个人的代表严秋月赴南京参加江苏省工业学大庆先进集体代表大会，受到省、南京军区领导接见，严秋月被定为省劳动模范。

为了更好地适应市场，我们强化了商标意识。1975 年，张曾楷、黄田根据厂领导研究的精神，设计了商标，我们去北京，在国家商标局，将我厂生产的晶体管注册为"长江牌晶体管"。此是我县继五一棉纺厂后第二家产品有注册商标的单位。

在生产晶体管的同时，考虑到当时我在部队的关系，获悉海军司令部通信兵部、总参通信兵部需要自动发报机，为此我们又调进了一批机械技术人才，设立专门生产车间，以高德良为首，进行攻关，不久，自动发报机定型生产。经申请，获省机械局电子科立项，又配套生产莫尔斯码纸带凿孔机，得到总参通信兵部及海军通信兵部的首肯和好评，销量大增，效益可观。军品自动发报机的发展，对晶体管生产线发展的资金来源起到了较大的补充作用。

1985年,电子工业部副部长李元如(左一)莅厂视察塑封生产线工地
(陆庆丰提供)

20世纪80年代初,一种替代外国进口的用于高频头的3DG79超高频低噪声晶体管成为抢手货,当时除了四机部742厂能供货外,缺口极大。在苏州地区工业局电子组顾寿南的支持、协调下,我们由周永华牵头,组织一支专门小分队,攻克一个又一个难关,不久就生产出了高质量的3DG79晶体管。为此,省电子厅康克厅长每月亲自召开调度会,定期地将苏州电视机厂、南京无线电六厂及我厂三位厂长请去厅长办公室当面敲定下月各方供需量。我厂为电视机生产的发展作出了努力和贡献,也得到了省厅的嘉奖。为提高我厂生产电视机所需晶体管能力,省厅拨专款奖励我厂数十万元,用于购置2台新式的扩散炉。不久,无锡742厂因电子工业部增产电视机需求,对全厂进行了大规模的技术改造,他们厂产量猛增,成本大幅度下降,这样对我们小厂造成了严重威胁,新的形势逼得我们调整思路,接受新观念。在电子工业部副部长李元如、元器件处处长尹绮华(祖籍江阴)及742厂书记王洪金的支持、帮助下,就"塑封晶体管生产线"在江阴晶体管厂立项,与742厂达成了共识,并得到了江阴县县长田庆白、江苏省电子工业厅的支持,正式得到了批文。当时,我厂分得了省经济工作会议上难以获得的110万美元的贴息贷款,保证了生产线技术改造的资金来源。1984年始,我们成立专门班子,深入展开调研、测算,并去742厂参观、学习他们积累的技改经验。随着742厂电视机专用晶体管生产日趋饱和,我厂为其管芯做装片、键合、封装、测试等后道,大家集思广益,技术革新,又对一些设备进行改造,解决生产线的瓶颈问题,提高了产品成品率和可靠性。

日、韩等地涌进了大量廉价优质的塑封晶体管,更加快了我厂塑封生产线的上马。原有的厂房已不适应形势的发展,为加强领导,县确定成立塑封生产线工程指挥部,由机电冶金公司副经理马春泉任总指挥,

1984年4月18日,中共中央、国务院、中央军委向江阴晶体管厂发来的贺电
(张曾楷提供)

我和赵希芳任副总指挥,丁玉楼副厂长坚持组织好当前生产。在选址问题上,我们多次策划,实地考察,742厂王洪金书记也多次来实地勘察,最后选定了近黄山的林场。1984年12月,塑封生产线正式奠基,江阴县县长田庆白、无锡市电子工业局管局长、742厂书记王洪金为奠基剪彩。同期,电子工业部副部长李元如也亲临工地视察,日本东芝公司也派员前来考察录像。新的主体厂房、辅助车间均由电子工业部十一设计院设计,将空气洁净度定为10万级,前道1万级。随后在新设备的引进上,通过美国驻香港商务参赞的搭桥,破例得以参观摩托罗拉公司在香港的晶体管后道测封生产线,对整个厂房的合理布局有了个全新的认识。此时,县长田庆白,副县长钱雨兰、吴新雄等全力关注、支持生产线的建成和发展,从人力、物力上提供了有效的保证。1987年2月,一家崭新的占地103亩,建有5 700平方米主体净化厂房及动力、维修、供气、供冷、供热等配套齐全的半导体后道生产工厂落成,从美国、荷兰、德国引进的生产及辅助设备、综合系统进入安装、调试,正式投入生产,开创了半自动化和自动化生产半导体器件的新篇章。

2000年,江阴晶体管厂改制为江苏长电科技股份有限公司。

江阴电子研究所
当年经历回忆

吴宝润

20 世纪 70 年代后期,随着十年浩劫的结束,国计民生重现新的生机和活力。在江阴农机、农药、化工、金属制品、建筑设计等行业研究所、实验室和设计院等单位相继成立的同时,作为朝阳产业——电子信息技术产业的科研机构,江阴电子研究所也在这时应运而生。

1976 年成立该所时,设址于当时城中南街的江阴晶体管厂内,两块牌子,一套班子,厂党支部书记陆惠芬任所长。这个所成立时的全部成员,仅有刚毕业被分配来的两名中专生,两名工农兵大学生,一名由北京调来的电影机械专业人员,一名部队家属,但他们都被安排在厂的各个生产车间,三三两两,从事厂内的产品生产。后来虽又陆续调入多人,其中有部队转业干部和复员待转干部,外厂调来的技术干部,等等,但情况依旧,仍分散在晶体管厂的各个生产岗位,从未集中开展过面向社会服务的任何业务,很难发挥其应有的作用。

1980 年后,为加快发展地方电子信息产业,经县领导和有关部门决定,实施厂所分离,该所迁往人民中路 158 号,即今南菁中学北大门对面的原工业局所属的第一工业供销公司五楼西侧,开张经营。这时所内的办公设施包括一些必要的科研仪器设备,已初具规模。且每年由县工业局下拨科研经费 40 000

元。办好研究所的物质条件，均已齐全。所内人员这时已增至14人，专业技术力量相对较强，多数为大中专生，多人拥有工程师职称。缪森林副所长为主要负责人，陆惠芬书记留厂不再兼任所长。后由县工业局孙其萃副局长来所宣布，任命我为负责人之一。当时所的党组织关系，隶属于工业局党支部，党小组的四名共产党员中，有一名部队复员战士为预备党员，这几名党员在各自的工作岗位上都发挥了较好的先锋模范作用。全所成员同心协力，团结一致，服从工作分配，形成一个和谐协调的集体，较好地完成了全所的工作任务。其中有独立作战能力和相应科技业务水平的人员，利用现有条件，还曾做出过一些显著的业绩，如先后研制和开发创制过电磁液压阀门试验台和平压压痕切线机等电气控制系统，医院病房讯响器等。

生活待遇上除每月工资外，按县工业局规定，参照机关发一点奖金。全年无双休长假，更无年岁节礼，除思想政治鼓励外，并无任何物质激励，但大家都坚持和发扬了较好的艰苦奋斗的优良传统和工作作风。

业务上完全立足于自力更生，自主开发项目，主动出击，"找米下锅"。对于偶有城乡企事业单位上门联系求援事项，总是有求必应，诚信而愉快地合作，让来者满意，并带有一定收获而去。

这个所的业务进展沿革状况，虽无完整的档案保存，但据一些资料和回忆记录，仍可反映出它的一些有价值的情况。自开展业务以来，首先由缪森林副所长通过社会亲朋关系，联系了一个35毫米电影放映机氙灯光源的改装项目，组成了小分队，奔赴各地改装。据资料记载，该放映机的氙灯光源改装，曾为晋、鲁、苏诸省普遍应用，获取了一定的经济收益。

35 mm 电影放映机

江苏省江阴县电子研究所

为山西、山东、江苏等地改装的 35 毫米
电影放映机。　　　　　（吴宝润提供）

其次，由县工业局介绍，西石桥轻工机械厂来所联系，该厂当时生产的主要产品——PYQ－202等型号的平压压痕切线机，急需为其解决电力控制系统的设计和安装等技术难题，经研究决定，派所内熟悉机床电气技术专业人员，负责着手研制，很快拿出了图纸，并实地上门负责组装，使该型系列切线机能及时投产，并保证产品批量产出和按时完成出口任务，成为该厂上报的整机科研项目之一。同时，应厂方要求，为拓展市场，做好营销工作，还专门派出工程技术人员，随同厂方多次赴京津地区，为用户对产品作电气技术性能方面的讲座，这在厂所结合、发展生产方面走出了一条成功的路子。

这时，还应澄江镇电子仪器厂（原澄江镇雨伞社）转型经营业务、急需开发新产品的要求，派出了足够的技术力量，帮助培训生产技术，并适当投资合作，协助开发了当时社会时兴的七管晶体管收音机，投放市场后，企业出现了较好的产销景象，收到了较好的社会效益和经济效益，获得了厂所双赢的效果。

我们还曾经无偿地为江阴液压件二厂（峭岐镇队办企业）

研制成液压元件自动检测台的电气控制系统成套装置,为企业生产提供了急需的试验设备,保证了该厂主要产品——液压电磁阀门产品质量的自动检测,还为该厂节省下大量投资,受到了企业的好评,并于1978年受赠致谢锦旗。

江阴电子研究所车间 (严汉文摄)

在江阴电子研究所的业务成果中,有一件是应江阴人民医院时任院长徐嘉谟的要求,为院方设计试制成功了 XPS1 -33/23 电子病房讯响器,适用于卫生部规定的 50 床标准病区病房使用。试制成功后,应省卫生厅有关部门之邀,曾在省卫生系统太仓会议上作过演示,由于是全电子线路,安全精准灵敏,有些性能构思上有其独创性,实用性强,当时国内无同样产品,较为新颖理想,功能完善,受到与会同志一致好评。该产品形成小批量生产后,除满足江阴人民医院使用外,各地慕名求购,先后销售至苏州、徐州等地区医院,以及新沂、江都和泗阳等县级人民医院,反映良好。

进入 20 世纪 80 年代中期以后,由于未能加快改革体制机制,又受制于内外重重因素约束,该所渐次衰落。人员陆续外借、调离,全部资产转入江阴晶体管厂。

中国船级社江阴办事处
成立与发展历程

朱承德、李维浩、陆成明口述 蒋颖整理

　　大概是 1975 年,国家船检总局要在江阴筹建办事处,陆成明是筹建组三人之一,因为没有专业人员,总局从上海分局、重庆分局抽调了两位同志来帮忙。一开始是与长江航政管理局江阴航政站一起办公的,三个人要负责当时江阴和沙洲(现在的张家港市)两个县所属的澄西船厂、江阴船厂、上海船厂、张家港船厂、张家港长江船厂等修造的船舶,当时建造检验的船主要是 1 000 吨的甲板驳和 80 人住宿船,修理的船舶主要是1.3 万吨级干货船和 2.4 万吨级的散货船。

　　在 1978 年时,年检验的各类船舶已经达到了约 100 艘,工作量非常大,当时主要依靠南京航政局支持。直到 20 世纪 80年代初,从当时的武汉水运学院分来了 8 名毕业生,缓解了燃眉之急,才逐渐将专业配置完善。

　　当时分过来的第一批大学生,说实话,心是不安定的,后来陆续走了四五个人,但也调入了四五个江阴本地的大学生,队伍才稳定了。随后,江阴局发展很迅速,很多学生愿意过来了,包括很多系统内兄弟单位新招进的大学生,都安排到江阴来实习培训,因为江阴这里的检验种类齐全,既有造船,又有修船、产品,等等,给系统内培养了不少人才。

　　1976 年,朱承德从南京调来江阴,在巡逻艇上当轮机长,

1981年调到船检。当时,船检和航政还在一起,不便于管理。为适应对外开放的需要,总局考虑要将船检分出来。

1984年,总局王卫林副局长来江阴地区考察选址。当时,在选址问题上有江阴和张家港两个选择,总局领导考虑到江阴的港口条件比较好,造船业基础也比较好,同时地理位置好,可以辐射到张家港、靖江、无锡等地区,综合考虑这几点,决定地址选在江阴。

1984年10月,船检与航政正式分家,改叫船检局南京分局江阴船舶检验处,1992年又更名为中华人民共和国江阴船舶检验局,对外称中国船级社江阴办事处。刚与航政分家时,他们在澄西船厂找了个办公楼,和船厂一起办公。1992年后,当时整个江阴市发展比较快,市里就将所有的涉外单位都统一规划到现在这边,他们在江阴商检局大楼的西侧征了5.8亩地,建了新的办公大楼,大概在1996年夏天开始,他们就在现在的地方(滨江中路)开始办公了。

当时新建办公楼找地皮,市里给了很大支持,包括进行基建工程时涉及劳动力的安置问题,市委副书记、副市长孙福康亲自过问帮助解决。新办公大楼落成后,孙副市长还参加了大楼落成典礼。1996年,江阴被国家列为一类开放口岸后,市里对他们单位更加重视和支持,市里党代会、人代会都给了1个名额,分局干部都列为市管干部,可以参加市里的活动,这对他们来说都是很大的鼓舞。

江阴办事处党支部的创建,令许多亲历者至今仍引以为豪。当时分局党的关系在港务局,朱承德是第一个党员,李维浩是第二个。1990年成立党支部,由李维浩任支部委员。支部一共三个党员:朱承德、李维浩和后来发展的陆成明,以后又陆

续发展了三个人。1994 年至 1995 年,党支部被评为江阴市委
先进党组织,每年都有党员被评为港务局的先进党员。

江阴办事处,检验的第一条国际航行船舶是澄西船厂修理
的"苏澄"轮。到 20 世纪 90 年代初,检验的船逐渐多起来,检验
费超过了百万元,1994 年时,检验费已接近 400 万元,在全国船
检系统排到第三,还获得了当年系统双文明建设先进单位称
号。当时,队伍也发展到了 20 余人,检验业务的范围也扩大到
了常熟、太仓两个地方,检验的船用产品制造企业超过了
100 家。

据资料记载:江阴局在 1976 年至 1978 年间,年均检验各
类船舶 100 艘次左右。到 1994 年,各类船舶检验已达 225 艘
次,产品检验达 81 276 台(套),在当时的船检系统名列前茅。

在 1986 年之前,船用产品的检验业务还是由国家船检局
上海分局或南京分局派人来检验。到 1986 年,国家船检局决
定将江阴、靖江、张家港地区船用产品制造企业的检验业务交
由江阴局管辖。自此,江阴局的业务范围就由船舶检验扩大到
了船用产品检验,主要有锅炉、压力容器、锚链、舾装件、救生
艇、耐火结构、阀件等 8 大类产品。到 1992 年江阴市口岸开放
后,江阴局的船用产品检验业务又扩大到无锡、武进地区,到后
来又扩大到常熟、太仓,年检验的产品近 10 万件。

在扶持地方相关企业方面,江阴船检办事处也做了很多工
作。例如帮助江阴月城新江玻璃钢有限公司成功开发了国内
第一艘全封闭玻璃钢救生艇和代表救生艇最高水平的抛落式
救生艇,获得了国家船检局和多家外国知名船级社的认可,并
且远销到海外市场,公司也因此成长为国内救生艇生产企业的
排头兵。后来,还扶持了中外合资的无锡海达橡胶制品有限公

司开发集装箱密封条和油轮舱盖密封条产品获得成功，产品通过了国际通道设备生产权威公司英国麦基嘉公司认可，被吸收为麦基嘉公司定点厂，国内市场占有率超过90％，欧美市场占有率超过了50％，成为江阴市出口创汇先进企业。

靖江锚链厂原来是一个名不见经传的乡镇小厂，申请检验后，江阴局派员主动帮助厂里制定了有关原材料、生产过程和产成品检验的规章制度，建立了产品的质量保证体系，并对他们的执行情况进行严格检查，该厂的产品质量不断提高，年产值已经达千万，取得了多家外国船级社的认可，还有部分产品出口到国外。

在计划经济的旧体制下，江阴局曾经被客户戏称为"老爷"，可随着市场经济的发展，国外船级社的进入，船检市场的竞争变得很激烈，全局干部职工积极转变观念，在保证质量的同时，想方设法地满足客户需要。因此，不管是节假日，还是其他的休息时间，只要客户需要，都随叫随到；有时候工作忙，人手紧，现场验船师忙不过来，局领导就亲自下船下厂进行工作。营运船的检验，不少船都是下午三四点到港，第二天上午又要离港，验船师接到申请上船检验时都快下班了，证书、报告的起草、打印都只有晚上加班完成，为此，他们常常加班至深夜而毫无怨言。当时朱承德已年近60了，他还是跟年轻人一样，自觉加班加点。记得他给一艘船做特检期间，为方便客户晚上加班的需要，他每天晚上把摩托车放在家门口，只要船上一来电话，他马上骑车出发。还有个年轻验船师，周末送爱人住进医院，爱人就快临产了，可这时单位来人通知他，张家港一条船要他去检验，他只能咬咬牙离开了医院，等他做好检验回到医院的时候，小孩已经出生了。

　　江阴局之所以能发展得这么好，是因为一直有一个坚强的领导班子。有一年冬天特别冷，甲板上都结上了冰凌，一不小心就可能滑倒，甚至掉进刺骨的江水中。可为了澄西船厂三条待检的船舶，时任局长的陆成明亲自来到码头，上船检验。本来这种检验可以让年轻的验船师去完成，但他不放心，因为这三条船都是跑澳大利亚航线的，当时澳大利亚对到港船又检查得非常严格。为了不出一点纰漏，不损害我们中国船检的形象，在差不多一个月的时间内，他一直泡在船上，脸被江风吹得黑黝黝的，手都被吹裂了，但工夫不负有心人，这三条船航行澳大利亚后没有查出一点问题。

　　当时陆成明是正局长，李维浩是副局长，两个人团结一心，始终把职工利益放在第一位。比如说当时奖金分配，按照规定，领导系数高，职工系数低，但领导都主动调低系数。还有分房，都是优先分给勤干苦干且住房确有困难的老职工。所以江阴局的人际关系一直以来非常和谐，这也是江阴局能取得这么大成绩的一个重要原因。

　　江阴局还有个值得自豪的地方，就是安全质量抓得很好。当时有很大部分是检验老旧船和跑欧美澳航线的船，这些船只要稍有疏忽就会出问题。因此，在检验中必须加倍小心。曾经有一条船进澳西船厂进行修理，并准备申请入 CCS 级，当时正值酷暑，船舱内的温度高达六七十度，甲板烫得可以煎熟鸡蛋。为了对那条船有全面了解，时任检验科长的张东标，带领几位验船师一个舱一个舱地钻，一个部位一个部位地检，终于摸清了情况，并且向船东提出了修理意见，得到了船东的夸赞。同样是这条船，在修理出厂的时候，三台发电机组仅有一台试验合格，为了能尽早出厂，船东请验船师"帮帮忙"，同意其出厂航行,验船师一方面耐心地向船东宣传船舶安全的重要性,另一方面坚决按照要求对另外两台机组进行修理调试直至合格,最终得到了船东的好评。

我们用自己的实际行动赢得客户的信任和尊重,许多船东宁愿多跑一段路来江阴港申请检验,而不愿在其他港检验。

1991年开始的质量体系建设,对江阴局的管理提高起到了很大的促进作用。当时,全局上下积极响应总局的号召,组织落实有关质量体系建设的各项工作,建立健全各类案卷、记录,开展各种监控、监督,各项工作都取得了优异成绩。1994年,总局派出审核员对江阴局的质量体系建设进行审核,未发现一项重大项目不合格,以良好的成绩通过了总局的审核。同时积极扩大质量体系建设的范围,将全局的各项工作都纳入到了质量体系建设的轨道。通过质量体系建设,各项工作都更加规范,工作中的差错明显减少,工作的质量也明显提高了。

质量体系建立后,用户普遍反映,江阴局的职工变了,变得工作更加认真,服务更加热情。例如根据质量体系建设的要求,在接到用户申请后,首先严格评审,选派工作经历、能力相适应的验船师上船开展检验工作。验船师上船后,都能充分发挥自己的工作热情,对船东既检又帮,确保检验质量和船舶安全。当时南京一家公司的一条船主机曲轴在航行中断裂了,有关部门多次检查未发现真正原因,江阴局派验船师上船后经过反复的检查和测量,终于发现了其原因是该柴油机机架住轴承座处平面不平,从而采取了有效的措施,避免了“头痛医头,脚痛医脚”的现象。

对于一个单位,行风职业道德和廉政建设非常重要。外国船级社来国内设点后,纷纷出高薪挖掘船检的人才。针对这种情况,江阴局积极组织局里的职工开展爱国主义学习和讨论,引导他们摆正利与义的关系,激励他们为中国船检事业多做贡献。

为了防止廉政上出问题,江阴局向所有用户单位发放了《致用户的一封信》,向客户告知廉政建设的有关要求,并公布了上级单位的举报电话。同时,还制定了各种规章制度,要求验船师到工厂检验,中午一律不许喝酒,只能吃客饭,上船检验,不许提任何特殊要求。

根据整理者查阅资料,2000 年以后,江阴办事处开始实施以用人制度和分配制度为核心的改革,检验业务量逐年上升。2003 年,检验各类船舶 253 艘次,其中建造检验的"小天鹅"轮是当时国内自行设计建造的起吊能力最大的运输船。2005 年,检验的各类船舶 260 艘次,创历史新高。2010 年,江阴办事处全年完成检验费收入达 4 500 万元,全年船舶检验 300 余艘次,发放产品证书 2 万余张,再创历史记录。办事处人员队伍也壮大到 30 余人,为 10 多家船厂、150 多家产品厂提供了良好的服务。

勇立潮头扬帆行

——写在中船澄西建厂38周年之际

胡金根

"中船澄西"自 1973 年底建厂，38 载一路走来，风雨兼程，披荆斩棘，从一枝弱不禁风的"稚嫩幼苗"，成长为中国船舶工业又一棵根深叶茂、傲然挺立的"参天大树"。

三十八年过去，弹指一挥间

"中船澄西"建厂 38 年的发展历程，我既是亲历者，又是见证人。1977 年，我从上海来到"中船澄西"（当时叫交通部澄西船厂），一晃已 34 年，我从一个少不更事的青工，到走上管理岗位；又经过多个中层岗位的历练，进入高管行列；直至成为改制后的中船澄西船舶修造有限公司董事长、党委书记和其上级公司——上市公司中国船舶工业股份有限公司的总经理。三十多年来，"中船澄西"成长发展历程中，一幅幅定格在历史节点的生动画面、一段段镌刻着时代印痕的精彩故事，一个个闪耀着"澄西"精神的光辉形象，深深地印在我的记忆里，并时时激励和鞭策着我夙兴夜寐，奋发向前。

我以为，"中船澄西"的 38 年，大致可以分为三个阶段。第一个阶段是从 1973 年 12 月至 1993 年年底，这 20 年，是"中船澄西""芦苇滩上傲然崛起"，白手起家、从无到有、发展初具规

中船澄西船厂一角　　　　　　　　　　　（张曾楷摄）

模的时期；第二个阶段是从 1994 年至 2003 年年底，这 10 年，是"中船澄西"从小到大、攻坚克难、"改革潮中乘风破浪"的时期；第三个阶段是 2004 年以来的 8 年，这是"中船澄西"解放思想、创新做强、"抢抓机遇勇创奇迹"的时期。

芦苇滩上傲然崛起

20 世纪 70 年代初，正是中国改革开放的前夜。那时，扬子江畔、古城江阴西侧的黄田港至黄泥沟之间，还是一片静谧和孤寂，江边遍布茂密的芦苇，满眼是滔滔的江水。为响应党中央、毛主席"建设海上铁路"的伟大号召，1973 年 12 月底，就在这里，"中船澄西"的前身——交通部澄西船厂腾空出世了！

1973 年 12 月 25 日傍晚，天寒地冻，江风如刀，荒凉的江滩被一条条装载石块的民船划起的水浪惊醒。只见数十条民船在指定水域一字排开，随着指挥员一声号令，民工们争先恐后将船上的石块推入江中，目睹这一刻的第一代"澄西人"欢欣不已，由粟裕大将亲自勘址、彭冲书记最终定名的澄西船厂，终于在一代伟人毛泽东 80 寿辰前夜，摆开了抛石围堰、造地建厂的战场。

当时的"澄西"，物质匮乏，各种难题成堆，甚至连人员的日常生活都成问题。住的，是临时搭建的芦席棚和附近的农家；喝的，是经过沉淀后的江水；走的，是江堤和羊肠小道……在如此艰难的情况下，来自五湖四海的建设者凭着白手起家、艰苦创业的精神，在茫茫的江滩上围堰填土、"三通一平"，继而建码头、盖厂房，添设备、招人马，"澄西人"以百折不挠、自强不息的气概，投入了激情燃烧的岁月。

听工厂离休老前辈回忆，工厂在 1975 年由中共江苏省委批准，成立了临时党委，书记由省交通厅厅长周赤民兼任，他早年毕业于上海交大，是地下党员，在省交通系统威望很高，在协调中央企业与地方之间的诸多矛盾中起着不可替代的作用。因为当时建厂指挥部没有可供开会的合适场所，建厂初期的历次党委会都是在江阴县一招召开的。时任江阴县委副书记肖国衡每次都被邀请列席，他从不缺席，为建厂做了大量工作，有些老职工至今一直以为肖国衡也是临时党委委员。

一位和我一样同是上海青工、现已临近退休的"澄西"创业者，说出了我们这批人的共同心声："当时的工资待遇都很低，也没有什么加班费和奖金，一切的劳动和付出都是无所求的，但大伙心里却很平衡。尤其是我们这一批清一色小青年，身处异地他乡，没有负担，思想非常单纯，一心想着早日把'澄西'建成。我们与老同志们团结一致,打成一片,彼此激励,彼此感染,把最宝贵的青春无私地奉献给了'澄西'的基础创业。时间一年年过去,看着眼前一片汪洋的围堰,一点点变成平坦的土地,再一点点盖起厂房建成车间,大家心中充溢着骄傲和自豪,这就是我们那时最大的幸福和满足!"

1977 年,3 万吨级"长山"号浮船坞成功托起万吨轮"神州"号,标志着工厂进入了边基建边生产的阶段。1980 年,上海船厂张家港分厂并入,1.5 万吨级"钟山"号浮船坞与"长山"号做伴。当时,生产条件十分简陋,设备设施很不完备,"澄西"人以"有条件要上,没有条件创造条件也要上"的巨大勇气,一步一步地实现着自己修船、造船的梦想。

建厂初期工厂实行边基建边生产的方针。1977 年,在上海船厂代训的数百名青工全部进厂后,"澄西"开始造船。当年的造船场地就是工厂的"东大堤",也就是今天坞修车间东面那块地方。当时那块地方刚吹沙填埋好,在上面铺一层碎石,再垫上枕木就成为临时的"船排"。记得在"船排"上建造的第一条船是 1 500 吨甲板驳。该船尽管平行中体结构较多,但艏艉部分仍然有线型需要冷热加工。而当时生产工地根本没有像样的设备,怎么办? 反正我们年轻人有的是力气,于是采取最原始的方法——硬是用榔头一点点敲出来。我们把整张钢板抬到泥地上,十几个人围在四周轮流用大木榔头击打需加工的部位。一批人打累了,再换上一批人,直到线型加工到位为止。

1986 年底,工厂基本建设通过国家竣工验收,从此进入了全面生产阶段。1988 年,修船产值突破 2 000 万元。1992 年,工厂生产、修船产值双双突破亿元大关。1993 年,成功修复 27

万吨超大型船舶"美和"轮。工厂创下了修船业多项全国之最。这期间,造船也因陋就简,土法上马,先后建造了各类驳船、工程作业船,乃至技术含量较高的多用途集装箱船。

1983年5月,国务院港口口岸工作领导小组发来批文,同意澄西船厂承修外轮。此前的3月,我厂就承修了中波航运公司的"泰兴"号。1987年8月,工厂承修了第一艘真正意义上的外轮,那就是印度中国航运公司的1.6万吨散货船"劳克"号。在"长山"号浮船坞里,整整7天7夜,"澄西人"斗酷暑、战热浪,出色地交上了外轮修理的第一份答卷。从此,工厂的涂装走上了喷砂的新路,外轮修理源源不断,越做越大,揭开了"澄西"修船的新篇章。

经过20年的艰苦奋战,"中船澄西"从名不见经传的新建厂,发展成中国船舶工业系统四大修船基地之一,"团结、自强、求实、创新"的企业精神也逐步形成。20年中,企业先后荣获江

中船澄西船厂船坞　　　　　　　　(张曾楷摄)

苏省先进企业、无锡市文明单位、中国船舶工业总公司修船优
胜单位等荣誉称号。

改革潮中乘风破浪

邓小平 1992 年南方谈话,如浩荡春风,把中国改革开放推
向了一个崭新的阶段,也将"澄西"的发展带入了前所未有的
春天。

1994 年 1 月,以黄天明为厂长、王士兴为党委书记的"澄
西"领导班子针对企业 20 年的发展实际,作出了"第二次创业"
的重大决策,吹响了新一轮企业发展的进军号。

20 世纪 90 年代初,工厂承接了苏联大型渔加工母船"斯拉
维扬斯克"轮的改装工程,随后迎来了一批载重吨位超过 5 万
吨、单船换钢板达 1 000 多吨的船舶。但是由于没有合适的大
坞,"澄西"人越来越感到施展不开。工厂领导班子果断决
策——将一艘报废的 28 万吨级"米亚"号油轮改装成大型浮船
坞。经过近两年的艰苦努力,攻克了无数难关,1994 年 12 月 18
日,由"澄西人"自行建造的中国第一座 10 万吨浮船坞"衡山"
号终于胜利投产,为企业修船生产插上了腾飞的翅膀。

"斯拉维扬斯克"轮于 1990 年 1 月 3 日进厂进行大修,包括
改装成一艘现代化的渔加工母船。到 1992 年 12 月 11 日该船
竣工出厂,前后历时近 3 年,其间还经历了苏联解体、国籍更
迭——从苏联换成俄罗斯。就当时工厂的各方面条件,要修好
该轮,难度之大可想而知。时任厂长沈师贤对这项大工程极为
重视,先是组团赴前苏联勘验实船,后又亲自带队前往洽谈二
期工程,可谓殚精竭虑,呕心沥血。举全厂之力,历尽艰难,经

过上千个日日夜夜的拼搏,终于完成了"斯拉维扬斯克"轮的大修改装,从此打出了"澄西"外轮改装的名气。

1995 年,工厂修船总量大幅攀升,跃居中船总公司第一名。1997 年,"澄西"修船总量首次夺得全国第一,并获得江苏省自营出口生产企业创汇第一。此后,不管风云如何变幻,工厂的修船总量始终雄踞原中船总公司系统第一名。2001 年 4 月,8万吨级浮船坞"金山"号加盟"澄西",工厂修船如虎添翼,成为中国修船界名副其实的"巨人"和"排头兵"。

"澄西"只有 10 万吨、3 万吨、1.5 万吨浮船坞各一座,相比其他修船企业,总体坞容量偏小的矛盾越来越突出,严重制约了修船生产的进一步发展。就在这时,韩国在江苏南通兴建的水山船厂由于经营不善宣告破产,所属一座 8 万吨级浮船坞即将易主。得知这一信息后,公司领导班子在科学分析和充分论证的基础上,果断决策,高效实施,采用灵活手段特事特办,以较快速度、较低成本租赁了该船坞。随后,经过简单的修理,8万吨级浮船坞"金山"号于 2001 年 4 月投入运行,迅速扩大了"澄西"修船的产能规模。

在总量不断扩大的同时,修船产品结构也在不断优化,其中,最让"澄西人"自豪且至今津津乐道的,就是将科学考察船"向阳红 10"号成功改装为航天远洋测量船"远望 4 号"。1999年 2 月,我厂承接了"远望 4 号"船中修改装的任务。这是中国航天和国防重点工程"神舟飞天"的重要配套工程,能否如期完成,事关全局,我们深感责任重大。经过全厂上下 144 天的团结奋战、顽强拼搏,于当年 7 月 18 日优质、高效、安全、按期完成了"远望 4 号"船的中修改装任务,为中国航天事业和国防科研作出了积极贡献,赢得了总装备部、二十三基地、中船集团公司领导及各方面的高度评价。我们用优异的工作业绩,展示了中国修船业龙头企业的风采,创立了"澄西"修船新品牌。

中国人民解放军总装备部在给我厂的贺电中指出:"仅用144天就完成了这个艰巨而光荣的任务,充分体现了工厂重视军工任务,急国家之所急、想军队之所想的工人阶级主人翁精神和现代企业质量控制和管理能力。"二十三基地司令员崔秉书少将赞扬我厂:"在整个施工过程中,组织严密,管理严格,秩序正规,步调一致,工作效率高,生产干劲大,呈现了一派轰轰烈烈、热火朝天想现代化、干现代化的感人场面。"中船集团公司副总经理金才宽则强调:"远望4号船的改装成功对澄西船厂来说,实现了三个开创——一是开创了军品船舶修理新领域,实现了从民用船舶修理向军用船舶修理发展的新突破,促使工厂向军民结合型转变;二是开创了科技含量较高的特种船舶改装新领域,使工厂的技术能力得到了很大的锻炼和提高;三是开创了军民共建、军厂合作、厂所合作,共同为国防科技装备发展服务的良好风气。"

在此期间,造船生产也积极进展。工厂成功建造了345箱集装箱船、8 000吨多用途集装箱船、7 500吨水泥顶推驳组、2.5万吨化学品船,还开始承接5.3万吨双壳散货船批量建造任务,为接下来"中船澄西"造船飞速发展奠定了坚实基础。

2003年,世界航运市场和船舶市场日益回暖,"中船澄西"抓住这一历史契机,承揽了8艘5.3万吨双壳散货船的建造任务。但船舶还未开工,传来了材料大幅度涨价的消息,亏损眼看势在难免。怎么办?公司领导班子处危不惊,提出争取船位中间插船提高效益的正确思路,使全体员工有了主心骨。经过努力,"澄西"人硬是在建造8艘船的周期内完成了13艘同类船舶的建造任务,不仅消除了亏损,还使多接船和插造高效益船成为现实,这个做法后来多次被沿用,明显地提高了企业的经济效益。

这一时期,随着生产经营得到较快发展,工厂管理基础不断夯实。我们提出了"修造好每条船、使条条船都是好广告"的经营战略,在国内修船企业中率先通过了中国船级社、英国劳埃德船级社的 ISO9002 质量认证,同时获得了江苏省文明单位、"全国模范职工之家"等荣誉称号。这期间,虽然遭遇了亚洲金融危机、"非典"疫情的严峻挑战,但工厂生产经营仍然取得了较好的成绩,也为后续发展创造了有利的条件。

抢抓机遇,勇创奇迹

自 2000 年 10 月起,我担任澄西船厂生产副厂长。2004 年初我以副厂长身份主持工厂全面行政工作,同年 8 月中船集团公司党组正式任命我为澄西船厂厂长。

面对竞争激烈的国际船市和加快发展的员工呼声,我深感担子沉重、压力巨大,因此我全身心投入到工作中去,未敢有丝毫懈怠。我紧密团结领导班子成员,紧紧依靠公司广大干部员工,审时度势、抢抓机遇,自强不息、攻坚克难。随着基础管理的日趋完善、对技术创新的高度重视、对产品结构的积极调整和产品档次的不断提高,企业的核心竞争能力迅速增强,生产经营指标连创新高,实现了跨越式发展。如今的"中船澄西",修船、造船、非船(钢结构)三足鼎立,优势互补,已成为中国规模全、实力强、管理优的骨干修造船企业之一。

修船作为"中船澄西"的主业,始终名列全国同行业前列,被国际友人亲切地赞誉为"五星级修船厂"。近年来,公司不断拓展市场,与40多个国家和地区的航运公司建立了广泛、密切的合作关系。通过扩大优质市场份额,修船总量逐年攀升,外轮修理比例始终占修船总量的95%以上。除常规修理外,公司积极调整产品结构,主攻化学品船、自卸船、滚装船、工程船、液化气船等高技术含量、高附加值特种船舶,改装船比重逐年上升。公司先后成功完成了汽车滚装船、油轮改装船、切开加长船、自卸改装船、破冰船等10大类船舶的改装工程,其种类、数量和难度在国内均首屈一指。

全损船"宾夕法尼亚"轮在此获得新生,这在"中船澄西"发展史上留下了浓重一笔。"宾夕法尼亚"轮是韩国为德国船东建造的4 389箱集装箱船、在处女航时因装载的烟花爆竹爆炸引发大火,烧得千疮百孔、面目全非,被国际航运界众多专家判处"死刑"。有一位英国船东买下该轮,并向全世界招标修复。我厂在有国内外多家船厂参加的竞标中一举胜出。

2003年7月,"宾夕法尼亚"轮进厂,其修复难度超乎想象。"世上无难事,只要肯攀登",在随后的230个日日夜夜里,全厂上下心往一处想,劲往一处使,群策群力,攻坚克难,保证了一个个大节点的按期实现。2004年2月28日,修缮一新的"宾夕法尼亚"轮,被命名为"诺雷细亚",在阵阵汽笛和锣鼓、鞭炮声中重获新生,开启了新的航程。

"澄西人"在230天时间里,完成了近4 000吨钢质工程,大小129台套设备的修理和换新,近200千米电缆的敷设,还有通讯导航系统、自动控制系统、报警监测系统的换新……"宾夕法尼亚"轮船东、一位80多岁老人亲临"中船澄西"考察后,感到不可思议,连呼"没想到"。其他好多国家的船东也认为,"中船澄西"在"宾夕法尼亚"轮修复过程中展现出来的能力和素质，充分证明工厂政令畅通、指挥高效、运转协调、组织可靠，是一家值得信赖的企业。

2009年，公司控股的江苏新荣修船基地全面投产，新建的两座浮船坞——17万吨级"江山"号和10万吨级"河山"号先后付用，大大提升了公司修理改装10万吨级以上大型船舶的能力，助推"澄西"修船走上新台阶。

公司造船跨越式发展。在仅有一个船台的不利情况下，通过对原船台改造、浮船坞内造船、外埠租借船台，创造了两岸三线的造船生产格局——1号线短平快造船、2号线浮船坞造船、3号线总装化造船。从一条造船生产线到三条生产线，从2006年完工4艘21万载重吨，到2010年完工22艘108万载重吨，短短4年的时间，"中船澄西"就昂首挺进年造船百万吨船企之列。

2010年12月15日，公司隆重举行年造船突破100万载重吨庆典。2010年公司造船三条线一齐发力，创造了完工交付21艘、102.74万载重吨的新纪录。中国船舶工业集团公司发来贺信："在国际金融危机的巨大冲击下，你们能取得这样优异的成绩，十分不易。这是你们积极贯彻落实集团公司十八字方针，坚持解放思想，科学发展，开拓创新的成果。"

造船三线齐飞，不管是公司员工，还是外来务工人员，无一例外地作出了很大贡献。比如2009年4月奉命开赴启东三号线的70余名员工，年龄多在30岁上下，他们离妻别子，背井离乡，为澄西造船腾飞作出了个人、家庭的牺牲。难怪在三号线第一艘船下水时，有些员工会放声大哭。

公司积极推进造船建模，推进计划管理，完善生产准备，实施精度造船。推行无余量公段建造、船台快速搭载工艺、上层建筑整体吊装、分段预密式等先进造船技术，5.3 万吨散货船的船台周期不断缩短，由首制船的 121 天降至目前的 32 天，码头系泊周期也缩短至两个月，创下了国内同类型船舶建造速度之最。我们在中船集团公司内首家顺利交付了符合国际海事新规范的 5.3 万吨货船，钻石 53 型散货船已成为"中船澄西"的造船金牌产品。

"科学技术是第一生产力"，邓小平的科学论断我们时刻牢记。近年来，我们重视技术队伍培养和修造船技术孵化，积极争创省级技术中心。我们依托现有的设备设施不断开发造船新船型，已成功开发并承接建造 3 万吨级、3.5 万吨级、4.5 万吨级、5.3 万吨级、7.6 万吨级散货船，2010 年新承接造船订单 39 艘，超 200 万载重吨，造船生产任务已排至 2013 年。

公司钢结构生产步伐日新月异，从原来单一的钢板加工发展到目前集船舶舱口盖、电站保温模块、烟道、大型风力发电塔、港口起重机械在内的多种产品。大型风力发电塔制造更是蜚声中外，生产规模、产品质量均居国内之首。公司与美国 GE、丹麦维斯塔斯、日本三菱等多家国际知名风能公司建立了业务合作。风力发电塔产品获美国 GE 公司"2003 年度最佳新供应商"和"2006 年度最佳以客户为中心"奖。

在生产经营快速发展的同时，我十分清醒地认识到，作为一家国有企业、中央企业的负责人，必须始终以党建和精神文明建设引领公司发展，努力把党的组织优势转化为企业科学的优势。无论是当厂长，还是董事长、总经理，我都注意摆正和党组织的关系，尊重党委，尊重书记。行政和党委心往一处想，劲往一处使，始终坚持以人为本，致力于打造一支"特别能吃苦、特别能战斗、特别顾大局、特别讲奉献"的党员和员工队伍。依靠这支战无不胜、攻无不克的队伍,促进了企业三大文明的同步协调发展。

公司现有合同制员工、代理制员工及劳务工程队务工人员12 000余名。在充分调动公司员工积极性、创造性的同时,如何充分关心关爱数量庞大的劳务工(农民工),让更多人热爱"澄西"、扎根"澄西"、奉献"澄西",事关企业的存亡兴衰。我们坚持以人为本,始终把劳务工工作放在突出位置,抓实抓细,有力地促进了和谐企业建设,创造了劳务工与企业同舟共济、共御危机、共谋发展的良好局面,为企业在逆境中持续发展发挥了积极作用。

以企业文化塑造了"中船澄西",打造百年长盛企业,也是我工作的题中应有之义。这几年我大力倡导和推进"澄西"特色企业文化建设,引领公司上下坚持"修造好每条船,为世界航运事业进步和人类幸福做出贡献"的企业宗旨,努力实践"尊重、责任、创新、可持续"的核心价值观,大力弘扬"协力攻坚、奋力争先"的优良传统,着力打造运行高效、客户满意、行业领先、社会赞誉、员工幸福的卓越企业。

公司成立了企业文化部,加强了对公司企业文化建设工作的规划与管理;制订了"中船澄西"企业文化建设五年规划,确保企业文化建设循序渐进、稳步实施;编印了《中船澄西企业文化手册》,加强公司价值理念的宣导,使每个员工入耳入脑入心;以企业价值指导各项工作,推出了四项实践价值理念的工具,进一步推进了企业文化落地生根;建立了企业文化建设考核评价机制,每半年对各部门企业文化建设情况进行考核并公布。目前,公司价值理念已融入员工的思想和工作之中,并逐渐成为"澄西人"为之奋斗的方向目标和身体力行的行为准则，进一步增强了企业发展的核心竞争力。

一分耕耘，一分收获。公司这么多年奋斗，取得的骄人业绩令人刮目相看，在受到国内外船东客户青睐的同时，也得到各级领导的首肯。这期间，公司先后获得"无锡市百强百佳企业"、"江苏省文明单位标兵"、"中央企业先进集体"、"中央企业思想政治工作先进单位"、"国资委先进基层党组织"、"全国五四红旗团委"、"全国模范职工之家"等荣誉称号。不久前，公司荣获"全国五一劳动奖状"，这必将鼓舞"中船澄西"百尺竿头更进一步，为中国早日成为世界造船大国、强国而努力奋斗！我为在这中间尽了自己的一份职责而感到欣慰。

江阴长江公路大桥
从筹建到建设的过程

黄林祖

  江阴长江公路大桥是江苏省十大基础工程之一,列入国家"八五"基本建设计划,仅选桥址、设计、论证等前期准备工作就用了8年多时间,凝聚我国12位院士、百名专家的智慧和心血,荟萃20多门学科的成果。各类资料总计近1吨重。1992年由交通部公路规划设计院、同济大学建筑工程设计研究院、江苏省交通规划设计院组成联合设计组开展大桥工程可行性研究报告和设计工作。1994年1月7日,国家计委批准大桥工程可行性研究报告。4月7日,交通部批准大桥初步设计文件,确定采用江阴西山桥位1 385米大跨径钢悬索桥方案。江阴长江公路大桥是我国首座千米以上的特大跨径桥梁,主跨1 385米,两岸引桥长1 503米,全长2 888米,大桥桥塔高196米,桥面宽33.8米,通航净空50米,桥址选在江阴西山和靖江十圩间,工程总投资为20.868亿元,建设工期为5年。

  江阴长江公路大桥是列入国家规划并正在建设中的黑龙江同江至海南三亚沿海南北国道主干线的组成部分,是沟通浦东、苏南和苏北的纽带,桥址选定在江阴西山与靖江县十圩港东侧之间,桥长约2 600米,桥宽按6车道设计,计算行车速度为100千米/小时,桥面最大纵坡不大于4%,车辆荷载为汽-超20级,挂-120,设计洪水频率为1/300。两岸连接线路宽度按6

车道建设,项目建议书推荐桥型为大跨度钢悬索桥方案:主孔跨径 1 200 米~1 400 米,通航净高不低于设计最高通航水位以上 50 米,相当于 5 万吨级巴拿马型船舶高度 48 米加 2 米安全高度,桥宽 33 米,两岸接线宽 32 米,总长约 8.6 千米。

前期准备工作

1993 年 8 月 12 日,江阴长江公路大桥南岸建设办事处成立,内设综合、工程质量监督、财务材料、征地拆迁、安全保卫五个科室,核定人员编制 15 人,为全民事业编制。

1993 年 4 月 28 日,为加强对江阴长江公路大桥、高速公路建设的领导,确保工程顺利进行,决定成立江阴长江公路大桥、高速公路(简称路桥)工程建设领导小组,组长贡培兴,副组长梅振铨,领导小组下设办公室。

1993 年,完成了施工场地征地拆迁工作。根据省政府明确的大桥征地拆迁政策,在市政府组织下,南岸办从实际情况出发,编写了《大桥南岸建设宣传提纲》,召开拆迁协调会和动员会,明确政策、要求,7 月 1 日至 15 日,对施工场地内西郊镇黄山村大湾的 62 户、2 262 平方米房屋、2 310 棵果树、数千棵杂树作一次性拆迁,村民们甘愿作出牺牲,冒着连绵阴雨,仅用半个月时间即完成拆迁任务,为水、电、路等工程的顺利开展提供了条件。在此基础上,市政府组织市计委、市交通局、市土管局、西郊镇 4 家单位联合征用大湾内 88 700 平方米土地,该区建桥期间租赁给施工单位,建桥后由扬子大桥公司搞好综合开发。

施工便道的建设由办事处自行设计,组织施工,投资 90 余万元,全长 1.8 千米,于 6 月 18 日开工,至 12 月下旬结束,经上级部门验收,工程质量符合设计要求,达到三级公路标准。另外,从大桥建设进场运输需要的考虑,江阴市还投资400万元,组织实施15米宽的公园路新建工程。

解决施工场地生产用水供应问题。解放军89960部队在本单位供水并不充裕的情况下,积极支持地方经济建设,同办事处签订供水协议,并投资4万余元,将原有供水管道作了改造,可向施工场地日供50吨生活用水。

新建供电线路和通讯线路。市供电局自9月至11月,仅用3个月时间,完成新架10千伏专用供电线路建设,架线4.8千米,建成3个供电点。施工队伍一进场即保证供电。为满足施工通讯和长远发展需要,市邮电局预留200对通讯线路到大桥桥头。

建长江大桥前南桥墩原址　　　　　　　　　　　（陈宝金摄）

同时,南岸办还积极配合上级有关部门做好其他各项开工准备工作。协助工程地质勘探工作,积极为他们保驾护航、排忧解难;与有关部门联系今后江中施工涉及的航道维护、航行监督事宜;做好施工临时码头的准备工作;做好桥位征地准备工作;做好接线调查摸底等前期准备工作;做好来人来客接待工作;配合上级有关部门做好在江阴召开的大桥工作会议会务工作,使会议都取得了预期效果。通过努力,南岸建设办事处在 1993 年度基本实现省政府提出的年内完成"施工场地征地拆迁和五通一平"的工作目标。

大 桥 建 设

1994 年 11 月 10 日下午 3 时 12 分,江阴长江大桥南岸基坑首爆成功,正式打响了大桥南岸建设主体工程建设的第一炮。南岸基坑爆破是大桥 B 标段的标前工程,通过爆破方式在山体上挖出一条长 52 米、宽 48.5 米、深 40 余米的基坑,为浇筑系固大桥悬索的锚锭作基础,整个工程量约 18 万立方米。这次首爆施工单位共钻平均深度为 5 米的孔眼 435 个,填放炸药 500 千克,采用松动爆破方法和毫秒延时爆破技术,确保山体的整体性、稳定性,首爆土方量为 3 000 立方米左右。由解放军总参工程兵科研一所江苏宜兴爆破联合公司中标实施,南京工程兵学院南京工苑建设监理公司承担工程监理任务。

11 月 22 日下午,江阴长江公路大桥开工典礼在西山大湾举行,江苏省委书记陈焕友、代省长郑斯林,交通部部长黄镇东、副部长李居昌及省军区司令员郑炳清,省人大常委会副主任凌启鸿,省政协副主席童傅等近 200 人参加。国务院副总理邹家华发来贺电。江苏省常务副省长季允石主持开工典礼,代省长郑斯林、交通部部长黄镇东先后讲话。

1994 年 11 月 18 日至 1995 年 11 月 27 日,爆破开挖南锚锭基坑和防护工程,共实施爆破 150 多次,总爆破炸药达 1.2 万

江阴长江公路大桥开工典礼 （陈宝金摄）

吨,开挖土石方 24.7 万立方米,防护 1.7 万平方米。

　　江阴长江公路大桥南岸建设办事处于 1996 年 3 月征用澄江镇秦泾村、要塞村水稻田及非耕地共计 12 200 平方米,用于建设综合用房。

　　1996 年 5 月,江阴长江公路大桥南锚碇开始浇筑。南锚碇基坑上口 90 米×90 米,下底 10 米×50 米,深 66 米。

　　12 月 20 日,大桥北锚碇动工,沉井长 69.2 米、宽 51.2 米,相当于 9 个半篮球场大,沉入地面 58 米,相当于 20 层楼高,下沉时要穿过 4 层不同的土质,沉井体积为 21 万立方米,需承受 6.4 万吨的主缆拉力,为当时世界第一沉井。沉井总投资 1.5 亿元。上海基础工程公司 400 多位职工艰苦奋斗 5 个月时间,共浇筑混凝土 15.8 万立方米,下沉挖方 20 多万立方米,于 1997 年 5 月 22 日全部下沉到位,其偏位和平面扭转等主要指标都远小于允许值,工程质量达国家优良标准,创造了沉井体积和下沉深度等多项世界纪录。

江阴长江公路大桥北桥塔标高 197 米,南桥塔标高 196 米。每座桥塔自重 10 万吨,承重 2.7 万吨。双塔基础工程 1996 年结束。1997 年 8 月 23 日,南塔建成,1999 年 9 月 18 日下午,北塔封冠。承建北塔建设的江阴市建筑安装总公司四公司 500 多名施工人员,从 1996 年 12 月 28 日起,以每天浇筑 1.2 米至 1.8 米的速度,创造了我国建桥史上的奇迹。北塔轴线误差在 5 毫米之内(允许 20 毫米误差),钢筋保护层全部达国家优良标准。江阴兴澄钢铁公司为大桥南北两塔提供 19 200 吨优质钢材,占大桥基础建设钢材用量的 90%。

1998 年 4 月至 7 月,江阴长江公路大桥架设过江导索。江阴长江港航监督管理处出动 12 艘巡逻船游弋江面,实现建国以来江阴境内长江段首次封航。导索过江当天,江阴观光群众达 10 多万人。

7 月 16 日,开始架设被称作"生命线"的大桥主缆,省委书记陈焕友到场发出开工令。大桥两根主缆各长 2 200 米,直径 86.6 厘米,每根重 8 400 吨,每根拉力达 6.4 万吨,承重 1.8 万吨的钢桥面和 5 000 吨重的沥青路面以及过往车辆。每根主缆由 169 根平行钢丝索股组成,每根索股重 50 吨。每根索股由 127 根直径 5.35 毫米的镀锌高强钢丝组成,累计达 1.7 万吨,长达 10 万千米,可绕地球两圈半。

12 月 12 日,大桥主缆架设竣工。江苏法尔胜集团提供了 5 300 吨优质钢丝绳,占大桥主缆总量的 31.5%。大桥每边有 85 个吊杆,每个吊杆 2 根,用以联结主缆和桥面。

1999 年 2 月 9 日,开始吊装钢箱梁桥面。4 月 21 日 10 时

许,最后一块钢箱梁吊装到预定位置,11 时许,大桥桥面胜利合
龙,比原计划提前整整 1 个月时间。

5 月 10 日,开始铺装桥面。8 月 18 日,大桥主桥上厚度 5
厘米、总面积 4.5 万平方米的沥青铺装全部完成。

8 月 20 日晚 23 时,大桥进行动静载试验,52 辆各载着
28 吨废钢铁的大卡车按照专家的指挥停在指定位置。8 月
21 日早晨 6 时,江阴长江公路大桥通车前的重要试验顺利
结束。

江阴长江公路大桥 496 套主缆灯和 202 套双挑臂、单挑臂
路灯绚丽多姿。主跨承重悬索上装有 342 套金卤灯,东西两侧
斜拉钢悬索上装有 154 套金卤灯。

9 月 14 日至 15 日,江阴长江公路大桥圆满通过交工验收。参加省交通厅和省大桥指挥部组织的交工验收的专家们一致认为,江阴大桥是我国第一座跨度超千米特大桥,设计合理、管理科学、工程质量好,工期短、投资省,建桥技术达到国内领先、国际先进水平。全桥所有分部工程、单位工程优良率均达到 100%,整个工程质量优良。北锚锭、主缆、桥面铺装等关键项目的各项技术指标达到世界先进水平。

江阴长江大桥吊装作业
（陈宝金摄）

在大桥的建设过程中,党和国家领导人高度重视。党和国家领导人十分关心江阴大桥建设,江泽民、李鹏、朱镕基和邹家华等都对大桥的建设作过批示、讲话或题词。1998 年 4 月 21 日,江泽民总书记亲临江阴长江公路大桥建设工地视察,欣然挥毫写下"江阴长江公路大桥"桥名。1994 年 5 月,国务院总理李鹏在江苏考察期间,详细询问江阴长江公路大桥筹建情况,题写了"江阴长江大桥"。曾任国务院副总理的邹家华多次来澄视察江阴长江公路大桥建设;尉健行、温家宝、黄菊等中央领导也曾亲临大桥视察。

省、市领导十分关注江阴长江公路大桥建设。省委书记陈焕友先后 17 次来到大桥建设工地视察,12 次作出重要批示,提出"质量第一,质量第一,还是质量第一"和"长江大桥通车之日,就是江阴经济腾飞之时"的殷切希望。江苏省和国家交通部成立江阴长江公路大桥建设协调领导小组,江苏省委书记陈焕友任组长,交通部部长黄镇东、江苏省省长季允石、交通部副部长李居昌任副组长。领导小组先后召开 4 次会议,对大桥建设的重大问题进行决策。全国 20 多个省、市近百家企业全力支援江阴大桥建设。

建造江阴长江公路大桥
(陈宝金摄)

大桥建成通车

江阴长江公路大桥总投资 33.74 亿元,全长 3 071 米,南引桥 168 米,北引桥 1 518 米。主桥跨径 1 385 米,一跨过江,在当时的单跨钢箱梁悬索桥型中,名列中国第一、世界第四。桥宽 36.9 米、6 车道,南接锡澄高速公路、沪宁高速公路,北经广靖高速公路,连接淮江高速公路、宁通高速公路,日通车量 7.4 万辆。大桥通航净高 50 米,可通行 5 万吨级巴拿马型散装货船。

1999 年 9 月 28 日,江阴长江公路大桥建成通车,江泽民总书记出席通车典礼。他充分肯定大桥建成及我国桥梁建设事业取得的巨大成功,认为大桥通车对确立江阴作为长江下游重要的交通枢纽地位,对全市经济和社会事业发展将起到巨大推动作用。

江阴长江公路大桥建设大事记

时　间	建　设　情　况
1986.11	省交通厅委托铁道部第二规划勘察设计院进行长江第二通道地址的规划和勘测工作
1987.6	提出"五地十二址"、"三地五址"推荐方案,确定于江阴西山与靖江十圩港的长江江面建造悬索大桥
1991.12.16	国家计委正式批准建造江阴长江公路大桥
1994.5	国务院总理李鹏在江苏考察期间题写"江阴长江大桥"
1994.11.22	江阴长江公路大桥奠基兴建

时　　间	建 设 情 况
1996.5	江阴长江公路大桥南锚碇开始浇筑
1996.12.20	大桥北锚碇动工,该沉井长 69.2 米,宽 51.2 米,为世界第一沉井
1997.8.23	大桥南塔建成
1998.4.4	江阴长江公路大桥开始架设过江导索
1998.4.21	江泽民总书记亲临江阴长江大桥工地视察,欣然挥笔写下"江阴长江公路大桥"桥名
1998.7.16	大桥开始架设被称为"生命线"的大桥主缆
1999.2.9	大桥开始吊装钢箱梁桥面
1999.4.21	大桥钢箱梁桥面胜利合龙
1999.5.10～8.18	大桥铺装沥青桥面全部完成
1999.7.21	江泽民总书记题写的"江阴大桥"4 个钛合金大字闪耀在大桥南北塔横梁上,每个字达 45 平方米,总重1.5 吨。
1999.8.20	江阴长江公路大桥进行动静载试验
1999.9.14～15	江阴长江公路大桥圆满通过交工验收
1999.9.28	中国第一、世界第四的江阴长江公路大桥胜利建成通车,江泽民总书记出席通车典礼

筹建江阴长江公路大桥

徐建清　颜金照

江阴长江公路大桥是 1990 年 12 月通过国家级专家评估时的建议定名,原提法是江苏省长江第二通道,第一通道是南京长江大桥。该工程是江苏省"八五"期间三大交通战略工程之一,也是省十大基础工程之一,列入国家"八五"基本建设计划,从规划论证到建成通车经历 13 年。其中仅选桥址、设计、论证等前期准备工作就用了 8 年多时间,凝聚我国 12 位院士、百名专家的智慧,荟萃 20 多门学科的成果。其间,江阴地方党政领导、相关部门负责人及职能人员付出很多心血,作出重要的贡献。

一、选　　址

1986 年,江苏省政府决定,在南京长江大桥以下建设第二个全天候汽车过江通道。当年 11 月,江苏省计经委、省交通厅委托铁道部第二规划勘测设计院对江苏省长江第二通道选址。在课题负责人李典璜高级工程师带领下,对南京至长江口 400 多千米长江岸线进行详细的实地考察,提出了"五地十二址"通道位置方案和包括江阴西山至靖江十圩的"三地五址"方案。

当时,江阴境内有利港、澄西船厂东侧、西山三个位置。市交通局派张余鑫副局长和颜金照工程师陪同专家考察。通过考察,颜工程师撰写《江苏省长江第二通道选址初探》、《从交通量论江苏省长江通道选址》两篇论文。前一篇文章阐述了江阴是对周边地区有吸引力和辐射力的中心城镇;是全国"五雄"之一;是苏锡常的金三角中心地区;是长江下游重要的水陆交通枢纽;是苏南苏北交通咽喉;是苏锡常的门户,有江阴黄田港、韭菜港、利港三处长江汽渡;有适宜建桥(隧)的自然条件和地理位置,江阴三个位置均在县城两侧,与交通干线相吻合,有良好的城市服务设施可为建桥(隧)利用。因此,江阴是江苏省长江第二通道的最佳位置。此文经吴新雄副县长批示,以经济研究中心的名义发表于1987年5月的《江阴发展与改革》,并聘请颜金照为经济研究中心特约研究员。后一篇文章刊于1987年7月《江苏交通科技》,文章阐明南京长江大桥以下有6个长江轮渡,江阴就占3个,1986年6月渡口总运量为182.5万辆,江阴达125.3万辆,占68.7%;从大江南北公路干线网络和过江车辆所占比重来看,江阴是修建长江第二通道的最经济路线;江阴是江苏经济发达地区,所以长江第二通道在江阴修建是较好的方案。铁道部第二规划勘测设计院李典璜高级工程师对孙福康等市领导说:"颜工两篇文章写得不错。南通、扬州也都有论文,但未起作用。江阴的文章是起到了作用的。"吴新雄在市交通局说:"颜工,你两篇文章得到上级领导和专家高度评价。如果长江大桥在江阴建成,你立了一大功劳。"

　　选址初定江阴西山为长江第二通道位置后,涉及过江电力线的问题。当时西山已定为国家电网主干线50万伏过江线位置,经省计经委批准立项,西山上九五部队气象站已同省电力部门签订转让协议。为此,省计经委在江阴召开调研会,从经济、技术等方面分析,得出在西山建桥(隧)比建电力过江线对江苏经济效益大。经几次协调,最后确定西山为长江第二通道位置,过江电力线后选址在石庄过江。

二、国家评审、立项

长江第二通道位置确定后,市里组织人员到省里和北京去争取通过国家评审。由时任副市长彭杏林带队,参加的有原县委副书记薛强、市政府办公室主任王沅、市计委副主任任国林、市口岸办赵本金、市交通局颜金照。我们多次到国家计委、交通部、国务院经济研究中心、中国国际咨询公司等部门汇报在江阴建造江苏省长江第二通道的有利条件。还去拜访了江阴籍的领导、专家,倾听他们的意见,请他们协助做工作。为了便于交流汇报,颜金照撰写了《江阴长江公路通道规划探讨》,论述了修建江阴长江公路通道的必要性、急迫性,江阴建桥的优越自然条件,对澄西船厂东侧建隧道方案和西山大桥方案进行比较,提出在西山修建大跨径公路大桥,并论述建成后对长三角地区经济发展和城市化的促进作用。论文获无锡市公路学会一等奖。

中国国际咨询公司受国家计委委托,组织江苏省长江第二通道国家级专家评估,邀请了交通、铁路、大专院校、科研单位的桥梁、隧道、水利、航运、航海、地质、地震、水文、水工、建筑、经济等专家60余人,于1990年12月20日至25日,在江阴召开现场评估会。参加会议的有国家计委、交通部、铁道部、江苏省政府、省计经委、省交通厅、无锡、扬州、江阴、靖江等领导代表,副省长季允石、无锡市长王宏民在评估会上讲话。由学部委员李国豪、严恺,交通部公路科研所一级研究员曾威,国务院经济研究中心副总干事季崇威为顾问,中国国际咨询公司专家、教授级高级工程师先立志为组长,组成27人专家组,经过听取汇报、资料研究、现场察看,坚持实事求是、对国家负责的精神,对20多个单位提出的桥位、桥型、桥势、隧道、技术标准、经济、资金等30多个专题进行反复论证,得出结论为:把西山桥位、1 300米的悬索桥方案作为推荐方案,并建议定名为江阴长江公路大桥。技术标准为:桥面为6车道,净空高度50米,可通航5万吨级巴拿马型散装货船。颜金照对此作了全面报道,分别刊于1991年3期《江苏交通运输》、1991年4期《江苏交通科技》。

三、设　　计

1991年12月16日,国家计委正式批准交通部、江苏省计经委上报的关于在长江江苏段建立第二通道的建议书,同意建造江阴长江公路大桥,桥址选在江阴西山与靖江十圩港之间。1992年由交通部公路规划设计院、同济大学建筑工程设计研究院、江苏省交通规划设计院组成联合设计组,编制大桥可行性研究报告和设计方案。1994年1月7日,国家计委批准大桥工程可行性研究报告。4月7日,交通部批准大桥初步设计文件,确定采用江阴西山桥位1 385米大跨度钢悬索桥方案。两岸引桥长1 503米,全长2 888米,桥塔高196米,桥面宽33.8米,总投资20.868亿元,建设工期为5年。

四、筹 备 工 作

江苏省江阴长江公路大桥工程指挥部下设南、北两岸指挥部,在大桥工程指挥部及地方党委、政府的领导下,负责征地、拆迁、三通一平工作。1993年8月12日,江阴长江公路大桥南岸建设办事处成立,内设综合、工程质量监督、财务材料、征地拆迁、安全保卫5个科室,核定编制15人,为全民事业单位。在三通一平工作中,南岸办按市政府要求,做到按时、保质、保量,而且做到三个满意,即上级指挥部领导满意、施工单位满意、当地被征地拆迁的群众满意。

原西郊镇黄山村大湾里,因大桥建设需要拆迁62户人家、2 262平方米房屋、6口水井、2 310棵果树及数千棵杂树。大湾里地处江阴要塞,由于历史的原因,老百姓人员结构复杂,其原籍分别来自粤、桂、湘、鄂、云、贵、川等10多个省,大部分靠打鱼为生,也有靠做水果和蔬菜买卖为生的,思想工作极其难做。南岸办从实际情况出发,编写《大桥南岸建设宣传提纲》,召开拆迁协调会和动员会,依靠黄山村支部书记、村长和民兵营长,

建设中的江阴长江公路大桥南桥墩　　　（王加令摄）

召集老党员一起，冒着高温酷暑、雷雨大风，逐家逐户做工作，讲清征用拆迁的优惠政策，并把每户的拆迁面积、补偿标准及金额全部张榜公布，因而人民群众比较满意，只用七八天时间就把2 262平方米房子拆掉，果树、杂树、水井全部清除。大湾里全村有168人，60岁及以上老人有46人，为了解决老人生活的后顾之忧，市交通、土管和西郊镇等单位专门拿出资金发放给每个60岁及以上老人每月补贴100元人民币，另外一次集体付给每位老人1万元。

当时有长江二航局二公司、东北的工程公司和省路桥二公司等单位在大湾里施工，有的地方自来水不能及时通到各施工单位。南岸办协助在大湾里的山边及航标灯北边找到水源，打了两口深水井，保障1 000多施工人员的用水安全。征用林场山地468亩，其中包括茶树、林木、毛竹等，都按标准预算按棵数给予补偿，做到按时顺利地完成征地砍伐任务。

大湾里有200年前的古炮台，在江边一线，因年深日久沉没在2米深的泥土中。为了处理好施工建设和保护文物的利益关系，经过多次会同省、无锡市、江阴市的文化局、文物单位专家协商论证，拆除一些地下古遗址炮台位，挖出耀威大将军万斤大炮4门、5千斤大炮2门，保护好后用吊机专运车送到市博物馆保存。为了保存西山一个转动炮台，指挥部同文物部门协商、论证，最后决定大桥南引桥前2个桥墩向西移位，保持古迹不毁掉。此外，按中央及省、市有关文件规定，给文物单位及文化局补偿文物移动及拆迁费65万元，省、无锡市及江阴市文物部门表示满意。

九五部队在大湾里有3千米的国防通信电缆，埋藏深浅不一，有的2米多深，有的不到50厘米深。施工场地修施工便道过程中,由于原电缆施工图纸没有找到,原施工人员早已转业复员到全国各地,所以对电缆情况不甚了解,多次发生挖土机、推土机弄断电缆的事故,给国防通信带来不便。针对这一情况,南岸办按市政府指示,召开军地座谈会,请部队群工处一起做军地双方工作,并督促施工单位尽量做好保护工作,协助部队技术、通信部及时修复电缆,保证国防通信畅通无阻。南岸办通过一系列的工作,为建设大桥做好充分的准备工作,为建设一流大桥打下了基础。

建设中的江阴长江公路大桥
(严汉文摄)

江阴长江大桥立项的曲折过程

施家良　张国材

　　20 世纪 80 年代,要建南京大桥以下的第二座大桥(立项前为江苏长江第二通道,简称二通道)那是件举世瞩目的大事。不仅沿江市县竞相争建,我国桥梁工程人员也积极争取参与,那是中国桥梁工程人员运用自主技术的第一座大型桥梁,对工程技术人员来说将是一次锻炼和突破。

　　桥电争址西山,给大桥建设立项带来了无休无止的"麻烦",经历了一个时间特长、曲折特多,局外人无法想象的艰难历程。

　　关于大桥的地址问题。1986 年 11 月,铁道部第二规划勘测设计院受省交通厅委托,对江苏 400 千米江段进行通道选址,经过一年半左右的研究比照,1988 年下半年,提出了从"五地十二址"到"三地五址"再到江阴"一地二址"的选址方案

江阴长江公路大桥吊装作业

(严汉文摄)

（江阴"二址"指城西隧道址和西山大桥址）。

江苏交通部门根据专家建议，以西山址为重点，开展桥梁预可行性研究。

在铁道部第二规划勘测设计院开展选址研究的同时，江苏省电力部门为了北电南输，也进行了高压电缆过江选址研究。于1987年上半年选定江阴西山为过江高压电缆铁塔址，在当地政府提出异议的情况下，省计经委仍批准立项。桥电西山重址矛盾形成。

两个项目，一大一小，前期研究工作量截然不同。二通道还在预可行性研究阶段，过江电力已进入工程施工阶段。1989年5月，省电力部门越过江阴国土部门，单方面与二十三基地签定了《关于江阴西山气象站易址协议书》（含山体转让）。气象站主管单位二十三基地，迅即按协议规定，出让人员和仪器设备。随后电力部门派员在气象站大楼门窗加贴封条，大楼前一片山地的许多树木被砍，动工兴建在即。江阴土地管理部门对其不合法的征地行为进行了干预。其后，虽然没有新的动作，但宗旨未变，西山重址矛盾依然如故。

在桥电争址刚开始时，来澄工作的众多专家学者，纷纷向江阴市政府、市港口办领导建言，西山应用于建桥，切不可用于建塔。

西山是江阴黄山风景区的组成部分，建设过江大桥，可为景区增添一大亮丽的景点，对发展江阴旅游事业十分有利。那是长江下游唯一的一座轻型公路桥梁，具有很大的旅游价值。而用于建塔，那是一条最终形成50万千伏规模的超高压电路通道。成串的高压电缆巨塔及其宽阔的"超高压走廊"，必将穿越黄山景区和正在建设发展中的江阴城东新市区，把新市区一隔为二,不仅有损黄山景观,还将给市区的发展和高层建筑带来制约和影响。事关江阴城市发展大计,岂可等闲视之。

计委是个综合部门,不仅负有对政府部门建设项目的审批立项或报送立项权,还对涉及国计民生的生产生活资料实行计划管理。如电力,就是其直管的一个部门,有人戏称为"亲生子"。

审批立项,是国家、地方所有建设项目不可逾越的法定程序。

省电力部门选定西山铁塔址后,省有关综合部门对二通道采用桥梁形式的意见持否定态度,并提出建设隧道的方案。1988 年 1 月 5 日,《人民日报》海外版跟着发布了《江阴筹建过江隧道》的报道。

省交通厅按指令进行隧道工程的预可行性研究,委请铁道部第二规划勘测设计院等 5 个研究设计单位,开展隧道的可行性研究。花了近一年时间的实地考察和地质钻探等工作,对长山、澄西等四址,提出了 29 个隧道方案,在工程预可行性研究专家评审会上,隧道专家一致反对建隧。原因有四:1. 江阴江底地质结构十分复杂,仅技术攻关恐需 10 年;2. 隧道造价高,平时维护费用高;3. 受"板壁效应"影响,车辆通过能力低;4. 遭战争破坏后,修复不易。隧道案被否定。

一案未成,又出一案。提出在江阴长山址建公路、铁路两用桥。省交通厅也只能依命行事,委托铁道部第四规划勘测设计院进行可行性研究,该院经过考察调研,提出的研究报告称:两桥合建,势必增大投资,延长建设时间,还造成公路"车等桥"、铁路"桥等路"的不合理局面。该院研究报告结论为:"建设公路、铁路两用大桥的时机还未成熟。"

被专家否定后,综合部门的权威官员并未罢休。1989年7月下旬,省计纪委下属的省工程咨询公司受上级委托,为解决西山桥电重址矛盾,组成17名专家、学者来江阴、靖江两地考察,并广泛听取两地政府的意见后,出台了"咨询报告"。该报告的核心办法是:先在西山建设电力过江铁塔,待大桥立项后,再拆塔让桥。"专家"用心良苦,出此"良策",理所当然地遭来一片反对声。有人指出:"花招百出,占用西山阴魂未散。"

江阴长江公路大桥英姿　　　　(孔维贤摄)

西山址所以成为两项目争夺焦点,源起于西山地形的特殊性:山体伸入半江,江面仅1 200米宽距,且山体承重力强,山体高度也较适宜。专家们称其为上帝赐给江阴的一块宝地。在此建电缆线铁塔,可节约1 000万元,占总投资1/3,而建桥可节省2亿元,约占总投资1/4左右(当时预估9亿元总投资)。省时省工省投资,吸引着人们的眼球。孰轻孰重,如果不持成见,连小学生作答也不会扣分。10 月 28 日,《中国交通报》头版以《两项目同一地,为过江引起官司》为题,向社会披露了争址事件。

西山重址矛盾的影响越来越大。在江阴工作的省人大代表顺应民众呼声,以成强为首的 8 位省代表,于工程咨询公司"咨询报告"出台不久的 10 月上旬,实地考察了西山,并撰写专题视察报告,呈送省人大,建议西山应用于桥址。

11 月 20 日晚,陈焕友省长召开省政府常务会议,讨论了二通道问题。据此次会议纪要记载:"原则同意在江阴西山建设长江二通道,采用桥梁方案。……通道与过江高压电缆线位置冲突问题,要服从通道需要……"同月 22 日,陈焕友在江阴的省人大代表的建议上批示:"建议很好。此事省政府已经按江阴人民的意见决定了。欢迎人大代表多给我们提建议。"

省政府领导拍板后,道道难关仍横亘在立项通道上。

二通道立项前,必须经国家计委委托国家评估单位进行专家评估通过,才算走完民主决策程序。

二通道评估,国家计委原先安排在 1990 年 8 月进行,后来不知何故推迟到 9、10 月,可到 8 月底获悉,已被挤出当年评估计划。这就意味着二通道建设将被挤出"八五计划"。

为此,江阴市政府领导和口岸办(此时港口办已撤销)有关人员于 8 月底赴京摸底了解。国家计委有关同志谈了四点理由:1. 江苏"八五"建设项目较多,建设资金太分散,有可能影响沪宁高速建设;2. 江阴将建铁路,应公铁合建;3. 西山重址矛盾未圆满解决;4. 咨询公司人少分不出身。末一条理由显然不是主要的;前三条理由明显来自江苏有关部门。

9 月底,江阴、靖江两市县领导,经两次紧急商谈,决定成立

"争取大桥立项联络小组",负责争取立项任务,江阴由薛强任顾问,靖江由常务副县长崔德余牵头。两地商定三条对策:1. 两地投资3亿元,缓解建桥资金;2. 撰写公铁不宜合建专题材料;3. 收集各界对西山宜建大桥意见的各种资料,包括省代表考察报告、省政府常委务会议纪要和省长批示以及江苏工程咨询公司的拆塔让桥的咨询报告。至于参加评估的人员,由江阴、靖江两地负责组织,并负责人员接送和会务安排。10月中旬,联络小组再次赴京,期间拜访了全国人大两名副委员长,国家计委正副主任,交通部正副部长等高层领导28名,除向他们口头汇报外,还发送了32套书面资料、材料,澄清了真相,消除了谎传、误判,赢得了高层的支持。国家计委还派专人来江阴实地考察西山桥位。实地考察后,这位中层领导坦言:"怪不得江阴人如此执着,西山确是个难得的好桥位。"在江阴、靖江两市领导的努力下,12月19日至25日,二通道专家评估会正式在江阴召开,形成了专家评估书面意见,并提出了"江阴长江公路大桥"的冠名建议。至此,专家民主决策程序完成。

二通道专家评审会后,省计经委应在1989年12月20日报送国家计委《关于报送"江苏省长江第二过江通道工程项目建议"的报告》基础上,应再次提出"补充报告"。但"补充报告"迟迟未见呈报。1991年3月中旬,江阴口岸办派人赴宁拜访省计委,接待人员告知:"补充报告"未报理由有三:1. 江苏"一纵"铁路由民营转为国地联营,公铁合建有可能;2. 江苏交通项目多,资金不足,要平衡;3. ××市政府对桥名有异议。4月中旬,江阴再次派人赴省计委拜访,接待人员面无表情地回答:"大桥是省里的事,不是江阴的事,你们再来,可能适得其反。"据此,江阴市政府决定在南京加大活动力度。于4月下旬,在南京连续开了"江阴同乡会"和"江阴市经济社会发展恳谈会"。两会均有原任、现任省委、省府领导,省有关政府部门包括省计经委领导及其部分中层干部与会。江阴长江大桥立项成为两会重点议题。尤其是与会的原任省委、省府领导对大桥立项的热烈发言,对有关部门施加了较大压力。于是拖了整整4个月的"补充报告",终于在4月底上报国家计委。7月上旬,据北京传来信息,国家计委因该"补充报告"只提及专家意见而未表明省计经委主观意见,而不予批复,并告知大桥项目已被挤出国家"八五"计划。省政府一位领导有感而发:"办件事,真不容易。"他并表示一定要上下联动,争取成功。江阴市政府双管齐下,展开了动作较大的活动。是月中旬,国家计委为平衡"八五"计划,派人去上海听取有关省、市意见。江阴市副市长梅振铨邀请无锡市政府利用外资开发办公室主任、原江阴市副市长彭杏林等一起赴上海做争取工作,说明情况,讲清真相,澄清事实,取得了国家计委有关人员的理解和支持,取得了较好的效果。同月下旬,梅振铨、薛强等领导干部再次北上京城,前后拜访了国家计委副主任、国务院生产办副主任、交通部有关领导。江苏省副省长高德正也带领省计经委、省交通厅人员赴京做工作。两级努力,上下联动,出了效果。国家计委同意大桥项目暂作探讨性项目列入"八五"计划。

为了掌握动态,江阴市政府于8月和10月两次派人赴京了解情况,江阴驻京办事处也将之作为一项特殊任务,日访机关,夜访私宅,掌握立项审批进度。精诚所至,金石为开。在省委、省政府领导的支持下,江阴人终于以锲而不舍的精神排除干扰,赢得了国家计委主要领导的最终拍板定案。一场旷日持久的反复的折腾,终于画上了句号。

12月30日傍晚,北京发来了国家计委《关于江阴长江公路大桥项目建议书的批复》文件传真。江阴人民六年奋斗,终摘硕果。

1992年1月1日,市委书记翟怀新、市长吴新雄在长江饭店召开新闻发布会,宣布江阴长江公路大桥经国家计委批准立项,正式列入国家"八五"建设计划。

在争取大桥立项的过程中,市委、市政府领导发挥了决定性作用。在他们支持下,被人调侃为"七八个人,十来条枪,连水都掏不浑"的港口办(后为口岸办),肩负重任,锲而不舍地做了"超"量工作。从1988年4月组建起到立项为止的3年8个月中,外出走访26次113天、单位133个次,拜访各界人士包括高层领导359人次,撰写和发送各类文字资(材)料33 152件,经办来澄召开的各类评审会、论证会8次,接待来澄工作的工程技术人员12批、211人次以及来澄实地考察调研的各界人士。港口办不仅为他们来澄工作解决所有具体问题,还为他们野外作业、水上钻探和室内编绘提供了良好的工作条件和生活服务。省交通厅一位领导称赞江阴市政府"帮了大忙"。

江苏长江公路大桥立项后,其后续工作即由市口岸办移交市交通局。

1992年3月28日,江阴长江公路大桥联合设计处在南京成立。

1994年4月上旬,交通部批准了江阴长江公路大桥初步设计方案。8月10日,国务院批准大桥开工建设。

11月22日,江苏省政府在西山大湾举行了开工典礼。

中国第一、世界第四、长江河口第一桥——江阴长江公路大桥(悬索桥),经过近5年时间建设,于1999年9月28日,经过试运行后,举行通车典礼。国家主席江泽民书题桥名并参加了典礼。

江阴长江公路大桥　　　　　　　　　　（陈宝金摄）

"一桥飞架南北,天堑变通途。"江阴长江公路大桥适时通车,为过江车流提供了快速、安全通道,也为黄山风景区增添了亮丽的景点。大桥的建成,结束了"江阴境内无国道"的历史。

江阴港口开放的历程

张国材

1988 年开始,我担任市计委副主任兼任港口办主任、口岸办副主任,为发掘江阴潜在优势,抓港口开发,作了有效的探索和实践。

调研规划,发掘江阴潜在优势

江阴背靠长江,全县拥有 35 千米岸线,地处"江头海尾",是南北交通要道。开发港口,发展水陆交通,是带动江阴社会经济发展的战略性优势。在历史上,黄田港曾是我国东南内河航运的动脉和对外商港,每当冬季,港内港外桅樯林立,篷帆风飘,日夜运输,进出繁忙。因此,发展江阴港口,就一直成为江阴市计委拟制规划和探索追求的目标。与此同时,县政府经济研究中心,由原县委副书记薛强带领的一帮人,也以港口开发作为重要课题研究。江阴港是历史老港,但由于种种原因,未能摆上位置,列上日程,长期处于停滞状态。

为了探索开发的路子,1987 年 5 月,我会同江阴港务局王玉兴副局长、蔡意同科长,随无锡市计委同志一道去北京,走访了国家计委交通局、国务院口岸办公室、交通部、水运科学研究所等 11 个单位,向他们汇报江阴港情况,了解国家的政策和他们的意图。通过走访,初步探索了争取江阴港开发建设的工作途径。回来后,向县政府和无锡市政府写了《关于向国家有关部门请示探讨江阴港开发建设途径的情况汇报》,列了八点情况,提了四点建议。中心意思是,请县、市领导把江阴港口开发列上议事日程,搞好规划,逐步开拓发展。我们的汇报引起了县、市领导的重视。当年7月,县政府正在组织搞"八五"港口发展计划时,省计经委在无锡市召开江苏省沿江地区国土规划会议。参加会议的有省有关部门及沿江城市的代表50多人。中国科学院南京地理研究所,作为省政府委托课题承担单位参加会议。江阴的代表是我。通过会内会外的接触活动,得到了省计经委张永谦处长和南京地理研究所吴孝感所长的支持,同意在江阴以港口为主作调查规划的试点。当夜,我将此情况向县政府领导作了汇报,大家表示竭诚欢迎。经邀请,在会议结束后,省计经委张处长和地理所等单位的领导、教授、工程师共15人来江阴作了两天半考察参观,听了江阴汇报介绍,从水上、陆上察看了全县长江岸线、城市建设和风景区,印象很好。他们说:江阴是一个很有发展前途的地区,要重新认识江阴,重新规划江阴。

这次参观后,就商量决定由江阴地方政府与南京地理研究所联合组织力量,进行调查规划。7月15日,南京地理研究所即派了洪昌仕教授等4名科技人员来江阴,我县抽调了相当的骨干力量,配合工作。由无锡市政府、江阴县政府和地理研究所13人组成规划领导小组,孙福康副县长为组长,洪昌仕、范燕清(无锡市计委副主任)、薛强以及我为副组长。下设具体工作的综合协调组(我任组长)、港口组(组长地理所马武华)、交通组(组长地理所刘菲)、工业与水利组(组长侯震华)、城建组(组长徐汉云),5个工作小组共配20名工作人员。技术业务由

繁忙的港口 （张曾楷摄）

洪昌仕总负责,组织协调由我总负责。历经长江水域测量、陆域考察、部门介绍、资料搜集、分析整理、研讨综合、编写规划等阶段。初稿形成后,组织无锡市、江阴市有关部门专题讨论修改,最后编制成《江阴市港口及沿江地带综合开发规划》及港口开发、交通发展、工业发展、城镇发展和水利建设五个专题报告。

规划形成后,于同年12月6日至9日,邀请来自全国50个单位的63名专家、教授、科技工作者和业务主管部门领导召开《江阴市港口及沿江地带综合开发规划》论证会。会议由评委主任、中国科学院学部委员、河海大学名誉校长严恺主持。参加会议的有交通部原副部长、中国港口协会理事长李维中,同济大学教授博士陶松龄,交通部原科技局局长、中国航海学会副理事长高原,国务院上海经济区规划办公室交通组副组长阎洪元,上海市政府原副秘书长、中国港口协会顾问吴若岩,武汉长航规划设计院副院长周志芳,河海大学教授薛鸿超,省交通厅原厅长、省交通运输协会会长周赤民,南京大学副教授吕作燮,南京大学城市规划研究所副教授郑弘毅,南京水利科学研究院河港研究所所长、高级工程师陈志昌,河港研究所副所长、高级工程师李昌华等,以及省政府、无锡市政府有关部门领导。会议听取了对《规划》资料的全面介绍,实地考察,认真讨论后,作出了对《规划》的《评审意见》。《评审意见》认为:这个规划指导思想明确,内容系统全面,体现了综合性、科学性、现实性,是一份已达到国内较高水平的研究报告。它的形成和组织实施,不仅对江阴市今后长远的发展具有十分重要的指导意义,也对无锡市、江苏省经济发展具有深远的影响。江阴港位置适中,地理优越,腹地广阔,大有发展前途。高级工程师李昌华赠了一副对联:"江深岸固,河通路大",横批"天然良港"。

强钻硬挤,争取江阴港口开发开放

　　市委、市政府按照《评审意见》建议,决定成立江阴港口开发委员会和港口开发办公室。港口委由市政府常务副市长孙福康任主任,各有关委、办、局领导参加组成,主要是做决策、部署和协调工作。港口办配备8人。市委、市府任命我为港口委副主任兼港口办主任,主持工作。施家良、薛凤山为港口办副主任。原县委副书记薛强为顾问。我们人员虽少,但意志合一,战斗力强。薛强发挥老领导的优势,对港口办工作增强领导,出主意,带领出去走访起重要的作用。施家良擅长写作,在办好《江阴港口》、起草文件和编写宣传资料等方面挑了重担。

薛凤山系高级工程师,赵本金、王目远、李振新均系有专业知识的工程师,发挥了各自的特长和积极作用。我们提出了"七个推进",突出"两个重点"的工作思路和方案。即以争取长江过江通道定址江阴和江阴港实施开发开放为重点,全面做到:1. 推进岸线管理,制订岸线管理暂行规定;2. 推进长江通道筹建,定址建设江阴;3. 推进码头设施建设,优化江阴港口条件;4. 推进工业小区开发,促进沿江经济发展;5. 推进港口对外开放,创造积聚开放条件;6. 推进港口理顺关系,争取享有兄弟港口同等待遇;7. 推进社会舆论,提高江阴港地位。为了交流情况,扩大宣传,办了一个《江阴港口》情况简报。

我们通过调查认识到,一个开放港口,需具备三方面条件:1. 有能供外轮停靠装卸货物的万吨级泊位码头;2. 有一套齐备的口岸管理和涉外检查检验及服务机构;3. 有充足的进出口物资货源。我们即从两方面着手开展工作:

一是推进港口建设。为了争取搭上"八五"计划"班车",在"八五"期间有个转机,我们会同江阴港务局,首先争取理顺港口隶属关系,取得了省交通厅和省政府的支持,报请交通部同意批准:江阴港由江苏省转为交通部长江航运管理局领导,生产计划安排、基本建设投资渠道和燃料材料供应等,享受南京、镇江、张家港、南通等港口同等待遇。这一体制的理顺,将从根本上解决江阴港中断投资渠道、港口发展停滞的状况。与此同时,会同市计委编制了"七五"追补计划和"八五"计划,取得省计经委支持,转报交通部。交通部同意以"七五"追补计划,在老港区建造一座2.5万吨级码头的项目。在"八五"计划平衡中,又同意再投资4 000万元,在夏港新区建设一座1.5万吨级码头和场地设施。江阴港务局为了适应开放需要,果断地设法筹措资金,先行改造扩建原有最大的 5 000 吨级二号码头。由原长 100 米,宽 18 米,引桥 2 座,扩建为长 150 米,宽 18 米,引桥 3 座,并增添门机 1 台,可停靠 1.5 万吨级的海轮,为对外开放创造了码头条件。还取得省交通厅投资 260 万元,更新改造了客运码头,新添置了一艘长 90 米、宽 14 米的客轮囤船,为国内外客轮靠泊提供了良好的条件。

　　二是创设涉外机构条件。我们通过对张家港、南通、镇江等港口的走访了解,港口开放需要设立口岸办(委),这是代表政府行使对口岸总体管理的职能部门;另外还要设联检单位 4 个,检验单位 3 个,服务性单位 10 多个。我们首先确定争取建立口岸办,并于 1990 年 4 月被批准正式成立江阴口岸办公室。从此,市委、市政府决定撤销港口办,改为口岸办,由孙福康副市长兼任口岸办主任,我任副主任,主持日常工作。当月,市政府召开了首次口岸工作会议.把争取江阴港口开放列为重要的议事日程。市计委率先行动,规划建造海关大楼,先争取在江阴设海关办事处,于 1990 年 11 月 8 日正式开关。市外经委通过争取,在江阴设立商检处,建造商检大楼。

　　后来,我们根据江阴"港情",确定分两步争取开放的做法:第一步,争取国家批准江阴港为外籍船舶交货点,涉外检查检验工作,采取"借梯上天"的办法,请张家港机构支持,达到先行开放起来。第二步,抓紧创造完善条件,争取批准为一类开放口岸,正式对外宣布开放。在港务局等单位协同工作后,取得省口岸办、国务院口岸办和交通部等部门支持,商得军队系统的同意,并与张家港口岸机构协商取得支持。报送了"请求开办外籍船舶交货点的报告"以及有关材料。经批准采取"一船一批"的形式进行。1991 年 1 月 13 日第一艘菲律宾籍轮进港

江阴集装箱码头　　　　　　　（孔维贤摄）

装卸,港务局仅用了 48 小时安全卸完了 5 695 立方米木材,一切顺利,获得了船东和货主的称赞。接着,又利用长山油库码头对外临时开放,装卸进出口油料和化工原料。1991 年全年共接纳外籍轮 23 艘次,装卸货物 3.9 万吨。为争取正式开放创造了声誉。

　　在坚持"一船一批"开展对外装卸业务的同时,我们抓紧做全面开放的工作。会同市计委编报了《关于江阴港升级为一类开放口岸的可行性报告》和《涉外机构人员编制计划》。送省口岸办、省计经委审查后,转报国务院口岸领导小组。经过同各个涉外机构领导部门接触争取,它们陆续同意到江阴建立办事机构,接踵而来的有港监、动植物检、卫生检疫、外轮代理公司、外轮运输公司、外轮供应公司等。在此期间,市政府领导还同 89960 部队、省军区商议水域开放范围,军事设施安全保卫措施,并成立了江阴市军事设施保护委员会,取得了军事部门对江阴港开放的支持。在各方面条件初步具备的基础上,国务院口岸领导小组办公室组织交通部、公安部、总参、国防科工委、商检局、南京军区等部门组成的检查小组来江阴,实地考察验收。取得一致意见后,1992 年 4 月 25 日国务院批准:江阴港对外国籍船舶开放,并于 1992 年 5 月 20 日由新华社正式向全世界公布。这在江阴历史上翻开了新的一页。5 月 31 日上午,江阴港隆重举行了对外国籍船舶开放首航典礼。来自圣文森特和格林纳丁斯的"苏祥轮",正在紧张地吊装即将运往泰国的 4 800 吨钢材。码头上彩旗招展,人头攒动,军乐、鞭炮、汽笛齐鸣。四个巨大的彩色气球悬挂着"热烈庆祝江阴港对外开放"等大幅标语升上天空。

澄 交 一 号

丁玉森

　　在长江、京杭大运河、锡澄运河里，在江苏境内的大江大河里，在各大、中、小城市的港口，也许还有某些乡镇仓储货运的码头上，曾经活跃着一艘引人注目的轮船——澄交一号。

　　说起澄交一号，相当多的老一代江阴人都很熟悉，尤其是航运界和物资流通界的人士都感其声名。不仅江阴人感其声名，省内外航运界都闻名于耳，赞誉于口。

　　江阴地处江南水乡，水多河亦多，出门靠船。自古以来，船为外出远行的交通工具和通市贸易、运物资的运输工具。

　　江阴最早的轮船是 1928 年县行政局购买的博爱号轮船，在江阴和靖江之间客渡，后因不能进八圩港而旋即停驶。1936 年，汉云号轮船由镇江来澄投产，两只义渡红船改装机器和汉云号联营。因此，江阴最早的轮船是渡江客轮。

　　澄交一号是江阴最早的拖轮，建造于 1958 年（1974 年曾改称为苏澄 701 号）。在澄交一号诞生之前，江阴曾经有过一艘机帆船，属江阴县公安局水上派出所所有。机帆船安装的是汽车引擎，燃料是煤气。由于汽车引擎是高速发动机，在水上牵引力小，不适合水上使用，机帆船没有使用多时便停止使用。

　　江阴人崇尚科学，迫切需求机械化，追求现代化，敢于创新。民主改革后经过合作化组织起来的船民，迫切祈求从世上三大苦中的"摇船苦"中摆脱出来。1958 年，在全县交通航运系统内推行翻板船。所谓翻板船,即在原来的木船的后梢安装类似于水车的脚踏拨水轮,推动船体前进。它有点像18世纪刚刚发明的轮船,只不过拨水轮不是安装在船体的两侧,而是安装在船体的尾部。这是江阴水上运输系统最早的机械化运动。有了这种翻板装置,船民可以不再摇橹了,只要像水车一样用两脚踩动水车,船就可以前进了。这种玩意儿我小时候见过,而且还正儿八经地踩过,虽然好玩,但感觉到不比摇橹轻松,踏一会儿就开始出汗。翻板装置开始兴起时船民感到新奇而跃跃欲试,争先安装使用。没有推行多长时间,因效果不是太好而停止推广。已经安装的也使用不久后拆掉。

1958年,这是一个口号为"一天等于二十年"的"大跃进"年代,江阴县人委决定建造一艘拖轮,而且要造省里最大的,这就是澄交一号。

江阴当时还没有建造轮船的能力,甚至是十几米长的木质拖轮也不会建造,刚由南门滩船帮组合起来的县交通机械厂(江阴扬子造船厂的前身)只能修造木质帆船。澄交一号是委托无锡造船厂建造的。无锡造船厂是江苏省交通厅在无锡创建的造船厂,建造过小货轮和拖带客驳的10多米的小马力拖轮,有造轮船的经历,但造20米的大拖轮也还是第一次。为了造最大最好的拖轮,江阴县人民委员会在全县范围内采伐大树送往无锡造船厂。其中有一棵最大的榉树是由璜塘公社提供的,树干直径很粗,要两人手拉手才抱得过来,主要用于拖轮的鼻脊梁、龙筋、龙骨和龙门挡的竖头龙筋。整个轮船所用木料都是经过精心挑选的上等材料,这是澄交一号使用40年都不腐烂的关键。新建造的澄交一号长18.8米,宽4.16米,总重41.45吨,这在当时省内已经是较大的拖轮了。新轮船经过8

个多月的建造，于 1959 年 1 月 9 日由无锡造船厂出厂交付江阴。

澄交一号最初安装的 82 匹马力的二缸二冲程的日产柴油机——鲍林达，这在当时已经算是大马力内燃机了。1960 年，江阴打捞公司在黄田港外东侧长江里打捞起一艘国民党时代的沉船，该船有点像日本渔轮，因长江落潮搁浅遇风浪而沉没的。该船打捞出水时轮机完好，是日产三缸二冲程鲍林达柴油机，动力为 115 匹马力。当时的江阴县运输公司决定将新打捞出来的三缸鲍林达安装到澄交一号上，使澄交一号成为省内赫赫一时的大马力拖轮。

鲍林达二冲程柴油机是一种低速柴油机，爆发力很大，机器发动后其声如鼓点，轮船的拖力很大。轮船的前进和后退不是靠离合器换向变速，而是靠机舱里"老鬼师傅"（司机）利用柴油机空转时扳动凸轮轴使柴油机反向运转和正向运转来进行。因而要求司机手脚要快，弄不好扳不过来要停机。由于鲍林达是低速柴油机，马力大，1959 年 4 月，江阴县轮船公司组建第一个拖轮船队，首拖 19 只驳子，载重吨位为 751 吨。这 19 只拖驳在当时的江阴算是"大船"了。

澄交一号在江阴首屈一指，在省内也威名远扬。20 世纪五六十年代，国营江苏各大航运公司的拖轮大多数在 30～90 匹马力，以 60 匹马力为最多。威力最大的也就是以烟煤为燃料的蒸气轮机拖轮和以无烟煤为燃料的煤气机拖轮了。澄交一号的面世，使那些"江苏"字号的国营运输公司的拖轮顿时黯然失色。在长江里，澄交一号拖带的船队常常雄赳赳气昂昂地快速超过由两艘"江苏"号拖带的船队，使得被超过的船队上所有船员刮目相看，称赞不已。

　　澄交一号开始扬名是在治淮工程上。1959 年,江苏人民为响应毛主席"一定要把淮河治好"的号召,大规模推开治淮工程。各县的运输合作社都组织轮队参加治淮工程建设。江阴当时的运输社派出澄交一号,拖驳 20 艘计 707 吨,装运石料往大运河边的邵伯、淮安等地。邵伯是江都县(现江都市)的一个古镇,南靠邵伯湖,古京杭大运河穿城而过,河道狭窄,两岸陡峭。与江阴定波闸齐名的邵伯古闸不能完全控制来自淮河、邵伯湖的水流,自航船难以行驶。如轮船拖力不足,行驶也很艰难,且很危险。遇上汛期,淮河、邵伯湖水位猛涨,直往运河下游倾斜,澄交一号由于有超大马力(当时而言),又有优秀的机驾人员,被治淮指挥部指定专走邵伯航线。当时的机驾人员中正驾驶是唐官林,正司机(我们俗称的"老鬼师傅")是王根宝。后来操作鲍林达的司机是航运公司很有名的师傅范发祥。

　　参加治淮工程运输的有省航运公司,各市、县国营公司的轮队和集体性质运输合作社的船队。经过邵伯急段时,一般情况一艘拖轮拖一列船队是拖不上的,只能分次拖。有的马力小的拖轮只能一次拖一只驳船。有的用两只拖轮拖一列船队。澄交一号却是一轮两拖,还比两轮一拖的船队速度快,受到兄弟县轮队的赞扬。澄交一号船队代表江阴县在邵伯航线上圆满地完成了治淮指挥部交给的任务。

　　澄交一号在后来各地区各县的重大工程建设中都作出了贡献。在南通港南通水闸和船闸建设中,在"8341"机要工程建设中,在 1967 年为阻止南京北岸浦口坍岸,保护南京长江大桥抢险中,以及上海虹桥机场 61 号国防工程突击性运输,澄西船厂围堰工程,上海金山卫工程和宝钢一期等国家重大工程中,都展示了矫健的身影。

由于 1960 年安装的打捞出来的日产鲍林达柴油机使用久了，配件维修困难，而且操作使用都很繁琐不方便，于 1975 年将主机换成山东潍坊柴油机厂生产的 6160 型柴油机，动力为 135 匹马力。撤换下来的三缸鲍林达柴油机向山观农机厂换了一台横膊钻床，装备船舶保养厂。

澄交一号自 1959 年诞生起，直至 1998 年航运公司解散卖给外地止，在省内外为江阴争得了许多荣誉，是江阴交通战线上的骄傲，为江阴的航运史写下了辉煌的篇章。曾经是江阴的水运职工以及熟知澄交一号的江阴人都记得它，茶余饭后讲述着它的故事。

回忆韭菜港汽渡的兴建过程

颜金照

一、兴 建 缘 由

江阴地处长江之滨,是沟通长江南北重要的交通枢纽。自1970年兴建黄田港汽渡以来,汽车渡运量与日俱增。特别是中共十一届三中全会以后,经济的振兴带动了交通运输事业的发展,车流量猛增,至1984年年均增长 32.6%,日均渡运2 000多辆,高峰时达5 000多辆,除西藏外,各省市均有车辆通过。黄田港汽渡位于城区西侧,上海、苏州、常熟等地东来的车辆需从城区通过,特别是要经过江阴一条5千米的主要街道和西门大桥。当时西门大桥是连接东西城区的唯一桥梁,又是城区连接镇澄、锡澄两线的唯一出入口,经常发生交通堵塞,以致过渡车辆排长队待渡,渡口压力很大。尽管黄田港汽渡扩

韭菜港汽渡

（陈宝金摄）

建码头、增添渡轮,充分挖掘潜力,日夜渡运,仍不能适应需要。遇到刮风下雨,渡口塞档,渡船停航,车辆就只好在公路上过夜,十几里的路上车满为患,交通阻塞,群众和驾驶员意见很大,交通管理人员也束手无策。

　　为了改变这种状况,1984年10月1日,利港轮渡建成通航,成功分流了黄田港汽渡常州和扬州等方面的11.02%的车辆。但上海等东来的大量车辆仍需从城区和西门大桥经过,交通拥堵状况基本没有改变。如1985年1月12日,过江车辆阻塞了几千米,把江阴西门一带几条街道堵得水泄不通,连自行车都无法通行。省交通厅和市、县各有关部门的领导都到现场指挥疏通。同年7月,由于交通堵塞,许多从乡镇赶来参加高考的农村学生,因为车辆晚点而误了考试,情况反映至教育部,副县长徐海锋亲临指挥交通。要从根本上解决这种状况,就要让东来车辆避走西门大桥,减轻城区交通压力,分流黄田港汽渡的车辆,设想选址黄田港下游1千米处的韭菜港建造汽渡。

　　1984年12月,我完成了《关于开发韭菜港汽车轮渡的可行性调研报告》,阐述建造韭菜港汽车轮渡的必要性、在韭菜港建造渡口的有利条件以及建成后的社会效益等。并请航道站张雪康工程师与我们一起测量了计划建造码头的江岸前沿水深断面;编制了连接道路位置图,办公、待渡位置平面图。计划工程分两期实施,预算500多万元。报送县科委,这是我市最早的工程调研报告,获1984年度江阴县科技进步三等奖。

二、艰难的勘测设计

　　1985年2月,江阴、靖江两县政府协商决定建设汽车轮渡,江阴韭菜港、靖江九圩港码头和配套设施工程分别由两县交通局组织实施。江阴县交通局把韭菜港工程的勘测设计任务交给我,并从江阴县航运公司船厂抽调 5 名油漆女工给我组成了勘测队。韭菜港渡口起经澄江镇 4 大队,西郊乡黄山、君山两队和林场,接杨张澄公路入省公路干线网,全长 4 千米多。油漆工第一次接触工程测度,拉皮尺、立标杆、站水准尺、打桩,都得教。我又是工程师,又是教员,还得自己当记录员,一道工序要在那杂草丛生的草地、水塘、低地、麦子地里来回走。江边有三道 3 米左右宽的小河沟,当时是 3 月,天气还冷,还得下水过河沟,中午饭带一些粮、菜,在农民家加工,工作条件是艰苦的,油漆女工说:"我们以为船上的油漆工世上最苦,想不到你这个工程师比我们还苦。"白天勘测,晚上加班进行设计。把灌注桩运用在码头设计获得成功,获得 1987 年江阴市科技进步四等奖。

三、精 心 施 工

1985 年 4 月,江阴县政府决定:韭菜港工程采取集资的办法筹集建设资金,江阴县航运公司 4 股,林场 2 股,西郊乡政府 2 股,澄江镇政府 1 股,江阴船厂 1 股,共 10 股,每股 50 万元。成立韭菜港工程建设领导小组,由县交通局、澄江镇、西郊乡、林场派领导派员参加组成,副县长徐德明任组长,县计委副主任钱伟荣任副组长。领导小组下设工程建设办公室,由各股东派人参加工作,县交通局决定由航运公司副书记蒋栋良负责行政事务,由我负责工程技术工程的放样、质量监理、工程管理、工程验收、决算审核等工作。公路路基地土方分三家实施,三支队伍施工,路面基础、路面工程由江阴县公路站施工,路基排水工程、挡土墙工程由四支中标队伍施工,码头工程由江阴县交通工程队施工。在建设过程中,省交通厅徐华强副厅长来建设工地视察过。在各方的共同努力下,1986 年 5 月底工程竣工,江阴市扬子江船厂建造的两条 14 车位汽渡轮船也顺利下水。6 月 1日正式通渡。这是长江航线上第一家地方集资创办的汽渡。

我设计的汽渡配套 4 千米公路标高接近原地面标高,路基填土很低,减少了填土土方,起到少挖废农田和节省投资的作用,也给今后城市发展和景观的协调预留空间,但给路基施工带来一定难度,公路站施工同行批评声不小。1990 年无锡市公路学会邀请我写了《市郊公路测设探讨》、《Y 型交叉的测设》2篇论文在会上交流,并荣获学会三等奖。

四、兴建韭菜港汽渡的成效

韭菜港汽渡通渡 14 个月,我写了论文《略谈兴建韭菜港长江汽渡的成效》,刊于《江苏交通工程》1989 年 4 期。14 个月汽渡运输类汽车 77.5 万辆,货运量 362.4 万吨,月平均增7.89%,省内汽车占 78.4%,有很好的投资效益,经济效益和社会效益,社会反映良好。投资效益:营收 1 423.5 万元,利润 576.5 万元,3 年内能回收全部投资。同时上交地方税金民管费 241.3 万元,后又增加防洪费累计达 1.2 亿元。经济效益:缩短里程,减少待渡时间,一年两个月给社会带来直接经济效益 1 987.5 万元。社会效益:发挥了增渡分流作用,缓和了"过江难"局面;避开江阴市区,给安全行车创造了良好的条件,对改善市区交通环境和减轻环境污染起到了较好作用。

韭菜港汽渡摆渡场景　　　　　　　　（陈宝金摄）

　　江阴市市长王伟成在通渡 10 周年庆祝会上说:"当时提出建造韭菜港汽渡的人很有远见卓识……对江阴的经济建设作出了重要贡献。"这是对兴建韭菜港汽渡的最好评价。

从泥路到沥青路

——我亲历和目睹了澄杨路的变迁

肖国衡口述 张希康整理

我出生在张家港(沙洲)大新,1962 年前是属江阴县管辖的一个乡。新中国成立初期,我在晨阳区工作,到江阴开会,40 多华里不是骑自行车就是步行或乘脚划船(脚划船是头尖身狭的、载重大约二三吨的小船,上罩黑色竹篷,类似鲁迅笔下的"乌篷船"。客人乘船必须身靠舱背,屈膝而坐,只有水手一人身坐船尾,两手划一舱右短桨,双脚划一舱左长桨),所以,无论到江阴城里还是去杨舍都要花上半天多时间,交通极不方便。

我们大家熟悉的澄杨公路原为京(宁)沪干线中江阴至杨舍的一段,现为江苏省省道的一部分。据《江阴交通志》记载,该路在 1936 年冬动工,1937 年上半年土路筑成,路宽 7.5 米,有临时木桥 8 座。当时作为军用公路,供守军之用,以防日本鬼子从常熟福山登陆。不久抗战爆发,施工停止,路面未铺筑。该路由国民党江阴县政府建设科主办,起自东门外城巫路口,向南经河北街跨越老东横河,经云亭、三河口、陈家仓、周庄、华士、陶家桥到杨舍,全长约 25 千米。抗日战争时期,日伪政府为方便"清乡",曾对该路进行修筑,但并未通车,仅有私营客车经营客运事务。抗战胜利后,国民党江阴县政府对全线进行了调查勘测。当时的状况为"全路均是黄土路面,丘垄深沟遍途皆是,车轮行驶时上下严重颠簸,各桥均被敌伪焚毁拆换,无一完桥。可见该路破坏极为严重"。1946 年 10 月,县政府对该路进行修复工作,同时线路起点做了变更,原城巫路至东横河段废弃,改由东门外楼下桥起至杨舍镇,路基、桥梁修复,仍未铺筑路面。当年 12 月 23 日,从县政府门口起通至华墅,由江阴汽车公司晴通雨阻行驶客车。1948 年 6 月,因燃料供应紧张而停止行运。

新中国成立后,1954 年 6 月,苏州地区交通管理局同意澄杨路修复通车。于是,从 1955 年 11 月起,江阴县政府组织人力自江阴北门老汽车站附近起至杨舍进行简易路基修复。当时我是县委常委、县委生产合作部部长,担任这条路修复的总指挥。我记得和县交通科副科长曹干(1955 年 2 月至 1956 年 10 月,后来担任科长、交通运输局局长)及指挥部的有关人员一起迈开双脚,沿途边走边看了该路的实际情况,看到云亭到三河口一段路基很低,尤其是孟家村旁因筑了一条坝,一下雨农田就受灾,所以路况很差。因为是泥路,虽然高低不平,但天好还能骑自行车,一下雨就泥泞不堪,只能赤着脚跑了。有一次我去华墅、杨舍检查工作,正好落雪,我和随行人员也只能穿上套鞋一脚高一脚低地踏雪而行。1956 年正是大办初级社、高级社的时期,我召开沿路云亭、周庄、华墅等地的乡党委书记(在我印象中云亭书记是缪叙荣,周庄书记是周兴良,华墅书记是李富彩)开会,布置筑路任务。首先发动沿公路的社员挑黄泥,把坑坑洼洼的路填平,恢复晴通雨阻的客车行驶,然后对公路两边 3 华里范围内的各乡农业社分配任务,划段包干,男社员上山拾小黄石挑下来,女社员负责用小锤头敲碎。这样沿着澄杨公路从绮山、定山、鸡笼山到砂山、乌龟山下到处都是浩浩荡荡的筑路大军。那时没有板车,全靠人挑肩扛,没有压路机就用农村打麦场上的石碾来回滚压,还到山坳里挑来石砂、石片,用 3 根竹头绑成三脚架,然后用农村筛稻的筛子筛过后铺上路面。这样,农忙时暂停,农闲时继续干,一直干到 1957 年年底至 1958 年年初,澄杨公路的底层和路面全部完成。工程标准为路基 7.5 米,路拱 3‰,宽 3.5 米,埋设和修接涵洞 82 道,路肩两侧植树绿化,株距 5 米,共计植树 6 400 棵,成为晴雨通车的三级公路。全部工程由沿线所属乡镇按照"远修近养"原则施工,总经费 5 万余元,投入民工 11.8 万个工日(沿线民工筑路由农业合作社记工分,并适当给予伙食补贴),于 1958 年 5 月 1 日全线通车。

1958 年,我任江阴县委副书记、县农田水利工程指挥部总指挥,负责全县农田水利基本建设指挥工作。那年冬季,新开、修浚、加宽张家港河,河底宽 50 米,河面宽 80 米,1959 年完成。在开河期间和后郭桥未建成前,采取汽车两头接和人摆渡的办法,保证客运的畅通。据资料记载,后郭桥桥长 91.2 米,上部为 T 形梁,下部结构为石砌墩,5 孔,载重汽 13 吨、挂 60 吨,是当时县内第一公路长桥。为了建造这座桥,解决桥面铺木的困难,我记得县委向苏州地委打了报告,经苏州地区行政公署水利指挥部批准,由时任县水利局局长钟华秋带队,组织人力前往吴江县境内,用 4 到 5 个月时间起拔被日本鬼子炸毁的苏嘉铁路的桥桩(长 4 至 5 米的粗木头),用船拖装回来,作桥面铺设之用。这样,后郭桥到 1960 年建成,后来于 1969 年又改建桥面。从 1973 年起至 1987 年,澄杨公路沿线先后新建、改建、拓宽了人民桥、先锋桥、璜大村桥、松桥、蒋家村桥、孟家村桥、三河口桥、尤家坝桥、川桥、穿山桥、陶家桥等,使汽车行驶更加安全畅通。例如 1984 年为改善原来的人民桥车流拥挤、交通堵

塞状况,移北新建人民桥,成为负载汽 20 吨、挂 100 吨,桥宽
23.45 米,分机动车、慢车和人行三道的桥梁,并于 6 月 1 日举
行通车典礼。1973 年至 1980 年,澄杨路江阴县境内的路基按
二级公路标准拓宽至 12 米,1980 年至 1983 年,改建为 9 米宽
路面的柏油路。1984 年,在新建东门人民桥的同时,对桥东的
道路也进行拓宽,路面宽 24 米,中间设绿化带,成为江阴东郊
安全宽敞的道路。1984 年,江阴县境内的澄杨路被江苏省交通
厅评为文明公路。据统计,1987 年澄杨路实际长度从西门车站
算起,在江阴境内为 28.211 千米,平均每昼夜车流量为汽车
7 157 辆,手扶拖拉机 1 783 辆。

　　1984 年我离休后,仍亲眼目睹了澄杨路的变化和发展。东
外环路和澄杨路立交匝道于 1990 年建成通车,使澄张专用公
路与澄杨、锡澄、镇澄三条主线相互贯通。1992 年,市委、市政
府在实施市区"六路工程"建设中又拓宽了澄杨路市区段。
1995 年 12 月,市委、市政府又决定实施"三线道路工程"建设
("三线"为澄杨路、镇澄路和滨江路东段三条交通主干道),其
中澄杨路自市区人民东路至张家港市交界处,全长 25 千米,按
交通部部颁平原、微丘陵区二级公路标准进行设计,行车速度
为 80 千米/小时,道路路基宽 40 米,路面按三块板型布置,为双
向四车道加分隔带再加慢车道结构。该路为水泥混凝土路面,
其中 15 米主车道,各 1.5 米隔离绿化带,各 5 米非机动车道,路
两边还各有 5 至 6 米绿化带(行道树、花木、草坪等)。全线自来
水管道、路灯配套、多处弯道拉直、路桥工程同步实施。在这次
道路建设中,周庄后郭桥东鸡笼山实行爆破,降低了坡度,云亭
镇为集镇建设需要,经市政府批准,还将澄杨路集镇段南移改
道。澄杨路工程共投入经费 12 680 万元,于 1996 年 10 月 27

日下午胜利建成通车(镇澄路和滨江路东段也同时通车)。事后,澄杨路由于水泥砼路面破碎严重,江阴市公路管理处每年对水泥板块进行修补,并从2006年开始对水泥砼路面进行改造,有的地段对水泥砼块进行碎石化和冲击压稳技术;有的地段开挖重做灰土,水泥稳定碎石,然后在面层再摊铺两层沥青砼。改造工程完工后,澄杨路成为双向六车道,道路的等级及行车状况上了一个新的台阶。

50多年来,我亲身经历和亲眼目睹了澄杨路从泥路、砂石路、水泥路到沥青路的变迁,这是我市(县)经济发展和社会事业建设的生动体现,也是我市(县)公路交通建设的一个缩影。现在,我们乘车行驶在澄杨路上,路面清洁平坦,车流快速通畅,两旁的行道树郁郁葱葱,绿化带中鲜花四季常开,草坪一片绿茵,到处呈现出生机勃勃的景象,每当想到这些,我们在睡梦中也会笑醒。

云顾公路的建设与开通

丁玉森

　　1962 年,江阴分出 9 个公社给沙洲县后的地图像条摇头摆尾的金鱼。县城所在地澄江镇在金鱼下腹的后部,而顾山、北㳇在金鱼的头部。尤其北㳇是金鱼的嘴,长泾是金鱼的眼睛。长泾、顾山、北㳇处在江阴版图这么好、这么重要的位置,偏偏是近代发展公路以来最闭塞的地方。人们出行,或者江阴城里人要到这三个地方去,唯有坐船才能到达。当然,顾山、北㳇、长泾等地的百姓要离开家乡到江阴、无锡、常熟或更远的地方去,也都只能乘小客轮出行。

　　在 20 世纪 70 年代末以前,从江阴到顾山旅行或者出公差需要一天的时间。一般是早上 6 点钟从东门人民桥堍的轮船码头上船,经金童桥、山观、占文桥、袁家桥、周庄、陆家桥、北㳇、南㳇、陈墅,最后在晚上 6 点钟左右到达顾山。江阴和顾山是对开航班,顾山到江阴也是早上 6 时开航,到晚上 6 时左右才能到达江阴。多少年来,就是这样日出而行,日落抵达终点,在现代交通文明还未传播到的地方,人们还未感到时间重要的时代,人们似乎已习惯了这种交通方式。直到 1978 年我大学毕业后参加修建云顾公路,建造沿线公路桥梁时,还是这样乘船在江阴至顾山之间往返,这种乘船的经历给我留下了终生难忘的记忆。

　　江阴的东南乡人民长期享受不到现代交通文明的待遇,迫切要求改变交通闭塞的现状。20 世纪 70 年代,随着农业学大寨,大搞农田基本建设,农村机耕道路伴随平田整地、格田成方,以公社为中心,以大队为次中心渐成网络,农村干部、社员普遍感觉到修筑机耕道路的实惠感。"要致富,先修路"成了该地区干部群众的迫切期望,社队发展副业生产也需要有便捷的交通道路。

1975 年秋,应北漍、顾山、长泾、祝塘等公社干部群众的强烈要求,县交通局着手规划云顾公路线形走向。初步确定云顾公路自云亭过毗山南嘴,经长寿、祝塘,在祝塘北山头村折向东经长泾、南漍到顾山,再从顾山向北至北漍。在祝塘北山头村向南至文林。顾山至北漍的公路将与苏州行政区专员公署规划的锡沙公路复合。建公路需要占用大面积农田,在祝塘公社,公社干部因考虑大队与大队之间的土地均衡问题,决定新建公路从长寿进入祝塘后,在大宅里向东转一个弯,绕行 500 米后在东庄再向南,沿祝文浜(未全部开通)至北山头再向东至长泾。本来可以建成笔直的一条公路,硬是在大宅里转了一个弯。此事在现在看来有点儿不可思议。可在当时来讲,领导的决定就是最大的政治,不存在讲科学的问题。

1976 年初,云顾公路建设启动。首先在云亭先建跨应天河的云长桥。云长桥中跨 16.8 米,南北两边跨 8.8 米,灌注桩基础,工型梁微弯板组合梁板桥,桥面净宽 4.5 米,由县交通局工程股长杨栋华亲自带队施工。1976 年 4 月在云长桥完工后,继续建造大宅浜桥、云祝桥等公路桥。云祝桥就是祝塘跨青祝河上的桥梁。云祝桥采用与云长桥同一图纸。时值 1976 年冬天,那时施工单位的装备比较差,但杨栋华对桥梁施工质量要求非常严格,工人们也都非常认真,所有石块均人工用水冲洗刷净,不沾一点泥土。浇筑大梁,因天冷,工人就用防雨油布支起棚架,在里面放置火炉为大梁保温取暖。云祝桥于1977年4月建成。云长、云祝这两座大桥的建成为云顾公路早日建成奠定了基础,沿线各公社也加快了路基建设的步伐。

从1976年冬,云顾线沿途各人民公社革命委员会先后组织群众,根据县交通局的线形规划,结合平整土地、格田成方为主要内容的农田基本建设修筑土路基。至1978年春,土路基全线基本完成。土路基路肩宽8.0米～8.5米。沿线跨河桥梁也加快了建设步伐。各公社范围内的桥梁以公社建筑站为主要施工队伍,图纸由县交通局提供。较大一点的桥梁由县交通局组织设计施工,如云长桥、云祝桥、南涧桥、李家桥等。长寿桥由长寿公社邀请无锡县桥工队建设,采用无锡县桥工队的薄型双曲拱桥设计图纸。南涧大桥采用省公路桥梁图集标准双曲拱桥图纸,净跨36米,由北涧建筑站施工,主拱采用有支架施工方式架设。南涧桥于1978年6月开工,11月建成。

云顾公路桥最早施工的云长桥和云祝桥桥面宽为4.5米,为单车道桥梁。在后来建造的桥梁考虑到道路将按双车道铺设(当时交通等级规范较低),桥面均按7.0米施工,所有荷载等级也均按交通部《桥梁设计规范》中最高等级汽—13拖—60设计。在70年代几乎很少见到大型重型载重汽车,这种设计标准在当时该是最高等级了。到80年代初,交通部门才陆续采用汽—15挂—80的新荷载标准,因此从80年代开始,农村公路桥梁设计等级基本都提高到汽—15挂—80的新标准。而80年代后期交通部又废弃了汽—15挂—80标准,采用现在广泛使用的汽—20挂—100的标准。

70年代末80年代初,“文化大革命”刚刚结束,国民经济建设正处于恢复期,百废待兴。建桥用的钢材、水泥都非常紧缺,需要计划部门安排计划供给。江阴社队工业起步较早,有 10 多家小立窑水泥厂,质量较差。相对较好的水泥厂有县水利局开办的江阴水泥厂和月城公社水泥厂,这两个厂的水泥质量也不很稳定,只能用于砌筑桥台和石方。浇筑大梁都要千方百计向苏州地区交通局申请中国水泥厂生产的水泥,而且只能拿到少量指标。水泥紧张,钢材更紧张。因此云顾公路建设过程中,大部分桥梁均采用圬工结构,建造双曲拱桥。这在当时是最流行的,几乎是不用钢材、不需要高标号水泥的可靠桥型。云顾公路是当时的重点项目,县计划委员会还是优先保证供应的,但仍不能满足其要求,因此双曲拱桥往往是设计首选。到 1980 年后,钢材水泥供应稍有好转,选择建造少用钢材、少用水泥的轻型桥梁——桁架拱桥是设计首选。因此云顾公路上长寿桥、塘泾桥、北山桥、长泾三号桥、南涧桥、长泾四号桥、顾山大桥 7 座桥均为双曲拱桥,占所有桥梁的一半。

云顾公路延伸至北涧,全长 40 千米,分段完成通车。云亭至祝塘段在 1979 年 1 月 25 日即春节前建成通车。由江阴县汽车运输公司副经理刘维均组建客运车队,客运站初期由部队转业干部赵俊生任站长。客运站设在原邮电局西边的空地上,用毛竹、芦席、油毛毡搭建的临时客运车站,向邮电局租借一间房子作为售票处,位置就在今第八商场前街心公园(学院广场)那一带。祝塘汽车站在云祝桥北塘,第一任站长是女共产党员巫中秋。

祝塘公路修筑土路基时是庄玉德任公社党委书记,铺筑路面直至通车是李立香主持公社党委工作。这两位党委负责人为该公社范围内的公路修筑起到了重要作用。云亭至祝塘公路铺筑过程中,祝塘段的具体技术员是祝塘农机水利站的龚孝先技术员。

祝塘通车后,长泾要求通车的呼声空前高涨,干部群众参加筑路的积极性很高。长泾公社1977年就把土路基做好,1978年做毛坯路基。祝塘通车后,长泾开始铺筑路面。长泾公社境内的桥梁除南涸桥由县交通局直接委托北涸建筑站施工外,新联桥、牛腰坝桥、三号桥、四号桥均由长泾公社建筑站龚永生负责建造。当时,长泾公社党委书记吴岐林、公社革委会副主任包俊如负责祝塘至长泾在长泾境内的土路基施工。包调走后,由新调来的副主任徐宝歧负责长泾东段的土路基施工,和长泾全境范围内的毛坯石路基及碎石路面铺设。当时负责长泾公路施工并一直在施工现场的还有公社团委书记夏士良,筑路技术员有长泾农机水利站的技术员张国忠和苏永宏。

长泾于1979年10月1日通车,赵钧元任长泾汽车站第一任站长。长泾公路建成通车,彻底改变了江阴东南乡交通闭塞的格局,将原来到顾山两头黑(天不亮上船,天黑到达)的状况,一下子缩短到仅需两小时(一小时坐车,一小时步行)。对于急于办事的人来讲,办事效率提高了不少。甚至从县城下乡办事还可以当天回城,不需要在乡下旅馆住宿了。长泾公路建成通车,方便了当地群众,开放了通向外面的世界。尽管江阴在苏南还是比较发达的地区,交通还算是便捷,但是仍有不少从未走出家门的群众。这些群众不用说没去过上海、苏州,就连无锡也从未到过,他们从未见过火车,也未见过汽车。

长泾正式通车后,长泾公社领导继续指挥施工队伍修筑长泾境内通向顾山的公路。时任顾山公社党委书记的吴振法积极指挥干部群众铺筑境内公路,公社社长吴杏清负责工程现场事务。顾山大桥也是净跨 15 米的双曲拱桥,由顾山建筑站王永根负责施工,顾山农机水利站的技术员陆寿生负责技术指导。顾山境内的道路施工技术全部由司锦才负责。顾山于1980 年 5 月 1 日正式通车,第一任汽车站站长由顾林宝担任。

1980 年,县交通局按照县委书记吴仁宝的号召,年底要实现社社通公路,加大了几个未通车公社筑路的进度,路、桥同时进行施工。自长泾、顾山通车后,加快了通向北漍、河塘、文林的施工速度。北漍公社赵洪庆书记、文林公社李永兴书记、河塘公社郁如鹤书记都亲临现场,指挥协调各自公社范围内的工程建设。北漍的技术员吴克明、河塘的技术员蔡根元、文林的技术员殷永生都极其认真,不离工地,指挥施工队伍的施工。北漍、河塘于 1980 年 10 月 1 日建成通车。文林是全县各公社中最后一个通车(于 1980 年 12 月 30 日正式实现了通车)。云顾公路以 1976 年春云长桥开工为标志,是年冬率先在云亭启动土路基建设,到 1980 年 12 月 30 日最后一个公社——文林公社通车,历时 5 年。长泾片各公社全部通上公共汽车,标志着江阴县社社实现了通车。

云顾公路建设过程中,造就了县交通局工程队。云顾公路包括至北漍的公路共有桥梁 16 座,长寿桥由长寿公社邀请无锡县桥工队建造,李家桥为县交通局工程股(工程队尚未正式批准成立)直接组织设计和施工建造,其余桥梁均由各公社建筑站建造。李家桥是我大学毕业后设计和施工的第一座公路桥梁。中跨 16 米工型梁微弯板组合梁桥,灌注桩排架,两边跨为 6 米矩形板梁,重力式桥台。荷载等级为汽—15 拖—60,桥面为净 7.0 米双车道。钻孔灌注桩设备是杨栋华向苏州公路管理处借来的一套钻杆和一只泥斗,附件设备、钻架、卷扬机、发电机等均系自己购买配件组装制作。我们和工人师傅们同吃同住同劳动,1979 年 4 月开工,9 月中旬完成,用最短的时间建造了这座桥。在长泾片公路工程建设中,我亲自承担了李家桥、新联桥、李巷桥、河塘西桥、文祝桥和富贝河桥 6 座桥梁的设计、施工。

云顾公路在当时来讲是县里的重大工程。在县财政资金极少的情况下,重点安排资金补贴。县交通局由向金生副局长分管负责工程股。工程股在杨栋华股长的带领下,全力以赴投入到工程建设管理中去。杨栋华和我负责桥梁设计、施工管理等技术,黄家洪负责道路技术施工管理。

云顾公路通车至今已经 26 年了,26 年前的记忆犹在,26 年前的小客轮早已停航。今天,云顾公路已由一条 7 米净宽的砂石路面的简易公路变成了 15 米宽的柏油马路。昔日交通不发达的乡镇,如今都成了车流滚滚的经济重镇。

江阴城区第一条公交线路
开通回顾

缪玲珍

党的十一届三中全会召开以后,改革开放的春风吹遍祖国大地。其时,江阴工业经济加快发展,县城商业日益繁荣,南来北往的客商越来越多,特别长江两岸的乘客往返于江阴、靖江之间,过江客渡很繁忙。但是,到黄田港迎送这些渡客的仍只有"二等车"(自行车后座)、"黄鱼车"(脚踏三轮车上放两条木板)。通过这些交通工具来往于城中和黄田港之间,不单费时,给城区交通秩序也带来影响,是乘客安全的一大隐患。为了改变这一状况,江阴县交通局决定开通东门人民桥至黄田港的城区第一条公交线,同时开通的还有江阴—祝塘的农村公共班线。这一任务就落到江阴县汽车队(后来的江阴县汽车运输公司)身上。

在县交通局指导下,江阴县汽车队从领导到管理人员全力以赴做好筹建工作。抽调3名管理人员,专职负责车辆、人员调度、收款和客运车队管理;在货运驾驶员中挑选8名有经验的优秀驾驶员,担任城区1路公交线和农村公共班线的司机;并在1979年1月20日上调15名插队知青担任随车员。因当时来不及接新车,江阴—祝塘的农村公交班线的车辆先安排5辆东风牌货车,安装上两排座位、雨篷、拉手、铁梯,改装成大篷客车投入营运。城区1路公交线的车辆是由江阴县汽车修理厂制造的经江苏省交通部门批准的 1 辆长江牌通道客车,此车有 73 个座位。

1979 年 1 月 21 日至 24 日,汽车队对乘务员进行强化培训。全体人员认真学习有关售票业务知识,大家起早带晚苦练基本功。24 日下午,召开了运营组全体人员动员大会,对每个车组确定人员,明确责任。大家都信心十足,心往一处想,劲往一处使,要把客运班线、公交线路经营好。一切准备就绪。

1979 年 1 月 25 日,江阴县第一条城区公交线用 1 辆通道车投入营运。自东门(人民桥西堍)起点发车,沿途经县政府、红星电影院、西门、西郊、新街 5 个停靠站,至江边(黄田港)终点站,每班间隔 40 分钟。头班车从早上 6 点东门开出,至下午 6 点黄田港开出到东门收班,全天 17 班。票价 1 至 3 站 5 分钱,3 站以上 1 角钱。1 路公交车配备驾驶员 2 名,乘务员 4 名,分上午、下午两班,每班 1 名驾驶员、2 名乘务员(前后门各 1 名乘务员)。

1 路公交车开通以后,方便了来往于黄田港与城区之间的乘客。除了渡江过往的乘客,还有上下班的职工,在这条线路附近去城里购物、办事的居民,还有去沿途企事业单位办事的人员以及到西门车站乘车的旅客。去黄田港下车人数较多的站点主要是西门汽车站,一次最多要上 50 多人;在黄田港站如接到一班轮渡旅客,一次可上客 120 多人。全天营业额约 200 多元。

由于车组人员中驾驶员都是从货车司机中挑选出来的,乘务员都是刚刚从农村农场插队上调的,大家都十分珍惜这份工作,责任心特别强,对工作都是兢兢业业。每次到起点站,驾驶员都要检查轮胎,将车内扶手、车凳螺丝拧紧。乘务员每到一站都要安全喊话,对拿着大包小包上车乘客热心帮扶,对乘客态度是一流的。为了确保没有一人逃票,前、后门乘务员对每次上车乘客数与售票数都进行沟通,核对相符。每趟车都对车厢内进行打扫,每半天就要洗车和擦车,包括座凳和玻璃,都是用水桶提水至车旁洗,将车内外洗得窗明几净,始终保持车辆内外整洁。

到当年 5 月,第一批 5 辆崭新的大客车接回投入营运。1 路车换成 2 辆大客车,间隔 20 分钟一班,每辆车配备驾驶员、乘务员各 1 名。

1987 年 6 月 28 日,因江阴汽车客运公司搬至先锋桥南绮山路 65 号,公交 1 路车随即延伸至新客站。仍由 2 辆车对开,每辆车 50 分钟一来回,每班间隔 25 分钟。

1992 年 4 月至 1994 年 4 月改为 2 辆中巴车承包经营。

1994 年 9 月,江阴客运车辆实行车进站、人归点,江阴公交开始多条线路大规模发展。

2003 年 1 月进行重组,成为首批实行无人售票的公交线路,该车组共有 25 名女驾驶员,全线投入 16 辆空调公交大客车,由公交总站开往黄田港,全程 11.5 千米,沿线设置 15 个站点,日发班次 123 个,每班间隔时间为 5 至 7 分钟,日行驶里程 2 829 千米。

万众一心 共建六路

陈少宏

　　1992年,江阴与全国一样,经济建设和城市建设迈上了发展的快车道。但交通滞后,成为制约发展的瓶颈。经济要发展,交通需先行。江阴市委和市政府审时度势,于当年8月果断决策:全市动员筹集资金,建设六路工程。用一年时间,采取会战的形式,建设春申西路(现名滨江中路)、朝阳路、澄江东路、东环路、澄山路(现名人民东路)、澄杨路,全长42千米,连同原有的公路,形成城区"六横六纵"的格局。

　　1992年10月6日,市委、市政府召开了"江阴市六路工程建设誓师大会"。市委书记、市长向全市发出六路会战的动员令。会议号召全市干部职工每人捐款50元,并给各镇、各局下达了目标任务书。会后,经过层层发动、广泛宣传,迅速形成了"全市人民总动员,六路工程大会战,各行各业作贡献,三年任务一年完"的舆论热潮。全市万众一心,团结拼搏,经过艰苦扎实工作,于1993年9月28日六路工程竣工剪彩。六路工程新建路面20千米,计53万平方米;完成土石方150万立方米;新建、改建桥梁6座;拆迁房屋9.6万平方米,征地1 500亩。工程总投资1.32亿元。工程质量优良。

　　六路工程大会战,是江阴城市建设史上一个创举,也是一个里程碑,为江阴的发展创造了良好的外部条件,也给我们留下了宝贵的经验,至今仍有一定的参考价值。当时,我任职江阴市交通局局长,自始至终参加了六路工程建设指挥部的工作,置身于建设的全过程。

一、统一领导,精心组织

六路工程建设是一项大工程,工作千头万绪、面广量大。为确保工程的顺利完成,市委专门组建了六路工程建设指挥部。由时任市委副书记王伟成任总指挥,副市长梅振铨和市建委主任徐发鑫以及我任副总指挥。指挥部下设一办(办公室)五组(筹资组、拆迁组、工程一组、工程二组和预决算组),从市级机关抽调人员,集中办公。指挥部实行统一领导、各负其责,统一按政策办事,工作按计划推进。制订了"三大战役"实施方案,第一战役:从 1992 年 9 月 25 日至 11 月 25 日,主要任务是进行房屋拆迁、完成施工设计;第二战役:从 1992 年 11 月 25 日至 1993 年 1 月 25 日,主要是完成路基土方;第三战役:从 1993 年 1 月 25 日至 10 月底,完成路面施工。整个计划上墙、挂图作战,及时标明进度。工作中注重抓住设计、质量、资金三个环节,围绕"确保按时完成,建设优质工程,尽量节约经费"的目标,齐心合力做好工作,夺取六路工程建设的全面胜利。

二、设计先行,科学合理

设计是搞好工程建设的前提,也是指挥部抓的首项工作。六路工程建设因上马快、时间紧、设计工作未到位。但指挥部在操作中还是按立项(征地)、设计(审查)、预算、施工、决算等规范程序进行的。六路工程的道路宽度均为 40 米,三块板布局(除朝阳南路,现名环城东路,1 291米,为30米一块板),给排水管同步实施(除澄杨路),路灯、绿化一步到位。并对路面和结构层作了具体规定。在设计审查时,澄杨路费时最多。因澄杨路是老路拓建,线路长、弯道多,穿越5个乡镇,其中云亭镇希望改道的呼声强烈。为此,指挥部到沿线各镇现场办公,逐个听取意见,最终按科学合理的原则确定了线形走向。即在要塞段,将澄杨线改道与澄山路相接,改线接松桥。在云亭段,全部改线从镇南通过。在周庄段,将鸡笼山降坡,新建申张线航道上的后郭大桥。在华士、新桥镇段,主要将乌龟山段的弯道取直。澄杨路改道约9千米,鉴于变更多、控制点多,决定先实施一千米路面,以取得经验。变更后的澄杨路线形流畅,弯道减少一半多,弯道半径均好于国家规定的二级公路指标,得到了上级公路主管部门的充分肯定,上下都满意。

三、目标明确,各负其责

　　道路新建一条线,工作涉及各方面。尤其是前期工作面广量大。简单地说:"一是钱,二是田(征地与拆迁),三要把土方填。"钱从哪里来? 在政府财力不足时,除了贷款,就靠捐款。指挥部编印了《全市人民总动员　万众一心建六路》的宣传提纲,全市各级组织广泛宣传动员,从城市到农村,从机关到企业,很快形成"人民道路人民建,我当主人作贡献",人人参与,支持六路建设的热潮。各级领导和机关带头捐款,作出表率,干部、党员、团员积极捐款,广大职工踊跃捐款。在江阴的三个部省属企业,也积极支持江阴建设,共捐资400万元。尤其是中小学生,如市中初一(1)班和西石桥巨轮小学的学生,省下零花钱,捐给六路工程建设,虽然钱不多,但热爱家乡、建设江阴的精神可贵,令人振奋。全市共捐款 2 322 万元,干部和职工的捐款率达 100％。

1992 年 9 月中旬,六路工程建设第一战役打响。拆迁工作首先从朝阳路开始。指挥部拆迁组严格按市政府颁发的六路工程拆迁政策办事,不怕繁难,反复宣传,细致工作。被拆迁的单位和住户纷纷表示:服从建设需要,舍小家为大家,红线划到哪里就拆到哪里。系统包单位,单位包职工,镇包村,村包村民,上下共同努力,仅用一个月时间,就完成 128 个单位和 46 户住户,共 1.56 万平方米房屋的拆迁。要塞镇有 4 条路的拆迁任务,工作量大、损失多、成本高,尤以澄山路还需搬迁罗拉厂等镇办企业,困难多。但镇党委态度坚决,时任党委书记邬金川说:"顾全大局,做好工作,不图眼前图长远,暂时损失求发展。"镇厂同心,协力化解难题,按期完成了拆迁任务。六路工程建设共拆迁 180 个单位和 387 户住房,共计 9.6 万平方米房屋,未发生一个钉子户,被拆迁的单位和个人均得到妥善安置。六路工程建设首战告捷。

在房屋拆迁接近尾声时,各类杆(管)线的移迁也抓紧进行。供电、通讯、广电、自来水等部门,都积极行动起来,克服时间紧、任务重等困难,加快施工,争抢进度,较好地完成了杆(管)线迁移,并自我消化了杆线拆迁经费 2 500 万元,为建设六路工程作出了贡献。

1992 年 11 月 7 日,指挥部召开第二战役动员会议,部署路基土方任务。会后,沿线各镇领导雷厉风行,实地踏看,精心组织,上足人力和机械,近挖远运,大干快上堆填路基土方。在数十千米长的工地上,人来车往、机声隆隆,虽时值冬季,到处是热气腾腾的忙碌景象。华士镇战线最长,土方任务最重。华士镇时任镇长赵国权提出"奋战四十天、完成四十万"的口号,勇挑重担,采取有力措施,加快进度,提前完成任务。指挥部对华士段路基土方工程进行验收时评价是:任务重,进度快,质量好。更值得一提的是中国人民解放军驻澄部队,主动支援地方建设,共派出 500 多名官兵,60 辆汽车,参与澄山路土方运填施工。参战官兵不畏天冷,奋力苦战,提前完成土方任务。军民共建澄山路,体现了军地一家亲、军民鱼水情。是年 12 月下旬,土方工程全面完工。指挥部从 12 月 21 日起,分三批对六路土方工程进行验收。第二战役再奏凯歌。

四、道路施工,质量第一

1993 年年初,六路工程建设进入了道路施工阶段,第三战役全面展开。这是六路工程的决胜局,众人关注,务求必胜。

六路工程道路施工,由市建委和市交通局各负责三条路。其中,由市建委负责朝阳路、澄江东路、澄山路三条路,将朝阳路(从朝阳桥到黄山公园为水泥路面,从朝阳桥到环城南路为沥青路面)、澄山路(沥青路面)、澄江东路(从朝阳路到东环路为水泥路面)交由市政公司施工,将澄江东路从东环路到白屈港段的水泥路面交市第二市政公司施工;由市交通局负责春申西路、东环路、澄杨路三条路及朝阳路的两座桥,将春申西路(含西环路从黄山公园至黄田港大桥的非机动车道及镇澄路从西门加油站至西环路口的非机动车道)沥青路面和澄杨路一千米沥青路交由市公路站施工,将东环路水泥路面和朝阳路两座桥梁(跃进桥和朝阳桥)交由市交通工程公司施工。做到任务明确,确保按时完成,争创优质工程。

施工单位深感责任重大,本着对人民负责、对历史负责的态度,决心把六路工程建设任务完成好。一方面抽调精兵强将组成路桥施工队,另一方面又筹资新购一批机械设备(交通和市政共投资 340 多万元),为完成任务奠定基础。施工队进入现场后,吃住在工地。干部和工人同甘共苦,白天加班干,晚上连着干(指桥梁钻孔时),一身泥、一身汗,不怕苦、不怕累,连节假日都不休息。施工队还开展了"三比"(比速度、比质量、比安全)竞赛活动。市领导也十分关心工程建设,多次到现场视察,还组织慰问,进一步激发了广大工人的工作热情,也推动了工程的施工进程。

在施工中,严格执行操作规范,自觉坚持质量第一的观念。落实质量和安全责任制,认真把好材料关,把好路基厚度和强度关,做到道道工序有记录、有检查。凡检查不合格的,不进行下道工序施工。发现问题,立即纠正,直至达到标准。尤其对施工中关键环节,如软基路段、隐蔽工程、桥头接线、钻孔桩、大梁预制及吊装等更为重视。用检测数据作标准来衡量,讲科学、重实效、保安全,绝不留隐患。除了施工单位自检,指挥部组织质监组天天在工地进行检查,从而保证了施工质量。如交通工程公司施工的东环路两灰结石层,要用风镐才凿得动,路面平整度也不错。道路施工质量总体良好,也为完成工程建设赢得时间。

正当工程施工加快进行时,施工材料供应跟不上,有的还涨价,对工程进度造成影响,施工队心急如焚。在此关键时刻,指挥部经过多次协调,在有关部门和单位支持下,解决了工程急需的水泥、钢材、木材、油料、石材,商定了价格,化解了施工单位的燃眉之急。随着工程的快速推进,资金的需要量日益增加,大工程需要大资金,除了全市干部职工捐款 2 322 万元、财政和单位筹集计 3 400 万元外,还在几大银行的支持下,得到了 5 000 万元的贷款,六路工程得以顺利建成。公安部门为配合建设,搞好交通管制,也付出了辛勤的汗水。六路工程建设如同一曲大合唱,全市上下万众一心、团结拼搏,克服了重重困难,终于在 1993 年 9 月下旬完成路面施工和交通工程(标志、标线),经检验评为优良工程。比计划提前一个月,打赢了第三战役,标志六路工程建设取得了胜利。

　　六路工程建设路面施工结束后,紧接着实施完成了路灯、绿化工程。至 1993 年 10 月,所有工程全面结束。作为江阴人,看着一条条路面宽敞平整、标志(线)清晰、路灯成行、绿化配套的道路展示在眼前,感到心情舒畅,信心倍增,希望满怀。

1997 年的"新六路"工程建设

夏礼清

"六路"工程建设起始于 1992 年,完成于 1993 年,当时用一年时间完成了三年的工程量,为拉开城市骨架,完善城市道路网络积累了宝贵的经验。1993 年至 1994 年的"小六路"工程建设又为完善城市道路网络奠定了基础。1997 年年初,市人民政府又提出了以"新六路"(改扩建通江北路、环城南路、高巷路,延伸长江路、暨阳西路、延陵路)工程建设为龙头,加快城市建设的方针。"新六路"工程建设为进一步拉开城市骨架,着力改善城市交通环境,完善城市道路网络起到了积极的作用。

通江北路位于城市西区,是连接苏南苏北过江的主要交通通道。原来道路破损严重,下水道排水不畅,严重影响了过境车辆的通行,与江阴经济社会发展很不相称。1997 年 3 月由江阴市公路管理处实施改造通江北路(西门大桥—黄田港大桥南侧),全长 750 米,路宽 20 米,增设人行道 5 米×2,沥青砼路面,于 1997 年 11 月竣工通车。改扩建的通江北路道路由弯变直,宽敞整洁,为提升城市形象,解决交通拥堵起到了重要的作用。

环城南路是城市南侧的主干道,是解决东西过境车辆的主要通道。原来道路严重老化且狭窄,车辆经常拥堵,严重影响了市区的交通秩序。1997 年 4 月由江阴市政工程公司实施改造环城南路(杏春桥—平冠桥西侧),全长 1 040 米,由 19 米拓宽为 22 米,增设人行道 3.5 米×2,沥青砼路面,于 1997 年 8 月竣工通车。改造后的环城南路再加上局部地段建筑物立面改造,道路宽畅美观,车辆流量加大,大大减轻了市区的交通压力,同时为城市市民生活和工作提供了优越的条件。

高巷路原是城区与环城北路沟通的一条小弄,基本不能通车。随着虹桥小区的建成,该路给人们通行带来极大困难。1997年6月1日由江阴市政工程公司实施改造高巷路(人民中路—环城北路),全长593米,路宽22米,人行道3.5米×2,沥青砼路面,于1997年10月1日竣工通车。改造后的高巷路畅通整洁,给老街立面建设提供了条件,给新区老区的沟通增加了一条主干道路,大大方便了市民的生活和工作。

长江路原是一条断头路,1996年,仅连接了大桥路、花园路,给沿路的中学、小学师生及市民出行带来诸多不便。1997年4月由城市建设发展公司实施长江路向西延伸工程(花园路—朝阳路),全长430米,路宽16米,人行道3.5米×2,局部1.5米×2,砼路面,于1997年10月竣工通车。改造后的长江路大大方便了市民及两校师生的出行,同时为城市新区的发展奠定了基础。

暨阳西路是城市次干道,也是虹桥小区沟通城北地区的区间道路。1997年5月由市政工程公司实施暨阳西路延伸工程(中山北路—北大街),全长292.7米,路宽16米,人行道2.5米×2,中粒式沥青路面,1997年9月竣工通车。暨阳西路的延伸建成,极大地方便了北门地区市民的出行,为北门地区加快改造提供了条件。

延陵路西接环城北路,东至滨江开发区,是城市东西向的主干道。1997年4月由江阴市政工程公司实施延陵路工程建设(朝阳转盘—大桥路),全长542米,路宽40米,机动车道15

米,非机动车道 5 米×2,车道隔离带 2 米×2,人行道 5.5 米×2,砼三幅式路面。延陵路的建成,对加快文定小区的建设,城市道路网络的完善,对城市东扩,沟通滨江开发区都起到了十分重要的作用。

"新六路"工程竣工通车,进一步完善了城市道路网络,解决了多年积累的交通拥堵状况,提升了城市形象;同时为城市快速发展奠定了基础,也为政府城市管理部门后十年城市建设积累了丰富的经验。

张家港汽车专用公路
江阴段建设亲历记

赵永章

建设张家港汽车专用公路是时任交通部部长钱永昌和江苏省副省长凌启鸿、汪冰石等领导于 1984 年底共同商定的。1985 年 2 月 16 日，江苏省计划经济委员会、交通厅联合下达建设该公路的项目通知书。接着，江苏省规划设计院进行勘察设计。10 月 17 日，无锡市城乡建设委员会、计划委员会、交通局联合发文，将省建委《关于张家港汽车专用公路沙洲段与江阴段初步设计的批复》转发到江阴县人民政府。10 月 29 日，无锡市和省交通厅正式签订张家港汽车专用公路江阴段工程投资包干协议书。

这条公路，是江苏省第一条高等级汽车专用公路，是沟通苏、锡、常 3 市 12 个县腹地的疏港公路，主要为集装箱运输服务。在江阴境内 17 千米，经过夏港、西郊、要塞、长山、山观等 5 个乡。根据交通部文件规定，该路按国家一级公路标准（40 米）预留，二级公路标准修建，路基顶宽 16 米，路面结构为下贯上拌的沥青路面，路面宽 10.5 米，小桥、涵与路基同宽，大中桥面净宽 15 米。其路面允许弯沉值为黄河标准车 0.548 毫米。为了满足这个要求，对路基的技术要求是路槽零以下 80 厘米密实度要达到（轻型击）98％，80 厘米以下路基的密实度要达到95％。土基的平均弯沉值为黄河标准车 300 毫米。桥涵的荷载标准,都是汽20—挂100。

江阴路段的建设工作,大体经过了三个阶段:一是前期准备阶段。无锡市成立领导小组,由副市长薛仁志任组长。江阴县成立工程建设指挥部,副县长徐海锋任指挥。县指挥部下设综合办公室(秘书、财务、材料、拆迁征地4个组)和工程质量办公室(质监、技术、施工、测试4个组),本人时任江阴县公路管理站站长,在综合办公室负责日常工作。沿线5个乡也相应成立工程指挥部,向广大干部群众进行思想发动,开展征地、拆迁工作,同时制订民工组织计划,为施工扫清前期障碍,做好准备工作。二是搞试验阶段。1986年初,我们组织8 000名左右民工,先行上了部分土方,在这基础上,搞了三段不同类型路段的试验,取得处理软土路基技术数据和施工经验。三是全面施工阶段。于1986年10月,集中力量展开全面施工。经过10个多

澄张线公路 (赵永章提供)

月的艰苦工作,到 1988 年 9 月 8 日全面竣工。

为了建设好这条公路,各级领导都十分重视,做了大量工作,整个工程建设呈现出以下"四新"。

化解矛盾　带来了和谐建设的新气象

张家港汽车专用公路江阴段的走向,在勘察设计时虽然避开了一些人口居住密集区,但毕竟是城市郊区,征地、拆迁任务重、困难大,菜农舍不得放弃菜地,住户不愿拆掉自己的祖屋,矛盾尖锐,思想复杂。长山乡胜利村刘家滩刘、高两家,以各种理由不让拆迁,副县长、指挥部指挥徐海锋先后三次登门,才把思想工作做通。县长许祖元在省里开会,也非常关心拆迁工作,打电话回来要我们认真做好思想工作,化解矛盾,变阻力为动力。为了帮助拆迁户安排好临时住房,除他们自找亲朋好友安顿下来外,对有困难的拆迁户,指挥部出面帮助"找对象",让他们住下来。各乡还购进大批议价钢材、水泥、砖头,以低价卖给拆迁户,以弥补他们的经济损失,赢得普遍好评。

在征地、拆迁的同时,指挥部组织施工力量,对工程进行招标。由于工程要求高、时间紧,矛盾很多,虽然来了 17 个单位,但由于种种原因,最后都不愿承建。在这种情况下,无锡市交通局组织全市交通系统内的施工力量参加施工。这支施工队伍由无锡市公路处机械施工队,无锡市公路站,江阴、宜兴和无锡县公路站组成。但力量还是不足,又请江苏省机械施工公司、扬州市邗江县公路站的施工队来帮助施工。1987 年 7 月间,天气炎热,施工难度大,正处在最困难的时候,无锡市副市长、领导小组组长薛仁志及市人大、政协等四套班子有关同志深入工地,对施工队伍逐个进行慰问,并无形中化解了许多矛盾,使第一线施工的干部、职工受到很大的鼓舞,工地上一片喜气洋洋。有个工人说:"稀奇稀奇真稀奇,四套班子上工地,赠送西瓜两万斤,人人心里乐滋滋。"由于加强思想工作,正确处理好各方面的关系,实现了和谐、安全施工。

攻克软土路基　呈现了
注重科技的新风气

江阴地处多雨的江南水乡,张家港汽车专用公路江阴段多潮湿、过湿地段,沿线两侧都是水稻田,地表长期积水,地下水位高,土的含水量一般在 28%—40% 之间,加上土类大多是灰黄色粉质轻(重)亚黏土和腐殖土,地基承载力极差。因此,怎样处理好水网地区的软土路基,实现设计文件规定的技术要求,是建设这条公路的关键。省交通厅蔡家范总工程师,工程局沈毓懿副局长、许道化总工程师,计划处洪维霖工程师和规划设计院陈冠军院长等领导都十分关心,亲自到江阴指导。指挥部还邀请交通部专家沙庆林博士和南京工学院三位教授等有关专家,先后到江阴进行实地观察和探讨,使我们受到很大的教育和启发。大家感到,处理软湿路基的学问很深,一定要学习科学,注重技术。

为了摸索处理软土路基的方法和途径,我们组织力量搞了总长 500 米的三个不同类型土质路段的试验,证明土的含水量是决定土基密实度的关键,土基密实度要达到 98%,最佳含水量应控制在 17%—21%。试验数据还证明,部分路段的密实度虽然达到设计要求,但由于土质差,强度不够,对这些路段必须进行换土或技术处理,改变土的性质。按定额规定,土基密实度达到85％—90％,每千立方米的辗压台班为8.65。三个路段的试验结果,水网地区土基密实度要达到95％,辗压台班比原定额要增加一倍多。指挥部及时召开全体施工人员的现场会议,介绍处理软土路基的方法和途径,使大家看到了方向,学到了技术,找到了门路。

　　指挥部要求各个施工单位认真学习科学技术,从各个路段的实际情况出发,实事求是,确保路基施工既达到设计要求,又要尽可能节省经费。主要措施是:1. 路基两侧开挖1.5万立方米的排水沟,做到雨天不留积水,平时能降低地下水,达到排水固结;2. 全线清除11万立方米的腐殖土、淤泥,使原地面能上压路机辗压;3. 就地取土27万立方米,把它堆起来,低田土变成高垛土,逐步降低土的含水量,为分层上土翻晒辗压创造条件;4. 对低路基,由于土的含水量偏高,无法进行辗压,进行了翻挖80—90厘米,翻挖土方7.3万立方米,然后用符合最佳含水量的好土分层返填;5. 采用远用土27万立方米替换部分腐殖土,有的路段还采用一层好土一层就地挖取的土,工人称之为"夹心饼干",以提高路基强度;6. 为了改变土的性质,达到设计要求,根据各个路段的不同情况,做了水泥稳定土8 400立方米和石灰稳定土6.46万立方米;7. 用编织袋装干泥替代土工布,如12K＋700—12K＋820整个路基都在河里,河底淤泥清除后,发现下面是流沙,就采用编织袋装干泥填筑;8. 严格做到分层辗压,根据解放后30多年来的气象资料显示,江阴地区一年365天中平均有121天是雨天,因此必须抢时间、抓晴天进行分层辗压,要求一个施工点设三个作业面,上土、翻晒、辗压交替进行,这样做既严格控制含水量,又保证土基的密实度。

大家深深感到,过去搞农村道路的一套已经落后了,必须要有科学头脑,有技术观念。这次施工,既学到了技术,又锻炼了队伍。

勇挑重担　树立把方便让给别人的新风尚

江阴地区河道纵横,张家港汽车专用公路江阴路段要穿过锡澄运河、应天河、西横河等较大河流,需建大中小桥 20 座、涵洞 105 道、板涵 5 道,不仅工程量大,还牵涉到方方面面,对群众带来不便。施工单位都发扬艰苦奋斗、任劳任怨的工作作风,攻难关,抢时间,争速度,保质量,把困难留给自己,把方便让给别人。江苏省交通工程公司承建 8 座大中桥和 1 座小桥。其中锡澄运河大桥,中跨梯形梁 40 米,10 根大梁每根自重 75 吨,断航吊装是最安全最方便的办法。但他们考虑到,锡澄运河是沟通长江南北的主要航道,有 13 个省、市的船舶通过,当时的年通过量达 2 400 万吨,平均每天通过量达 6 万吨以上,如果断航吊装,影响到各个方面,阻碍商品流通,对国家的经济损失太大。他们召开各种座谈会,大家献计献策,最后想出了一个好办法,搭贝雷架把大梁游过去,除上一根大梁中间间歇性的停航 10 到 15 分钟外,仍保持昼夜通航。他们的高尚风格,得到了当地政府和航政部门的高度赞扬。

工程施工过程中,各方争挑重担,将方便让给别人的好人好事层出不穷,蔚然成风。省交通工程公司一处由于锡澄运河大桥的牵制,来不及完成应天河大桥。三处的同志知道了,主动接替一处,抢建应天河桥。当时离该桥规定的竣工时间仅有

4个月,而此桥全长80米,梯形梁中跨有35米,工程量大。三处刚上手就碰到棘手问题,新桥上面有一条3.3万伏的高压线,工作无法展开。如果迁移这条高压线需要三个月左右的时间,不仅影响到工期,而且国家、供电部门都会遭到很大的经济损失。三处的同志坚决自己克服困难,不把矛盾转嫁他人。他们召开"诸葛亮会",根据大家的意见,重新测算有关数据,决定拆除原一处的工作平台和便桥,重新搭建工作平台,降低工作平台的高度,避开高压线杆,这样做虽然增加了不少工程量,增加了部分经费支出,但为如期完工争取到了时间。经过84天的日夜奋战,应天河桥终于按原设计要求胜利竣工。

加强质量监理　工地上出现了新队伍

为了保证这条汽车专用公路的工程质量,我们设置了质量监理制度,这是地方交通工程建设中的第一次,大家感到很新鲜。无锡市交通局建立交通工程监理小组,由7名专业工程师组成。在无锡市交通工程监理小组的领导下,指挥部路、桥各设两名监理工程师,其中有两名工程师参加无锡市交通工程监理小组。为了有利于工程监理人员展开工作,指挥部还设有1名测量工程师、1名技术员和6名检测员,各施工单位设1名质检员,组织了一支监理队伍。

质监人员向各施工队伍反复宣讲"百年大计、质量第一"的方针。桥、涵建设,必须根据规范要求,严格按图施工。对隐蔽工程,动工前必须告知质监人员,以便了解和检查。在道路施工中,对土基、泥灰结石、两灰结石、贯入、罩面层都分层位编制施工实施细则,发至各施工单位,便于掌握施工工艺和每层次的质量要求。各施工单位的质检员,首先做好自身的质检工作,加强工程的质量管理,同时密切配合指挥部和监理人员做好整个质监工作。

工地上有了质监人员,对整个工程的质量管理起了极大的推动作用。指挥部桥梁工程师季鹤林发现大河港桥东边孔未按规定满布桥面钢丝网。尽管当时桥面已浇灌70％,季工仍立即叫他们停工,然后找施工人员、队长商量,并向指挥部汇报。指挥部支持监理工程师的意见,坚持按图施工。最后施工队按照施工示意图重新浇灌桥面。白屈港桥1号桥台灌注桩原设计32根钢筋,施工人员误放了16根钢筋,监理人员发现后,立即向指挥部汇报,后经与施工队伍商量,采取了补救措施,经设计院变更设计,内侧增加抛石挡墙,减少台背上压力,达到了设计要求。

监理队伍上工地,成为工程建设中的一支重要力量。但在一段时间里,与施工单位出现了"查"与被"查"不和谐的局面。为改变这种状况,质监人员主动做施工队伍的"知心人"、"帮忙人",把单方面的检查,变为帮助施工队伍找原因、出主意、想办法,共同努力,达到质量要求,受到施工人员的赞扬。0K＋150附近300米,路基强度一度达不到要求。质监人员帮助查明原因,该路段为低路基,路基2米外取土水位高,影响路基强度。即与施工单位商量,采取排水降低水位,深挖至原地面下40厘米以灰土处理,终于达到了设计要求,施工单位非常感激。宜兴县站施工的13K＋259路段,曲线横向偏位20厘米。质监人员发现他们施工员不在位,就主动帮助他们恢复中线,检验高程,做好放样工作,使其达到设计要求。工人赞扬说:"这正是质监、施工一家人。"

亲历新长铁路江阴段建设

周竹园 刘晓东 孙振康 汤琴芳

新长铁路江阴段建设从 1994 年进行项目前期准备到 1999 年 3 月 18 日开工,至 2005 年 4 月 1 日江阴站正式开通,历时 12 年。我们有幸作为参与这项国家级重点工程、江阴历史上第一条铁路建设的工作人员,将有关情况叙述如下:

建设中的新长铁路
(王加令摄)

一、工程概况

1. 新长铁路全线概貌

新长铁路为国家 I 级铁路干线,是国家"九五"重点建设项目,是规划连接东北、环渤海和长江三角洲的三大经济区域的沿海大通道的重要组成部分。新长线北与陇海线、胶济线相通,南与沪宁线、宣杭(宣城—杭州)线相联,成为贯通江苏南北的一条安全快速的大能量运输通道,对改善长江三角洲和华东地区路网布局,减轻和缓解津浦铁路、南京长江大桥的运输压力,促进江苏、浙江、山东等沿海地区的经济发展具有极为重要的作用。本线北起东陇海新沂站,南经沭阳、淮安、盐城、海安、泰兴、靖江等市、县,以轮渡方式过长江至江阴、无锡,在石塘湾设联络线与沪宁线相联,经武进、宜兴,进入浙江省与宣杭线长兴站接轨,另建海安至南通62正线千米,共计623正线千米,总投资62.4亿元。新长铁路是由铁道部、江苏省、浙江省(以下简称"一部两省")合资兴建的铁路,并由"一部两省"批准成立的新长铁路有限公司(以下简称"新长公司")全面负责建设和运营管理。建设资金的48.21%由"一部两省"按65%、33%、2%的比例以资本金投入,其余建设资金由新长公司向国家开发银行及工商银行贷款筹措。

新长铁路主要技术标准:国家Ⅰ级;正线为单线;限制坡度为4‰;最小曲线半径在一般地段100米,困难地段450米;由内燃机车牵引,预留电气化;机车采用东风4型;牵引定数为400吨;到发线有效长度为850米,预留1050米;闭塞类型为继电半自动。

2. 新长铁路江阴段建设概况

新长铁路江阴段从江阴经济开发区江海村进入市内,途经新城东办事处、澄江街办、南闸镇、霞客镇、月城镇和青阳镇,全长29.23千米,境内设江阴轮渡站、江阴火车站、月城站和5个平交道口。

1998年,江阴市政府成立了新长铁路江阴段建设指挥部,由副市长梅振铨为总指挥,市计委副主任周竹园为副总指挥,工作班子有1994年成立、挂靠在市计委的市铁路办,主要工作人员有刘晓东、孙振康、汤琴芳三位副主任和吴小军、蒋全永等。同年 11 月 25 日,召开新长铁路江阴段征地拆迁动员大会,会议由常务副市长孙福康主持,副市长、工程总指挥梅振铨作动员,市委书记袁静波到会作重要讲话。由此,正式拉开了新长铁路江阴段建设的序幕。

指挥部(铁路办)的主要工作是负责江阴段建设工程的征地拆迁,协调处理工程建设和地方关系以及配套服务等工作,而工程的具体建设则由专业的铁路工程建设队伍承担。

江阴总共征地 1 485 000 平方米,折合 2 227.5 亩,房屋拆迁 325 户,拆迁面积 77 799.15 平方米,共涉及全市 28 个村,争取省批农转非指标 2 188 个,总计补偿资金 2 376.79 万元(包括民房、企业、公益性项目),农转非指标和所有补偿资金均严格按照省里的规定下达发放到村和农民手中。

新长铁路江阴段建设有中铁十一局、十三局、二十局、大桥局等 4 个专业铁路施工单位,完成路基土石方 300 万立方米,轮渡栈桥 345 米,共有 7 孔,其中固定部分 2 孔,活动部分 5 孔。由于长江是一条潮汐河流,每天的落差在 2 至 4 米,因而栈桥必须能根据水位高低自动升降,以保火车平稳上下,工程难度大,技术含量高,历时 3 年建成,所有技术指标全部达标。一艘渡轮平行布置 3 条铁轨,可以同时装载 27 个车皮,上下船时间 30 分钟,加上长江航行时间,一个渡次也只需要 45 分钟。江阴轮渡站成为目前全国长江沿线唯一在运营的火车轮渡站,成为长江一景、江阴一景。

3. 新长铁路江阴段的运营情况

新长铁路开通运营以来,苏北段已开通客运和货运业务,而苏南段由于客流量少等原因,目前只开通货运业务。从 2005 年 5 月至 2008 年,江阴火车站累计接发列车 21 605 列,车站年发送货物15万吨,年到达货物10万吨。目前,平均每天到发列车8对,即一个半小时就有一趟列车经过江阴。

江阴轮渡站2005年5月至2008年累计完成航渡41 632渡,渡车728 163辆,平均每年航渡1万多渡,渡车近20万辆,日均航渡31渡,日均渡车543辆,最高峰日航48渡,超过了日航44渡的设计能力。目前江阴的到站货物以半成品钢材、棉花和小麦为主,发送货物以成品钢材、化肥为主,新长线的开通,为江阴经济社会的健康发展增添了活力。

二、江阴对新长铁路的贡献

新长铁路是国家重点工程,它的建设对构筑江阴公铁水联运的大交通格局,促进江阴经济可持续发展,提高江阴的区域性交通枢纽地位,扩大城乡产品流通和市场交流等都具有重要意义,而建造它、受益于它的江阴人民也为此做出了重要的

新长铁路江阴火车站 (严汉文摄)

贡献。

1. 为加快征地拆迁而增加补偿。新长铁路征地拆迁属国家重点工程,补偿标准较苏南经济发达地区偏低,以征地为例,每亩地补偿标准仅为 5 800 元,我市市定重点项目征地拆迁标准就比国家项目高很多。当时,我市为加快项目建设,市经济开发区和铁路沿线镇均按各自辖区内市级重点项目的标准增加了补偿,据不完全统计,我市增加的补偿经费超过了省下发的补偿。

2. 顾全大局,按时拆迁。按照省规定的期限,我市各级、沿线各镇加大力度,做好群众思想工作,广大农民顾全大局,积极响应和服从国家重点建设工程建设需要,通过投亲靠友,自寻过渡房、镇村集中建拆迁房等办法,保证了铁路工程建设征地需要,充分体现了江阴人的良好风范。

3. 地方拨款建配套项目。江阴火车站货场道路,属乡区道路,等级低、路况差,如不改造,将直接影响新长铁路运营,而在整个工程预算中又没有该项目。为支援国家重点工程迅速形成能力,江阴市委、市政府识大体、顾大局,出资 800 多万元,修建了一条长 2 千米的货场专用通道,连接市区主干道通达高速公路,得到了省、无锡市、新长铁路、上海铁路局等领导的高度赞扬,同时货场道路的建成对于要塞私营工业园的形成,沿线村民的交通民生都具有直接的意义。该道路还被评为江阴市优质工程。

三、趣 闻 轶 事

1. 要塞农民刘荣耀为铁路捐款 1 999.11 元

新长铁路开工建设后,要塞村民刘荣耀十分高兴,他说"火车一响，黄金万两"，火车对江阴、对家乡的发展肯定有好处，宁可自己节衣缩食，也要为铁路建设出一份力，他捐款 1 999.11元人民币。他说过，之所以捐 1 999.11 元，是祝愿新长铁路在1999 年 10 月 1 日顺利通车。

2. 祁头山遗址的发现

2000 年 8 月 15 日上午，天下着霏霏小雨，新长铁路江阴段建设在原要塞镇东郊贯庄村(原祁山村)南取土，现场民工发现有古代窑器物品，即向市铁路办、市文管会报告，市文管会的黄维辉即约同市博物馆馆长唐汉章赴现场调查，觉得有文物价值，后分别向市领导和南京博物院报告，省博物馆派考古研究所研究员陆建芳带队来江阴调查，经过半年的发掘，并经国家级的专家鉴定确认，取土现场为祁头山遗址，距今已有 7 000 多年历史，是目前江阴境内发现的最早的古文化遗址。它的发现为进一步研究这一时期的原始文化提供了较完整的新资料，而且为马家浜文化树立了年代标尺，是一处极具研究价值的古遗址。祁头山遗址的发现，将江阴的人文历史向前推进了 2 000年，让每个江阴人为之自豪。

实施城市"畅通工程"的回顾

夏世聪

我今年 51 岁,1980 年 3 月参加工作,1984 年 11 月参加公安工作,先后任职于江阴市公安局交警中队、市区中队、机动中队。2000 年 2 月调入江阴市公安局交巡警大队秩序管理中队任内勤民警,长期从事"平安大道"、"畅通工程"、"平安畅通县区"、"示范公路"、"城市道路交通管理 C 类一等城市"创建工作。

2000 年 6 月,江苏省公安厅率先在全国部署开展了"平安大道"、"上岗式"(大、中)队活动和交警队等级考评工作,9 月,公安部交通管理局、建设部城乡建设司在全国颁发了《城市道路交通管理评价指标体系》及《城市交通管理评价指标说明》,在全国范围内部署开展了"城市道路畅通工程"创建工作。该评价体系中涉及 12 个指标、56 个项目,其中核查指标 46 项,调查项目 12 项,交通指挥中心列入必查项目,该项分值为 10 分。

对照《城市道路交通管理评价指标体系》,江阴市明确了创建畅通工程 A 类二等管理水平的目标,江阴市委、市政府非常重视创建工作,专门成立了以分管副市长项雪龙为组长,市委常委、市公安局局长吴崇翟为副组长,市建委、交通、城管等有关部门负责人为成员的江阴市创建"平安大道"和实施城市交通"畅通工程"领导小组。市委、市政府把实施城市"畅通工程"作为政府工程、民心工程、形象工程摆上重要议事日程,先后 3

次召开市委常委会、市政府常务会议,研究部署实施城市"畅通工程"工作,综合分析城区道路交通管理存在的突出矛盾,妥善解决城市交通管理体制和交通基础设施经费投入等问题。同时,还就新建通渡路,打通黄山路、虹桥路、人民路、澄南大道等城市路网建设工程,先后 10 余次召开市长协调会议,分解落实工作任务,有效地保障了城市路网改造工程的顺利实施。对城市道路实施大拆迁、大改造、大发展战略,投资 8.8 亿多元拓宽了澄江路、中山路、环城北路、人民路、环城东路等 11 条城市主干道路,使城区道路形成了十纵十横的较为完善的道路交通网络,改善了城市道路通行条件。投资 0.8 亿元新增公交车 56辆,新设置公交专用车道 1 条,新建公交场站 1 个。

对照评价体系标准,2001 年市政府专门下达《关于开展整顿道路运输市场和交通秩序工作的意见》,在全市范围内开展了道路运输市场和交通秩序整治,交巡警发挥了主力军的作用,共查处各类违章 34 万余起,暂扣证照 3.9 万余本,暂扣车辆2.6 万余辆,吊扣证照 6 000 余本,行政拘留严重违章人员 325人。创建工作稳步推进,2003 年 12 月,公安部交通管理局、建设部城乡建设司对我市创建活动进行了考评,充分肯定了我市创建工作,但由于我市的交通指挥中心未能建成,而交通指挥中心所占分值为 10 分,我市的创建总得分为 89.07 分,与 A 类二等水平擦肩而过。

2005 年,公安部对该评价指标体系作了调整,增设了一些内容,如交通影响评价分析、交通安全规划等。对此,我们江阴市在创建工作中毫不气馁,一方面加紧对交通指挥中心的建设,另一方面积极会同规划、建设部门,邀请了公安部交通科研所专门编制了《江阴市交通安全规划(2005—2010)》,同时对人民医院二期工程建设专门制作了交通影响评价分析报告。创建工作稳步推进,同年,省厅考虑到我市各项指标都已达标,还是因交通指挥中心没有建成而直接给我市授予了 A 类三等管理水平。2007 年,我市交通指挥中心已在建设之中,省厅直接授予了我市 A 类二等管理水平。

2008 年,公安部、住房和城乡建设部印发了《关于推进城市道路交通管理畅通工程的意见》,对该评价指标体系再次作了调整,明确了县级城市锁定在 C 类管理水平,全面界定了体制与规划、公共交通、道路基础设施、交通管理设施、交通管理措施、交通安全宣传教育及队伍建设、交通管理的现代化程度、交通秩序状况、交通现行状况、交通安全状况等 10 大类 65 小项的创建标准。

对此,江阴市委、市政府高度重视城市"畅通工程"创建工作,切实把创建城市"畅通工程"作为服务保障民生、构建幸福江阴的重要内容,切实把实施"畅通工程"作为政府工程、惠民工程、实事工程来抓。市委、市政府专门成立了由时任市委常委、副市长高佩,副市长、市公安局局长陶苏根挂帅,相关职能部门参与的创建工作领导小组,制订下发了《江阴市城市"畅通工程"实施方案》,多次召开全市专题创建工作动员会、协调会、现场会,对创建工作进行全面动员部署,统一思想认识。围绕"畅通工程"C 类一等各项创建指标,市委、市政府专门明确创建职责,分解创建任务,量化工作指标,严格考核评比,确保各项创建工作措施落实到位。市委书记朱民阳、市长王锡南等主要领导十分重视关心创建工作,多次对创建工作作出重要批示,明确指出要把实施"畅通工程"创建作为一项政府工程、惠民工程、实事工程来抓好抓紧抓出成效,并多次亲自主持召开创建工作专题会议,实地调研、督导、检查创建工作进展情况,研究、协调、解决创建工作中遇到的实际困难和问题;市人大、市政协也充分发挥参政议政作用,多渠道、多方式、多层面地对创建工作提出合理化建议,有力地推动了创建工作的纵深发展。各相关职能部门按照全市实施"畅通工程"工作的总体部署,在认真抓好本单位本系统创建工作任务的基础上,相互间加强联系协作和密切配合,形成强大创建合力。江阴市公安局交巡警大队作为"畅通工程"创建主力军,围绕制约"畅通"的突出问题实施攻坚,副市长、市公安局局长陶苏根多次来大队召开现场会,亲临一线指挥部署,确保各项工作有序稳步进行;市文明委、市机关党工委、市教委以及市总工会、团市委、市妇联、市工商联等部门和群众团体,借助其社会覆盖面广、影响力大的优势,积极组建志愿者队伍和城市义工,经常性地上路参与交通协勤活动,协助维护道路交通秩序;其他部门和社会各界作为参与单位,积极响应创建号召,努力管好自己的车、自己的人,争做法制交通、文明交通的模范者、倡导者,促进了城市道路交通环境的不断优化,在全市形成了政府统一领导、部门密切协作、全社会共同参与齐抓共管的良好创建局面。

市委、市政府牢固树立了坚持"城市发展、交通先行、以人为本"理念,创新思路,加大投入,加快建设,加强管理,完善设施,不断提升城市承载力,促进城市可持续发展。在实施城市"畅通工程"过程中,我市把加强道路交通基础建设放在首要位置,专门邀请南京、上海等地的交通规划科研部门来澄对城区道路交通进行"会诊"和专题研究,制订了《江阴市中心城区道路交通系统近期改善方案》。按照《方案》要求,加大了城区道路建设改造力度,先后拓宽了环城北路、文化路、花山路等城市主干道,延伸了澄江西路,改建了花园路、文定路等城区支次道路,改造了五星桥、杏春桥、朝阳关桥、人民桥、澄康桥等道路"瓶颈",在城区形成了十横八纵两环的城市道路网络,城市道路总长度达 372.95 千米,路网密度达到 7.01 千米/平方千米,人均道路面积达到 20 平方米,主干道平均车速提高至 46 千米/小时。合理规划布局中心城区的中小学校,于 2009 年 9 月外迁了设置在人民中路的南菁高级中学,新建江阴市高级中学新校区,2010 年投入使用,有效解决了因城区学校过于集中而带来的交通拥堵现象。

为切实加强道路交通安全设施建设和管理,市政府专门出台了《江阴市道路交通安全基础设施管理实施意见》,在城市道路建设过程中,严格按照国家标准、科学规范、管理有力、齐全醒目、整洁美观和"三同步"的要求,科学规划建设道路交通安全设施,确保新建和改建道路的交通信号、标志标线、监控装置、隔离设施等一次性到位。先后在城区虹桥路、朝阳路、滨江中路、澄江路、花山路等交通流量较大的主干道路安装了隔离护栏;对青果路、健康路、澄康路、司马街等 7 条易拥堵路段实行了单行道;在 23 个易拥堵路口实行了禁止左转弯,在城区主要路口设置 33 个左转弯待转区;对环城北路、延陵路、澄江路、朝阳路等城区主要道路交叉路口实施物理或标线渠化,开辟右转弯车道 28 个;按照不同季节、时段交通流量的变化,对全市255 组信号灯的配时进行了合理调整,使信号灯每日配时变化从原来的 2—3 次增加到 8—10 次;针对环城北路"潮汐"交通流量较大的情况,在沿线的君山路口、中山北路口、虹桥路口等路口各增加一条直行车道,极大地提高了城区道路的通行效率。2008 年以来,共投入 6 000 余万元,整改道路节点、堵点、乱点

307 处,新增红绿灯 99 组、人行横道灯 22 组,设置限速、让行、指路等交通标志 2 158 余块、缓冲垫 1 200 米,漆划交通标线 6.8 万余平方米。

为进一步推进我市道路交通智能化科技化交通建设,我市于 2006 年开始建设集智能化交通管理、路况实时监控、通讯指挥调度、"三台合一"、"卡口监控"、综合信息查询、GPS 卫星定位、GIS 地理信息以及突发公共事件应急处置等十一个系统功能的公安指挥中心,并于 2009 年又投资在我们交巡警大队建成多功能智能化交通指挥中心;在城区所有主要路口安装了 48 套"电子警察",在城区 36 个路口路段和 6 条单行道安装了人工抓拍系统,对城市路况实行全方位监控,实时抓拍路口、路段各种动静态交通违法行为;研发使用了警务通系统,给一线执勤交巡警配备了 200 台警务通,极大地提高了交巡警的执法效能和交通管理水平。2009 年,交巡警通过"电子警察"、抓拍系统、警务通、测酒仪、数码相机等交通科技装备累计查纠各类交通违法行为 28.7 万余起。

为缓解城区停车难矛盾,我市坚持"以民为本"理念,加快停车场规划建设步伐,按照"谁投资、谁建设、谁得益"的原则,广泛吸引社会资金,陆续建成地税、国贸大厦、百润发、寿山路、澄江福地、百业广场等大型专用停车场库;组织对占用、挪用的配建停车场进行清理,恢复使用功能;在市区所有公共停车场推广使用智能 IC 卡,设置了 9 处停车诱导屏,有效提高了停车场库的使用率。针对老居民小区、繁华地区、中小学校地段停车难矛盾尤为突出的问题,积极创新思路,采取多种人性化举措来缓解群众停车难矛盾。如降低老居民小区周边道路人行道板实行道板规范停车,在交通流量较小的支次路边漆划临时停车泊位 1 989 个,改造老居民小区内部停车场点增加停车泊位 8 427 个,取消路边临时停车点收费,实行繁华地段节假日和夜间免费规范停车;在城区实验小学、辅延小学操场下各建设了专用地下停车场,在上放学期间对外开放南菁中学操场,让接送学生车辆临时停靠,有效解决了接送学生车辆占道乱停乱放、影响道路畅通的问题。目前,城区公共停车场(含路边停车点)累计达 108 处,总停车泊位 13 099 个,百辆车拥有泊位数达到 27 个。

我市把优先发展公共交通作为服务民生、方便群众出行的重要举措,专门制定了《江阴市公共交通发展规划》,加大公共交通建设力度,新增或更新空调公交车 356 辆,在城乡统一新建公交专用停车场,搬迁了城区交通流量较大的中山路和绮山路公交中转站,新建新城东、立新、南闸三个公交首末站,新建改建了人性化候车亭 155 个;结合实际不断优化调整公交线路和站点,对城区 11 条道路实施公交优先设施改造,在有条件的路段全部推行港湾式站点,在虹桥路、澄江路、朝阳路、滨江路、延陵路等主干道路开辟公交专用车道和公交优先车道,实现了一环八射公交专用道系统全环通,有效提高公交车的运行效率。目前,市区公交车辆总数达到 444 辆,公交线路总计达到 47 条,公交站点 636 个,日发班次 3 244 次。为解决乘客最后一公里问题,市政府实行了租赁公共自行车措施,投资 750 万元,设置了 22 个公共自行车租用点,投放自行车 450 辆,极大地吸引和方便了群众乘坐公交车。对全市 418 辆出租车实行统一颜色、统一标识、更换车型,所有驾驶员统一着装,提升出租车行业的整体服务水平和质量。同时,在城区范围内实行路段限制摩托车通行和区域控制摩托车上牌,逐步淘汰人力客运、货运三轮车,优化城市交通结构;加大城市客运市场管理,坚决打击取缔非法营运"黑车"、"黑三轮",规范客运市场秩序。

我们交巡警部门作为实施城市"畅通工程"的主力军,始终坚持"理性、平和、规范、文明"执法理念,充分履行管理职能,最大限度地把警力推向路面,强化路面秩序管控,把无证驾驶、酒后驾驶、乱停乱放、争道抢行、摩托车违法、乱鸣号、夜间交会不闭远光灯、非机动车和行人不按标志标线行走、闯红灯等突出交通违法行为作为管理重点,持续开展声势浩大的专项整治活动,有效地规范和优化了道路交通秩序。2008 年至 2009 年,共查处各类交通违法行为 30 万余起。为进一步优化城乡道路交通环境,策应城市"畅通工程"创建,市政府在 2009 年 4 月和 11 月连续部署开展了全市道路交通环境综合整治 150 天行动和"整治创新"百日行动,集中时间、集中资源、集中力量,对影响交通环境的机动车乱停乱放、乱鸣号、非机动车和行人违反交通信号以及电瓶三轮车、人力客运和货运三轮车闯禁区等显见性交通违法行为进行专项整治,共查扣无牌电瓶三轮车 468 辆、无牌人力货运三轮车 503 辆,查纠非机动车和行人交通违法行为 6.5 万余起。公安、交通、城管、工商等职能部门密切配合联合执法,累计查处各类无证设摊、占道经营行为 161 起,拆除影响交通的非法广告牌、撑牌等 47 块,取缔无证亭棚 19 只。在严格管理的同时,坚持突出"以人为本",在城区有条件的主要路口的非机动车道边安装了 12 座遮雨(阳)篷,让行人和非机动车驾驶人雨天和高温季节在等待信号灯时不受雨淋日晒。

为全力营造全社会参与、人人都为创建"畅通工程"作贡献的良好局面和浓厚的社会创建氛围,我们全力深化文明交通"五进"工程,在全市建立了 300 个文明交通"五进"工作点,建立了"交通安全宣传主题公园",借助"五进"工作点和主题公园,以"关爱生命、平安出行"为主题,与广大交通参与者特别是外来新市民、中小学生、机动车驾驶员等重点群体进行面对面的宣传教育。2008 年以来,共组织开展上讲座、放录像、图片展、专题文艺演出等各类交通安全宣传活动 3 000 余次,发放各类宣传材料 350 万余份。创建过程中,各类新闻媒体充分发挥导向作用,跟踪报道实施"畅通工程"工作进展、城市道路交通建设、交通秩序综合整治、道路安全隐患整改等创建工作情况。江阴电视台设立了《红绿灯下看文明》和《法眼直击》等系列专题节目,《江阴日报》开辟了《江阴警方》、《红绿灯下》专栏,江阴电台开通了《飞扬 907 交警直播室》、《阳光快车道》、《交警报路况》直拨热线。2008 年以来,全市新闻媒体共播发出各类"畅通工程"创建新闻报道、节目 1 500 余篇(次)。市政府建立了由宣传部门牵头,公安、交通、教育、司法、团委等相关职能部门共同参与的文明交通宣传工作机制,在全市城乡大张旗鼓、持续不断地组织开展文明交通集中宣传活动,在节假日、纪念日等群众出行集中期,组织志愿者队伍走上街头路面,设立宣传点进行集中宣传。2008 年以来,共联合组织开展"文明交通行动计划"、"迎奥运交通安全宣传"、"迎国庆、讲文明、树新风——文明在路上"、"万人齐参与、文明在路上"等大型主题宣传活动 20 余次;2009 年 10 月,制作"文明在路上"车标 2 万份,在机动车上广泛张贴,取得明显社会效果,在全市营造了"以文明交通为荣、以违法交通为耻"的良好社会风气,为"畅通工程"创建赢得了广泛的社会基础。

随着一系列创建工作的深入开展,我市创建机制体制进一步健全落实,城市路网结构不断完善,道路基础设施规范齐全,交通管理措施扎实有力,智能化管理水平不断提高,公共交通优先发展迅速,交通环境明显改善优化,道路通行效率显著提高,市民群众文明交通素质明显提升,交通事故特别是事故死亡人数连续6年大幅减少,其中2008年减少48人、同比下降13.9％,2009年减少18人、同比下降6.04％。

2010年6月,公安部、住建部联合考评小组在我市通过明察暗访等形式进行了实地考评,高度评价我市在建设幸福江阴的进程中,把出行畅通作为提升百姓幸福感的重要一环,不断优化道路布局和城乡一体化路网建设,形成了以省、市干道为主骨架,以环城道和城区"四纵四横"快速通道为连接的城市路网格局。同时,江阴还突出以人为本,从细节做起,系统化考虑,对背街小巷进行改造,解决停车难等问题,有效规范了道路交通秩序,全面打造了安全、畅通的出行环境。并最终以8.125的高分通过了考核验收。

2010年7月1日,公安部、住房和城乡建设部联合下发公通字[2010]30号文件《关于2008年至2009年城市道路交通管理登记评价情况的通报》,公布了城市道路交通管理等级评定情况,其中我市被公安部、住房和城乡建设部评为一等管理水平城市。9月1日上午,公安部、住房和城乡建设部在江阴市隆重举行实施畅通工程模范管理城市授牌仪式,为江苏省获此殊荣的南京、常州、扬州及江阴、常熟、张家港、昆山、太仓等8个城市颁发荣誉证书,公安部交管局副局长刘钊、住房和城乡建设部城建司副巡视员兰荣、省交巡警总队总队长洪维志等领导到场并作重要讲话。住房和城乡建设部、公安部有关领导对江阴畅通工程建设作了高度评价。

1960 年江阴大街拓宽记

杨春发

大 街 原 貌

江阴自元明建城始,设大街、中街、南街三条横向主要道路,而大街曾经是江苏学政衙署和江阴县政府的所在地,历来是江阴政治、经济、文化中心。但原有街道狭窄,设施简陋,房屋低矮,加之累遭兵燹,破坏严重,解放后虽多次修缮,但原貌未变,格局依旧。

1951 年 10 月,从东门至老县前设东大、新生、新民、虹桥、司马、西大 6 条行政街,但习惯仍统称大街。

随着经济社会的发展,特别是 1958 年"大跃进"以后,城镇人口急剧增加,平时大街行人已很拥挤,如逢节日或庙会集场,更是摩肩接踵、途为之塞。商业、服务等各行各业也由于街道的局限而得不到发展,严重影响了城乡物资交流和人民生活的需要,大街拓宽,势在必行。

制定方案 建立指挥班子

1959 年冬,经县、镇党政领导多次研究,决定大街拓宽。拓宽范围从虹桥街新华书店(原暨阳庙)起至东门(即东大、新生、新民 3 条街),长 740 米,由 7 米拓宽为 24 米,其中人行道各 6

米。对房屋拆迁安置补偿等也提出了方案,由澄江镇政府组织实施。1960年春节刚过,设立了澄江镇市镇建设指挥部,由镇党委第二书记张咸任总指挥,下设工程、民运、后勤等组。具体分工是:勘测放线、设计、道路、房屋的拆除、施工由工程组负责;被拆房屋的丈量、登记、估价、动员搬迁、安置补偿由民运组负责;材料采购、供应和旧料归集等由后勤组负责。要求各组抽调人员,搭好班子,立即到位,马上行动。要相互配合,协同作战。号召大家鼓足干劲,力争上游,多、快、好、省地做好各项工作,为改变江阴的旧城面貌作贡献,保证前期工作在3月底前完成。

拆房、建房、筑路齐头并进

1960年4月3日上午,县人民委员会大门对面,总指挥张咸宣布工程动工开始,爆竹声响彻云霄,学院场上一片欢腾,拆房工人迅速攀登至芙蓉饭店的屋面,用锄头、钉耙等简单工具把瓦片、望砖推卸落地,拆房工程由此全面推开,不到一月,应拆房屋全部拆完。筑路施工也同时进行,用肩挑人抬,清理垃圾,平整路面,夯实路基,铺设阴沟,最后用小板车从化肥厂拖来煤渣摊铺了路面,在热火朝天的战斗中,经过100多天的艰苦拼搏,一条宽广的道路大功告成,这就是我们江阴60版的第一条人民路。

对于临街房屋的建设,路的南侧,利用拆剩原有房屋,改装门面,砌女儿墙,全部改作营业用房,这项工程与道路基本同时完成,一些店铺作坊陆续开张营业。路的北侧,从胜利路至三元坊,大部是新建二层楼房,在三元坊至高巷口,还建造了一幢

10 间门面每间 40 余平方米的营业房,首次试验采用薄壳型单砖平发圈屋面,并获得成功。因受三年自然灾害影响,当时经济困难,物资匮乏,建筑材料供应紧张,加之当时没有施工机械,全靠手工操作,劳动强度高,而口粮定量凭票供应,施工工人不可能"放开肚皮吃饭",因而新建工程当年并未完工,有部分于次年度进行。

新改建房屋竣工后的安排是:朝北门面有澄江百货、人民饭店、工农饭店、稻香村和宏大副食、食品公司等,还有茶馆、粮站、煤球、日杂、藤竹、衡器、钟表、刺绣、缝纫以及水果、小吃等多家商店和作坊。朝南门面有风雷五金、向阳旅馆、红霞理发、致和堂药店、百货大楼、人民银行、木器、调剂、水产、一泉浴室等单位和商店,加上原有的县人委、红星电影院、第一招待所等老房子,基本上能满足当时群众生产生活的需要。这些新老房屋,除要塞司令部旧址外,其余的已从 20 世纪 70 年代起,陆陆续续拆除或重建,旧貌再换新颜。

房屋拆迁安置与补偿

动迁和安置是道路拓宽工程最最重要的前期工作。民运组在事前对应拆房屋进行了调查摸底、丈量登记、测算造册;并请管区(居委)干部配合,发动居民群众拆灶头、腾空房以备安置或过渡。经过做思想动员工作,广大被拆迁户顾大局,识大体,积极支持政府建设,克服困难,及时搬迁腾房,保证了拆房如期动工。

这次共拆房屋 1 055 间、16 350 平方米,其中私房 139 户、339.5 间、6 862 平方米;公房(包括国家公房和单位自管房)80

处、715.5 间、9 488 平方米。公房由产权单位自行安置,不予补偿。

对拆除私房的房主和房客,安置住公房的 61 户、105 间、2 643平方米;住私房的 44 户、57.5 间;拆房后仍有住房自住的 34 户和房主在外地的 10 户未作安置。当年澄江房管所在中街与南街之间空地,利用拆房旧料建了 91 间简易安置公房,取名居民新村。对当时安置不当或暂时过渡的被拆迁户作了调整,迁入居民新村的有 78 户。

对拆迁补偿,当时采取"服从建设、分等论级、适当补偿、分期归还"的原则,补偿分为三等九级。

补 偿 标 准

等	级	原标准(元/平方米)	调整后标准(元/平方米)
甲	1	8.00	16.00
	2	7.25	14.50
	3	6.50	13.00
乙	1	5.50	11.00
	2	4.75	9.50
	3	3.75	7.50
丙	1	3.00	6.00
	2	2.50	5.00
	3	2.00	4.00

根据中共中央《关于农村人民公社当前政策问题的指示》精神,为纠正平调风,1961 年,又采取"相应协商,互不吃亏,差额找补,以房调房"和"合理议价,协商补偿"的办法,把原标准

翻了一番。按此计算,应发补偿费 63 832.66 元。当时言明,拆迁户领补偿费后,不论安置公房或私房,一律要交房租金。有 3户 1 033.96 元补偿未领,胡鹤皋、陈吴氏两户以公房产权对调,互不找补。当时对从一类地区房地产价格最高的大街拆迁户来说,补偿的确有点偏低,个别拆迁户就觉得吃了亏,开始不交公房房租,后来影响到全体不交,但安置住私房的却不得不交,从而产生了一系列矛盾。1982 年,县建设局领导要我写一份解决这个遗留问题的意见,供县人大代表讨论,但因问题复杂,处理有难度而没有采纳。在 20 世纪 90 年代初,居民新村改造,房屋全部拆除,对上述拆迁户按规定进行补偿,这个遗留问题终于告一段落。

江阴展翅腾飞

　　从 1974 年起,先后把淘米弄以东(虹桥街)中医院对面的房屋全部拆除,再向西南另辟蹊径,拆房建路,直至西门汽车站。至 1977 年,老城区从东门到西门人民路全线贯通,并摊铺了沥青路面。1984 年,在人民桥北侧新建东门桥,1987 年建西门大桥复桥,与老桥合并。人民路向东跨过东城河,向西越过黄田港,以 34 米宽度向东西方向延伸。现在,东门桥至通江路称人民中路,东门桥至芙蓉大道(原澄张专用公路)是人民东路,通江路至西外环路为人民西路,全长 7 628 米,长度为 20 世纪 60 年代大街的 10 倍多。它连接着锡澄高速和多条纵向主干道,四通八达,辐射全省乃至全国。沿路高楼林立,欣欣向荣,充分显示了现代化新兴港口城市风貌。还有中山公园、步行街、学院场、文庙、刘氏故居、要塞司令部旧址等许多名胜古迹和景点,以及落成的澄江福地,连串罗列,可供商贸、旅游与休闲。

1960 年,我刚从外地调来江阴不久,有幸参与了大街拓宽工程的全过程,后来又多次参加研究,执笔提出解决遗留问题的意见,虽未果,但后来终于得到解决,感到欣慰。

1984 年虹桥新区开发

徐汉云

　　江阴县城总体规划首次编制于 1975 年,但由于当时还处于"文革"动乱时期,经济社会发展停滞,各项管理废弛,城镇建设基本处于无政府状态,城区规划难以实施。当时城镇人均居住面积只有大约 5 平方米,住房以居民自建或单位筹建为主,而且基本在老城区内见缝插针地建造,造成老城区建筑过于密集、生活环境越来越差的状况。党的十一届三中全会后,实现了拨乱反正,国家的各项方针政策走向正轨,江阴的城乡经济得以迅猛发展,旧的城区格局已不再适应经济发展的需要。1980 年 11 月《江阴县城总体规划》由省政府批准,这是江苏省审批的第一个县城总体规划,至此,城市由自由发展转变为按规划发展。根据城区总体规划的定位,城市规划用地发展方向为主要向北发展,到 2000 年,人口 11 万,建成区面积10.97 平方千米。城市突破老城区跨过东横河向北发展,城市中心区由人民路街区和虹桥路街区组成 T 形格局,开发虹桥新区成为必然。

　　1984 年新的一届县政府成立,随着群众对生活环境和居住环境的要求越来越高,城市规划和建设也越来越得到重视,扩大城区范围逐渐提上议事日程。政府决定将当时的县基本建设局改为县城乡建设环境保护局,下设建设科,由我主持规划设计和建设工作,根据城市总体规划来指导江阴的建设。当时的工作主要遵循"改建并重,发展三通(交通、通讯、流通),拉开布局,美化城中"的方针,向老城区外疏散住房和人口,以改善老城区的环境,扩展新城区。依据总体规划的要求,同年7月,县委、县政府决定对虹桥新区统一规划,配套建设,确定虹桥新区范围在环城北路以北,春申路(今滨江中路)以南,东至澄后公路(今朝阳路),西至规划待建的中山北路,总面积1.976平方千米。

接到这个任务,我们立即着手江阴虹桥新区的规划和建设工作,1984年虹桥新区的建设重点放在基础设施上面,根据市政府当时提出的"三桥四路"的想法,首先建设新虹桥和从新虹桥开始往北至滨江路的一条全长1.2千米、宽40米的主干道,就是现在的虹桥北路,40米的宽度至今仍然还是适用的,以沟通老城区和虹桥新区,构成了虹桥新区的骨架,新区的建设就沿着这个中心轴往东西向两面扩展。县政府提出,虹桥北路和新虹桥由政府出资建造,但是虹桥新区其他的基础设施建设资金则在建设过程中以收取市政工程配套费的方式来完善,为新区的建设打下了牢固的基础。

虹桥新区规划是以城区总体规划为依据深化编制的,编制时我组织相关专业人员去外地参观学习,邀请省、市知名专家来澄技术指导,还先后两次组织住宅建筑方案竞赛,从而提高了详细规划的合理性。规划提出,虹桥北路街区按市级商业中心区规划设计,与人民路形成城市商业中心区的T形骨架,在虹桥北路的两侧主要安排商业、行政管理以及第三产业性质的用地,同时远期还可再沿澄江路向东、西两侧延伸。新区其他地段主要布置居住小区并要求按居住区级要求,配备相应的基础设施和公共服务设施,记得当时规划居住区人口3万人左右,基本再造一个与旧城等面积的新城区。

虹桥新区开发初期可以说是百业待兴,首先是解放思想,更新观念。由于受传统观念和习惯的束缚,虽然新区和老城仅一河之隔,但很多机关事业单位、商业服务行业不愿意离开老城繁华地段,大多数居民不愿意跨过东横河到新区安家落户,单位和个人习惯于过去的各自为政,分散建设形式,对推行统一领导、统一规划、统一设计、统一征地、统一拆迁、统一管理的综合开发建设模式不理解,不支持。为此,我们利用各种形式、各种场合加大对新区规划的宣传,宣传新区的美好环境、美好前景,加大对综合开发管理模式的宣传力度,大力宣传综合开发、配套建设的优越性,促使广大干部群众对城市规划、建设工作的理解和支持。

其次是加强对新区建设的领导和引导,提升虹桥新区的吸引力。为了推动单位和个人来新区安家落户,县政府相应出台了多项优惠政策,包括单位建设在立项、规划管理上的简化手续,财力物资上的扶持,税费上的优惠,城市居民购买商品房的规费减免,等等。除此之外,县政府还在商业设施、学校、医疗服务的布局上向新区倾斜,鼓励有实力的单位建造高层建筑,以丰富新区的空间,提升城市品位,提高了新区开发的吸引力。

三是健全综合开发机构,加快新区基础设施建设步伐。1984年底1985年初,我们筹建成立了县城镇建设综合开发总公司,在建设局直接领导下统一组织虹桥新区的各项建设。由于公司成立之初经费不足、办公条件简陋、工作任务繁重困难等原因,从其他单位调配人员带来意想不到的难度。当时,我冒着大雪去其他单位商调干部,做主要干部的思想政治工作,还积极活动,调拨资金和建筑材料,保证公司开张运行。在此基础上,我和其他同志一起抓紧进行征地拆迁工作,召开村民会议,宣传相关拆迁政策和补偿办法,组织了虹桥北路的道路施工和住宅建设,为了节约成本,减少投资,我和开发公司负责同志一起组织砂石料、砖瓦等建材的采购运输,并多次在东横河码头搬运材料。

通过 3—5 年全体参建人员的共同努力,虹桥北路、暨阳路、文化路、定波路、健康路等新区一期市政工程基本完工,上下水、供电、通讯等基础设施配套成网;纺织大厦、纺织品批发市场、暨阳商城、图书馆、人民银行、工商银行、石油大厦、工业供销公司、劳动服务公司等一批公共建筑相继竣工;虹桥一村、虹桥二村、定波新村等陆续投运,虹桥新区以崭新的面貌呈现在世人面前。1988 年 1 月成立虹桥街道办事处。1998 年 7 月,市政府批准君山村与虹桥街办合并,成立副镇级编制的虹桥街道党委和街道办事处,标志着虹桥新区建成。

如今,虹桥新区已经发展成为成熟的多功能的城市中心。虹桥新区以虹桥北路为中心轴,自西向东由君山路、中山北路、定波路、虹桥北路、健康路、澄康路、朝阳路,自北向南由滨江中路、君巫路、澄江路、文化路、暨阳路、益健路等城市主次干道组成街路网络。街路两边 1 001 家商业门店林立(其中本地居民开设的门店 839 家,外地人员开设的门店 162 家)。有经营性公司 50 多家,江阴纺织大厦、江阴石油大厦、汇景大厦、农业银行、工商银行、地税大厦、扬子大酒店、国际大酒店、东亚大酒店、来富岛大酒店等十几幢高层建筑耸立区内。新建虹桥小学、实验幼儿园、市少年宫、市实验小学、市中学,远望影剧院也坐落区内。有远望医院及社区医院、门诊部 13 家。新建纺织市场、小商品市场和健康菜场、闸桥菜场、千禧苑菜场等 5 个专业市场,形成虹桥北路商业街、健康路美食街、文化西路信息街。区内建成扬子大酒店、银河宾馆、黄金海岸、百花园、朝阳公园、游泳馆等多家休闲、体育锻炼场所。建成中北新村、定波新村及虹桥一至八村和东海花苑等一大批商品住宅,容纳本地居民 3.7 万多人、外地打工经商人员 1 万多人。虹桥新区成为设施完善、功能齐全、布局合理、具有现在代城市气息的商业、文化、居住中心。

江阴百花园诞生纪实

刘锡祉

　　位于君巫路与虹桥北路交叉处东北方向的三角地带,原为林场的一块育苗地。因城区规划时,曾定为新建体育馆用地,所以林场从此就停止了在那片土地上育苗木。时间一长,杂草丛生,荆棘疯长,变成了一片人走不进的荒地。

　　1987年9、10月间,我任市绿化委员会主任。根据市委、市政府提出的江阴市绿化工作的重点应遵循绿化、美化、香化的要求,我陪同杨静达副市长到市林场考察调研。在苗圃,我们谈起了江阴城区公园绿地少的问题。我凭借对城区环境的熟悉,在交谈中提出了建个以红花绿草为主体的小型公园,以供市民观赏小憩的设想,并提出了就用君巫路与虹桥北路交叉处那片荒着的林场育苗地的建议。

　　杨静达副市长踏看了那片荒地后,带我一同到市建委去商量。到了市建委,杨副市长说,现在建造体育馆的计划还没定下来,先种树绿化吧。当时市建委的主任徐发鑫、规划处处长刘永义都在场,总算把这件事定了下来。

　　当时,花木种植在江阴没有基础,只能靠引进。我在原定思路的支配下,开始思考、酝酿造园的具体规划。设想将那片地建成各种花卉苗木的基地,发挥它既能供市民观赏小憩,又能为江阴今后的绿化工作提供苗种的双重功能。在整个图形的设计上,拟定在26亩的土地上,构成俯视便是一朵完整的花的形态,然后以花瓣再分若干个小区,再在各个小区种上不同的花卉,由此也就浮现出百花园这个园名。按这个思路,我亲自参与了设计和筹建的具体工作。

在市委、市政府的重视和关心下,1987 年 11 月正式开始筹建,并列入 1988 年市绿化项目重点工程。施工队进驻后,首先清除杂草荆棘、平整土地,然后按设计图纸划样,定主道、小路、曲径,再是挖池、开河、造桥、堆假山、建小亭等,最后按设计,在不同的区域配种不同的花草树木。那就是:

花心位置建成牡丹园。以种牡丹为主,并配以芍药。牡丹引种了春龙卧池、烟龙紫球盘、御衣黄等 10 个品种。俗话说,牡丹是百花之王,芍药是花相。花相伴花王,搭配宜得当。因此,配种了洒金冠顶、乌龙探海等 23 个品种。同时,还配以牡丹草亭供游人边小憩边观赏。牡丹亭前还辟一片草坪,边沿衬石点缀,更增添了一份雅趣。

利用各花瓣设计的园有 8 个,具有代表性的是:

桂花园。选种了金桂、银桂、丹桂,并配种观叶红枫,以示红叶秋色桂花香。

月季园。选种了近 60 个品种,都是上海近期从英、美、日等国引进的新品种。

杜鹃园。种植了毛鹃系列的玉蝴蝶、紫蝴蝶、琉球红等品种,还以葱兰镶边,点石为衬。

山茶园。选种了花蝴蝶、九曲、洛神、花鹤龄等 30 个品种,并制 3 棵假树配种凌霜、紫藤,棚架周围配以座凳,以供游人歇息。

梅花园。选种骨里红、珠砂梅等 5 个品种,并配以寿星桃、三色桃、重枝桃等 4 个品种,辅以石鹰衬景,以增加景致的动感。

荷花池。选种以睡莲为主的 15 个品种荷花搭配,池边筑假山,游人可穿过山洞,上小曲桥到达荷花亭。站在荷花亭里,游人可观高山瀑布,听林间水声,看石海豚戏球,赏睡莲姿色。周围还配种"岁寒三友"松、竹、梅(腊梅),并以三只陶瓷熊猫为衬托。

整个园内,中间位置的花心,犹如众星捧月,惹人注目。放射在它周围的各个小园,种植了 160 多个品种的花苗,而且随地形自然,小道曲径通幽,花期四季不断,景点错落有致,且自成一体,各显特色。这样一个花园的雏形,经建设百花园的全体干部职工的艰苦劳动和共同努力,当年就展现在市民的面前,并得到了省、无锡市人民政府的表彰。

1990 年,杨静达副市长调升无锡市任职,黄满忠副市长分管,并兼任市绿化委员会主任。年初的一天,我陪他去了百花园,他当场提出了应迅速对外开放的要求。可是,当时因资金短缺,百花园初成后无力进行二期工程,其外围也只是用铁丝网拦着,当然也就根本谈不上有门面了。黄满忠副市长提出的要求,促使我们想方设法筹措经费。经过半年不到的时间,终于完成了内部设施、围墙和门面的建设。

是年 5 月 1 日开园那天,尽管天气时阴时雨,但四套班子的主要领导都出席了开园仪式,而且围聚了成群结队的市民。仪式由黄满忠副市长主持,吴新雄市长冒雨致了贺辞。市委许祖元书记、翟怀新副书记、市政府吴新雄市长和黄满忠副市长为开园剪了彩,并游览了园景。当时,园内的牡丹、芍药、杜鹃、月季花正昂首怒放,为开园仪式更增添了喜庆色彩。

百花园向社会开放后,每年五一节、国庆节,我们还在广场上组织盆景展、菊花展,并配以两条以龙柏造型的腾龙,还有诸如以红绿草造型的九龙壁、宫灯、花凤鸡等,为节日增添了几分灵气,增强了欢乐气氛,使游客络绎不绝,流连忘返。

百花园的建立,不仅满足着市民休闲观赏的需求,而且成为我市创建国家卫生城市的亮点之一,因此成为省、无锡市检查、验收的一个重点。市领导翟怀新、徐海锋等陪同验收组参观百花园后,百花园的精巧设计、奇妙构思和新颖创意,多次得到验收人员的好评。

从此,百花园成了江阴城区的公园景点之一。

敔山湾五年开发历程

王玉雷

2005年底,时任江阴市市长的王锡南找到了我,给我布置了"如何进行敔山湾开发"的调研课题。当时,担任市发改委副主任的我,对敔山湾十分陌生,不知它位置在哪里,规划情况如何,就连这个"敔"字也感生疏。也许是自己多年从事投资管理工作的缘故,面对这样具有挑战性的重大课题,还真有点跃跃欲试的激情。

于是,我带领市发改委的几位同事,从了解规划开始,一方面参观考察苏州金鸡湖、张家港暨阳湖的开发建设,另一方面实地考察敔山湾。半个月内四进敔山湾,从山上到山下,从湾内到湾外,跑遍了敔山湾的村村落落。

开发前敔山湾旧貌 (张曾楷摄)

敔山湾由定山、耙齿山(即敔山)、羊头山三山合围而成,除耙齿山因工业化起步时期遭受的"创伤"外,其余的山体郁郁葱葱,犹如一条卧地苍龙。5.17平方千米的规划范围内散落着30多个自然村,居住着近万村民。

　　湾内只有两条可以行车的砂石路,路面坑坑洼洼,晴天尘土飞扬,雨天泥浆飞溅。湾内的千泾丼通过北横河连接白屈港,因停止开山采石,这条曾经繁荣的河道显得有些凋敝。正因为交通的闭塞,敔山湾才得以保持原生态风貌,这样的一块璞玉,经开发者的雕琢定能成为"世外桃源"。在激情和使命的使然下,敔山湾开发的初步方案形成了。主要内容为:

　　开发敔山湾需建立操作平台——成立国资公司,其运作方式概括为"政府主导,市场运作,封闭经营,滚动开发"。"政府主导"就是敔山湾的规划设计、拆迁安置和非盈利性的基础设施建设,由国资公司代表政府实施。"滚动开发"就是按照"成熟一块,推出一块,建成一块,收益一块"的原则,渐次推进。敔山湾开发的路径选择,按照"先营造环境,再商业开发","先建花园,后建城","先拆迁,后建设","先地下,后地上"的原则,分阶段推进。拆迁和安置实行属地负责制,即属地党委、政府负责实施拆迁和安置工作,国资公司负责资金保障。

　　这个初步方案得到了市政府主要领导的基本肯定,经修改后于2006年4月5日市政府第33次常务会议上通过。

　　2006年4月3日晚7点30分,王锡南市长、陈德荣副市长在长江饭店找我和云亭镇副镇长殷建华谈话,主要内容是:1. 市委、市政府决定组建敔山湾开发公司,启动敔山湾新城开发,任命我为敔山湾开发发展有限公司董事长兼总经理,殷建华任副总经理,协助工作。公司部门骨干从规划、国土、建设、交通等部门中层干部中挑选。2. 为加强敔山湾开发的组织领导,成立敔山湾开发指挥部,王锡南任总指挥,陈德荣任副总指挥,我任办公室主任。3. 市政府出资5 000万元,作为公司的注册资本,以后的开发建设资金由公司自己筹措。4. 公司的主要任务是把敢山湾新城建好,在此基础上向政府上缴 10 亿元,争取 15 亿元的利润。

对于这次谈话,我虽然有些思想准备,但内心还是激动的。组织把这个重任交给我,是对我的信任,是我的光荣,更是我的幸运。我暗下决心,一定不辜负组织重托,奋发有为,不辱使命,把敢山湾建成经得起历史检验的作品,实现人生抱负。

于是,我与殷建华一起紧锣密鼓地开始组建公司,并加紧与云亭镇、市拆迁办商讨拆迁方案。2006 年 5 月 9 日,公司注册成立。5 月 19 日,举行了敢山湾开发启动仪式,市四套班子主要领导和相关部门的主要负责人参加,江苏省委常委、无锡市委书记杨卫泽宣布了敢山湾开发启动。

万事开头难。敢山湾开发初期,工作千头万绪,纷繁复杂。拆迁安置和资金保障是诸多矛盾的焦点和关键。一是拆迁范围大,规划范围内涉及云亭镇和新城东两个行政区域,3 个行政村,43 个村民小组。二是拆迁量大,敢山湾区域包括安置区在内的拆迁量达 67.3 万平方米。三是时间紧,敢山湾开发要在较短时间内出形象,关键在于拆迁的进度。上级要求在一年到一年半时间内完成拆迁,任务十分艰巨。四是矛盾多,区域内需拆迁的 2 344 户,10 167 人,云亭和开发区的拆迁补偿政策差异,群众的各种诉求,这些矛盾都必须化解。五是资金保障难度大,拆迁资金总需要十几亿元,市政府仅投资 5 000 万元,可谓杯水车薪。新成立的公司缺乏贷款基础,再加上国家宏观调控,融资困难重重。当时社会上对敢山湾开发能否持续下去,能否顺利推进,持有疑虑,各种议论纷起。有些老领导也善意建议敢山湾开发要"看菜吃饭"、"量力而行",提出拆迁安置两步走的方案:即先拆迁长山大道以东区域,待回笼部分资金后,再拆迁长山大道以西区域。面对这些矛盾困难,怎么办? 我们和云亭镇党委阚满荣书记反复分析、权衡利弊,取得了一致意见:敔山湾开发是市委、市政府重大战略决策,尽管拆迁面广量大,困难多,但只要启动就不能停顿,必须采取"大兵团作战"的形式,一鼓作气,全面推进。如果分阶段拆迁,虽然前期的压力小些,但今后的矛盾更多,拆迁难度更大,政府支出的成本更大。对此,市政府主要领导及时果断决策,更加坚定了我们的信心,于是一场声势浩大的拆迁工作全面展开。通过一年半的艰苦努力,云亭区域的拆迁基本完成,为敔山湾的开发奠定了良好的基础。在拆迁安置过程中,我们公司最大的压力是资金保障,尤其在大批拆迁开始后,最多一天需支付数千万元,资金缺口巨大,矛盾非常尖锐。我们深深地认识到,拆迁已经展开,如果资金不能足额及时到位,必将动摇"前方"推进的决心,甚至在社会上引起负面影响,增加后续拆迁的难度。我们立足自身,不等不靠,不增加政府负担,积极作为,主动作为,在规范的前提下创新融资思路,保证拆迁资金按时足额到位,有力保障了拆迁的快速推进。

现在回过头来看,云亭拆迁得以快速推进,主要在于:一是市委、市政府的正确果断决策,相关部门的通力协作;二是拆迁安置始终贯彻"以人为本"的理念,严格执行市政府的相关拆迁政策,切实维护拆迁户的利益;三是所在地党委、政府严密的组织和强有力的推进;四是资金保障及时。

规划设计是敔山湾开发初期又一项重要的基础性工作。在拆迁工作展开的同时,我们在市规划局的指导帮助下,全面推进敔山湾的规划设计工作:一是明确指导思想,规划设计必须具有前瞻性、科学性、系统性和可操作性,要从长远发展的眼光,高起点、高水平地做好新城的规划设计。二是把规划作为统筹敆山湾开发的主要抓手,从规划的系统性、操作性入手,一方面统筹协调总体规划和专项规划的关系,更好地协调和指导开发;另一方面努力把开发建设中可能遇到的问题,放到规划设计阶段进行碰撞优化,避免开发中的重复建设和"顾此失彼"而造成浪费。三是规划贯彻"以人为本",从未来城市发展的方向和人们追求品质生活的需求出发,把握新城社会效益和经济利益的关系。五年来,我们在市规划局的大力支持和指导下,完成了《敆山湾核心景观区设计》、《敆山湾城市综合体修建性详规》、《敆山湾电力规划》、《敆山湾市政管网设计》、《敆山湾色彩设计研究》、《敆山湾新城风格设计》、《数字敆山湾》等专项规划设计,形成了一套比较完整的规划体系,为新城高品质建设打下良好的基础。

2007年,拆迁热火朝天时,我们开始了敆山湾"一湖两路"建设,拉开了敆山湾环境建设的序幕。先启动"一湖两路",主要考虑几个因素:一是新城建设首先要拉开路网骨架,而环湖路、环山路这两条主干道是敆山湾新城路网的中枢道路支干,这两条路建设完工,新城才能初具雏形。二是敆山湾定位为山水新城,敆山湖是敆山湾新城凸显优势的关键所在,可以说敆山湖的建成,新城开发就成功了一半。"一湖两路"于2008年10月全面建成,新城格局初定。

随着拆迁和环境建设的推进,敆山湾适时推出土地已势在必行。一方面通过地块出让回笼资金,缓解资金矛盾;另一方面可以试探市场对敆山湾的反映,进而决定下一步走向。我对第一块地的推出十分重视,因为敆山湾拆迁还没有完成,环境没有真正起来,人们对敆山湾还没有足够的认同感,在这种情况下推出第一块土地能否成功,心里没有底。更为重要的是,第一块土地对敔山湾整个开发具有引领、定向、定位的作用,成功与否,关系重大。为了选到符合敔山湾开发理念、能委以重任的开发商,我提出了带设计方案进行土地招拍的设想。也许是天助,在市里举办的北京招商会上,巧遇了重庆金科的汪宜,双方一见如故,谈得十分投缘。三天后我与吴仁兴应邀到重庆考察金科,看遍了金科在重庆的所有楼盘,我俩越看越兴奋,真有点"众里寻他千百度,蓦然回首,那人却在灯火阑珊处"的感觉,敔山湾要的就是这样的开发商。于是我们紧锣密鼓地进行了实质性的洽谈,前后12天时间基本达成共识。2008年5月16日,金科以每亩145万元、总价2.755亿元拍得190亩土地。这个地价大幅度超出了我们的预期,比之前初定的每亩138万元的起拍价格有了进一步突破。要知道,在与金科谈判之前,敔山湾几乎没有开发商问津,即使有,出价也在每亩90万元以下。2009年初,在房产不景气的形势下,东方大院面市,受到了江阴市场的热捧,量价节节攀升。社会上有反映说,金科东方大院颠覆了江阴房地产开发的传统理念,让江阴人看到了真正的好房子。金科的成功开发,为敔山湾树立了标杆,给我们增强了信心和底气。由此,我们对招商提出了更高的要求:敔山湾要建成经得起历史检验的"经典之作、精品之作、传世之作",必须选择有品牌有先进理念的大开发商,"脚丫子里的泥洗得不干净的开发商,不能进敔山湾"。之后宁波杉杉、无锡惠泽、上海爱家、深圳建工、北京首创等知名企业相继进驻敔山湾。

　　2009年,敔山湾开发从营造环境阶段向商业开发阶段转进。年初,我提出了转折期的工作方针:"营造环境与商业开发并举,继续以环境建设为主;东西联动,继续以西区开发为主,力争通过 3～4 年时间,西区基本形成城市形态,东区适度推出少量土地,重点继续加强景观环境建设。"在这个方针的指引下,西区的路网建设全面启动,土地成片推出,楼盘相继面市,配套设施有序、逐项建设。从现在看来,这项决策符合敢山湾开发的实际情况,效果良好。

2010 年是敢山湾大开发、大建设、出大形象的一年。中国第十九届金鸡百花电影节的闭幕式在国际会展中心举行,这是敢山湾提高知名度、乘势扩大影响的好机会。尽管工程建设任务已经很重,为了确保电影节闭幕式的成功举办,为了敢山湾的华丽转身,我决定增加工程量,把计划在 2010 年年底完成的景观工程提前到 8、9 月完成,把计划 2010 年下半年或 2011 年开工的项目提前实施,并要求景观工程抢在电影节前竣工。为了高标准完成建设任务,我们把 2010 年定为敢山湾的决战年、决胜年,调动所有员工组织工程大会战,掀起了一个又一个工程建设热潮。说句心里话,看到员工齐心协力,士气高涨,忘我工作,我既欣慰又心痛。不少同志黑了瘦了,甚至长期带病坚持工作,为的是什么?是为江阴争光,为敢山湾争气!真正体现了敢山湾"奋发有为、不辱使命、争创辉煌"的激情和决心。9 月底,国际会展中心竣工,敢山湾核心景观区建成,路网进一步完善。电影节颁奖晚会华丽的场景,观众的阵阵掌声,艺术家和领导对晚会和敢山湾的高度赞扬,顿时让我们觉得几年来的辛苦真的没有白费,我们在其中收获了更多的愉悦!

经过 5 年的开发建设,敢山湾新城初具规模,敢山湾品牌初步树立,这与市委、市政府的正确领导,与各部门的协作帮助,与敢山湾人民的大力支持是分不开的。今后,面对不断变

敔山湾新颜　　　　　　　　　　　　　（张曾楷摄）

化的宏观形势，我们会更加坚定信念，稳扎稳打，一步一步地将敔山湾建设成经得起老百姓考验、经得起历史检验的"经典之作、精品之作、传世之作"。

记江阴城市客厅建设之路

梁英航口述 黄世极整理

江阴城市客厅位于锡澄高速公路北端以东,紧接高速公路江阴市区出入口,滨江大道穿越其中,毗邻江阴大桥景观绿化带,隔黄山与长江相望,具有极佳的交通区位优势和景观优势。总面积约为2.5平方千米,分为A、B、C三个区域,A、B、C三个区域统筹兼顾、通过天华轴线自然连接,整体构成了城市客厅,以文化娱乐、体育健身、居住、商业购物、金融商务为主导功能。江阴城市客厅的建设,不但对老城区进行了功能互补和提升,而且能满足市民的生活体验和城市对内对外的经济、文化交流的综合需求。

这一区域目前已形成了"行政中心、文化中心、体育中心"三个中心的基本骨架,随着市政府、行政事业中心、开发区管委会、公安局、人民检察院、人民法院等行政办公用房和体育馆、天华文化中心、水上活动中心、芙蓉花体育中心、新一城商业中心、魔方时代广场、嘉年华城市广场等项目相继建成,该区域已成为我市又一城市中心。

回想起城市客厅起步和建设的那些个岁月,真是感慨万千。多年来,江阴的城市建设一直落后于经济的发展,如何提高城市建设、设计和发展水平,如何实现与老城区功能互补、提升,将江阴现代化的建筑、江阴大城市格局展现出来,这些问题一直在我们的脑海中盘旋。通过多次会议和讨论,江阴市委、市政府决心开发江阴的近郊,来达到加快城市建设的目的。在这一指导思想下,设立了江阴城市客厅开发发展有限公司,市委、市政府希望将城市客厅打造成江阴居民向往的体验区、经济社会发展的展示区、未来发展理念的标志区,透过城市客厅看到未来的江阴。

2006 年 8 月初,我接到上级通知,要我筹建江阴城市客厅开发发展有限公司,市财政拨付 3 000 万元注册资金,封闭运作城市客厅区域的开发建设。至当年 8 月底,公司注册登记、人员、办公场所选址装修顺利到位。从接到上级通知的那天起,我多次来到现在城市客厅所在地,当时这里叫要塞村,是一片荒凉的田野,垃圾遍地,杂草丛生,在荒草中零零星星地散布着几处村庄。公司加我在内一共 7 个人,一上来开展工作,数不胜数的问题就出现了。

城市设计因方案制订的程序、所遵循的范式以及产品的不同可以分成多种类型。江阴城市客厅属于插入式设计。设计的目标是在现有的都市肌理中插入新的内容,目的是改善新区的环境氛围和为城市进一步开发打下基础。设计的主体是人工环境的塑造,人工环境组成部分的主要功能之一是金融投资,所有的设计者和实施者都知道这一点。城市客厅作为江阴着力打造的品牌、城市名片以及提升投资环境品位的重头戏,设计就追求高起点。当时我与同事们整日奔跑在各个项目条线上,与市规划局、设计单位等部门一次次地推敲着城市客厅的设计图。我还一次次徜徉于众多城市的街头,仔细研究大都市广场布局的细节之美。在这份现代化基调的规划图上,城市客厅规划面积 2.5 平方千米。规划中整个广场被澄江路分割成南、北广场。天华轴线人行天桥是整个广场的南北轴线,南至长江路,北至滨江路。

我们花了2年时间,城市客厅的各项工作终于逐渐有了头绪,城市客厅也进入了全面的建设和发展时期。在这一时期,发生了很多事,取得了很多成绩,其中最令我感到骄傲的是芙蓉花体育中心以及天华轴线。

当初在芙蓉花体育中心设计施工过程中,因率先采用了建筑科技含量极高的膜结构,带来了诸多的施工疑难杂症,我公司全体人员身先士卒,率领设计、监理、施工人员在国内各顶尖专家组之间往返,历经数月的积极协调沟通,最终完美地解决膜结构施工的各种技术难题。令我感到欣慰的是,通过所有建设者的辛勤努力,芙蓉花体育中心被评为2009年中国建筑色彩设计大奖、2010年度世界膜工业协会颁发的国际杰出成就奖、2010年江阴首届十佳标志性建筑一等奖。

天华轴线从南至北依次贯穿于城市客厅C、B、A三个地块,以景观长廊配合创意商业的设计形态,将行政办公、体育商业娱乐以及高档居住区连成整体,极大地提升了城市客厅的人气,带动了周边商业地块的消费需求,不论是在功能上、还是形态上,都可谓城市客厅的"脊椎",成为城市客厅的一大重要亮点。

城市客厅目前进入了稳步发展期,市民水上活动中心、嘉年华城市广场、魔方时代广场、新一城商业中心、丹芙春城、A地块芙蓉湖广场、新梅豪布斯卡、水岸新都等相继完工,更多的艰巨任务不断地摆在我的面前。

在我看来,城市客厅的建设在市政府的关心下已经达到了令人振奋的高度,城市客厅的建设不仅在给新国联公司带来了更多的发展空间,更多的是给这个城市带来的幸福感。20世纪末以来,江阴经济结构和文化气候逐渐向后现代的时期过渡。在经济上生产型产业逐渐把主导权让给以信息科技和服务业为特征的第三产业,思想文化上呈现多元化的特征。市政府城市客厅正是符合这种潮流的真知灼见,也可以说是江阴城市设计的及时雨。一改城东新区单一化的城市面貌,空间和功能结构体现出了多元化的特征,为新城注入了强大活力,真正意义上可以实现城市复活的目标。

如今,我常常遥望城市客厅,在灿烂的阳光下,一些市民漫步在澄江路天桥上,一位小女孩在新一城前的广场上嬉戏,让人想到一句精致的话语:芙蓉花开笑颜展,城市客厅情常在。

江阴首次航测千分之一地形图记

徐汉云

1980年11月16日,江苏省人民政府批准了江阴县城总体规划,这是我市历史上第一个经省政府正式批准的城市总体规划,也是全省第一个批准的县城总体规划。

规划批准后,摆在我们面前的迫切任务就是要尽快落实和深化总体规划的各项内容,健全和强化城区的规划管理工作。可是,由于我县过去缺乏规划、建设方面所需的基础技术资料,其中包括没有大比例尺的地形图,这对规划管理工作的正常开展带来很大影响。当时我市仅有1/10 000的县域影像图,1975年开始制订总体规划时,为了用图的需要,利用万分之一地形图放大和澄江镇局部地区1962年编绘的1/2 000地形图缩小拼成了一幅精度较差的城区1/5 000地形图,其中好多地方开着天窗,凑合使用,根本不能满足接下来制订详细规划和规划管理的需要。因此,尽快测绘城市规划区范围内的大比例尺地形图,建立城区平面和高程控制网的任务已非常现实和迫切地摆在我们的面前。

1981年春,我们邀请县水利局等部门搞测绘的同志探讨测绘城区大比例尺地形图的事情,大家认为应委托省测绘局或地质局下属的专业测量队来进行全面正规的控制测量和地形测量。我向县基建局刘正明局长汇报了上述情况,得到了领导的肯定和支持,刘局长并且委托我和相关测绘部门洽谈测量事务。为此我和王明生多次去省测绘局拜访金局长、王处长等负责同志,向他们汇报我县现有地形资料的实际情况和对地形图的迫切需求,得到了他们的理解和支持,金局长表示,他们局里的主要任务是承担全省 1/10 000 及以上小比例尺地形图的测绘和更新,对于大比例尺地形图的测绘过去都由地方自己负责,经费由地方自行承担。现在省测绘局正在推行改革试点,即在不影响上级计划任务情况下对外承接部分有偿服务,所以同意以优惠的价格为江阴承担这次测绘任务。他们建议地形图以 1/1 000 的比例比较合适,今后可以以此为基础,组成 1/500、1/2 000 等的系列地形图,以满足工程放线、总平面设计和分区规划、详细规划等多方面的需要。他们还建议测量方式采用航摄成图的形式,即航空拍摄地形照片,室内校正制版,现场调绘补测,内业绘制成图,这种形式成图快,质量好。最后商定这次测绘提供的成果为城区 20 平方千米的三角控制网和城市导线网,22 平方千米的 1/1 000 线划地形图和 90 平方千米的校正后的航摄照片。在 1981 年底前完成航空摄影的前提下,于 1983 年 6 月底前将成果全部交付使用。

合同订立后不久,省测绘局即来进行控制网测设,并积极与民航总局二总队订立了 1981 年秋来为江阴航拍的合同书。航拍任务由我县和省局联合上报江苏省军区和南京军区审批。省军区和南京军区先后批准了这次特种飞行,并指定由硕放机场为这次飞行导航。

是年深秋 10 月,树叶萧瑟飘落,天高云淡,秋高气爽。民航二总队一架专机从山西太原飞到了南京大校场机场,我和王明生负责机组人员在宁期间的全程陪同。机长和导航主任都是具有两万以上飞行小时的资深空勤人员,他们说航空测量对飞机要求很高,要求飞行高度误差不大于 50 米,航线误差应小于 100 米,这样才能保证地面上每个点都能多次拍摄到图像,从而不会造成拍摄上的漏洞。他们设计好航线后由我们陪同他们来实地进行核对,商量了需要增加的地面导航定向点和加强标注的措施。我方还落实了请九五基地气象站每天早晚两次为我们电话预报气象,提供有关天气、云层、能见度等的专业信息。基本上做到万事俱备,只等飞行了。

　　那年 10 月下旬,天气经常多云有雾,达不到航摄的专业要求,我们只能在南京机场耐心等待,在此期间民航二总队专机申请在宁进行试飞,机场同意飞 3 个起落,每次半小时。机长邀请我们参加并参观他们的飞机。这是一架苏联生产的里—2 型飞机,为了特种飞行需要,机头加装了两个像金鱼眼睛似的玻璃罩,机舱中央安放着庞大的摄影机。我被邀请坐在机长座位旁边的导航员的位置,紧靠玻璃罩旁。飞机起飞离开了地面,我开始不敢探出上身往下看,慢慢适应后探身伏在玻璃罩上四顾,才真正感觉到视野广阔,天地一览无遗,让人无比激动和惊叹。飞机低空掠过了虎踞龙盘的紫金山,徘徊在南京闹市区的上空,转了一个大圈再飞回降落机场。飞机第一、第二次飞行很正常,但第三次起飞时机场转阴,风声呼呼,飞机刚飞过紫金山不久,机场塔台就紧急呼叫,说机场突然起大雾,要飞机立即返航。真是天有不测风云,当回过机身飞越紫金山时,已看到下面乌云翻滚,山已隐在云雾中,飞机以最慢的速度在低空盘旋,我透过云雾的间隙,发现飞机离地真近,几乎擦着树梢,耳边听见机长一直不停地在和导航台通话,终于看清了跑道就在眼前,飞机机头一倾,降落到了地面。落地后机长长时间坐在座位上没有起身,他让我摸摸他的心,我伸进飞行服摸到一把汗,他说刚才雾这么大,他眼前什么也看不见,只能依靠仪器迫降,在离地5、6米时才看清了跑道,如果操作稍有不慎,就可能机毁人亡啊!听他这个老飞行员这么一说我才意识到刚才事态是多么的严重,内心不禁一阵阵发凉,原来在不经意之间我们已命悬一线,徘徊在生死边缘。

11月初,天气转好,飞机在10点左右飞抵江阴上空,飞机作南北向来回飞行,南面在南闸、花山一线转弯,北面在靖江县城附近掉头,自东向西像梭子一样来去穿梭、照相。我在600米左右的上空俯视澄江大地,家乡沐浴在秋天灿烂的阳光下,一山一水,一树一木,一街一路,一房一屋都历历在目,分外亲切。飞机在我县上空飞行了近3个小时,每次都是一次就成功进入航线,顺利完成拍摄,完满地完成了这次航摄任务。

1982年,省测绘局100多名测绘人员进驻江阴,分成若干个小分队进行城市导线控制网的布设和测绘及1/1 000地形图的现场调绘。他们凭着县政府出具的介绍信深入到各家各户、厂矿企事业单位进行踏勘,也受到一些单位和个人的阻挠,但经宣传解释基本都能理解支持。也有个例,测量队去某军事单位调绘时,人员和仪器都被扣押,经我们交涉后人是放行了,但他们出于军事保密考虑不同意我县测绘他们单位内的地形,我们不得不在他们的区域范围开了天窗。

自1982年第四季度起,省测绘局陆续向我们提供了部分1/1 000的地形图以满足规划、建设和管理工作的需要。在1983年5月底,我们组织了相关测绘专业技术人员对省测绘局提供的测绘成果进行验收,我局还成立了测绘管理小组,办理成果的交接和今后的测绘管理,使我县的测绘工作走上了轨道。

　　当时我县还属于苏州地区领导，1982 年，地区基建局袁耀堂局长来澄视察时，得知我县在测绘城区大比例尺地形图后，要求我们写一份专题汇报材料。后来他在某次会议上要求地区所属的各县基建局学习江阴的经验，抓紧做好县城规划区地形图测绘工作，更好地为本地的规划、建设和管理服务，为经济和社会发展服务。

江阴建筑业发展轨迹

沈誉澄

在旧社会,建筑被认为是"雕虫小技",故对建筑文化缺少研究;同时,由于社会经济等方面的种种原因和行业本身的局限性,建筑业只是从属于"手工业",未能成为独立的行业被人们关注。社会地位低下的建筑匠人及其活动,在史籍上几乎是个空白。

江阴是一个具有 1 700 多年建县历史的江南古城,人文荟萃,建筑技艺发展较早,现存古建筑如兴国残塔、文庙、江苏学政衙署、适园和近代的北门外同兴里、东门外小洋楼、高巷内吴汀鹭住宅等,其建筑之宏伟、结构之精巧,足可为江阴历代建筑工匠智慧和技艺之佐证,然而对其创作者同样没有可资参阅的记载。

建筑工程非个体独立所能胜任,故江阴建筑业早就存在,并一直延续到建国之初。作为经营机构的行业组织,其起源及沿革均已无从查考。

本文试图从建国以来江阴建筑业发展的轨迹引起人们对本行业的了解和关注,并期待行内方家对文中不确之处给予校正。

一

建国初期,江阴城乡的建筑泥木工,仍然是分散的个体工

运粮河附近老建筑 （黄丰摄）

匠。他们或受雇于业主，或依附于"作头"（即包工头），劳动组合、任务分配都带有临时性，职业无保障，生活清苦。县城及较大集镇有几家营造厂，其中以谭鸿宝开设在西门的鸿记营造厂（兼营木行）为最大，但也只能承建一些民房建筑。

1950年2月，在县总工会的组织下，在虹桥二侯祠成立了"江阴县建筑同业工会"（下设泥、木作基层工会）。工会主席由县总工会委派任寿生担任，其他领导成员有钱士郎、张林荣、缪雪初、韩金初和金芝荣等，办公地点设在安利桥蒋家。从此，江阴的建筑工匠有了自己的民主合作组织和固定的活动场所，迈出了具有历史意义的第一步。

初期的建筑同业工会下设5个基层组（又称"组联会"），组内成员基本上由会员居住所在地划分为城中、城东、城西、城南、城北,共有会员 300 余人。同期,乡区北漍、顾山、周庄、华士、青阳、祝塘、南闸、云亭、璜土、陆桥、璜塘、文林、皋岸、长寿、长泾等地也相继成立了工会或工会小组,共有会员 2 600 余人。

1952 年 8、9 月间,同业工会更名为"江阴县泥作和木作同业工会联合会",先由钱士郎等负责,后选举吴贵潮为主席。

建国初期,百废待兴。国民经济需要恢复,国家还不可能大搞建设,建筑工匠虽已开始组织起来,但仍沿袭传统的手工业小生产方式,工会也不具备组织较大工程的施工作业的能力,所以这时期主要承接以单层砖木结构为主的简易民用建筑和各区、乡如西门小桃园、峭岐、杨舍、后塍、长泾、周庄等地的粮库,总建筑面积累计约 10 万余平方米。以及水利建设工程,建造数十座电灌站、涵闸和桥梁等施工任务。当时江阴最有代表性的公共建筑——县人民大会堂(今音乐厅)还是由无锡的营造厂来承建,江阴的谭鸿宝等参与部分施工。

二

1956 年 9 月 1 日,集体所有制经济性质的江阴县建筑站在北大街(现北大街小学)举行成立大会,是为江阴建筑业从行业工会组织演变为企业的起点。当时的领导成员是:站长杨永轩,副站长刘正阳、鞠增熙。站内设施工组,办公地点设在鲁班殿(现自行车鞍座手闸厂内)。为适应当时的形势,原来下属的 5 个基层组更名为 5 个中队。

1957 年 7 月,经县人委批准,建筑站升格,并更名为地方国营江阴建筑站,行政上隶属县交通科领导,技术业务归常州专署建设局管理。干部由县政府任命:站长张友才,副站长刘正阳、鞠增熙。职工共有 400 多人。同年，又将原来的中队制改为工段制，人员重新调配，共设 5 个工段。其中城区原来 5 个中队合并为 3 个工段，在月城设四工段，在青阳设五工段。

同时，各乡建筑工会组织也陆续改建成各具特色的乡镇建筑站或建筑队（名称不统一）。从此，江阴的建筑队伍渐次形成并发展为县和乡镇两级集体建筑企业。

这一时期的建筑站（队）还只是企业的雏形，虽然在劳动组合方面前进了一大步，但在经济方面还没有多少积累，还缺乏现代工程技术知识和施工经验，传统的简易工具和粗放的管理方式也还只能适用于低层民用建筑（砖木结构）和水利、桥梁工程。如建成了当时较大的木结构桥梁——全长 104 米的周庄后郭桥。承包方式主要仍然是包清工或提供劳务。1958 年 10 月，为了支援首都十大工程建设，县建筑站选派 40 多名建筑木工赴北京参加了人民大会堂、军事博物馆和民族文化宫以及地质部大会堂的施工，他们在为时一年的工作期间，广开眼界，增长了知识，得到了锻炼，圆满地完成了任务，载誉归来。

三

1958 年 11 月，在"大跃进"形势推动下，县人委批准将原县建筑站更名为"地方国营江阴县建筑工程公司"，属县工业局领导。公司负责人为蔡裕胜和刘正阳。公司内设 4 个课室：施工课、财务课、材料后勤课、人事课。办公地点设在城中德胜巷。这时，公司职工已发展到 1 000 多人，奋斗在城乡各地基建、水利、交通工地上。为摆脱繁重的体力劳动，公司大搞群众性的技术革新运动,创造了木轨木轮车,江阴第一台木制混凝土拌和机(用 20 匹柴油机驱动)就用在张家港节制闸水利工地上。

1962 年 5 月,因贯彻国家"调整、巩固、充实、提高"的八字方针,压缩基建,精减人员,公司体制由地方国营下放为大集体企业性质,职工由 1 036 人缩减到 99 人,并改由县手工业局主管。王士才任公司经理。办公地点迁至晖对巷。为加强思想政治工作,公司开始建立党组织,与皮革社合建联合党支部。下放回乡的职工除部分务农外,大多充实到所在公社建筑站(队),并成为骨干力量。但不久,乡区各公社建筑站大都被撤销,由公社成立的农业兼手工业管理站统管农村"五匠",建筑工匠也和其他手工工匠一样实行工资交队记工。建筑业在农村受到了很大冲击。这种局面直到 1972 年恢复公社建筑站时才得到改变。

1963 年,县建筑公司为摆脱困境,决定冲出江阴,向外地开拓业务,由胡金潮带领一支队伍进驻望亭电厂,是为江阴建筑公司成建制外出独立承包任务的开始。同年,即在苏州市组建了江阴县建筑公司驻苏州办事处,负责人为胡金潮和张漱芳,职工有 40 余人。1964 年 10 月,办事处改驻苏州市第二工区,同时在江阴的各工段合并成立了公司第一工区。

到"文化大革命"前夕,县建筑公司和各公社建筑队伍已渡过了困难时期,大部分得到了恢复,并有所发展,业务范围不断扩大:除承担本地区全部建筑施工任务外,纷纷派出工程队进入大中城市承揽国家和地方重点工程的施工任务,遍及 16 个省、市,其中有近万名建筑工人在苏州、无锡和常州三市承建工程,在同一城市的本县建筑队伍有时多达二十余个。为加强驻外队伍的管理,1966 年 4 月,县手工业管理局派组导股股长王明德和马天根、夏富平等人在苏州市房管局召开我县各公社驻苏、锡、常三市建筑工程队负责人代表会议,决定设立驻苏州、无锡、常州的联合办事处。

"文革"开始后,由于县手工业管理局被撤销,三个驻外办事处也处于瘫痪状态,负责人"靠边"后,管理十分混乱。为了改变这种状况,1969年2月,县革命委员会生产指挥组召集县建筑公司及各有关方面负责人会议,明确我县驻苏、锡、常三个办事处归口由县建筑公司负责管理。会后,县建筑公司受命成立了以王宝根为组长、刘生才为副组长的基层工作组专司其事,并决定将驻苏办事处并入公司驻苏二工区(直管),驻锡办事处改为公司驻锡三工区(代管),驻常办事处改为公司驻常四工区(代管)。根据上级有关规定,公司对进入三市的我县建筑队伍实施"四统一"(即统一对外承包工程任务,统一施工管理,统一工程质量验收,统一财务结算)管理。此后,局面才得以改观。

1975年,县革委会根据建筑公司综合施工能力已经得到增强的实际情况,批准公司更名为"江阴县建筑安装工程公司",由县计划委员会领导。同年7月,经县革委会和县计委批准,原来由公司代管的驻锡三工区和驻常四工区成建制划归公司直接管理(改编后保留的工程队和其后进入的乡镇施工队伍先由工区基层办事组代行四统一管理,后由县建筑民兵团派出人员专职管理)。至此,江阴建筑业中唯一的县级施工企业——县建筑公司已形成规模,职工达2 036人,办公地点设在西门小桃园(公司现址)。在这之前,已分别在西门和东门征用土地,建造了永久性的生产和办公基地,设立了同施工生产能力相配套的加工厂(先是钢窗厂,后发展为建筑机械厂)和建筑构件厂。

这一时期,特别是 1972 年以后,虽然有"文革"的干扰,但县建筑公司和不少公社建筑站企业化进程还是向前推进,都不同程度地建立起技术型的经济实体。在施工队伍不断扩大的同时,为了适应施工任务的需要,注意积累资金,培训人才,施工技术有了明显提高,施工装备逐步趋向机械化和半机械化,施工条件也有所改善。承建的工程已由一般低层向多层建筑发展;结构由传统的砖木结构向较复杂的混合、钢筋混凝土框架结构发展;承包形式由单包(即包人工或提供劳务)向双包(即包人工和包材料)发展;承建工程的范围也由本县、本地区走向全国。

四

党的十一届三中全会以来,随着"一个中心、两个基本点"方针的广泛深入贯彻,我国的经济建设迅猛发展,人民生活水平空前提高,城乡建设蓬勃兴起,这就为江阴建筑业的发展提供了良好的条件和机遇。1978 年 12 月,县"革命委员会"设立了基本建设局。从此,江阴建筑业有了专门的政府主管部门,为实施行业发展规划提供了重要的保证。1987 年江阴撤县建市,城市化进程大大加快了,从而为江阴建筑业发展翻出了新的一页。

20 世纪 80 年代中期,江阴建筑业从业人员已发展到 5 万人左右,其中乡镇以上集体建筑职工达 2 万余人,其余的村级工程队和个体工匠,为市内外施工企业提供劳务和从事农房建设(每年完成约 200 万平方米)。这时期大量引进科技人员,施工机具装备也日益配套完善。建筑业内部结构发生了根本性的转变：由单一的建筑施工发展成为包括勘察设计、古典园林、设备安装、地基基础、机械施工、构配件生产、建筑装饰、建机制造、市政工程、航道工程以及职工教育等10多个门类的综合配套的产业体系。

——工程勘察设计。建国初期，兴建江阴县人民大会堂、瓷厂、水泥厂等工程，其设计仍邀请无锡、常州、南京的技术人员来承办。1956年江阴县建筑站建立设计组，由3人组成，技术业务受常州专署建设局设计室领导，承担本地一些小型工程设计任务。1958年更名为江阴县建筑公司设计课，先后从外地调进技术人员5名，专业学校分配毕业生6名，设计任务全部自主。1960年为县城人民路设计新建一条街。1979年6月16日，县革委会批准将设计组从县建筑公司划出，成立江阴县建筑设计室，为全民事业单位，设计收费，经济上独立核算。全室35人（含勘察），隶属于县基建局领导。1984年5月16日，批准设立江阴县第二建筑勘察设计室。1986年11月10日，经县人民政府批准，两室合并成立江阴建筑设计院。1987年，经江苏省建设委员会核准为乙级综合建筑设计院（现为江阴市建筑设计院）、丙级工程地质勘探及工程测量单位，能承担多种类型工程项目，承担本市和外市县的勘察设计任务。

设计院现有职工130人，其中有职称的专业技术人员106名。1989年，市建设委员会和市人事局商定，凡进入设计院的专业人员必须具有大学本科毕业以上学历或助理工程师以上职称的紧缺专业技术人员，藉以保证勘察设计人员有较高的素质，提高建筑勘察设计水平。同时配备现代先进设备，推行全面质量管理，以适应建设江阴现代化工业港口城市的需要。10

多年来,设计院已建成的工程有 18 层高 62 米的江阴钢绳厂的钢绳科技大厦、12 层的江阴棉纺织厂办公综合楼、12 层的江阴海关大楼、11 层的石油大厦和面积达 2.6 万平方米的江阴纺织市场以及众多高难度的工业厂房,累计完成工程设计 2 000 多项,建筑面积逾 300 万平方米,工程地质勘探进展 15 万标米。据不完全统计,共获得省级优秀设计奖 5 项,地市级奖励 30 余项。为资质晋级作准备,经上级批准越级设计总建筑面积 3.8 万平方米的江阴大酒店(三星级),主楼地下二层,地面以上 26 层,总高度达 88.88 米,为江阴目前层数最多、装饰标准最高、功能最齐全的大型公共建筑。

江阴城市掠影　　　　　　　　　　　　　　(黄丰摄)

　　——建筑施工企业。从 20 世纪 80 年代初开始,已打破了只有一家县级建筑公司的格局。1983 年 1 月,县政府批准将建筑民兵团和建筑管理处撤销,成立江阴县联合建筑安装工程公司,负责对本县乡镇建筑队伍进市出省承建工程实施"四统一"管理。1985年9月,经县政府批准,将"联建"更名为江阴县第二建筑安装工程公司,公司由单纯管理型转向生产经营和管理相结合的经济实体。1986年底,为继承和发展江阴古建园林传统技艺,把分散在城乡各地的工匠组织起来,成立了江阴县古典园林建筑公司。1987年1月,在江阴县房地产公司修建工程处的基础上,组建了江阴县民用建筑安装工程公司。1990年,为配合老城区房屋的维修保养和拆迁改造,组建了江阴市房屋修缮公司(现名房屋修建公司)。这五家市属施工企业,以其各自的优势不断发展,业已成为江阴建筑业的骨干力量。

随着改革开放的深入发展,各乡镇建筑站经济技术水平都有了空前的提高。1984年下半年,各乡镇建筑站都先后升格更名为"建筑安装工程公司"。其中在城郊原来基础较好的要塞、西郊两乡的建筑公司又分别被命名为第三、第四建筑安装工程公司。最近,周庄镇的建筑公司恢复和更名为江阴市第五建筑安装工程公司。为适应滨江经济技术开发区建设的需要,在长山镇又成立了江阴市滨江建筑安装工程公司。

按照国家建设部的规定,1985年起对各建筑施工企业进行资质审查,以及其后每年的资质年检工作,促进各建筑公司跃上了新的台阶。经省建委和省建工局审定,我市现有2个二级施工企业,19个三级施工企业,7个四级施工企业,没有等外级。经过几年的努力,江阴建筑施工企业的素质确已得到了全面的提高,不少公司制订了晋级的目标。现在,全市建筑施工企业已拥有各级各类专业技术人员1 600余人,其中有高级职称的14人,中级职称的160余人。拥有各种施工机具设备7 500台(套),技术装备率1 360元/人,动力装备率2.1千瓦/人。年完成建筑安装工作量 3 亿元,竣工面积 100 万平方米。近几年来,已在市内外建成一大批"高、大、精"的工业和民用建筑。其中由市建公司驻锡三工区承建、1986 年竣工的 14 层高 54 米全框架的无锡纺工局综合楼和驻常四工区承建、1985 年竣工的常州喷丝板车厂喷丝车间,于 1988 年双双荣获纺织工业部二等奖。我市建筑施工企业承建 10 层以上高层建筑,已有 20 余幢,正在施工中的无锡市泰山商场,主楼 28 层高 98 米,由我市建筑公司驻锡三工区承建,是无锡市目前的最高建筑。我市承建的 21～24 米跨度的后张法预应力屋架工业厂房有 20 余座。以江阴钢绳厂钢帘线车间为代表的 36 米跨度钢屋架和大跨度无黏结钢绞线预应力曲线张拉的多层工业厂房多座。在全国 18 个省、市、自治区——北至哈尔滨、齐齐哈尔,南至贵阳山区,西至新疆吐鲁番,东至闽浙沿海——都有江阴建筑工人的足迹。在不少城市,已建有自己的基地,很多工程队已被当地建筑主管部门视为自己的基本力量,在治理整顿期间享受到当地建筑企业同样的优厚待遇。据不完全统计,从 1980 年以来,累计创优及样板工程 1 200 个,其中已获得省(部)级优质工程奖 20 余项,累计创优面积近 200 万平方米。不少企业还获得各地各级政府的嘉奖。

随着建筑业的发展壮大,从 1972 年县建筑公司首次派出技工居宝郎参加援助苏丹桥梁工程建设起,到 80 年代,我市先后组织了 400 多名技工赴伊拉克、科威特和加拿大等国家参加建筑施工。其中,1989 年,我市有 179 名技工参加了无锡市建工局组织的工程队,在科威特承建"281"工程,在海湾战争中,都平安撤回。1991 年海湾战争一结束,我市即有 10 名建筑工人去科威特参加重建工作。江阴建筑工人在海外以技术好、肯吃苦、守纪律得到上级和同行的好评。1984年,张林才等12人获中建总公司江苏分公司颁发的荣誉奖章。1985年,朱进良在加拿大温哥华中山公园创建的云蔚亭椭圆宝顶、覆底莲花座等,深受专家赞赏。

——专业施工企业。20世纪80年代中期,为适应城乡建设和建筑业自身发展的需要,各类专业公司应运而生。仅举市级公司为例,属于设备安装方面的有江阴市工业设备安装公司、江阴市设备安装公司;属于建筑装饰方面的有江阴市建筑装潢公司、江阴市装饰工程公司;属于地基基础方面的有江阴市机械打桩公司、江阴市地基机械施工公司和澄西机械施工处;属于航道工程方面的有无锡市海洋工程公司和江阴市港口工程公司;属于市政建设方面的有江阴市市政建设工程公司;属于水利工程方面的有江阴市水利工程公司。这些专业公司经过几年的努力,都已形成一定规模,并分别通过了省建委的资质审查。专业施工企业的特点就是专业性强,队伍精干,施工周期相对较短,经济效益较好,市场广阔,横向联系面大。这些专业公司已经同大专院校、科研单位、勘察设计单位和建筑施工企业进行广泛合作,发挥各自优势,逐步形成并扩大我市建筑业的总体承包能力。

——建筑职工教育。1979年县基本建设局刚建立,9月就创办技术培训班。设专职教师2人,兼职教师5人,在工程技术人员中选聘。首届学员32人。1984年,经县教育局首批批准立案,更名为江阴建筑职工学校。1991年,更名为江阴市建设职工学校。现有专职教职员10人,兼职教师近20人。

10余年来,职校在上级建筑主管部门和教育行政主管部门的领导下,从建筑行业的实际出发,采取灵活多样的教学方法,常年办学和短期培训相结合、面授和函授相结合、校内办班和走出去办延伸班相结合等,进行学历教育(已办三年制电大班一期,毕业学员 24 人;三年制电视中专班二期,毕业学员 62 人),不具备规定学历的乡镇技术人员的专业知识培训、管理人员上岗培训、中级技工培训,以及包括架子工、建筑电工、钢筋对焊工和塔式起重机驾驶员等特殊工种培训等。据不完全统计,经职校培训结业,已获得省建工局颁发"五大员"上岗证书的施工员有 467 人、安全员 132 人、质量员 172 人、预算员 68 人、材料员 170 人,基本满足了建设部门对建筑企业的资质要求。已培训各级乡镇专业技术人员 1 000 余人次。在各期培训结业后现已担任正副经理的有 10 余人,担任生技科长的有 20 余人。1990 年,经职校高级工培训结业、考核合格,被市政府授予江阴市首批技师称号的有徐川大、王阿宝、周洪祥、徐正兴和刘长青等人。由于办学成绩卓著,职校两次荣获省建工局的奖励,韩鹏、周志坤被评为省建工系统职教先进个人。1991 年,查以宁被省教委评为先进职工教师。

——早在 20 世纪 70 年代,江阴建筑业就坚持贯彻"一业为主、多种经营"的方针。利用自己的优势和有利条件,抽调资金和人员陆续兴办建材、建筑构配件、冷作钣焊、造船、汽车修配、化工、轻纺、彩印、造纸和电器等多种门类的工厂 100 余家和众多的第三产业,其中不少工厂已发展成为当地城乡的骨干企业,它们为繁荣我市城乡经济、安排富余劳动力、提高城乡人民生活,为稳定建筑职工队伍和增强施工企业的活力作出了积极的贡献。

从 1978 年 12 月成立的县基本建设局,到 1984 年的县城乡建设环境保护局,到 1988 年迄今的江阴市建设局,作为政府建筑主管部门,一贯把发展本市建筑业放在重要的位置。在调整队伍结构、提高全员素质、加强资质审查、强化行业管理、深化企业改革、增强企业竞争能力等方面给予政策指导,多办实事,促使建筑业健康稳定地向前发展。在 20 世纪 80 年代后期基建规模膨胀、队伍盲目扩大的情势下,仍能保持清醒的头脑,因而在三年治理整顿中,我市建筑业队伍稳定,少受冲击,避免了更大损失。1988 年 10 月成立的江阴市建筑业协会,至今已有会员单位 60 个。它是全市从事建筑业的企事业单位的行业组织,是联系政府和企事业单位之间的桥梁和纽带。1990 年协会组织摄制的电视片《琼楼玉宇在人间》,反映了改革 10 年来江阴建筑业的成就,1991 年编印的《江阴市建筑业概况》和《专业技术人员名录》在为会员单位服务、在同各地同行之间加强横向联合、促进合作交流方面发挥了积极的作用。

江阴文明广场周边环境　　　　　（黄丰摄）

　　综上所述,江阴建筑业自党的十一届三中全会以来的 10 余年间,确实已发生了根本性的变化,初步形成为综合的产业体系。但也毋庸讳言,这还是初步的。至于形成包括设计、科研、施工、生产等六大综合生产能力的整体优势,还远远不能适应形势的发展需求。纵观建国以来江阴建筑业发展的历程,人们不难发现:从分散的个体工匠,组织成立建筑同业工会,到建筑站和建筑公司形成经济实体,到配套齐全的庞大的综合行业体系,这一条发展轨迹是艰难曲折的,但又是循序渐进的,而且还是要继续发展的。从外部条件来说,它和其他行业一样,总是受到当时社会、政治、经济和科技进步等诸多因素的影响和制约。如果说它是行进中的小车,那么只有到了中国共产党十一届三中全会以后的十数年间才渐入佳境;是改革开放的春风,才使小车插上了腾飞的翅膀,以前所未有的速度在经济发展的大道上飞驰:立足江阴,服务全国,走向世界。就行业本身发展来说,建国以来,江阴建筑业从小到大,从弱到强,经过几个阶段的发展,能够达到现在这样的规模和水平,并已具备了继续发展的基础,也已经有几代人为之努力奋斗了。

　　建筑业是诱人的事业。当人们发现城乡面貌日新月异的变化,注视着一幢又一幢精美的楼宇拔地而起的时候,不由地会从内心发出赞叹。人们会记住建设者的功勋——他们的名字已经刻在人们的心碑上! 这就是建筑的魅力,是包括建筑设计师和建筑工人在内的全体建设者的魅力。

艰难墙改路

吴惠兴

墙改是墙体材料改革的简称。20世纪80年代末,国家就提出要在全国推行墙体材料改革与革新,旨在保护耕地、节约资源、节约能源、保护环境。

我市的墙改工作自1990年就启动,先后成立了江阴市墙体材料改革领导小组和办公室。由于主要涉及建筑材料的生产与管理,墙改办就设在江阴市建筑材料工业公司,市墙改领导小组组长就由主管全市工业生产的副市长兼任。但是,我市墙改工作的进展却十分缓慢,90年代初仅仅有文林、北漍、陆桥等几个砖瓦厂购置了生产黏土空心砖的设备,少量生产黏土空心砖,产品在本地却销不了,江阴全市一块空心砖都不用,只能销往上海、苏州、无锡等大城市,墙改工作在江阴进展极为缓慢,每年上报统计表中生产数很少,应用数总是零,作为县级墙改办要面对无锡市与省墙改办的统计表,我们觉得很狼狈,但也很无奈。到了1996年,全省的墙改工作又掀高潮。江阴市人民政府出台了澄政发〔1996〕68号文件《关于加快发展墙体材料 推广节能建筑的实施意见》,文件是1996年6月颁发的,但是近一年过去了,各方面的工作仍无实质性进展。

作为做具体工作的市墙改办,在这个情况下做了以下四个方面的工作:

1998 年,江阴市墙改办举办的新墙材培训班　　　（吴惠兴提供）

一、借东风,调领导

　　江阴的墙改工作落后于兄弟县市、落后全省,其中有新墙材生产问题、有墙改收费问题、有各级认识问题、有推广应用问题,我们分析最大的问题是市墙改领导小组的领导问题,结症在领导小组组长身上。理论上讲,墙改领导小组组长是全市墙改工作的一把手,他可以统抓全市、协调所有墙改上的问题,但在实际工作中就不是那么回事。从项目规划设计、项目建设、监理、质量监督、工程验收都是城市建设系统的管辖范围。城建一条线上庞大的机构、部门都自成一体,主管全市工业生产的副市长确实很难插得进去。所以我们认为市墙改领导小组组长必须换人,但这是一个很难、很棘手的问题,因为总不能对现任墙改领导小组组长说你不行,必须让抓城建的副市长来抓才行!我们考虑要解决这个问题必须"借东风"!这个"东风"就是请省墙改领导小组、省墙改办。

省墙改领导小组的副组长是省建材工业局的尤永冠副局长,是我们多年来熟悉的行业领导。1997年5月尤副局长视察江阴墙改工作,实际上是我们墙改办搬来的菩萨。省里来了厅级领导,市领导肯定要会见,所以我们借市委王伟成副书记会见尤副局长的时候,实话实说,为了我市的墙改工作建议换组长,让主管全市城市建设的副市长来当这个墙改领导小组的组长,王伟成副书记点了头,问题迎刃而解。

9月中旬,当时主管城市建设的梅振铨副市长主持召开了他接手后的第一次墙改领导小组全体成员会议,我们墙改办准备了好多方面的材料,明确了各成员单位的职责、分工、协作及互相协调等事宜。10月23日,江阴市人民政府关于印发《江阴市发展新型墙体材料与推广节能建筑管理暂行规定》的通知,即澄政发〔1997〕123号文件,下发到全市各镇人民政府,市各委、办、局,刚巧省政府100号令也在这个时候下发,从此江阴的墙改工作正式启动。

二、抓宣传,重培训

宣传舆论工作很重要,我们抓了两个方面的宣传。一是宣传墙改工作的意义及重要性,它是功在当代、利在千秋的事业,土地资源是人们赖以生存的必要条件。我们在这方面花了不少本钱,在江阴繁华的步行街上,在东、南、西、北各方向进入江阴市区的要道口，都竖起了墙改的巨幅宣传标语，让大家都知道墙改工作是节约能源、保护土地、保护环境，是为子孙后代造福的大好事。二是宣传墙改办，提高自身的地位，提高办事效率。刚开始，几乎所有接触到的人都不知道"墙改办"是什么部门，都说只晓得"房改办"，"怎么现在成立了一个'墙改办'，是管什么的？"我们多次在报纸上、政府门口的法制专栏里宣传报道墙改工作的有关职责，墙改的重要意义，怎么抓好依法行政、政务分开、明确墙改办的工作程序。有一次我们去市建委找一位副主任，商议联合发文的事情，起初他不同意，认为不能联合发，因为建委和墙改办不是一个级别，我就与他据理力争：江阴市墙改办是市人民政府墙改领导小组办公室，是直接由市分管副市长领导的工作机构，不是哪一个部门的办公室，和建委是一个职级的办事机构，后来那位领导在联合文件的会签处签了字，文件发了下去。在这一点上，当时市政府法制局的曹恩华局长对我们的工作非常肯定，他甚至讲，市政府的所有职能部门如果都像墙改办的工作人员这样努力工作，有这样锲而不舍的精神状态，我们全市的经济建设还要快、还要好。

秦砖汉瓦已经沿用了几千年，人们头脑中的房屋墙体用黏土实心砖是根深蒂固，而且实心砖在瓦工手里是顺手好砌筑，现在要改成用水泥的空心砌块，实在不习惯，体积又大，自身又重，不好任意砍断，还有这个规定，那个要求，所以遭到方方面面的反对。但为了要推广应用，再难再烦也要推广开来。1997年起，我们与市建委的质监站、建工处、专业监理公司一起，对建筑项目、施工现场加强管理，墙改办组成行政执法队伍，深入各乡镇、城区各个施工单位督促检查、实地指导，先后举办"施工员"、"瓦工"培训班十多期，让"老瓦工"学新技术。必要时还请东南大学、省设计院的专家来江阴讲课,提高了施工和管理水平。我们先后出台了《关于进一步加强砼小型空心砌块推广应用管理的意见》《关于混凝土小型空心砌块应用技术的有关通知》《住宅建筑封底多排孔混凝土砌块填充墙设计、施工守则》《烧结多孔砖的施工要点》《混凝土多孔砖建筑施工手册》《蒸压粉煤灰砖施工手册》等资料,让广大施工建设单位有章可循,既推广应用新墙材又保证了房屋建筑的质量。

三、用好经济杠杆

为了保证墙改工作的正常展开,国务院、江苏省、无锡市、江阴市各级政府都出台了新型墙体材料专项基金征收和使用的规定。各建设单位在各建设项目报批申领开工许可证时,必须按照工程概算或施工图纸确定的建筑面积缴纳专项基金预收款,标准是每平方米 10 元(江阴刚开始时调低到 5 元;2004年有所上涨,调到 8 元;2007 年才正式调整为 10 元),建设单位在主体工程完工后未粉刷 30 日之前,向市墙改办申请办理专项基金结算手续,并同时提交专项基金预收款票据,购进新墙材原始凭证等资料,市墙改办在收到建设单位的申请及有关资料后,在 7 个工作日内办完对该项工程的审查和现场验收,建筑工程中全部使用合格非黏土新墙材的,专项基金预收款100％返还。执行这一政策过程也是非常艰难的,1997 年、1998年大部分建设、开发单位都不理解,不肯执行,特别是市区几十个房地产开发公司,因为当时有的项目已经开工,要上门去催补交,他们互相观望、串联,大家合力顶着不肯交这笔基金,我们是一个公司一个公司、一个项目一个项目上门做工作,宣传墙改政策,印发文件给他们学习,让开发商逐步提高认识。不知道经过多少次上门工作,我们首先在市开发公司找到突破口,打破了他们之间的同盟,接着民建公司、市集团开发、上由房产等,终于打开了墙改专项用费收缴的口子。在这个过程中我们得到了市各有关部门的大力支持,发改委、财政、税收、建委、规划等部门都帮我们把好墙改收费关,特别是市法制局的领导,除了指导我们如何依法行政外,还亲自陪同我们去老大难单位做政策宣传工作,从此墙改收费这一经济杠杆的作用得以正常运作。

四、以点带面,全面启动

为使墙改工作真正落到实处,我们一方面安排生产单位生产新型墙体材料,一方面物色项目,物色开发单位积极应用。1997 年年底,我们找到一家房产开发公司——天福房地产开发公司,这是一家台湾老板注册的公司,他们对保护环境、节约保护资源的思想理念比本地开发商认识早、行动快,我们就鼓励他们在利用新墙材上进行试点,当时他们正开发"牡丹苑"小区,我们指导他们墙体材料全部使用混凝土空心砌块,墙改办对他们承诺,只要该小区商品房全部使用空心砌块,墙改专项用费全免,并适当给予资金奖励。在建设过程中我们在施工现场办技术培训班,让产品生产企业现场服务,墙改办派出高级工程师,市质量监督站高级技术人员也现场指导,发现问题及时纠正,争取把"牡丹苑"做成新墙材的样板房。

小区建设过程中,也引起了不少其他开发公司的关注,他们在观望这个墙材革命能否持久下去，我们还听到了个别开发商反映："就你们墙改办跳上跳下，市里领导并不重视……"听到这些流言，我立即找了梅振铨副市长，汇报了墙改工作遇到的阻力，并建议他适当时候正面宣传，阻止不良思想蔓延，梅副市长很支持，当即表态："你去准备准备，开个现场会。"记得是1999年的11月初，我们会同市建委及有关部门，请了江阴电视台、江阴日报社，通知了全市房产开发公司的老总、市墙改领导小组成员单位的领导，在天福公司的牡丹苑现场召开了新墙材推广应用现场会，梅副市长视察小区并发表讲话，号召推广应用新墙体，逐步用非黏土墙材替代黏土空心砖是墙改的必然趋势。第二天《江阴日报》、江阴电视台专题报道，大力宣传，从此拉开了江阴墙改的新篇章。

市墙改办主任苏宇文(右)陪同时任国家墙改办主任陈福广(中)视察江阴市华而特新型建材有限公司 （吴惠兴提供）

　　在这个过程中我们还对全市建筑设计单位进行奖励,凡设计并在建设中应用了新墙体的建设项目,经市有关部门验收,年终一并进行了奖励,极大地提高了工程设计人员的积极性。与此同时,政府又出台了不少督促设计部门的规定:项目设计不采用新墙材的要将其设计资质降级,并将之作为设计人员奖励与考核升级的依据等,从各方面保证新型墙体材料的推广与应用。

　　到 2002 年,江阴城区的所有建设项目,新墙材的应用达到百分之百。江阴市墙改办成为全省、全国墙改系统的先进典型,并被国家劳动人事部评为全国的先进集体。

江阴自来水事业的发展壮大

夏礼清 张文煜

江阴城乡居民自古以来经历了饮用浅井水及河水、到取用东横河水源的自来水、再到取用长江水源的自来水三个发展阶段。2006年,自来水管从城区延伸到镇村,实现了全市城乡家家接通长江自来水,人人饮用长江自来水,开创了全国县(市)域范围镇村都接通优质自来水的先河,江阴人民自古以来喝井水、河水的历史宣告结束。

江阴地处江南水乡,境内河塘纵横,沟塘密布,有地表水和地下水,水资源较丰富,属多水源给水型城市。江阴人民历来饮用浅井水和河水。1908年江阴利用纱厂修建水塔蓄水,专供纱厂生产、生活、消防用水,这是最早在江阴出现的自来水。1936年,由私人捐资,在中正路淘米弄(今大庙巷南,已拆)兴建寿恒自流井,向司马街一带居民供水。历史上由于用水污染,城区曾流行霍乱、天花、白喉、麻疹、感冒、病毒性肝炎、乙型脑炎、疟疾等13种传染病。

至解放前夕,城内少数公井,包括四眼井、舜过井及北锁巷等古井,均保存完好,且水量充沛,水质清澈。此外,有居民自备水井近2 000口。

新中国建立后,党和政府高度重视人民供水事业,当时的江阴县委把城市自来水作为事关改善人民生活、提高健康水平、为城市建设和经济建设发展铺平道路的大事来抓,供水事业得以迅猛发展。建国初期,随着工业发展,城市人口增加,城河淤积狭浅,造成河水污染严重。1964 年和 1975 年两次开挖公井 100 余口,解决人民生活用水困难。1965 年年底,由江阴县澄江镇人民委员会筹建澄北自来水厂,厂址在环城北路朝阳关桥西坨,采用东横河水源。由于镇人委在财力、物力等方面的原因,水厂建设有困难。1966 年 2 月,经县人民委员会决定,由县接办筹建江阴自来水厂,水厂属全民性质,由江苏省建设厅勘察设计院设计。当时设计日供水能力 4 000 立方米,分两期完成。在资金不足、设备材料不全、技术人员缺乏的情况下,财政拨款 28.64 万元,在 5.28 亩荒地上开始建厂创业。1966 年 11 月 18 日,水厂一期工程建成投产,从此创建了江阴第一家日制水能力 2 000 立方米的自来水厂,取东横河水源。时有职工 18 人,后更名为东门水厂。1972 年,按设计要求在原有基础上增建一座平流沉淀池,完成了东门水厂 2 期工程,日供水量提高到 4 000 立方米。

1975 年始,随着江阴工业生产迅速发展,工厂用水量骤然增加,供需发生矛盾。1976 年 3 月对东门水厂改造扩建。为了彻底改变供水水质,提高供水量,东门水厂于 1977 年 11 月开始改取长江水源,在长江边小湾建一级泵房,铺设直径 500 毫米浑水管 4 千米,将长江水送至东门水厂作净化处理。原东横河取水源废止。1978 年改造工程竣工,日供水能力提高至 1 万立方米。从此,江阴城区居民开始饮上了清甜洁净的优质长江自来水。

根据城市总体规划,适应工业发展的城市人口增长的需求,1979 年 3 月在长江边新建小湾水厂,设计规模日供水能力 5 万立方米。1982 年 5 月,一期工程日供水能力 2.5 万立方米建成投产;1986年6月,二期工程日供水能力2.5万立方米建成投产。1987年再次对东门水厂进行改建扩能,新增日供水能力2.5万立方米。此时,江阴自来水日供水能力提高到7.5万立方米。

20世纪80年代江南水务小湾水厂　　　　　　（孔维贤摄）

1988年4月6日,江阴自来水厂更名为江阴市自来水公司。1989年年初,小湾水厂扩建,由中国市政中南设计院设计的2.5万立方米/日高效凝聚栅条斜管反应沉淀池开工建设,7月上旬竣工投入运行,日供水能力达10万立方米,供水范围覆盖整个江阴城区,缓解了城区人口迅速增长带来的"吃水难"问题。

随着江阴经济开发区的建设和乡镇企业的迅猛发展,供水管网向城区周边延伸。1990年1月18日开始,由江阴市自来水公司、南闸镇、西郊镇共同投资157万元,从环城南路经杏春桥过锡澄运河沿锡澄公路向南铺设直径 500 毫米管 7 千米,开始向西郊、南闸供应自来水,开创了向乡镇供水的先例。自 1992 年 2 月 29 日开始,向江阴经济开发区供应自来水。

1992 年 11 月经省计经委批准,小湾水厂日供水能力 10 万立方米扩建工程正式动工,投资 4 000 万元,1993 年 6 月第一期日 5 万立方米工程建成投产。1994 年 6 月第二期日 5 万立方米工程建成投运,至 1996 年 4 月扩建工程全部建成投产,日综合供水能力达到 100%。同期,沿锡澄公路自南闸向南铺设直径 800 毫米管 8 千米,对青阳、月城、桐岐、峭岐等乡镇供应长江自来水。随后又向长山、山观、夏港等乡镇供水。

1995 年 11 月 17 日,经市建委批准同意,成立江阴自来水总公司。

1997 年 7 月 12 日,东门水厂因设备老化、供水量小、生产成本高等原因而停运,并逐渐将该水厂设施拆除。

公司根据"确保城市,兼顾乡镇"的原则,1997 年再次对小湾水厂改建扩能,投资 916 万元,新建日供水能力 20 万立方米一级泵房和 4 万立方米机械加速澄清池,1998 年 6 月 18 日建成投产。此时,江阴自来水总公司日供水能力达到 30 万立方米。期间,供水管线向澄东地区延伸 33 千米,并投资 5 000 万元,供水范围新增云亭、周庄、华士、新桥 4 镇。

20 世纪 90 年代开始,江阴经济总量跃居全国县级市前列,工农业生产迅猛发展,城乡居民生活水平不断提高,对供水水量和水质提出了迫切的要求。为此,自来水总公司及时提出建设大型区域水厂的构想,在省内率先提出区域供水概念。1992 年根据江阴临江优势提出建设苏南区域供水项目的初步设想,引起江阴市委、市政府的高度重视,很快批准该项目并要求市计委、市建委等部门加快实施。上报省政府后,得到省政府的关怀和支持。鉴于苏锡常地区工农业生产快速发展,地表水受农药、化肥、工业废水等严重污染,影响人民的生活。地下水超量开采,引起地面沉降,严重的地区房屋开裂,对防洪堤岸、铁路、高速公路等重要基础设施构成严重的潜在威胁。省政府在禁采地下水、"封杀"深水井的同时,十分重视苏南区域供水设想。1994年4月9日,江苏省计经委先后两次召集了有江阴、锡山、常州、武进等市计经委、建委负责同志及有关自来水公司、大专院校的专家学者共同参加的苏南区域供水建设项目研讨(协调)会。

1994年11月由上海市政工程设计研究院、南京市政工程设计院和江阴自来水公司联合编制完成了《苏南区域供水项目建议书》及其补充报告,并逐级上报省计经委和国家计委。1996年2月,国家计委批准《关于江苏苏南区域供水一期工程项目建议书》。同年,省计经委、省建委和国家环保总局先后在江阴召开苏南区域供水一期工程项目协调会和苏南区域供水环境评价评审会。以后又多次召开环境影响报告书评审会、可行性研究报告论证会、供水工程初步设计审查会等,并与日本水道株式会社商讨签订贷款合作协议。后来因种种原因,最后未能与兄弟县市和日方达成供水和贷款等合作事宜。

1998年12月2日,国家计委批准苏南区域供水工程可行性研究报告。12月7日,国家环保总局批准苏南区域供水一期工程项目环境影响报告书。1999年4月15日,在江阴经济开发区、位于长江边的肖山村举行苏南区域水厂奠基仪式。4月21日,省建委正式批复苏南区域供水工程初步设计。该厂取水头部设计能力为日制水100万立方米,总投资3亿元。2000年

5 月 11 日,一期工程开工建设。2006 年 6 月 25 日,一期日供水 20 万立方米工程建成投产,加上小湾水厂的制水量,江阴日供水能力达 50 万立方米。

区域水厂的建成投产,给全面实现市域供水提供了有利条件。2000 年 11 月,市委、市政府为民办实事之一的乡镇长江自来水供水工程正式启动,在已有 12 个乡镇通上长江自来水的基础上,再投资 1.2 亿元,铺设直径 500 毫米以上管道 80 千米,向澄东南祝塘、长泾、徐霞客和澄西的申港等镇供长江自来水。至 2001 年 12 月 27 日,境内 20 个乡镇长江自来水供水工程全部完成,累计投资 6.9 亿元,开创全国县(市)域范围镇镇接通优质自来水先河。2003 年,根据省政府关于加快推进农村改水工作意见,市政府成立江阴市农村改水工作领导小组,按照"政府导向、多元投入、谁受益谁负担"的原则,采取政府财政补贴一点、集体投资一点、群众负担一点、社会筹措一点的方式,从政策上、资金上支持长江自来水进村入户。2006 年经过各级政府、各部门和自来水总公司等单位的通力协作,至年底实现了村村、户户都通上长江自来水。江阴城乡居民自古以来喝井水、河水的历史宣告结束。

经济的快速发展,人民生活质量的提高,自来水供应又出现了新一轮的供不应求。2003 年 12 月,苏南区域水厂二期日供水 20 万立方米工程开工建设,2004 年 7 月 25 日建成供水。江阴综合日供水能力至此达到 70 万立方米,全市供水普及率达 100%。2006 年 12 月 29 日,该水厂三期日供水 20 万立方米净水工程和日供水 40 万立方米配套污泥处理工程开工建设。2007 年 9 月 13 日,苏南区域水厂更名为肖山水厂。是年底,肖山水厂扩建的主体工程基本结束,2008 年 5 月建成投入试运

建于20世纪90年代的江南水务股份有限公司的常规净水处理
（孔维贤摄）

行。至此该厂日供水能力达60万立方米,加上小湾水厂的制水量,江阴自来水日供水能力达90万立方米,可满足江阴城乡未来几年的发展需求。

城市的美丽清洁
就是我的幸福

孙士美口述 杨春发整理

我叫孙士美,1956年7月8日出生,初中文化,原在江阴要塞红卫大队(蒲桥村)队办企业做工人。1982年9月,澄江环卫所来招一名工人,队里说我最能吃苦耐劳,推荐了我。那年我有两个孩子,大女儿两岁,小儿子在襁褓中,丈夫早出晚归,去城里当建筑工人,家庭困难一大堆,对招工一事,亲朋劝阻,丈夫反对,但我不辜负领导信任,不怕吃苦,不顾社会世俗偏见,毅然应招当上了环卫工人。

初到环卫所,分配在城西片做清卫工作。每天要倒马桶450多只,要拖5只公共厕所的粪,要从河里舀、井里吊冲洗用水四五十担,一天下来,浑身酸痛难熬。每天我清早4点起床,喂好孩子,大的请人代看,小的用凳子圈在床上,间隔4个多小时才能再次喂奶,孩子常常饿醒了哭,哭累了睡,每次回家见到孩子满身屎尿,满面泪痕,心疼得暗自流泪。丈夫反对我再去上班。这时我思想斗争十分激烈,去吧,孩子需要妈妈,不去吧,工作需要我,最后,硬着心肠提早断了奶,两个孩子请人照顾,总算克服了家庭难关。

倒马桶时间性强,每天必须按时到岗。早了居民未起床,迟了居民要上班,马桶又不好放在马路上。10多年来,我从没迟到一次,漏倒一只,每只马桶都洗刷得干干净净,群众十分满意。在我负责清卫的范围内,有5家是身边无人照顾、体弱多病的老人,我每天上门服务,把倒洗干净的马桶晾在家门口。我还利用假日从东门家里赶到西门,帮助她们倒马桶,拆洗被褥,打扫房间,整理家务,风雨无阻,从不间断。老人们感动地说我胜似亲女儿,老人的子女们要给我报酬,我婉言谢绝,说这是应该做的。

在创建国家卫生城市期间,我和其他工人按照标准,没日没夜地为创建作贡献。1992年,市区所有旱厕改建为水冲式厕所,当时有几个单位的大化粪池,粪便抽尽后留下很厚的陈年粪渣,泥水匠嫌臭怕脏,提出苛刻条件,漫天要价,厕所改建受阻。见此情景,我二话没说,跳进2米多深的粪池,那刺鼻的臭气,浓重的尿胺毒气,熏得人透不出气、睁不开眼。我全然不顾,一勺勺、一桶桶把粪渣掏出来吊上去。见我一个女人能这样拼命干,地面上的泥水匠师傅感动了,也一个个跳下粪池,就这样一连干了几天,把几个单位的化粪池清理干净,改厕工作得以顺利进行。

在这期间,我多次获得江阴"十佳城市美容师"、"最佳个人"等荣誉称号。1993年,又被评为无锡市劳动模范,赴京参加了"五一"表彰大会,第一次走进了庄严的人民大会堂,聆听了江泽民总书记的报告。同年12月,我光荣加入了中国共产党。

1994年6月,江阴全城市民都在为创建迎检而忙碌,广电大楼垃圾通道因丢进废旧电缆线和好几根一米多长的硬纸棒造成梗塞而不能使用,请求环卫所紧急支援。当时负责该区域的城中环卫分所职工全部上岗搞创建,所领导无法安排出人手。我知道后,主动请战,在完成自己责任区的工作后,放弃午休,奔赴现场。我到场只见垃圾满地,臭气冲天,而垃圾箱出口既小又深,无法从外面解决问题,只有钻进去用手掏。说干就干,我用绳扣住腰部,从 4 楼垃圾洞口吊进通道,用手将垃圾一点一点往上掏。那时外面气温高达 37、38 摄氏度,里边更是闷热火燎,发酵的酸臭味使我透不过气来,坚持个把小时就晕倒在里边,同事们赶紧将我拉出来,我吸了新鲜空气,喝了口水,苏醒后继续下去干,终于将通道全部疏通。

1996 年,我被安排到西门汽车站负责公共场所的清扫。车站人流量大,环卫管理难度也大,特别是公共厕所,一些旅客图方便把便纸、塑料袋等往便道乱丢,常使下水道堵塞,引起粪水外溢。一次厕所下水道被堵死,无论怎样都疏不通,按常规通管道是男工们的事,但粪便满溢,刻不容缓,我毫不犹豫地带上橡皮手套伸进下水道,哪知手套要往下滑脱,就干脆甩掉手套用手直接掏摸了近一个小时,终于将大团纱头、塑料袋连同粪便、草纸一起抓了出来,下水道畅通了,可我衣服上被溅得全是粪迹。

这一年 10 月,我被评为江苏省劳动模范。

1997 年 1 月,我调到朝阳环卫分所当清扫组组长。一天,在文定路清扫时,我不幸被摩托车撞伤,右脚跟骨折,医生要我休息 3 个月。我想休息就要有人顶班,决不能找组织上麻烦和增加其他人负担,就叫丈夫带着儿子、女儿起早摸黑帮我顶班上岗,完成任务后再去上班、上学。一个月后,我拖着仍然红肿的脚,一拐一拐地又坚持在街道干清扫了。

1998 年 4 月,中华全国总工会授予我"五一"劳动奖章。

由于常年起早摸黑,饥饱不均,冷热不调,我得了严重的胃病和胆囊炎。为照顾我身体,1998年5月,领导调我组建门前三包办公室并当管理员。这当然要比清扫轻松,但清扫更需要我,长期劳动使我一天不干活就发慌。"三包"办公室成立后,我坚决要求回到环卫工作第一线。当年12月,我被派往当时工作属于后进的城南环卫分所当组长,要带领38名工人,负责15.55万平方米道路的清扫、1 500余只化粪池的清渣工作,并管理31只公厕。城南地处城郊结合部,路况差,保洁难度大,我上岗后,用练熟的一套规范操作技术带好工人。对所辖地段,不论二级三级,都当一级来管,做到条条道路保洁质量过硬。在我和全体同事的共同努力下,原来工作落后的城南分所,考评时次次名列前茅。

平时我对工作要求严,对同志却十分关心。哪个有病就叫人家休息,哪家有事就自己上班顶替。有位年龄较大患高血压的同志不适宜做弯腰活,就让她做些站直干的轻活。有个工人上班迟到早退,工作有气无力,我同她一起拖粪车,在劳动中恳切谈心,帮助排除工作中的困难,后来她改掉了缺点,还当上了清粪小组长。有一次发现一个新工人感冒发热,我马上叫她去看病,把自己的女儿叫来顶了班。

环卫工作岗位是辛苦的,但这项工作关系到城市的美丽和清洁,党和人民群众需要它。我凭着对环卫事业发自内心的热爱,以一个共产党员的标准,严格要求自己,无私奉献,数年如一日,不讲休息日,不讲节假日,在做清扫工作的5年中,义务增扫路面20万平方米,加班215次,清运垃圾720车,增做工作日352天;早上班迟下班,每天工作超过12小时。对我来说,城市的美丽清洁就是我的幸福。

2000年,我被国务院授予"全国先进工作者"荣誉称号,4

月 29 日,再一次走进人民大会堂,出席全国劳动模范和先进工作者表彰大会,在热烈的掌声和欢快的乐曲声中,从党和国家领导人手中接过荣誉证书。我一个普通的环卫工人,真是感到太幸福了。

江阴市供电公司成立和发展历程

张宗浩、陈希港、许以诺口述 罗平方整理

溯　　源

江阴供电公司是百年老企　电力的生产和广泛应用,推动社会文明进步。江阴的电力工业史可以溯源到1910年利用纱厂直流发电。因此,江阴市供电公司虽然是一个县级供电企业,却是具有悠久历史传统和文化底蕴的百年企业。

吴家父子　江阴电力事业的创始人叫吴汀鹭,名增元,江阴人,出身于书香世家,是当时江阴的大实业家。利用纱厂是他实业中的一部分,另外,还开设泰源钱庄、内河轮船有限公司、江阴电话局等。

20世纪初,江阴织布业正由手工织机转为机动织机,亟须电力作动力。在吴汀鹭的倡议下,江阴其他实业家积极响应,于1916年集资5万银元,在北外闸桥河西,从英国进口两台当时较为先进的容量为75千瓦和96千瓦蒸汽发电机组,筹建华明电灯股份有限公司(简称华明电厂)。1918年10月10日,华明电厂正式发电。华明电厂由于规模小,主要是自发自用,集"发、供、用"于一体运作。

华明电厂发电之后,青阳、杨舍、华士、后塍、顾山、长泾和北漍等地也相继开办了小型公用电厂,一些织布厂如汇纶、华澄等也自备小型柴油发电机发电供厂内生产、照明用电。至

1936 年,江阴的公用电厂累计装机容量达到 460 千瓦,这在当时全国县一级名列前茅。

1937 年 12 月,日军侵占江阴,吴汀鹭尤重民族气节,拒绝出任伪"维持会长",在华明电厂遭到严重破坏后,举家迁往上海。日伪多次派员去上海敦促他回澄修理发电,均遭拒绝。日伪只得将各地小型柴油发电机征集分散发电。

1945 年 8 月抗战胜利,吴汀鹭从上海回到江阴,由华明副经理、吴汀鹭的儿子吴漱英负责筹资修复原发电设备,整修线路,于 1948 年 1 月 1 日发电。

1949 年,渡江战役前夕,为防止国民党溃退时对电厂进行破坏,吴漱英接受江阴地下党的指示,在大军渡江期间,组织工人纠察队日夜守护。4 月 22 日,江阴解放的当天晚上,华明电厂照常发电。解放后,吴漱英先后担任华明电厂经理、江阴县副县长、江苏省一届至三届人大代表、全国工商联执行委员,曾受到毛主席四次接见。

起　　步

建设戚澄输电线路　建国后,百废待兴。建国头三年,江阴工农业产值以平均 21.6% 的速度递增。而江阴的电力工业仍停留在自发电上,三年年平均增长率只有 1.05%,总用电量为 90.1 万千瓦时。

发展生产需要电力,尤其是随着党对工商业的社会主义改造,一些原来的手工作坊成为工厂,需要电力作动力,促进生产。另外,农业生产也需要兴建电力排涝站提高抗灾能力。根据江阴的经济形势,1952 年,县委、县政府对自发电模式进行改造,成立由华明电厂参与的公私合营江阴电气公司筹备委员会,在自发电基础上与戚墅堰电厂洽谈购电事宜。并由县财政先行垫付 35 万元,保证工程顺利进行。1953 年 9 月 1 日,全长 24.34 千米的 35 千伏戚澄输电线路竣工投运,戚墅堰电厂对江阴供电。供电量高于华明的自发电,供电质量也好于自发电,电价执行国家定价,低于自发电,华明电厂由此停产。江阴电力工业全面与国家电力工业接轨,成为国家电网直供县,为以后江阴电力事业发展打下基础。

与国家电力工业接轨初期,江阴电力工业基础设施仍很薄弱。当时电力调度只有一台手摇式电话机,用电出现故障只能通过电话机联系,调度员接到电话要到现场进行调度指挥,时效性差,事故也不断发生。而事故发生后,工人们靠步行以及肩担手拿方式进行抢修,不但艰苦,而且效率低。因此,当时社会上对电力工人的称谓是"爬电线杆的",对外招工很少有人愿到"爬电线杆"这个行业来,一般是子承父业,干的是体力活,女职工十分罕见。同时,在很长一段时期,由于交通不便,20 世纪 50 年代中期,供电所只有一辆一吨的人力平板车。到 1965 年,板车仍是供电职工外出施工的主要运输工具,外出由职工自行拉车。因此,电力建设基本上沿运输方便的河边进行,施工、检修等人员就吃住在工地或当地农民家里,物资器材和工具通过河道用船运输。电力抢修大多数乘公共汽车赶到现场,时效性差。

不断理顺电力管理体制　　电力作为经济发展的命脉,不断向城乡各地延伸。国家有关方面也在电力工业的发展中,不断理顺电力管理体制。1954 年 8 月,经江阴县政府批准,华明公司正式改组为公私合营企业,定名为公私合营江阴电气股份有限公司,简称江阴电气公司,并延续到 1963 年。这一期间,农村各地兴建一批电力排灌站,增强了江阴农业的抗自然灾害的能力。同时,加强电力建设,于 1960 年建设投运了常州至璜土的 35 千伏输电线路,简称武北线,解决了利港、石庄、西石桥、璜土、申港等地用电问题。

三年自然灾害期间,江阴电力工业受到影响,发展步子放慢。直至 1966 年江阴公社所在地集镇才全部通上了电。部分大队、生产队开始用上了电灯,农村部分繁重的体力劳动如脱粒、碾米等逐渐由电力替代,由此解放劳动力。60 年代后期,开始有了以电作动力的零星社、队工业,如农具厂,稻、麦加工厂等,使传统的农业结构出现了新的变化,促进了农村经济发展。

与此同时,电力管理体制也不断理顺。1963 年,根据江苏省电业管理局关于对农村供电设施实施归口领导的要求,江阴电气公司撤销,成立江阴县供电所,公私合营性质不变。1966年 1 月,根据省人委的文件规定,江阴县供电所划归部属企业,是苏州供电局的下属机构。江阴由此既是国家电力的直供县,又是国家电力的直管县。

十年动乱时期江阴电力供应状况　“文革”初期,江阴县供电所成立两派群众组织,开始派别争斗。1966 年 12 月,两派群众组织夺了县供电所党政领导的权,使党组织和行政领导机构陷入瘫痪,干扰了正常的电力生产秩序。1970 年 1 月,县供电所划归江阴县农建局领导,更名为江阴县农建局供电站,使电力管理体制混乱,电力发展也原地停滞,全社会用电量出现徘徊,安全生产事故频发。

面对“文化大革命”对江阴电力工业的影响,县供电所广大干部职工仍坚守岗位排除干扰,千方百计搞好生产。到 1969

年"文革"开始逐渐平静,江阴的工农业生产也出现回升,在县革命委员会积极争取和供电站干部职工的努力下,1970年5月江阴第一条110千伏无锡变电所至青阳变电所的输电线路竣工投运,青阳变电所也由35千伏升压为江阴第一座110千伏变电所。为加强对江阴电力工业领导理顺关系,1972年10月,县革委会批准供电站从农建局划出,恢复供电所建制。

计划用电　由于"文化大革命"破坏了正常生产秩序,在严重缺煤的情况下,电厂只得控制发电量,实行限产,使本就供不应求的电力工业雪上加霜。在电力十分紧缺情况下,电网一度实行低周运行(47.5赫兹)。由于低周运行违背电网运行规范,给电网和发电设备带来极大危害。当时,望亭电厂有5台苏联生产的2.5万千瓦的发电机组参加低周运行不到半年,汽轮机叶片就发生金属疲劳而出现折断,5台发电机组线圈均出现短路现象。所以,低周运行方式很快就被国家电力部门禁止采用,电网运行恢复50周波。

在电力供应矛盾十分突出的情况下,为加强对电力使用过程中的管理,1973年县革委会成立了"三电办公室",供电所成立了"三电组",对电力强制实行计划使用。对企业用电实行"四定"管理,即"定用电单位、定用电量、定用电负荷、定用电时间"。同时,对农村工业用电实行先购电再凭证用电。特别是在生活用电上,严格控制空调等家用电器的使用,使用空调要交纳3000元不等的空调使用费。"三电办"这种计划用电管理机构,对当时经济发展起到了一定的作用。江阴的"三电办",一直延续到1999年。

成立电力站　1976年10月,为加强农村电力管理,根据江苏省电力局文件,江阴县先后以公社为建制,建立了29个用电管理站,1982 年统一更名为电力管理站,电力站作为公社机构,行政属公社革委会领导,供电所只对其作业务指导。

转　折

成立县供电局　党的十一届三中全会后,电力工业进入了全面快速发展时期,为加强电力工业的领导,进一步理顺管理体制,1979 年 1 月,按照电力工业部的通知,对市、县供电管理机构进行规范。县供电管理机构一律更名为××县供电局,如江阴就叫江阴县供电局,隶属于苏州供电局。供电局政企合一,既是政府管电职能部门,又是服务窗口单位。行政编制纳入市级机关管理,受地方和条线双重领导。党政主要领导由地方和条线共同任命,这种管理模式在一段时期密切了与地方上的关系,对计划经济下发展电力事业起到了促进作用。

1981 年,江阴实行了村村通电,全县 27.47 万农户有 27.42 万户用上了电照明。

1983 年行政体制改革,全省实行"市管县",江阴县供电局从苏州供电局划出,隶属无锡供电局。

集资办电　改革开放后,经济快速发展,特别是农村,包干到户激发农民积极性,解放了劳动生产力,一批乡镇企业应运而生。与经济发展相比,电力供应日趋滞后。这是因为电力建设周期长,当时建一座 10 万千瓦级发电厂,从立项到投产一般需要 2 年以上时间。同时,因为当时我国刚刚摆脱十年动乱,资金和物资短缺。解决缺电,成为党和政府发展国民经济的重点。为此,国家一方面制定了政策,跳出了独家办电的框框,走多家办电之路。江阴为解决缺电问题,县委、县政府采取应急和长期相结合的措施。应急措施就是组织煤油加工发电,购买议价电,例如 1984 年 9 月至 1986 年 10 月,江阴和苏州供电局联合组织电煤,送至谏壁电厂加工发电。长期措施就是鼓励有条件的企业建自备电厂,引进外资办电厂,加大投入,建设改造供电网络。所以,一段时间江阴各地出现办电热潮。其中,1985 年,根据国家政策,江阴与无锡市集资兴办装机容量 2×5 万千瓦的周庄电厂,在全国县级市开了集资办电的先河。1987 年和 1988 年两台机组相继投运,使我市和无锡市电力紧缺得到缓解。我市的做法受到各界的赞扬。当时水电部副部长史大桢充分肯定家乡人这种敢为人先的办电勇气,并为此题词:"长江之口,办电之首。"

创建标准化乡 20 世纪 80 年代,由于材料紧缺,为节省材料,当时江阴的电力设施特别是农村电力设施,电杆采用的是木杆水泥接腿,就是一根电杆由两部分组成,下面一截为防木杆腐朽,供电局自行制作了水泥接腿,在水泥接腿上绑上木杆。10 千伏配电线为省下一根导线,采用"二线一地"制,即两根火线,一根地线。由于电力设施简陋,安全性差,易发触电伤人事故。供电线损率高,普遍在 20％以上。为提高电网安全性和电能利用率,改善供电环境,1986 年,江阴县供电局根据无锡供电局关于建设使用电标准化乡的要求,采取农户、村委会和电力站三方出资共建的方式,率先在马镇乡通过无锡供电局验收,成为无锡市第一个用电标准化乡。之后用电标准化乡建设在江阴全面展开,1989 年 29 个乡镇全部达标。在标准化乡建设中,供电局加快对 10 千伏配电"二线一地"制改造步伐,1992 年全市"二线一地"制线路改造完毕。

实行局长负责制 在改善供电环境的过程中,电力管理体制的改革也在进行。1984 年 8 月,县供电局实行党组织领导下的局长负责制。1987 年,供电局实行局长负责制,局长由无锡供电局局长聘任,副局长及总工程师由局长聘任。

"两化"市建设　在新的管理体制下,江阴市供电局在建设农村用电标准化乡(镇)基础上,为进一步改善江阴农村用电环境,服务经济发展。1993 年市委、市政府提出"农村电气化、用电标准化县(市)达标建设"(简称"两化"市建设)。市供电局在市政府统一领导下,按照江苏省"两化"市建设标准,由政府、供电部门、各乡(镇)与村和电力管理站共同投入 3 225 万元资金,集中整改供配网络,改善电网结构,合理增加电源点,提高供电质量。整改高低压线路 2 020 千米,实行联户装表农户占全市农户数 85%。通过"两化"市创建,农村供电可靠率由原来 92% 提高到 96.23%,村村通电和户户通电率均达到 100%。1993 年 11 月 26 日,江阴"两化"市创建工作通过省政府、省电力工业局联合考核验收,率先成为江苏省农村电气化、用电标准化达标市(县),在全国处于领先地位。

"一镇一变"建设　随着电力紧缺得到缓解,电力供需出现了新的矛盾,出现了有电受不进、供不出的"卡脖子"现象。在"两化"市达标建设同时,市政府、供电部门经过协商,"按照一定比例,企业、政府、供电部门各出一部分资金建电网,到 1995 年以全市 29 个镇为基数进行综合平衡,基本实现'一镇一变'电网建设目标"。据此精神,我市从 1993 年至 1995 年集资 3.1 亿元。供电局紧紧抓住电网建设的有利时机,依靠自己的技术力量加快电网建设。三年内,建设 35 千伏变电所 1 座、110 千伏变电所 9 座。到 1995 年年底,全市已拥有 35 千伏及以上公用变电所 29 座,实现了"一镇一变"电网建成目标,基本形成了以 110 千伏为主体的供电网络,有效解决电网"卡脖子"问题,为江阴经济的发展提供了充足、可靠、稳定的电源。

腾　飞

电源点建设　在电网建设中,220 千伏在很长期间是江阴电网的电源点。江阴首座 220 千伏变电所由 1977 年 110 千伏江阴变升压改造而成。1989 年 12 月,江阴第二座 220 千伏芙蓉变投运。由于芙蓉变为无锡 500 千伏斗山变的配套工程,芙蓉变投运后,江阴电网经过芙蓉变与 500 千伏斗山变相连,构成锡澄电网。到 1990 年,江阴电网已拥有 220 千伏容量 33 万千伏安(江阴变 21 万千伏安、芙蓉变 12 万千伏安);拥有 220 千伏线路 4 条,长 89.87 千米,分别是三江线、谏江线、芙斗线和芙江线。

之后,江阴市供电局抓住利港电厂和夏港电厂发电送出配套工程建设,以及江阴经济建设对电力需求,从 1995 年至 2002 年,先后建设投运 220 千伏暨阳变、滨江变、延陵变、新沟变 4 座和 220 千伏兴澄钢厂用户变 1 座,其中,220 千伏延陵变,为江苏电网第 100 座 220 千伏变电所。同时,配套建设兴滨线、夏芙线、斗暨线等 220 千伏线路 8 条,长 103.38 千米。尤其是 1996 年在建设 220 千伏滨江变时,时任电力工业部部长史大桢亲临视察,并题词"安全供电、优质服务、团结拼搏、争创一流"。

2003 年至 2007 年,江阴市供电局(公司)主动作为,积极争取江苏省电力公司电网建设投资与项目,先后建设投运长新、季庄、璜南、南运、东园、盘龙、天华 7 座 220 千伏变电所。

2008 年至 2010 年,又建设投运了曙光、澄江、成化、亚包 4

座 220 千伏变电所。2010 年 2 月,江阴首座 500 千伏陆桥变投运,江阴的电源点由 220 千伏上升为 500 千伏。

体制改革　随着电力工业的发展,以及国家对产业结构的调整,电力供需矛盾发生了新变化,1996 年,电力由计划经济开始向市场经济转移,国家启动电力体制改革进程。1997 年 1 月,为贯彻中央政企分开的改革精神,国家电力部改制为国家电力公司。

"两改一同"工作　1998 年国务院在部分省(市)试行农电体制改革基础上,于 1999 年 1 月 4 日,批转国家经贸委《关于加快农村电力体制改革加强农村电力管理意见的通知》,即国发〔1999〕2 号文,决定对农村电力管理体制进行改革和对农村电网进行改造,将农村电力管理站改为县供电企业派出机构,电力站人、财、物归县供电企业管理,对电力站实行收支两条线管理。同时,由供电部门投资改造农村电力设施,最终实行同一电网,统一用电价格,即"两改一同"工作。建国以来一直实行"双轨制"运行,即城网建设由国家投资,农村电网建设由农民出资,而农民用电价格却高于城市居民。

江阴市农村电网改造分一、二期进行。一期改造工作于 1998 年 12 月 21 日启动,2000 年 3 月底结束,总投资 2.76 亿元。2000 年 4 月通过省政府组织的工程验收,成为江苏省首批 36 个农村电网建设改造竣工县(市)之一。期间,按照"小容量、密布点、短半径"改造原则,建设 110 千伏变电所 2 座、35 千伏变电所 3 座,建设与改造农村 10 千伏线路 668.25 千米,安装和更换配电变压器 2 174 台,容量 24.83 万千伏安,建设改造 400 伏及线路 3 390.81 千米,完成 25 万农户进户线改造和表计更换。改造后,农村电网 10 千伏供电半径在 15 千米内,400 伏供电半径在 500 米内,线损率由平均 11％下降到 9％左右,农村居民由过去联户装表改为"一户一表"。2000 年 9 月,江阴市供电局被省政府授予江苏省农村电网建设改造先进集体。2000 年 12 月,农村综合变以下居民生活用电实现"同网同价",执行全省统一销售分类电价。2002 年,农村综合变以下非居民照明实现同网同价,执行全省统一销售分类电价。

在进行农村电网改造中,根据省政府苏政发[1999]95 号文精神,江阴市政府在 1999 年 12 月以澄政发〔1999〕152 号文,成立了江阴市农电体制改革协调小组,同时,以澄政发〔1999〕153 号文撤销各镇电力管理站,原电力管理站改为供电所,成为江阴市供电局的派出机构。市供电局从 2000 年 1 月 1 日起对供电所实行了收支两条线管理,以及城乡电力一体化管理。按照上级关于加强农电管理的要求,在 2000 年 1 月 14 日成立了江阴市供电局农电管理所。2000 年 3 月底前完成了镇、村两级集体电力资产的清理登记、造册,经过江阴市审计局审计,进行了资产移交,到 2000 年年底镇、村两级电力资产移交结束。

在进行农村电力体制改革中,江阴市供电局加强了对供电所的管理,全面推行了"三公开"、"四到户"、"五统一"(电价公开、电量公开、电费公开;销售到户、抄表到户、收费到户、服务到户;统一电价、统一抄表、统一发票、统一核算、统一考核)的电力营销制度,取消了村级管电机构,整顿了农电队伍,调整了人员结构。在"一县一价"的基础上,从 2000 年 12 月 1 日起江阴市农村居民生活照明用电实行了"同网同价",每千瓦时 0.52 元,结束了几十年来由于计划经济带来的城乡居民生活用电价格不一,农村生活用电负担过重的历史。

创一流企业 在进行电网建设改造过程中,为进一步提高

我市电力管理水平,巩固农网改造取得的成效。市供电局依据
1999 年工作实绩,对照国家电力公司一流供电企业标准,在
2000 年开展创全国一流县供电企业活动。其间,先后到山东牟
平、寿光等公司学习取经。经全局上下努力,仅资料台账就准
备 144 卷。2001 年 6 月,通过国家电力公司专家组验收,成为
全国首批一流县供电企业。2002 年江阴市被国家发展计划委
员会、国家电力公司评为全国一期农村电网建设与改造先
进市。

二期农网改造　2002 年 4 月,市供电局又根据江苏省电力
公司统一部署,实施总投资 1.13 亿元的二期农村电网改造工
程。期间新增 10 千伏线路 336 千米、400 伏线路 675 千米,新
增改造配电变压器 1 087 台,容量 18.97 万千伏安,改造农村
"一户一表"10 299 户。二期农网改造与一期农网改造区别实
行企业化运作,改造项目由一期农网以村为单位改为以配变台
区为单位;取消由农民承担农网改造中物资运力、青苗赔偿方
面的负担,二期农网改造工程预决算全部进入计算机系统。因
此,二期农网改造惠农特点更加明显。

成立供电公司　2002 年,根据中央的电力体制改革部署,
原国家电力公司撤销,按照"2+4"新组建了两大电网和 5 大发
电集团。两大电网就是国家电网公司和南方电网公司。国家
电网公司成立后,省、市、县电力管理体制也相继进行企业化改
革。2004 年 12 月,无锡供电公司和江阴市委、市政府联合召开
会议,宣布成立江阴市供电公司。原市供电局的管理职能移交
给市发改局。

建设坚强电网　市供电公司成立后,按照企业化、市场化
要求,集中精力建设电网、优化服务,加强自身建设,认真履行

社会职责,提升诚信电力形象。从"十五"以来,科学规划,超前实施。积极向上争取建设资金和项目,到 2010 年年底,先后投入 100 多亿元建设电网。全市已拥有 35 千伏及以上变电所 88 座,主变容量超过 1 073 万千伏安。拥有 10 千伏及以上线路 933 条,长 6 288 千米。全社会用电量、供电量分别达到 193.89 亿千瓦时和 182.59 亿千瓦时,同比分别增长 13.67% 和 16.52%。电网规模和经营业绩在全国县级供电企业名列前茅。尤其是 2010 年 2 月,500 千伏陆桥变的建设投运,使江阴电网已形成以 500 千伏为主电源,220 千伏为网络,110 千伏为骨干,35 千伏和 10 千伏为配网的电网结构,基本适应和满足了江阴经济社会发展对电力的需求,达到供需平衡。

新农村电气化建设 在电网建设的同时,2006 年 8 月,国家电网公司为贯彻落实党的十六届三中全会精神,服务社会主义新农村建设,提出新农村电气化建设"百、千、万"工程,即从 2006 年到 2010 年在国网系统建设一百个新农村电气化示范县,一千个新农村电气化示范镇,一万个新农村电气化行政村,并制订农村电气化县、镇、村创建标准,我市被列为国网公司首批新农村电气化创建示范点。市供电公司按照"总体布局,示范先行"的原则,对照国网公司创建考核办法和要求,按照 10—15 年不落后为标准,以不低于 20% 的比例,在全市建制镇和开发区中确定新桥、华士、云亭、徐霞客和新城东等 5 个镇区为新农村电气化建设先行镇。按照不小于 30% 的比例,从以上 5 个镇(区)中确定陆堡村、新桥村等 28 个村为电气化先行村。创建后农村 10 千伏供电半径由 15 千米平均缩小至 6.6 千米,400 伏供电半径由 500 米平均缩小至 380 米,低压进户线按每户不小于 8 千瓦进行配置,进一步提高农村电网供电质量和安全可靠性。是年12月通过江苏省经贸委和国家电网公司组织的考核验收,使江阴市成为国网公司首批新农村电气化县(市)。2007年3月,江阴市供电公司被国网公司授予新农村电气化创建先进集体。之后,市供电公司每年按计划投入资金,推进新农村电气化镇、村建设,到2010年年底,我市已有70%的镇、村通过新农村电气化达标,其中电气化镇11个、电气化村173个。

"十二五"期间,江阴市供电公司将以服务江阴率先基本实现现代化为目标,主动作为,超前作为,高效作为,服务好地方经济的发展。

土改时乡乡通邮的经历

鲁汝华

1950年9月,我由宜兴邮局调往江阴邮局工作,担任江阴邮局局长。那时,正值土地改革运动的前夕。我到江阴的时候,县委正在周庄区周东乡进行土地改革试点,运动搞得轰轰烈烈,为了便于开展工作,方便广大群众,县委领导向邮局提出了乡乡通邮的要求。

那时江阴邮局军代表是崔亚民,他是泗阳县穿城区人,为人诚恳热情,工作责任心强,肯帮助人,和我是同龄人。根据县委领导的要求,我们分析当时江阴邮政机构的现实情况,全县有县局1处,三等邮局3处,为杨舍、青旸、华墅。三等邮局由省局直接领导,每局配备局长1人,负责管理和营业,投递员1人,负责接送邮件和市镇投递。全县有7个邮政代办所,其中东南各乡镇的邮政代办所22处,均由无锡邮局领导,西面各乡镇,西石桥镇以西的5个邮政代办所,由常州邮局领导。江阴邮局实际管辖范围,南至月城桥,西至西石桥,东至护漕港,共有邮政代办所40余处。全县有90个小乡需要解决通邮的任务,时间紧迫,任务繁重。

亚民和我分析现状,从江阴的实际情况出发,确定了3点工作方法:1. 省局直接领导的三等邮局3处、常州局领导的邮政代办所5处、无锡局领导的邮政代办所中和江阴局有邮运联系的7处均划给江阴邮局领导,并建立邮运联系。当时还缺乏邮路联系的邮政代办所 15 处,仍暂由无锡局领导。2. 在当时有小集镇的乡新建邮政代办所,负责传递邮件信报。3. 在无小集镇的乡设立乡邮通信站,由乡政府委派乡邮通信员 1 名,每天按时与附近邮政机构交接邮件信报。

那时,江阴邮局没有职能部门,也没有职能人员,亚民和我商量,先向江阴县委汇报,取得领导的支持。并决定苦战一个冬季,走遍各个区乡,完成乡乡通邮任务。于是,我俩身背背包,携带日用品,自县局出发,走区穿乡,逐个拜访区乡领导,取得他们的帮助,逐区逐乡落实任务。当时,正逢建国初期,既没有四通八达的公路,也没有可以乘坐的汽车,而且我们连一辆自行车也没有,两人身背被褥,徒步走在泥路上,硬是靠一双脚走遍了全县 128 个小乡。而且,当我们为通邮奔波的时节,正是寒冬腊月,每天都冒着风寒行走在乡村田头,常常遇到雨雪天气,为了早日通邮,我们也不停歇,从早到晚,顶风冒雪,奔走不已。那时我们正年轻,两个人都不到 30 岁,怀着一颗火热的心,带着热烈的事业心,对工作一丝不苟。亚民和我日则同餐,夜则同宿农家稻草铺上。夜间,新收割的稻草发出阵阵香气,别有一番风味,一天行走疲劳,至此尽消。我俩如兄似弟,互相关心,天气渐寒,时有雨雪,当行至长江沿岸各乡镇时,天气已经严寒,朔风凛冽,我们都没有棉大衣,寒气直透胸际,在春节前夕,我们终于完成了任务。

在乡乡通邮工作中,江阴邮局在璜土镇聘用了一名特约工,每天接送邮件,把常州局领导的石庄、利港、篁村、黄坍 5 个代办所划归江阴邮局领导。在全县当地有小集镇的赤岸、南涧、栏门沙、东八圩桥、芦埠港、新桥街、悟空乡、沈家冲、黄渡坝、前马桥、汇头上、仇庄、小湖、塘石堰、朝东圩港、新苗乡、善港、朱家埭、秦泾桥、皮弄乡、璜塘上、璜大村、大德镇等 23 处设立了邮政代办所,并在 60 多个小乡建立了乡邮通信站,联系信报交接,全县乡乡通邮的任务,基本上完成了。

时光荏苒,乡乡通邮转眼已半个多世纪,当年的工作历程现在想来犹在眼前,那时我们都有一个美好的愿望,建设祖国美好的未来。如今,崔亚民已经跨鹤西去,但是每当夜深人静的时候,我常会想起共同战斗的战友,他曾是我革命前进道路上的领路人。

回忆 1958 年建设农村邮电网

鲁汝华

1958 年,江阴县实行人民公社化。有一天,江阴县邮电局局长刘益民自县里开会回来,他满面笑容,向我介绍了县里开会的情况,传达了江阴县三届一次人代会的精神,说大会决议中有"关于建立农村邮电网、全面设立农业社邮递员"一条,我们要考虑如何贯彻,他并且向我描绘了社会主义美好的前景,我听了心花怒放。

这年 3 月,江阴县邮电局决定搞将乡电话延伸到村的试点,试点选择在南闸乡,先摸索一些经验,然后全面铺开。局里事先将库存 7 米大杆、1.6 厘米铁线、隔电子等器材运往南闸,然后组成 10 人左右的施工队伍前往南闸,刘益民和我都参加了施工队。那年我不到 40 岁,任县邮电局副局长,刘益民 30 岁出点头,都还年轻。到达工地后我们立即开展行动,有的测量,有的配料,木杆每 67 米一档,测量好后,有的抬木杆,有的背铁线,有的打洞、立杆,益民和我都套上了脚扣,爬上了木杆,由于木杆高度不高,我们上杆不觉得吃力,工作也还顺利,没多久,一档档锃亮的铁线架在了天空,天气晴朗,阳光明媚,发出耀眼的光芒。风吹电线,发出呜呜的声音。线路向四方延伸,向西一直伸到与武进交界的观西村。3 天时间试点结束,公社到大队的电话全部沟通,采用单线、同线,一条线上安装 2—3 部电话,最多的有 4 部电话。

试点结束,就要全面推开。可是库存木杆已经全部用完,如果仍用木杆,木杆哪里来?当时有 19 个公社要新建邮电机构,房屋、人员、器材哪里来?我们初步研究作出决议:公社邮电局负责人、话务员请公社推荐,机线员在退伍军人中寻找。设立电信修配厂,组织装配 20 门小交换机 22 部备用。木杆改用毛竹竿,夹电子旁脚改用直脚,安装时请各公社提供劳动力及毛竹竿,并请各公社组织 3—5 名投递员。对公社邮电局负责人、话务员、机线员、投递员分工种由邮电局分片、分批进行培训。于是一个热热闹闹的建设农村邮电网、大队通电话、通邮路的活动开始了。截至 1958 年 9 月,公社邮电局全面建成,170 名农业公社投递员上岗投送信报,于是大队通电话了,通邮路了,用户方便了,干群喜气洋洋,农村电话用户由 189 户上升为 1 330 户,并产生了一支年轻有为朝气蓬勃的邮电队伍。在建设农村电话网中,全县各公社共支援民工劳动日 6 520 个,毛竹竿 13 200 根,为建设农村电话网作出了贡献。

和现在相比,当时的邮电网还是比较初级的,每天,话务员不断地摇动着把子,接通电话。由于是同线电话,有的用户摇一下,有的用户要摇数下。用户要打通一个电话远没有现在这样快捷方便。而且每天早晚两次要"避峰",当县有线广播播音时,农话暂停,给有线广播让路。

农村电话网建成后,由于邮电的全程全网,江阴县邮电局采取了统一领导、统一经营、统一管理的办法,对用户挂发公社内部电话、片内电话,干部使用时免收通话费,企事业单位使用时叫号电话每次收费 5 分,叫人电话每次收费 7 分,传呼电话每次收费 1 角。为了统一管理,降低成本,不久取消了对干部免费的规定。

　　1960 年,由于自然灾害,国家采取了"调整、巩固、充实、提高"的八字方针,决定缩短战线。这一年,170 名农业社投递员全部辞退,地区邮电局领导还一再找江阴县邮电局领导谈话,要求将已建成的大队电话拆除。我们征求了江阴县各级党委政府的意见,大家都认为农村电话老百姓很需要,不能拆除。在此情况下,江阴局采取了下放给公社经营的办法,改由各公社"自维自养",这样终于将大队电话保留了下来。三年困难时期过后,形势有了好转,江阴局又将社办农话收归县局经营,按每个季度实行业务财务会审,使农村电话管理健全、服务良好,并且达到了每年有盈余。1964 年,局里还对农话线路质量较差部分 480 条线路进行更新。江阴局的业务财务会审办法曾在全省邮电工作会议上作过介绍,得到省局的肯定。

　　在 1958 年建设农村邮电网活动中,江阴局局长刘益民始终主持这项工作,他办事果断,思维敏捷,考虑周密,使工作有序开展,效果显著。后来他调任江阴县人民法院院长,"文革"中下放原籍东台农村,后任东台县人民法院院长。1998 年因病医治无效逝世,噩耗传抵江阴,我与市邮电局工会主席周俊法专程前往吊唁,含泪对逝去的战友表示沉痛的哀悼。

江阴邮电 50 年

鲁汝华

解放后不久,我从宜兴调来江阴,在江阴邮电部门担任领导工作30多年,目睹江阴邮电事业的迅速发展。特将半个世纪以来邮电事业的变化,撰述于下:

一、原始落后的旧邮电

旧中国留下的邮电企业,机构分散,设备落后,技术陈旧。那时的机构,县所在地的澄江镇,有1个二等邮局,1个电信局,1个电话交换所。农村中有3个三等邮局,为杨舍、青旸、华墅;4个电话交换点,为杨舍、青旸、华墅、晨阳堂;67个邮政代办所,分别由江阴、无锡、武进、常熟4个县、市管辖。西面的璜土、石庄、利港邮政代办所,因与武进县有小轮、民船联系,由武进邮局管辖;东南面的周庄、陆桥、新桥、文林、长泾、河塘、马镇、璜塘、桐岐等镇范围内的邮政代办所,因与无锡市有小轮联系,由无锡邮局管辖;最东面的老海坝邮政代办所由常熟邮局管辖。全县专职邮电人员仅90人左右。

那时邮政、电信部门没有自己的1间房屋,都是租用私房。邮政专用工具没有汽车、摩托车,仅有4辆自行车。进出口邮件均由社会交通运输工具如公共汽车、小轮船、民船带运。江阴至后塍邮件由班船带运,船主李来发是绍兴人,他所行驶的正是鲁迅先生小说中说的乌篷船,船停在东门外楼下桥,沿途经过蒲鞋桥、金童桥、三官殿、占文桥、袁家桥至后塍,每到一地,敲小锣为号,上下旅客,交换邮件。有两条自办邮路,一条由江阴至东乡石牌、南沙、三甲里、西五节桥、德积街、护漕港、晨阳堂、大德镇、善政桥、福善镇等地至牛市街。三日一班,全长70千米。晴天骑自行车,雨天道路泥泞,改为步行。冬天朔风凛冽,邮递员踏冻起行,十分艰苦。另一条由江阴至靖江城,邮运员骑自行车经黄田港东乘义渡船经八圩港登岸至靖江。义渡船行驶江中,波涛起伏,冬季水浅,义渡船难靠码头,邮运员掮着自行车和邮件排滩行走,每遇大风,义渡船停航,邮运停止。整个市区,只有4个投递员,送信全靠步行。1949年全年收寄函件97.4万件,人均1.2件。

至于电信,电报使用话传,即用电码在电话中口传给对方。业务清闲,两名报务员还兼营业。市内电话仅有1台105门的磁石交换机,3名话务员,45户市话用户。农村电话在县政府内设有1台50门交换机,农村中4个交换点各有10门小交换机1台,共有114个用户,大都为单线、同线,串音大,时常损坏,两户通话,数户都可听到。有两对长途线路,分别通往无锡、靖江,农村中只有青旸镇开放长途电话。挂发外地的长途电话,要通过无锡转接。1949年全年挂发长话4 900余次。

二、发展通信,满足社会需要

人民政府接管旧邮电后,即着手调整机构,改善设备,提高通信水平,为党、政府和广大人民通信需要服务,逐步把由无锡、武进管辖的农村邮政代办所和省局直接领导的三等邮局划归江阴领导,形成一个以县城为中心的邮政网。将较大集镇的邮政代办所改为营业处自办机构,在较大的居民聚居处新设邮政代办所 20 余处,在一些小乡设立乡通信员,实现"通邮至乡"。在区所在地设立电话交换机。1950 年,增办报刊发行业务,将报刊发行作为邮电行业的基本业务之一。1953 年,将电信交换所并入邮电局,改造农村电话线路,由单线改为双线。随着互助合作运动的发展,1956 年设立农业社邮递员,把信件报刊投送到农村。

1958 年,根据《农业发展纲要》的要求建设农村邮电网,在没有自办邮电机构的人民公社设立邮电所,安装总机,架通公社至大队的简易电话,使用单线和竹竿。1959 年冬,市内电话由磁石式改为共电式,成为苏州地区第一个共电制县局,从此,市区电话用户打电话不再用手摇。电报使用 55 型电传快机,电路安装载波机,邮运使用三轮汽车。设立公社邮递员,每个公社设投递员 3—6 名,把信件报刊直接投送到户。

1960 年开始的三年困难时期,江阴农村农民缺粮,外地亲属纷纷邮寄内装粮票的"特挂"信,还有大批食品小包,邮电局千方百计确保安全寄达,以缓解农民生活困难。

1967 年 10 月,装配三轮机动车两辆,时速 35 千米,接送到汽车站、江边码头的邮件,为江阴县邮电局自办汽车邮运的开始。1970 年 8 月,开办江阴至靖江、江阴至华士汽车邮路。不久,无锡邮电局开办无锡经江阴至靖江、泰兴邮路,常州邮电局开办常州经江阴至张家港邮路,两条邮路均带运沿途江阴各乡镇邮件,为江阴部分乡镇进出口邮件提供了方便。

1970 年 2 月,根据国务院、中央军委通知决定,将电信局从邮电划出,是月,分别成立江阴县邮政局、江阴县电信局,邮政局属县革命委员会领导,电信局属县人武部领导。经过 3 年 8 个月,1973 年 11 月,两局又合并为县邮电局。

1977 年,建成两幢共计 3 003 平方米的综合楼,开通了 1 000 门纵横制自动电话交换机,在苏州地区各县中率先实现市内电话自动化。

中共十一届三中全会后加快了邮电建设步伐,1982 年,建成以县城为中心的自办汽车邮路网。1985 年,开通江阴至无锡 300 路微波电路。1986 年,江阴进出口电报进入南京 256 路自动转报中心。同年,开办邮政储蓄业务,为国家集中更多的建设资金。1987 年,市内电话扩容达 4 000 门,电话号码由 4 位升为 6 位,全市电话机达 1.3 万部,平均每百人达 1.2 部。邮电生产用房达 2.12 万平方米,固定资产达 1 020.9 万元,邮电职工 884 人,邮电收入 950.61 万元,城市投递达 18 个段。

三、建设现代化信息化城市

1988 年起,邮电通信开始大发展,中共江阴市委、市人民政府把通信建设作为发展地方经济、改善投资环境基础设施之一,列入地方发展规划。是年 9 月 9 日,市委、市政府召开首次通信工作会议,部署全市通信工作,给邮电通信发展以巨大的推动。以后每隔数年召开一次,抓规划、抓促进。邮电部门抓住机遇,认真贯彻国务院的"国家、地方、集体、个人一起上"和"统筹规划、条块结合、分层负责、联合建设"的发展方针,从此,一场邮电通信建设的硬仗揭开了序幕。领导集思广益,敢挑重担;工程技术人员不怕困难,认真钻研;全局人员快马加鞭,一着不让,在上级邮电部门和市、镇两级党委、政府的领导和支持下,解放思想,引进高新技术和先进设备,加快建设步伐。

1989 年 12 月 15 日,开通 64 路电报分集器,将原由人工接转的电报,改为由机器自动接转和分拣,使江阴收受的电报自动转送到全国电报通信网中,加快了速度。1991 年 6 月 8 日,建成澄江路市话 80 分局,开通 1.2 万门数字程控电话交换机及 300 线长话电路。同时开通"114"微机自动查号系统,用户查号时能够根据指令自动搜索,向用户报号,既快又准。

80 局建成以后,全市用户尝到了通信现代化迅速方便的甜头,感到建设现代化通信的紧迫性,以此开端,城乡电话建设齐头并进,长途、市内电话、农村电话、移动、寻呼一起上。1992 年,开通移动电话和万门寻呼电话。1993 年 4 月,开通 3 000 路端长途程控交换机,架设光缆 200 多千米;10 月,市内电话全部实现程控化。同时开办江阴 168 声讯台,拥有 10 万门语音信箱,每天 24 小时为用户提供信息服务。从这年起,每年集中投入巨额资金,快速、持续建设地方通信,1993 年 1.27 亿元,1994 年 1.13 亿元,1995 年 2.1 亿元,1996 年 1.75 亿元,1998 年 2.18 亿元。

1994 年 4 月 15 日,是全市人民喜庆的日子,全市城乡电话全部实现程控化,市政府为此在长江饭店举行了新闻发布会,江阴市邮电通信进入了一个崭新的历史时期,国内国际直拨,随拨随通,畅通无阻,声音清晰,如同面谈,真是"拨通分秒间,天涯若比邻"。

异军突起的移动电话和无线寻呼(BP 机)以惊人的速度跳跃式增长。到 1998 年年初,移动电话已拥有 A 网、B 网、G 网,共有信道 2 099 个,实现无缝覆盖。"大哥大"已放下高贵的身价,快步进入寻常百姓生活中。BP 机用户达到 8.42 万户,平均每百人拥有 9.5 部。

1995 年开始建设电话村、电话镇,优质、低价为农村用户服务。各农村邮电支局的生产用房全面进行改建、扩建。是年 9 月 24 日,江阴市电话网纳入无锡市 C3 本地网,电话号码由 6 位升为 7 位。1997 年,位于市中心中山南路的 21 层电信大楼落成,楼高 88 米,连顶部铁塔共高 120 米,是市区高层建筑物之一,成为全市的通信枢纽和指挥中心。1998 年 10 月 24 日,江阴市率先在无锡地区建成电话市,每百人拥有电话机 34 部。

在加快电信建设的同时,邮政通信也不断加强现代化建设,应用了大量先进设备,扩大了服务领域。其中速递业务国内通达 1 800 多个大中城市,国际通达 140 多个国家和地区。报刊发行 6 345 种,期发 86 万余份。邮政储蓄和集邮业务,均名列全省县市局前茅。

在加强邮电设备建设的过程中,江阴邮电人员也同时注意加强精神文明建设,"我爱邮电,争优创先"的局规深入人心,处处为用户着想,把用户的利益放在第一位,已成为每一个邮电职工的服务规范。每一件疑难信件总要千方百计予以妥投,每一份高校录取通知书总做到一丝不苟地准时送达。新区建到哪里,邮电通信服务就到哪里。

现代化通信的发展,促进了地方经济的繁荣和增长,为招商引资提供了坚实的物质基础,在工农业生产、商品购销、文化交流和旅游服务方面发挥了积极作用,也成为人们日常生活方面不可缺少的通信工具。目前,一年的城乡通话量达 1.13 亿次,长途电话通话量达 3 561 万次。通信给人们生活带来了许多方便,在江阴经济发展中,发挥了巨大的作用。

江阴是全国十佳卫生城市之一,在这座美丽城市的街头,人们手持"大哥大",边走边通话。公用电话过 10 多米就有一家,全市公用电话已达 3 739 户。用不锈钢支架,配以嫩绿、奶白、天蓝等色的玻璃罩,一个个新颖、美观的卡式电话错落有致地立在街头,不时可以看到用户伫立着通话,体现着江阴市民整洁完美的形象。还有不锈钢制成的立式信筒,在太阳下发出耀眼的光束,与卡式电话交相辉映,为这座美丽的城市增色不少。

　　50 年过去了,弹指一挥间,看一看 50 年来巨大的变化,电话交换机由 200 门变为 30 万门,长途电话电路由 2 路增为 5 000 路,营业用房由零变为 11.84 万平方米,机动车辆由零发展为 156 辆,固定资产总额由微不足道增为 9.69 亿元,业务收入增至 3.45 亿元,全局职工增至 1 200 余人。设备赶上了世界先进水平。

　　1998 年 9 月 9 日,根据国家规定,邮政、电信两局进行分营,江阴邮电人员正抓住世纪之交的良好机遇,为实现通信持续、快速、协调发展创造条件,使通信向智能化、宽带化发展,更好地为建设现代化江阴港口城市服务。

江阴邮电分营纪实

顾阿林

俗话说,分久必合,合久必分,历史永远是后浪推前浪,永不休止。1949年4月22日江阴解放以来,江阴邮电业经历了三次分合,尤以1998年的邮电分营最令人难以忘怀。

1949年4月22日江阴解放后,4月26日解放军江阴县军事管制委员会邮电接管组接管了江阴邮政局和电信局,军代表崔亚民、副代表葛克明进驻,原邮政局长俞开庆、电信局长顾光惠均留任,邮电事业得到新生,开创了邮电事业新纪元。

1951年8月1日,江阴邮政局、电信局合并,成立江阴邮电局,吴常义任局长,鲁汝华任副局长。1953年11月更名为江阴县邮电局。同年江阴市交换所(农村通信机构)并入邮电局。

1970年1月29日,"文化大革命"期间江阴县邮电局拆分为江阴县邮政局和江阴县电信局,王寿昌任邮政局临时负责人,电信局由县人武部领导,军代表庄岳兆任党支部书记,戚祥生任负责人。

1973年11月15日,江阴县革命委员会副主任尹洪生参加邮电系统干部职工大会,宣布邮电合并,成立江阴县邮电局,孙长喜任局长。

改革开放以后,随着社会主义市场经济的推开,通信业成为市场竞争中的排头兵。为了迎接中国加入WTO后国内外对通信市场的挑战,增强中国通信企业在市场竞争中的能力,国务院对部分风险较大的行业进行重组,邮电行业首当其冲。1998年的邮电分营在剧烈竞争的气氛中拉开帷幕。这次分营时间紧、难度大、涉及面广,给我们留下了极其深刻的印象。

在邮电大分营前,首先将部分电信业务从邮电企业中剥离出去,组建专门的公司经营。

1998年5月12日,组建中国移动通信责任有限公司江阴分公司,郁亚萍等48名职工及相关移动专业的资产从邮电局剥离进入移动公司。

9月2日,组建中国联合通信责任有限公司无锡分公司江阴营业部,张晓峰等12名职工及相关的专业资产从邮电局剥离进入联通公司。

在此基础上,根据江苏省苏邮〔1998〕752号文件《关于印发〈江苏省邮电分营实施方案〉的通知》精神,我们迅速成立了江阴市邮电分营领导小组,负责江阴的邮电分营工作,为了确保邮电分营工作公平、公正,上级明确规定原局领导班子成员分配去向在邮电分营工作结束后由上级宣布。

邮电职工的划分是分营工作的关键。上级规定,邮电干部、职工、离退休人员的划分标准是人随事走的原则,属邮政专业的人员划给邮政,属电信专业的人员划给电信,综合专业的人员(含调入、军转人员),看进入综合岗位前的专业及在邮政、电信两专业的时间长短来划分,直系亲属都在综合岗位按邮政、电信各半划分。分营小组做了大量细致的工作,最后划分结果:划给邮政的干部84人,在职生产人员397人,离退休干部19人,退休职工90人;划分给电信的在职干部193人,在职生产人员378人,离退休干部29人,退休职工137人。综上所述,通过邮电分营,邮政人员590人(在职481人,离退休109

人),电信人员 737 人(在职 571 人,离退休 166 人),上述人员中,从主业借调或分流到多经企业的工作人员,在邮电分营中界定的性质不变。

资产的划分十分慎重,完全按照邮政、电信专业属性来划分,在认真逐项界定的基础上,邮政分得资产原值 0.518 9 亿元,净值为 0.381 6 亿元。电信分得资产原值 5.763 4 亿元,净值 3.415 9 亿元。共有房屋 136 747 平方米,邮政分得 47 319平方米,占 34.6%,电信分得 89 428 平方米,占 66.15%。

房屋的资产划分,首先根据上级规定,市区有两幢综合楼,邮政、电信各一幢,其中鸿雁大厦 11 000 平方米分给邮政,电信综合楼 14 039 平方米分给电信,其他房产,先按邮政、电信实际使用的情况来划分,余房按邮政、电信实际用房的比例分配。在房屋划分时通过协商、串换,在不减少总的分配面积的基础上使邮政、电信的房屋相对集中,较顺利地完成了房屋资产的划分。

车辆的分配按各主业实际使用来分,剩下的综合用车,邮政、电信各半。全局共有车辆 117 辆,其中资产属多经的 26 辆,经商定,分给邮政 62 辆,电信 32 辆,多经留 23 辆。

其他办公用品,凡有双份的邮政、电信各一套,无法划分的,按原档次标准补配新的给邮政,对在建等工程款等均做预留。

对工会、退管会的资产和经费,按照邮政、电信人员比例分配。

根据省局对多经企业的分营规定,考虑到维护邮政职工的纽带关系和维护利益,分营领导小组决定原邮电职工在系统的入股维持原状,在此基础上,商定多经划分如下:

1. 邮电开发总公司(含装潢公司、邮电印刷厂)划分给邮政,通信发展公司给电信。

2. 通信实业有限责任公司归邮政局主管,通信安装维修有限责任公司、通信服务有限责任公司、通信器材有限责任公司归电信局主管。

3. 通信物业管理有限责任公司一分为二,分别成立邮政、电信物业管理公司(邮运分公司划入邮政物业管理公司)。

多经公司的机械设备及干部、职工基本维持原状。

为了便于邮电分营后不影响邮电的经营生产,根据省局规定,分营小组进行了慎重的研究并提出下列方案:邮政局职能管理机构设一室三部,办公室、经营服务部、人事教育部、计划财务部;生产部门三个,储汇中心、邮票中心、邮件发行中心。电信的职能管理机构设一室四部,办公室、市场经营部、设备维护部、人力资源部、计划财务部;生产部门三个,交换传输中心、多媒体通信中心、电信营业中心。为了使分营后农村支局的工作不受影响,分营领导小组明确了分营后的邮政、电信支局长或临时负责人及各支局营业、接待等场地。

1998年9月8日下午,江阴市邮电局在法尔胜大酒店召开邮电分营大会,大会由党委书记陈健主持,副局长顾阿林宣读了邮电分营方案,局长朱成希宣布了邮电分营后邮政、电信机构设置及中层干部任免名单。

9月9日,无锡市邮电局领导来江阴宣布分营后邮政局、电信局领导班子成员名单。大会由无锡市邮电局副局长杨凯建主持,无锡市邮电局局长陈新宣布包法清任江阴市邮政局局长兼党委书记,唐维迪任副局长,曹正良任纪委书记及工会代主席;朱成希任江阴市电信局局长兼党委书记,顾阿林、孔祥生任

1998 年 9 月 9 日,江阴市邮电局实施邮、电分营,分别成立江阴市邮政局、江阴市电信局　　　　　　　　　　　　　　　　　　　　　　（焦文华提供）

副局长,王虎才任纪委书记及代工会主席。

　　扣人心弦的江阴邮电分营第三次分营圆满结束,情同手足的邮电职工奔向各自的新岗位,扬帆远航。

江阴市邮政局的成立和发展

洪志云

江阴市邮政局于 1998 年 9 月 9 日由原江阴市邮电局实施邮政、电信分营改革而成立,行政上隶属无锡市邮政局领导。1999 年 3 月,市邮政局机关从中山南路 2 号迁至虹桥北路101 号。

邮电分营以后,邮政企业如何在市场经济的大潮中自我发展、自我完善、自我提高,是每个邮政企业亟待解决的课题。我局通过加快业务发展、强化企业管理、构建和谐邮政,走出了一条具有江阴邮政特色的发展之路。

一

邮电分营后,邮政企业普遍存在职工人数多、固定资产少、业务收入少、自有资金少的"一多三少"现象。加之分营后,邮政失去了电信的支持和依靠,各种优势荡然无存。特别是随着电信新技术、新业务的迅速发展,邮政传统业务面临巨大的冲击。一些干部职工感到邮政前途渺茫。面对分营后企业面临的困难和职工队伍思想较为混乱的现状,江阴市邮政局领导班子统一思想,结合实际在干部职工中开展"三抓三清"思想政治教育("三抓三清":抓好组织纪律教育,说清服从邮、电分营大局的道理;抓好艰苦奋斗教育,说清发展只有靠自己的道理;抓好市场总章教育,说清邮政的出路在市场的道理)。通过强有力的思想政治工作,较好地稳定了全局干部职工队伍,做到分营不分心,思想不散、队伍不乱;经营目标不松、生产秩序不乱、发展和建设速度不慢,实现了各项工作的平稳过渡。

为适应邮电分营后的新形势,力争减亏增盈、增收节支,我局大力推行内部改革,对储蓄、速递、报刊发行、集邮等四大专业试行了承包经营责任制,调动了干部职工的积极性。我局1998年全局业务收入为 4 471.65 万元,实现收支差额为－1 111.42 万元。1999年完成业务收入5 922.11万元,上交收支差额553.23万元,全面实现了扭亏为盈目标。2000年完成业务收入7 329.4万元,实现收支差额1 000.82万元,创下了江阴邮政发展史上的新纪录。2001年完成业务收入8 076.69万元,实现收支差额1 200.07万元。全局八项邮政业务实现全面增长,七项业务收入完成和超额完成年度计划。2002年完成业务收入8 838万元,实现收支差额1 283万元。2003年业务收入首次突破亿元,达10 004万元,实现收支差额1 119万元,成为全省继常熟后第二个业务收入超亿元的县(市)局。2004年,我局实行经营机制改革,对函件、速递、报刊零售、集邮等专业试点推行模拟公司化运作,提高了专业公司的市场竞争力。同年8月,局首次成立了澄西速递分部;2005年成立了澄东一分部、二分部、长泾片分部、青阳片分部4个农村特快揽投分部,进一步加强了特快市场的营销和开发力度。2005年根据《支局承包经营协议》,我局与人民路、虹桥、西郊、华士、璜土等5个支局签订了承包经营协议;2006年经支局自愿申请,共有15个支局实行承包经营,进一步增强了企业发展活力。2004年至2009年,全局业务收入每年保持在1亿元左右,上交收支差额在1 000万元左右。至2010年,我局全年业务总收入1.34亿元,同比增长23.33％,比全省平均增幅高5个百分点,超过了2007年银行、速递物流合在一起全局总收入规模,实现了历史性的突破。与1998年分营之初相比,江阴邮政发展有了质的飞跃:一是邮政总收入超过1.34亿元,是1998年同口径3 333.6万元的4倍;二是金融业务收入超过6 840.12万元,是1998年的1 081.72万元的6.3倍;三是邮储余额突破33.59亿元,是1998年的6.13亿元的5.5倍;四是函件收入超过2 563.85万元,是1998年的331.78万元的7.7倍;五是报刊发行业务收入达1 450.12万元,是1998年的525.68万元的2.8倍;六是人均劳动生产率达21万元,是1998年7万元的3倍。

业务创新是江阴邮政兴业强企的制胜法宝。邮政独立运行后,我局凭借网络优势和邮务类、代理速递物流类、代理金融类"三大板块"多元化业务资源,努力为广大邮政客户营造方便、快捷、安全、可靠的用邮环境。先后推出"长三角"、"全夜航"、"次晨达"等特快专递邮路、11185特服号升位、邮件大提速等举措。为加快汇款速度,使收款人及早收到汇款,2001年起开办"电子汇款"业务,群众汇款不再开汇票邮寄,而是使用最快速度的电子传递,结束了近百年纸质汇票传递的历史。2004年8月开通邮政航空,与之相衔接的是江阴邮政开通江阴至苏州快递邮路,使发往日本的快件达到"次日递"。

坚持合作共赢理念。我局通过邮政数据库,搭建政府与百姓之间的桥梁,不断满足市委、市政府建设"幸福江阴",提升政府形象等对外宣传方面的需要。分营以来,邮政与移动、电信、保险公司等企业全面签订了战略合作协议,实现了强强联合、优势互补;积极为中小企业提供优质高效的服务,提供产品宣传、配送、小额贷款等全方位的周到服务,助推中小企业走出江阴走向全国;加大新业务开发拓展力度,推动账单、邮政贺卡、代售航空票、代售火车票、代收话费、个性化邮票、形象化礼品册、形象化期刊、"绿卡通"、"商易通"、代理保险等邮政特色业务,实现了跨越式发展,使广大用户享受到方便、快捷、全面的邮政服务,成功运作了"江阴长江大桥"、"航天五十周年纪念"邮票首发式等大型活动,重点开发了具有江阴特色的《徐霞客专题邮册》,有力地宣传了地方文化和旅游品牌,提升了城市影响力。2010年与市文明委、公安局成功举办"安全在心中、文明在路上"邮信送平安交通安全知识竞答活动,形成36万份交通安全知识竞答直邮通,由我局投递员按址送达江阴城乡每一位机动车驾驶员的手中。

　　把解决农民缴费难作为服务"三农"的突破口。2004年,我局发挥邮政金融网点服务点多面广的行业优势,把百姓多卡、多部门缴纳水费、广电费、电费、固话费以及移动通信费变由"缴费宝",即邮储绿卡一卡代扣缴纳,以此让百姓足不出户就能尽享轻轻松松缴费,明明白白消费。我局主动与相关部门协调沟通达成共识,成立进村入户工作组,以两人一组形式,携带宣传单册,逐村、逐户上门服务,签订预存代扣代缴协议,发放邮政储蓄绿卡,承诺寄发相关消费及缴费对账单。截至2011年6月,全市邮储绿卡——"缴费宝"用户总户数达30万余户。"缴费宝"深得社会各界的广泛好评。青阳镇自来水公司的沈定天、顾山镇用电站的肖站长,还有祝塘镇文林社区的黄勤英阿姨纷纷感言:"过去抄表费时费力,欠费比较多,现在这些扰人的问题没有了";"过去客户缴费要排队,百姓有意见,电工下去收又不见人,收不全,还有假币,现在这些难题解决了";"过去缴费要带好几张卡,跑了电信跑银行,缴了水费缴电费,来来回回要折腾半天,分神费时。现在好了,'缴费宝'把这卡那费的一次办妥。"作为江阴邮政服务"三农"的创新之举,"缴费宝"亦得到江阴地方和《江苏邮电报》等新闻媒体的采访报道,还被江阴市文明委评为 2007 年度江阴市"优质服务品牌"。2011年,我局通过推进"苏邮惠民"加盟店建设,在全市部分乡镇的行政村,与现有社区服务点结合,利用邮政电子化网络,办理代收水、电、通信费,代售汽车票,代办邮政业务,至 5 月率先成功上线注册 155 家(处),方便了广大农民群众交费、用邮。

持续加强能力建设,着力打造覆盖城乡、方便快捷的邮政网络。1998 年 9 月邮电分营时,邮政专用汽车为 33 辆,以后随着社会经济的发展,业务量不断增长,2007 年邮政专用汽车已增至 95 辆。随着城镇规模逐步扩大,城镇人口逐步增加,城乡投递网和投递力量也逐步扩大。城市投递,1998 年邮电分营时增至 31 个段,2007 年增至 65 个段,比建国初期增加了 20 多倍,做到了新区扩大到哪里,信报投送到哪里。投递频次由原来一天投送 2 次,增加了早报早投、晚报晚投,一天要投送 4 次。农村投递网逐步建立和巩固,一般一个镇设 3—5 个投递段,信件、报刊投送到户。1998 年有农村投递邮路 130 条,每天投送 1次,一般用自行车投送,2006 年起逐步改用摩托车投递,加快了信报投递的速度,也适应了邮件报刊数量不断增长的需要。2008 年 11 月,我局为城区 78 位投递员统一配发专用电动自行车;12 月,为全市农村 146 位投递员配备统一车型、颜色、标志的邮政投递专用摩托车,进一步提升了邮政投递能力。2010年,全市新增 2 条汽运邮路,市区报刊投送平均提前 40 分钟。并对市区 60 多个大客户及 80 多个邮件接转点实行汽车专送。

目前江阴邮政投递服务面积达 988 平方公里,服务人口 200 万(其中外来务工人员 80 万)。拥有城乡投递段道 178 条,全市行政村和城市具备条件的楼房全部通邮,城市邮件妥投率达 100％以上。

2008 年,为解决老城区信报箱补建和新建问题,我局积极争取地方政府的政策支持,向市政府提交了《关于完善邮政基础设施,解决小区信报箱设置、更新及维护问题的报告》,得到了市政府的高度重视,高佩副市长先后两次作出重要批示,要求政府相关部门积极支持,加快落实信报箱建设工程。市政府办公室下发了《关于加强居民住宅区邮政信报箱和建设的实施意见》(澄政办发〔2008〕70 号文)。在 2008 年至 2010 年的 3 年时间里,累计补建、改建城区老小区信报箱 10.3 万余户,城区信报箱实现了 100％全覆盖。由于安装了规格统一的信报箱,在报纸、信件等投递准确率大幅提高的同时,投递速度也随之加快,为进一步扩大和提高邮政普遍服务范围和质量,满足广大居民的用邮需求打下了坚实的基础,受到了广大群众的普遍欢迎。

二

强企之道重在管理。江阴邮政从邮电分营伊始的艰难前行,到如今大步迈向和谐发展之路,与管理创新密不可分。分营后,面对错综复杂的困难和问题,我局之所以能够一步一个脚印,一年一个台阶,就在于我们始终坚持科学管理不动摇。为加强企业管理,确保分营后有一个正常的工作秩序,及时制订了局《计划、财务、供应管理规定》、《劳动力管理规定》、《机关会议制度》、《车辆管理实施细则》等规定。2008年年底,为减亏增盈,我局通过加强劳动力管理,合理调整、清退委代办人员;加强招待费使用管理,实行"工作餐券制";加强车辆管理,核定农村支局交通费用包干;加强物资供应管理,执行"货比三家"制度等一系列行政管理措施,实现了"减员增效、开源节流"的目标,有效控制了企业运营成本。针对人员总量偏多,员工队伍素质偏低的问题,我们通过完善考核机制,强化用工成本意识,充分调动职工主观能动性。一方面,坚持科学调配人员,合理定岗定编。1999年,我局重新制订了《江阴市邮政局委办投递管理办法》,成立了局内劳务市场,加强劳动用工管理。为安排富余人员,我们在城区支局设置了综合营销员岗位,实行竞争上岗。2000年在人事制度上进行了大胆的尝试,对广告公司分公司经理、综合营销管理等岗位,在局内进行了公开招聘;对支局长岗位,采取推荐和考察相结合的方式来选拔支局长。2001年,我局在加强定员定额测算、严格控制各类用工的同时,通过竞争上岗、多经分流、内部退养等有力措施,实行了在册职工零增长。2002年,减员14人。2007年,局组织专人分6组对全局38个营业网点进行了两次现场调研摸底,经慎重研究并广泛征求支局长意见,确定了支局定员编制,压缩人员40多人,多余人员在全局范围内重新调配,一部分解决速递公司增人需求;实行备员制,增设营业备员6人;补充退休和辞职缺员14人;同时组建了由18人组成的重点项目营销部,既消化了多余人员,又推动了金融业务和相关重点业务的发展,初步实现了因事设岗、据岗定员,既满足了生产需要,又实现了机构岗位设置的科学性和规范性。2008年4月29日,中国邮储银行江阴市支行挂牌成立。我局及时调整支局管理架构,对部分支局进行了撤并。继续保留了月城、璜土支局建制,由西石桥、南闸支局的支局长分别兼任两支局的支局长。将原来的西郊、人民路、要塞、君山、虹桥等支局进行撤并,撤销了原要塞、西郊、君山三个支局,新组建人民路支局、虹桥支局。2009年1月1日,江苏邮政速递物流江阴市分公司正式成立。至此,邮储银行江阴市支行、邮政速递物流江阴市分公司人员、资产从邮政局划出,与邮政实行分业经营。

为实施流程优化达到为企业"活血"的目的,我局通过调整城市网点布局、规范营业时间、推行梯形排班法、合理配置台席等方式,推行分拣转运环节实行"交叉作业、驾押合一"等措施,核减分拣、转运岗位人员。同时,合理安置富余人员为企业"造血"。2010年通过民主测评、双向选择、竞争上岗,妥善安置了电子商务分局和报刊发行分局因班组撤并后的富余人员,解决了生产一线急需用工。组建银企大宗投递分部,保证了对这一高效业务的支撑。根据省公司和无锡局关于开展营业、投递、营销岗位绩效管理试点工作要求,认真做好城区投递岗位绩效考核试点工作,建立了投递分局绩效考核民主管理小组,并组织学习、宣传和培训,确保了试点工作的顺利开展,真正实现人力资源的合理配置。

另一方面,通过强化培训,着力提高员工队伍素质。建立在对外服务窗口、服务人员中开展以技能、业绩、服务为内容的考核机制,深入推进"员工素质提升工程"。2002年年初,我局制定员工培训教育规划,广泛开展"创学习型班组、学习型员工"活动,鼓励职工参加文化自学和成教自考,引导员工结合工作及思想实际,多看书、读好书、勤思考,做到《邮差·弗雷德》、《敬业》、《细节决定成败》等书籍人手一册。还邮购了《敬业》、

《我用心探索——怎样当好班组长》和《把握利润源泉——邮政大客户开发与管理行动手册》等图书,以支局、班组为单位,积极开展读书活动。西郊投递分部的朱冬华,学习《敬业》一书后这样写道,"我从书中学到了很多做人做事的道理,认识到工作是人一生的义务和职责。我们的生命就像一盒火柴,点燃一根就会少一根。因此,我豁然觉得,一定要珍惜时光,尽心尽责做好每件事,这样,生活才会充实而富有意义。"曾经散漫多时、已近辞退的老后进,被局评为 2003—2004 年度十佳优秀投递员。2004 年,在全局广泛开展群众性读书活动的同时,组织参加了"全国邮政职工敬业爱岗兴邮有奖读书征文活动"。同年 10 月 5 日至 7 日,我局委托深圳东方博源企业管理顾问有限公司开办了"江阴邮政高绩效特训营",对全体管理人员、支局长、城区班组长进行了培训,课程在体验式教学的基础上进行,取得了较好的效果。通过"争当学习型员工、创建学习型企业"活动的开展,虹桥支局被无锡市总工会评为"学习型班组示范点",市邮政局被省邮政系统推荐为"江苏省总工会'学习型企业'示范点"。

　　2009 年 3 月 10 日至 29 日,我局利用每天 17 点 30 分至 20 点 30 分的时间,组织城乡 213 名投递员分两批进行军训,以打造一支纪律严明、作风过硬的投递员队伍。驻澄某部派出 14 名军事素质较高的优秀教官,针对投递员的特点,精心组织、科学安排和悉心指导。军训期间,全体投递员尊重教官,听从指挥,刻苦训练,团结协作,既要完成每天的投递任务,又要参加高强度的军训,大家不叫苦、不怕累,坚持参加训练,做到工作、军训"两不误、两促进"。军训结束时,投递员还进行会操表演。通过军训,全体投递员的组织性、纪律性、团队意识得到明显提升,达到预期效果。

　　抽调业务骨干组建师资力量"分片包干、送教下乡",在投递员岗位达标考核中,通过率达到 98.43%。我们还组织了窗口人员分批进行规范服务礼仪培训。为提高营业人员服务水平,实现人力资源利用最大化,全局制定了"双证双资"考核激励措施。2010 年,新增营业人员"双证"人数 71 人,累计 111人,营业人员"双证"率达到 71%。是年,人民路支局要塞营业班陈琦同志被评为"江阴市十大职工技术操作能手"。

　　同时,我局还针对流动资金严重不足,业务发展与资金紧张的矛盾日益突出问题,以财务管理为核心,充分发挥财务对经营的指导作用,把"算清账"的理念贯穿在经营活动的全过程。一是强化各责任中心的损益核算工作,严格规范收支核算,加强对物资采购、供应的管理,强化监督,完善制度,加强成本费用管理,压减可控成本,创建"节约型"企业。二是为完善企业内部奖惩制度,充分调动职工主观能动性,强化企业降本增效,进一步提高全员劳动生产率,2007 年,我局出台了局生产绩效奖考核办法,每月按序时完成率进行百分制考核,以此增强各部门的效益意识。三是 2008 年,我局实行了公务用车改革,变公务派车制为公务出行交通费包干制,对车改后闲置车辆进行了局内公开拍卖,回收资金 65 万元;对维修的零配件采购和外修两个项目进行了对外招投标。车改后,全局每年减少车辆运行成本近百万元。四是加强对用户欠费和存货考核,我局成立了用户欠费清欠和压缩存货库存领导小组及工作办公室,按照"谁经办、谁催收、考核谁"原则,加强用户欠费的稽核、清理、管理和回收。同时完善对集邮、信息、物流商品的采购制度,明确压库目标,促使专业加快销售速度,防止库存积压。把欠费回收的责任落实到部门负责人和经办人,每月对各单位欠费回收情况进行通报。加强对存货的进、销、存进行检查,把欠费与部门营销费用和年终部门负责人风险金挂钩考核,使欠费和存货得到了有效控制,防止了长期欠费的出现,缩短了欠费回收周期,加速了资金周转。

2010年,局通过管理创新,利用原有电子化支局功能,投资4万余元,建成全局BQQ视频会议系统并投入使用。通过BQQ视频会议系统,第一时间将企业发展的难点、职工关心的热点进行公开,特别是经营目标完成情况、营销费用分配、职工福利待遇等问题,做到了政策传达不延误、不打折。通过BQQ视频会议系统定期召开服务投诉分析例会,进一步提高了全员服务意识和改进服务水平。BQQ视频会议系统的建成使用,节约了基层职工上下奔波的时间,更大幅度压减了会务、用餐及交通安全成本等支出。2011年5月6日,我局顺利通过ISO 9001:2008标准审核认证,这标志着我局的管理工作又上了一个新的台阶,也为邮政生产经营的规范化和持续改进提供了坚实保障。通过质量管理体系的建设和完善,我局基本实现了工作标准化、作业程序化、行为规范化、评价科学化,生产经营和管理服务水平得到全面提升,企业运行效率大大提高。

三

分营后,职工队伍是否稳定,士气是否高涨,是决定企业能否尽快走出低谷,驶上快车道的关键。因此,稳定职工思想、提高职工队伍素质是加快发展、迎接挑战、打好邮政翻身仗的强有力的保障,是企业良性发展的一项重要工作。1999年年初,我们在全局职工中开展了企业精神征集和大讨论活动,经过自上而下的讨论和提炼,最终形成了"心系邮政,共创伟业"的江阴邮政企业精神。在此基础上,局党委、行政、工会、团委、女工委等各级组织互相配合,始终坚持以人为本理念,以职工思想政治学习教育、业务发展座谈会、现场交流会、生产劳动竞赛、争创先进活动和联谊会等多种形式,在各种场合及时向职工通报企业发展情况和存在的困难,介绍邮政自身优势和激烈的竞争形势,争取职工的理解和支持,在较短的时间内,使职工观念有了较大的改变,消除了失落感,增强了危机感和责任感,企业精神深入人心。

2005 年省邮政局统一了《江苏邮政企业文化理念》,通过企业精神的培育和发扬光大,让职工在潜移默化中形成积极进取的心态、群体意识和主人翁精神,使"超越自我,挑战每一天"的邮政企业精神和"创成功企业,建亲和家园"的共同愿景深入人心,培养了职工敢于承担责任、经历挫折的勇气,从而使之能够立足本职岗位大胆工作,全力创新。

我局在注重加快发展的同时,特别强调要善待职工、关爱职工,积极创造条件为职工办实事、办好事,不断提升职工幸福指数。2000 年,局成立职工活动中心,添置了活动器具,为职工提供了工余活动场所。同年解决了 11 名职工的液化气补贴,完成了 30 名职工货币分房和 9 名职工住房货币补差。2001 年解决了 22 名职工的液化气补贴,完成了 37 名职工货币分房和住房货币补差。2003 年结合房改政策调整,一次性解决了 159 名职工住房货币补贴和补差。2002 年组织劳务工、委代办人员参加了全市第二轮农村住院医疗保险改革。2004 年完成了 26 户职工货币分房补贴的报批工作,为 316 名投递、特快揽收人员、邮储押款人员及机动车准驾人员办理了人身伤害综合保险，为 460 名职工办理了"在职职工住院医疗互助保障"。2007年至 2010 年，局先后共出资近千万元，用于城乡局房建设、改造，进一步改善了职工生产生活条件，提升了邮政整体形象。2008 年，为投递员解决制服和摩托车等方面就先后投资 80 多万元；对大宗客户报刊、信函实行汽车配送，以减轻投递员劳动强度；为城乡所有投递室统一安装了空调。2010 年至今，我局投入 100 余万元，建成 22 个职工小食堂，在邮件转运中心建成职工浴室，解决了转运、投递及集体宿舍人员的洗澡问题。当职工或家庭遇到困难时，企业主动关心送温暖。局还每年组织对困难职工、劳动模范、离退休人员进行慰问。每年的敬老节期间，局组织为年满 70 周岁和 80 周岁的老同志进行上门祝寿、发放慰问金。坚持开展"职工过生日、企业送蛋糕"活动。每年组织全局职工进行健康体检和妇女病的普查。

分营以来，我局加强奉献意识教育，帮助广大干部职工确立了"我为企业多作贡献，企业为我搭建发展舞台"的观念，并围绕企业中心工作，开展形式多样、内容丰富的劳动竞赛活动，形成了你追我赶的良好气氛，交出了一份份满意的答卷。2004年邮储统一版本工程成功切换上线。在各类培训和练兵的日子里，全体邮储职工热情高涨、争相参与，所有参战人员克服前所未遇的困难和矛盾，全身心地投入到培训、演练全过程。全体支局长始终与职工同甘共苦，责无旁贷地为他们及时解决练兵、演习中遇到的困难和矛盾，并为他们安排人员接送、夜宵点心等后勤服务，使全体人员始终保持良好的精神状态和昂扬斗志。各部室主任每遇练兵、演习时，均按分工带队深入城乡支局网点现场为其鼓劲加油，并进行现场督导。通过我们上下齐心,同心同德,狠抓细节,迎难而上,用自己的辛勤努力,谱写了一曲邮政干部职工的奉献之歌;我们用自己的实际行动,充分展示了"万众一心、全网协作、科学严谨、拼搏奉献"的十六字"统版精神"。因统版工作成绩突出,全局当年有33名个人得到表彰,其中2人得到了省邮政局表彰。2003—2004年、2005—2006年,我局评选出20名优秀投递员。为总结、表彰、宣传他们的奉献意识和先进事迹,发挥典型的示范导向作用,我局两度租用场地,隆重召开优秀投递员先进事迹表彰大会,邀请市委宣传部、市文明办、市级机关党工委、市总工会、市纠风办等部门领导到会并致词;新闻媒体跟踪采访,全体投递员也统一着装与会,接受洗礼。会上,主持人不仅介绍他们的先进事迹、对他们的颁奖词,还导引由他们事迹剪编而成的DVD展播。2005年3月和2007年4月,我局又以通栏形式,将20位优秀投递员的照片、简要事迹在《江阴日报》上集版刊发,并配发"编者按"和两副对联:"春夏秋冬风霜雪雨难阻前行脚步,绿衣使者爱岗敬业书写投递人生";"走村串巷投信送报惠及和谐社会,日复一日无怨无悔情注幸福江阴。"

　　时光飞逝,岁月如梭。如今邮电分营已进入第13个年头。经过多年的不懈努力和改革创新,我局无论是服务质量还是业务收入始终位列全省县(市)局前茅。1999年,被评为江苏省创建文明行业工作先进行业。被江苏省消费者协会评为1999—2000年度诚信单位。2003年,国家邮政局授予我局"邮政储蓄百强县"称号。2006年,中国邮政集团公司授予我局"函件发展百强县"称号。2007年,我局被江苏省经贸委、省中小企业局等授予"2007年度江苏省用户满意服务明星企业"称号。2010年,我局第五次蝉联"江苏省文明行业"称号。2010年,我局被江苏省放心消费创建办评为"全省放心消费创建活动示范单位"。2009年4月,我局被评为无锡市"和谐劳动关系先进企业"、江阴市2008年度"诚信单位"。2006年,"11185"邮政服务热线在全市45个品牌中评到第10位。2007年,我局邮政储蓄"缴费宝"业务入围江阴市"移动杯"十大诚信品牌。我局"邮政与企业共成长"被评为2008—2009年江阴市第三届"十佳文明服务优质品牌"。2011年4月30日,江阴市首届"时代先锋"——投递员刘君被中华全国总工会授予"全国五一劳动奖章"。

话务班走过的历程

刘慰敏

走进江阴市电信局荣誉展示室,有一幅老照片吸引了我们的视线,照片反映的是 20 世纪 80 年代话务班工作场景。虽然话务员人工接续电话已成为历史,但通过一些片断史料记述,可反映江阴电话业务发展过程。回忆话务班建国后走过的 44 年历程,可分为三个阶段。

建国后至改革开放前期
——电话缓慢发展阶段

话务班(又称话房)承担着江阴县长途电话(简称长话)、市内电话(简称市话)和农村电话(简称农话)的人工接续重任。解放后至 1977 年的 27 年里,在原人民中路 127 号老邮电局第二幢二楼约 90 平方米的场地是话房工作场所。走进话房就能看见南北两排坐席,北面有长话接续台 3 张、记录台 2 张、农话接续台 5 张,南面市话接续台 6 张。场所虽小,还挺整洁,话务员们头戴耳机,双手交替拔插和书写,全神贯注地工作着。

20 世纪 50 年代初,江阴话房只有沈静芬、胡白云、王祥坤 3 个话务员。1958 年新进沙维珍、陈琴华、徐秀英、钱爱珍 4 人,话务员共 7 人,沈静芬任班长。1960 年年底话务员增至 18 人。1972 年增至 28 人。1964 年至 1973 年周桂琴任班长,1973 年

话务员为用户接通长途电话 （焦文华提供）

后刘凤清任班长。

解放初期电话接续采用的是落后的磁石电话方式,3 个话务员实行昼夜值班,以市话接续为主,兼接长话。1949 年江阴只有市内电话 45 部,长话电话 3 条(无锡 2 路、靖江 1 路),每日接约 15 个长途电话,年业务量仅 4 923 张。农村电话 114 部,有 7 条农话电路分别为县城至青阳、华士、长泾、后塍、杨舍、璜塘、西石桥。农村电话主要装在各区政府和镇区,多数乡和村没有电话,通信联络靠写信和区政府通讯员传送。全县仅青阳一个电信代办处,供青阳用户打长途和县城电话。直至 1958 年加强了农村通信网建设才实现了"社社设总机、大队通电话",当时每个乡选配一名话务员上岗。当年农话计费用户 2 766 户,年通话量 18.5 万张。1959 年农话电路 20 路,1963 年 6 月农村支局全部开放长话。1973 年农话电路 44 路。

1958 年 12 月,江阴市话接续从磁石式改为共电式(实装电话 304 部)。共电式设备持续方便,接通率高,是电话交换设备的升级换代,但并没有减轻话务员劳动强度。1965 年用户数 409 户,1976 年用户数 595 户,9 年中只发展了 195 部电话,发展速度非常缓慢。

20 世纪 50 年代至 60 年代,我县长途电话需求量小,70 年代后期"文革"结束后开始快速增长。长话业务量 1958 年 3.4 万张(日均 611 张)。1956 年 9 月 1 日,江阴至苏州长话直达电路开通,江阴通往外地省、市电话多数由苏州局转接。1958 年 9 月开放沪、宁定时电路,沪每天开放 4 次、宁每天开放 2 次,每次 1 小时。至 1959 年 10 月和 1960 年 8 月两地才开出直达电路。1966 年 9 月我县开放国际电话,国际来去电话都经由上海局转接。1973 年长话电路增至 17 路;1974 年 12 月开放港澳地区电话。

1977 年至 1987 年
——电话高速发展阶段

20 世纪 70 年代的话务员,除了三位复员军人是男性,其余均为女性。1977 年后话房随电信局整体搬迁至中山南路 2 号新大楼,三位男士全部调往其他部门,于是话务班成了巾帼班。1981 年后刘慰敏、沈凤宝、杨建静、王素文、李绥亚先后任过班长,方荷芳任指导员,组织开展操作练兵、现场测试、劳动竞赛,贯彻"人民邮电为人民"的服务宗旨,带领着巾帼英豪战斗在通信第一线。

新话房的工作环境有了很大改变,面积扩大了三倍,记录台坐席扩至6席,增加查号台2席;长途台坐席10席;农话台坐席8席。话务员仍只有28人,一直坚持到1980年才开始批量招工,连续4年每年有5—6名年轻人充实话务队伍,1983年话房人数达65人。

1977年11月26日,是江阴电话发展史上的首次飞跃。江阴第一部纵横制自动交换机投产使用,极大地方便市内用户拨打,结束了市话人工接续历史,原8个市内话务员转为长话、农话接续。设备改制后至1987年市话用户数增至2 766户,是人工电话年代的14倍,是解放初期电话的60倍。

1978年农话电路达100路。1981年起对近郊山观、石牌、要塞、云亭、南闸五个镇开放半自动拨号。市话用户与乡镇用户通话,直接拨打该乡镇总机号码,由话务员人工转接,实现半自动接续。这是通信发展进程中的一次改革,为后来的全市实现自动化进行开路。1983年11月,因为话房坐席紧张,为了加强管理,话房分成长话和农话两个班组,长话班留在原地,农话班迁至同一楼东面,县局农话台新安装了10个坐席50条电路,配备话务员15人,分散在29个乡镇农村支局所话务员有133人。农话电路277路,是解放初的40倍,年去话量142.49万张。农话班组成立后,致力于提高通信服务质量,确保党政电话指挥畅通,确保气象、防汛、火警等特种电话畅通,连续五年被评为先进集体。

改革开放后流通领域和乡镇企业的业务需求快速增长,长话矛盾相当突出,当时依靠40多位话务员和100多条电路,根本不能满足用户的需求。1983年长途台坐席根据电话流向分为苏州、无锡、上海、南京、靖江等10个坐席,每个话务员面前总堆着厚厚的挂号单,那时社会人员对长话的评价是:"等个电话两三天,电话不如汽车快。"话房对每个话务员进行接通率考核,进行服务质量考核,要求"急用户所急,帮用户所需"想方设法接通每个电话,为江阴的经济建设服务。号召党员骨干起带头作用,涌现出很多好人好事。如徐咏梅等一批年轻话务员,经常加班多接电话;下班后还到用户家代传电话内容。各组开展走访用户活动,到重要用户单位上门征求意见,改进我们的服务。有个老用户陈福炎几次写来表扬信,表扬话务员急用户所急,帮用户解决困难。

1982 年底长话电路 59 路,1987 年增至 142 路。1987 年长话班话务员 45 人,长话去话 142.49 万张(日 3 958 张),来话 118.22 张(日 3 283 张),国际及港澳 603 张。

1988 年至 1998 年
——电话飞跃发展阶段

1989 年江阴市区用户打电话实现自动化,但农话 28 个交换点镇与镇之间通话仍由"118"农话台汇接。当时全市加快了自动网建设步伐,开通乡镇远跳高自动端口,至 1990 年乡镇用户逐步并入自动网,这时的农话人工接续台渐渐失去作用。1991 年 2 月 2 日"118"农话台撤销,标志着全市电话实现了自动化。

1988 年 11 月前,江阴的长话仍通过"113"长途台人工接续,有话务员 54 人,年业务量 149.21 万次。当年程控电话开通,11 月起开放全自动直拨业务,工商银行等 6 个单位成为首批国内长途有权用户。1989 年 2 月开放国际长途直拨业务,澄西船厂成为首位国际有权用户,这意味着长话人工接续时代很快就要结束,1992 年 5 月长途话务员减少至 35 人。长途电话飞跃发展,1993 年江阴长话自动直拨达 1 671.82 万次,为 1988 年的 11.2 倍,名列全省县级局第一。新技术的引进替代了原始的手工劳动,提高了劳动生产率,1994 年"113"人工长途台撤销。1998 年长话通话量达 3 757.04 万次,为 1988 年的 25.2 倍,我们用 1988 年的话务量和人员进行测算,如恢复人工接续需配备 1 360 个话务员。

市邮电局长途电话房

(焦文华提供)

　　人类社会从低级走向高级,从落后走向先进,这是历史发展的必然。话务员的职业被先进的通信技术所取代,随着历史发展而走下舞台,但这一代人为江阴的通信所作出的贡献永载史册。

无线寻呼兴衰史

刘慰敏

寻呼机也叫 BP 机、CALL 机,是无线寻呼系统中用户佩带的无线电接收机。1983 年上海开通中国第一家寻呼台,BP 机进入中国。

我们电信老职工见证了江阴市无线寻呼业务 1991 年至 2003 年的兴衰历程。最早将寻呼机引入江阴的是葛小虎和江振华分别自发创办的民营企业"纺贸中国寻呼台"和"白云寻呼台",1991 年他们利用市电信局电话号码和线路作为中继线,开了两个坐席受理用户业务。但由于没有政府行政管理部门的经营许可,被视为无证经营,第一年发展了 200 多用户,直至 1994 年"白云寻呼台"才正式成立,到 1996 年时用户超过 3 万。

1991 年 8 月,江阴市邮电局与深大电话公司商谈寻呼台建设项目,1992 年 4 月 28 日开通 150 MHZ 无线数字寻呼系统,安装无线寻呼发射机 5 部、无线寻呼操作终端机 8 部。同年开通数字、中文兼容的无线寻呼系统,容量 1 万户,建有澄江、青阳、西石桥、陆桥 4 个寻呼基站,第一年就发展用户 975 户。寻呼台号码是 126 和 127,126 台是由话务员应答接续的人工寻呼台,127 则是由计算机控制的自动寻呼台。早期的 BP 机全是进口产品,品牌包括摩托罗拉、松下等。后来,国内企业与摩托罗拉合作,开发出汉字 BP 机,让用户不用满大街找电话机就可以知道呼叫内容。

从 BP 机开始的即时通信,将人们带入了没有时空距离的年代,时时处处可以被找到,方便了人们的生活,提高了工作效率,当时能拥有一部寻呼机成为很多人的一大心愿。寻呼机体积小、重量轻,而且价格便宜,使用方便,这使它在各个行业得到了广泛应用。后来的五年里,我市公安局蓝天寻呼台、机关寻呼台先后建立,江阴迎来了寻呼业务发展的鼎盛时期。

1993 年 7 月市邮电局开通"127"自动寻呼系统;1994 年 6 月开通 400 MHZ 无线寻呼系统,两系统容量达 6 万户。1995 年开通全省无线寻呼联网系统 280 MHZ 频点基站 1 个,系统容量达 10 万户。同年 10 月无线寻呼实现全省和无锡地区联网,用户数达 28 317 户。1997 年邮电无线寻呼系统容量达 30 万户,用户数上升为 83 015 户。全市四个寻呼台用户总数超 13 万户。

寻呼业是中国通信领域较早向社会开放的品种。由于有了社会竞争,寻呼台入网费从最初的 100 元降到 50 元、30 元,直到最后免费入网,服务费也降到了数字机一年 120 元,汉字机每年三四百元甚至更低。激烈的竞争使老百姓从中得到了实惠,最后所有信息免费发送。

1998 年 5 月邮电寻呼台共有武汉产自动寻呼系统 1 套、美国摩托罗拉公司产寻呼收发信机 44 部、全向天馈线 33 套;基站 16 个。拥有 126/127 本地寻呼网、128/129 全省联网寻呼网以及 191/192、198/199 全国联网寻呼网。寻呼业务从单一的"呼人、留言"功能扩展到发送天气预报、股票信息、新闻等信息化服务领域。邮电分营后"邮电寻呼台"改为"国信寻呼台",划归中国联通有限责任公司无锡分公司江阴营业部经营。

1997 年后手机用户开始慢慢增多,与寻呼机相比,手机功能强大,而且其价格也越来越便宜,因此许多人购买手机后,就把寻呼机甩在了一边。寻呼业务开始萎缩。电信寻呼台 1998年用户数下降为 69 838 户,比 1997 年下降了 15.9%,以后全市寻呼业务很快被迅猛发展的移动电话所取代,2003 年基本退出市场,2005 年 5 月 31 日国讯寻呼设备正式停用;6 月 1 日江阴市寻呼业务正式取消。

作为第一代的即时通讯工具,BP 机更像一个过渡的角色,从一个普及化程度很高的产品,到完全退出市场。应该说,BP机在特定的时期对我市的通信发展起到了承上启下的作用。

江阴建成全省最大的电话市

顾阿林

从 1989 年 3 月开始,江阴拉开了程控自动电话网建设的序幕,在中央"统筹规划、分层负责、条块结合、联合建设"的方针指引下,江阴邮电确立了"交换程控化、传输数字化、通信手段多样化、城乡一体化"的发展目标,紧紧依靠地方各级政府,依靠全局干部职工,层层发动,超常规作战,终于在 1993 年底实现了江阴全市电话自动化,彻底改变了江阴通信面貌。

技术先进、性能优越的自动电话网建成后,为使广大人民群众早日享受先进的通信设备,提高电话普及率,必须千方百计加快电话放装进程,推动经济和社会发展。在提高社会覆盖的前提下不断提高本企业的效益。方向十分明确,任务十分艰巨。

原来的邮电服务,还是那种坐等客户上门的衙门作风,单兵作战,效率低下,发展缓慢,传统的服务方式和装机流程也不适应时代的要求。我们审时度势,彻底转变观念,走规模发展、集约发展的道路,电话放装中的新事物电话村建设出现了。

所谓电话村,就是一个村 60% 以上的用户安装了电话,这是上级规定的考核指标。我们在一无先例、二无经验的基础上,摸着石头过河,逐步探索,以点带面,创造了江阴电话村建设的方法。我们首先在顾山镇搞试点,在镇政府的大力支持和村委的积极配合下,我们在该镇省渡桥村首先进行电话村的建设。镇政府分管邮电的副镇长鲍云标亲临一线指挥和发动,市邮电局和村委干部挨家逐户做工作,机线施工人员日夜奋战,终于在 1995 年 6 月 18 日全市第一个电话村诞生了。全村 329 户中 74％的农户安装自动电话,省渡桥村电话村的建成,大大鼓舞士气,扩大影响,积累经验,推动全市电话村建设的步伐。

电话村的建设,一是可以集中财力、物力、人力,集中解决原来有机无线、有线无机、机线不配套的问题。二是加快安装进程,手续简便,装机快、见效快,农民看得见、摸得着,提高邮电服务的信誉。三是在规模放装的同时,镇、村、邮电部门给予资金上的支持和优惠。四是电话村的建成促进了新旧企业的发展和信息的交流,成效显著。电话村的建设,大大激发全市农村建设电话村的积极性,许多村纷纷要求政府与邮电部门早日签订电话村建设协议,早日安装上程控自动电话。1995 年 9 月 18 日,中共江阴市委农工部和市邮电局联合发文《关于将十八个现代化建设示范村建成电话村的意见》,推动我市电话村建设的进程,全市电话村建设的热潮掀起了。

电话村的建设,首先要根据总体规划,工程先行,抓好机线配套,邮电工程技术人员深入第一线,本着机线为业务、业务为用户的思想,精心设计,精心组织,精心施工,不少工程技术人员,像黄林方、薛如祥、张元鼎等员工,一心扑在工程建设上,轻伤不下火线,确保工程建设不拖业务发展的后腿。

电话村的建设,一定要十分重视镇、村的作用,在电话村建设中,在镇、村干部的配合下,选择一些经济实力相对好一些、用户对通信需求较迫切的村作为试点,主动上门,积极、热情、不厌其烦地做工作,经过多次商谈,达到签订电话村合同的目的。正如申港支局长谢祖才所说的"瞄准目标不放松,一直谈到签合同"。我们的支局长,相关业务人员,不分上班下班,不分白天黑夜,走街串门做发动工作,用蚂蚁啃骨头的精神去突破电话村建设中的一道道难关。

合同签订后,全面履行合同约定,按时保质保量地完成电话村建设的各项任务是推广电话村建设的保证。主要工作就落到市邮电局身上,邮电部门面对资金紧张、技术人员缺乏的情况,不等不靠,自力更生,自己动手,特别是机线工程,面广量大,而且在全市全面推开,光靠专职工程队是无论如何也完不成任务的,我们就以支局为单位,组建自己的施工队伍,主干工程由专职工程队施工,用户线路和装机由支局负责,在局工程技术人员的精心指导下,大家互相学习,互相帮助,在干中学,在学中干,确保了电话村建设的进程。新桥支局费勇、申港支局秦建宏、夏港支局陈伟在电话村建设中大胆实践,亲自带头,亲自动手,埋头苦干,保质保量地完成了支局电话村的建设任务。在电话村建设中,不仅节约资金,加快步伐,而且为江阴市邮政局培养了一支难能可贵的机线技术人才。全市农村机线员的技术水平普遍有较大的提高,为今后的机线维护打下坚实的基础。通过自学实践,涌现了一批技术骨干,如陈健,通过工程施工,自觉苦练,技术水平大大提高,勇夺江苏省电缆模块持续操作比赛第一名,成绩超过省专业工程队的水平。

1996年年底,全市投资数亿元,完成了全市28个镇大部分村的机线扩容和新建工程,建成105个电话村。又是顾山镇在全市第一个电话村省渡桥村建成后,全面铺开,全镇发动,超前发展,一鼓作气,率先在江阴建成第一个电话镇,为全市建成电话市起到了带头示范作用。

1997年9月19日,市政府在长江宾馆召开全市通信工作

"电话市"颁奖现场　　　　　　　　（焦文华提供）

会议暨电话市建设动员大会,会上市通信建设领导小组向 28
个镇下达电话镇建设任务书,会后各镇又和各村签订电话村建
设责任状,大大加快全市电话村建设的速度,邮电部门则以市
通信工作会议为东风,再次层层发动,层层推进,向电话市建设
发动冲刺。1997 年 10 月,江阴市市长王伟成在祝塘召开电话
市建设协调会,再次发动电话镇建设相对缓慢的镇,与各镇主
要领导和邮电部门负责人共商电话市建设大事,超常规办事,
超常规工作,一鼓作气建成电话市。邮电部门特事特办,争取
各种措施加快电话放装,有的支局开展预装机业务,先把程控
电话装到用户家门口,一办手续立即通话。电话村建设,势如
破竹,一浪高过一浪。到 1998 年 10 月,全市 28 个镇、508 个村
全部建成电话村,全市电话用户超 21.3 万户,为 1988 年的
36.24 倍。电话普及率达到 18.27 线/百人,江阴成为全省最大
的电话市。

中国移动江阴分公司的
筹建与发展

郁亚平口述　汪海欧整理

手机——移动电话，现在已经成为人们不可或缺的工具。然而在 20 年前，第一代移动电话"大哥大"还是身份、地位和财富的象征，只有很少人能用上。20 年来，移动电话的发展速度可以用"爆发"来形容，中国移动通信集团江苏有限公司江阴分公司也随着移动电话的普及，从小到大、从弱到强，得到了长足的发展。

早期江阴的移动通信

移动电话最早在江阴出现是 1992 年。当年，江阴市邮电局组建了一个移动通信班，我任班长，第一批成员有张冀、刘力、袁洪君、顾苏宁、彭军。除了筹办移动通信外，寻呼设备也由我们班管理，分工顾苏宁负责 450 M 固定移动电话、彭军负责寻呼。移动通信班由市邮电局市话科领导，后来归属江阴市通信发展公司。办公地点在新虹桥邮电支局四楼，后来搬到新虹桥二楼营业厅。当时的咨询电话为 6802297，相当于后来客服号码 1860，现在中国移动通信热线号码 10086。

当年，我们先后在城区新虹桥和青阳、陆桥、西石桥建起了 4 个基站。新虹桥是江阴第一个 A 网基站，铁塔高度 63 米，由市邮电局工程科负责建设,通信班人员负责施工。

　　1992年江阴第一批放号移动电话200台,号码为930开头(后来升为9630;B网915开头,后来升为9615,再后来又改为908)。虽然那时的移动电话价格昂贵,一台移动电话加上初装费要3万元,而且只面向政府部门和单位,但要求使用的人相当踊跃,需要预约排队。放装那天,营业厅更是人山人海。那时候,所有用户必须办理建行托收后才能办理手机号码。因此,我公司在一段时间没有出现手机欠费情况,这一成绩受到上级公司的好评。

　　当时条件很艰苦。200台移动电话从南京运来,因为高速公路还没有开通,汽车走的是312国道,从南京到江阴要5个小时,等到邮电局司机回到江阴已经很晚了,我安排员工加班卸车。新虹桥邮电支局没有电梯,要靠人力搬到5楼库房。当时的8800、9900移动电话还挺重,后来大家把它称为"大哥大",也有人戏称为"砖头"。我和彭军、李斌、黄坚等人用纸线5台一捆,双手拎到5楼,每个人上上下下爬了好几回。考虑到200台移动电话价值数百万元,当时还没有装公安局110CK,我就和李斌等员工轮流在新虹桥值夜,直到第二天手机放装完。

　　刚开始,江阴移动通信的A网交换机在无锡,B网交换机在苏州。1995年,我们在新虹桥二楼机房自建A网交换机房,时任江苏省邮电管理局移动通信局副局长的闵有黎特地到江阴现场指挥。

　　1996年,江阴有了第二代G网移动电话,主要机型是摩托罗拉8200C、328C,号码为139616开头,后来升位为1390616开头。大卡机的SIM卡主要是白卡,遇到小卡机需要用专用切卡机切卡。后来省公司将SIM卡升级,小卡可以从大卡中掰下来。后来相继出现以 1361616 开头的预付费神州行金卡快捷通。最初的 G 网交换机设在无锡,1999 年,在江阴新虹桥邮电支局二楼诞生了第一台 GSM 交换机,2001 年第二台 GSM 交换机在江阴新虹桥邮电支局三楼随即开通。"有事 Call 我",20 世纪 90 年代的这句话,成为当时大多数中国人使用最频繁的时尚用语,现在它已在人们嘴边绝迹。作为身份与财富象征的寻呼机,曾经被多数人配挂在腰间,正是寻呼机的"终极杀手"——手机的出现,尤其是 G 网手机短信的出现、资费逐步降低,"寻呼时代"、"电报时代"渐行渐远。

中国移动江阴分公司的组建

1997 年下半年,国家邮电体制改革自下而上进行,江阴移动通信也从市邮电局剥离,开始组建公司。当时企业标记还是中国电信,企业名称为江苏移动通信有限责任公司江阴分公司,由我担任经理,市话科过来的余国庆担任我的副手,管工程建设维护,公司下设办公室、经营部、工维部。由于是外资企业,当时需要到无锡工商局办理相关手续,所以工商注册日期为 1999 年 5 月 6 日。

公司组建时,没有带走任何资产,当时公司的办公、营业和 33 个基站的用房全部是向电信、邮政租赁的。但同时也没有承担任何债务、没有退休员工,所以轻装上阵,能够甩开膀子干。最初,我们的车辆还是使用电信的,1998 年 8 月从省公司领回第一辆尼桑皮卡,9 月 23 日在车管所登记上牌,后来又有了一辆桑塔纳旅行车。

由于公司不断发展壮大,2001 年开始计划从市电信局搬

出。当时首先考虑购买暨阳商城,省公司和无锡分公司还多次
派人来现场勘查,但由于种种原因没有购买成功。后来考虑征
地自建大楼,在长江路、黄山路交界处(当时的秦泾村)征地 13
亩。公司于 2001 年 12 月 15 日另外在虹桥南路 13 号、15 号,
中街 45 弄 413 号、413-1 号租赁 1~4 层房屋 1 100 平方米临
时办公。大楼由江阴市建筑设计院设计,江阴一建负责桩基,
镇江四建负责土建,装修分别由苏州、南京的单位施工。新的
江阴移动大楼于 2004 年 5 月落成,面积 8 874.83 平方米。

2006 年,中国移动通信集团公司总经理、党组书记王建宙
提出 ONE CM(一个"中国移动")战略,各省公司逐渐更名为中
国移动通信集团××有限公司,我公司也在 2006 年 11 月改名
为中国移动通信集团江苏有限公司江阴分公司。

江阴移动通信事业的长足发展

1999 年,公司开始实施 G 网三扩工程,通过租赁土地、房屋
或征地建设基站。第一个租地自建的基站有黄山、澄西船厂等
基站,第一批租房建的有华联、银河宾馆、红柳、彩印厂等基站,
第一批征地建设的是夏港李沟头基站(现在因为临港新城开发
建设需要面临拆迁)。G 网三、四扩工程的实施,为 2002 年模拟
网退网打下了坚实的基础。

同时,公司的营业网点也快速增加。当年江阴移动的第一
个营业厅设在新虹桥二楼,后来又在中山南路设立第二个营业
厅。2000 年,公司在青果路 22 号鸿雁大厦底楼建设了 340 平
方米自己的青果路营业厅,这是第一个以营业厅名义工商注册
的营业厅。2008 年 10 月搬迁至青果路 28 号,面积 1 300 平方

米,共二层,一楼是手机卖场、二楼是营业厅。该营业厅目前是江苏省青年文明号、中国移动江苏公司"五型"之一的效率型班组。2001年10月,第一家合作营业厅在周庄镇兴隆南路20号开业,可以办理各类业务。特约代理店在1998年至1999年这段时间出现,通过帮公司代售号码,公司给予一定酬金。发展到今天,公司已经拥有37个自办营业厅、160个合作营业厅和数百家特约代理店,遍布全市城乡。

2005年,我与其他领导班子成员经过市场考察、认真分析,在全省范围内率先提出建立乡镇区域、让营销服务渠道前移的理念,随后公司在城区和青阳、长泾、利港、周庄租赁房屋,建设了5个营销与服务一体化,市场管理、客户经理和营业员三位一体的区域中心,使公司有效地占领了市场的主导地位。

2009年1月7日,工业和信息化部为中国移动发放TD-SCDMA第三代移动通信(3G)牌照。2009年7月,江阴地区第一个TD-SCDMA基站在江阴市长江路139号10楼机房开通,标志着江阴地区已真正进入3G时代,到2011年,江阴地区已建设TD基站数量近400个,网络质量可与2G网络媲美。

正是由于"移动人"的不懈努力,屈指十余年,公司规模得到迅猛发展,从1998年剥离时用户总数20万户左右,营业收入2亿元左右,公司员工不足50人,到2007年公司用户突破100万,2008年公司营业收入突破10亿元、上缴江阴地税超过3 000万元,2010年上缴地税超过4 000万元,员工总人数450人。展望未来,江阴移动人定会沿着规模化、规范化、讲效益的发展道路走得更远、更稳健。

江阴联通的筹建与发展

包凤仙

1994 年 7 月 19 日,中国联合通信有限公司经国务院批准正式挂牌成立,2011 年 7 月 19 日,正值中国联通成立 17 周年。17 年的联通从未中断过压力与困难。中国联通从开始的先天不足到现在的得天独厚,在历任领导的带领下,中国联通顺利走过了每一次关键发展时期。17 年,联通公司的发展绝非仅是纸上呈现的数字。

一、前景光明,道路曲折

1994 年,中国联通作为中国第二家获得电信经营特许权的公司正式成立。联通作为中国唯一经营电信综合业务的电信运营商是中国电信市场供需矛盾尖锐的产物,时任中共中央总书记、国家主席江泽民在联通筹备期时曾题词:"办好联通公司,发展电信事业,为现代化建设服务。"

联通刚成立时被人们寄予厚望,但是,由于各种因素的制约,特别是建设资金的严重缺乏、融资方式的不规范以及管理人员和技术骨干的匮乏,联通并没有如人所愿地快速发展起来,没有成长为国务院领导所期望的"旗鼓相当、各具特色"的市场竞争主体之一。经过 4 年的发展,截至 1998 年年底,联通净资产只有 23 亿元,资产负债率却高达 87%;苦心经营的移动电话业务仅占移动通信市场份额的 7％,而数据、长话等业务基本上还是几张空牌照。与拆分前的中国电信相比,中国联通的规模实力相差悬殊:净资产只有中国电信的 1/261;业务收入不到 16 亿元,为中国电信的 1/112;移动通信用户只有 100 多万户,为中国电信的 1/20。就像拳击台上一个孱弱的小孩面对一个健壮的大汉,二者根本构不成真正意义上的竞争。

为解决中国联通在发展过程中面临的流动资金短缺、人才严重不足等紧迫问题,信息产业部在国务院的要求下采取了一系列措施,在国家一系列人力、财力的政策扶持下,通过"中中外"的融资模式,联通获得了发展的资金,特别是在建设 GSM 网时,这部分资金起到了最为关键的支持。此后,又明晰产权关系和适时重组上市,联通从一个资产结构和管理上比较分散的公司,迅速整合为一个集中、统一、高效的,按照现代企业制度和国际规范治理的大型电信企业,确立了中国四大基础电信运营商之一的地位。联通的发展壮大,为国内电信市场创造了真正的竞争机制,从真正意义上打破了中国电信的垄断。

二、成立初期,夹缝中求生存

江阴,地处苏锡常"金三角"的几何中心,是发展中的工业港口城市。1998 年 11 月 28 日,中国联通无锡分公司江阴营业厅 GSM 网络正式开业放号,全力发展江阴地区 130 移动通信业务。江阴联通作为中国联通在江阴地区唯一以经营电信业务为主的分支机构,主要承担着中国联通在江阴的通信建设和业务经营。截至 1999 年 9 月 6 日,130 移动用户突破 10 000户,至 2000 年 12 月 130 移动用户又有了新突破。2001 年,江阴业务部在原有 130 移动通信业务大力发展的基础上,联通数据通信、长途电话业务正式启动,面向市场推出 193 长途业务、IP 长途专线、165 上网卡、165 专线上网等业务。针对企事业单位的实际通信需求采用综合电信业务方案,成为江阴唯一一家经营电信全面业务的单位。2001 年新增 130 移动用户比上年增长 1.4％,截至 2001 年年底,江阴 130 移动用户占江阴整个移动市场份额的 30％。发展 165 专线上网的网吧 5 家。发展 193 长途用户百家。江阴业务部 2001 年新增营业面积 250 平方米,增加客户活动区,开辟联通 CDMA 业务介绍区和业务咨询处。加强内部管理,推行客户投诉首问负责制,提高客户投诉处理效率;“1001”免费咨询投诉平台对投诉处理进行监督落实。

2000 年,从中国邮电剥离的寻呼业务部,当时被称为“国信寻呼通信公司”成建制划入中国联通,账面净资产达 68 亿元。国家财政还为这家公司追加了 51 亿元人民币的投资。此外,其获准的业务范围也由昔日的市话、寻呼、GSM 移动三大项,扩大到包括长途、IP、CDMA 移动电话特许经营权、数据通信等在内的全部电信业务。在这样的形势下,江阴国信寻呼公司也与江阴联通正式融合。次年 3 月正式并入中国联通无锡分公司江阴营业厅。

从 2001 年起,除了建设好 GSM 网络,CDMA 网络基站开始基建,以改变 GSM 技术统一天下局面。于是,“协调好 CDMA、GSM 两张网,两网都要大发展”,成为联通发展的大方向。为了充实联通公司江阴营业厅的经营、管理实力,无锡分公司委派有经验、懂技术的同志来江阴,全面负责江阴联通日常工作。江阴联通营业厅在无锡公司的领导下,紧跟着这个大方向发展。2002 年 CDMA 网络一、二期工程完工,基站总数达 32 个。2002 年 3 月 15 日,CDMA 正式在江阴地区放号。值得一提的是,2002 年在江阴发展史上是不平凡的一年,江阴联通营业厅第一次将具体的业务考核指标与江阴工作业绩紧密挂联起来,经过江阴联通营业厅全体人员共同努力工作,业务发展较上一年有了长足的进步:江阴累计完成业务收入 10 127.25 万元,同比增长 67.2%,其中 GSM 完成 8 441.3 万元,同比增长 41%,CDMA 完成 860.3 万元;数据完成 450 万元,其中 IP 超市完成 370 万元,无线公话完成 65 万元,互联网完成 96 万元。江阴地区全年 CDMA 净增 12 310 户,G 网业务收入也在全省县级市中位居第一,同时也是首个县级市业务收入突破亿元大关。

江阴联通营业厅成立以来,整体实力不断增强。到 2004 年 3 月中国联通有限公司江阴分公司在江阴工商局正式注册成功。而营业厅经营的电信业务由成立之初的移动电话 (GSM)和无线寻呼,发展到目前的移动电话(包括 GSM 和 CDMA)、长途电话、本地电话、数据通信(包括因特网业务和 IP 电话)、电信增值业务以及与主营业务有关的其他业务,公司规模由 53 人扩大到 113 人,完成了部门结构的调整,形成了以市场为导向的内部管理运作机制。另外,600 平方米的江阴联通综合大楼已经落成,于 2006 年正式启用,为今后业务的发展奠定了基础,联通公司江阴分公司成为江阴破电信垄断坚冰的一家经营综合业务的电信运营商。

随着电信市场不断的变化,市场需求与竞争多样化,竞争也日趋激烈。如何摆脱困境,在机遇与挑战并存的竞争中更好地强大完善自己,江阴联通公司在改革上找突破,建立精品网络,加强技术改革。江阴分公司成为江苏省发展最快,规模最大的县级分公司。2004年江阴分公司荣获"江苏省用户满意电信服务明星班组称号",有员工个人也荣获"江苏省用户满意电信服务明星"称号。

我们还利用创新宣传媒介,提升服务水准,2004年,江阴联通与江阴市委宣传部、影剧公司联合举办了为期3个月的送电影下乡、庙会宣传等活动,宣传面涉及了各乡镇,起到了较好的宣传效果。同时利用短信平台,与江阴电台合作开设了第一个"联通新时空娱乐空间站"节目,大大提高了社会公众参与联通的程度,增强了彼此间的互动性,该节目在无锡广电系统创优节目的评比中获得了第一名。这样的双赢模式使"联通"两字更加深入人心,知名度大大提高,全年业务收入突破2亿元大关。截至2004年12月30日,江阴IP超市为130家,无线公话为3 016台,无线商话为372台,企业专线20条,4家专业市场、1幢综合商务楼。初步品尝过与媒体合作的甜头后,2005年江阴联通在尽量控制广告成本的前提下,组织庙会、路演、台商联谊、开业促销、5·17宣传、7·19宣传、爆破促销等促销宣传活动57场。结合乡镇夏季纳凉的习好,转型促销模式,推出了"联通纳凉休闲小站"互动式促销,受到了用户及业主的一致好评。

市场总是起起落落的,江阴电信市场的竞争日趋白热化。

从2007年起,为了保住客户、避免流失,江阴联通加强了VIP联盟单位的拓展。在住宿类方面,与"如家快捷"实现了全省8.8折的优惠条件,方便了用户。在美容行业,与"东方之美"签订了合作协议,于三八妇女节开展了客户体验,策划了交话费送美容券的活动,受到用户的好评。在健身类,与远望游泳馆签订了合作协议,向 VIP 贵宾用户分发了 500 张免费游泳卡,持卡用户每周六可至场馆免费游泳,加深了贵宾用户对联通的认知。VIP 工作在完成市分既定任务同时,还要深入做好集团维系的整理与移交,减少收入下滑。在 4 月底,公司制订了合作厅发展集团业务的方针,对合作厅业主进行了集团业务知识培训,集团客户部也设立了专人协助合作厅发展集团客户。各片区主任积极引导合作厅走出去,变坐商为行商,开拓集团业务。在 5、6 月,共有 11 家合作厅尝试发展集团用户,并且成功签约世界风品牌用户。配合 G13 开通,开展区域个性化营销,成功推出华西村卡。

三、3G 时代,王者归来

2008 年 5 月,中国电信运营商重组方案正式启动。工业和信息化部、国家发展和改革委员会、财政部联合发布《关于深化电信体制改革的通告》,明确表示,为实现一系列电信改革目标,鼓励中国电信收购中国联通 CDMA 网络资产和用户,中国联通与中国网通合并,中国卫通的基础电信业务并入中国电信,中国铁通并入中国移动。同年 10 月 15 日,新一轮电信业重组具有标志性意义的一刻终于到来,中国联通和中国网通于当日正式合并,同时,新的中国联通公布了新公司的标识和名称,并阐述新公司的战略发展方向。新的公司名称为"中国联合网络通信有限公司",简称仍为中国联通。

2008 年 12 月,第三代移动通信(3G)牌照发放工作正式启动。2009 年 1 月,工业和信息化部确认国内 3G 牌照发放给三家运营商,为中国移动、中国电信和中国联通。中国移动获得

TD - SCDMA 牌照,中国电信获得 CDMA 2000 牌照,而中国联通则获得 WCDMA 牌照。

根据国家的大方针、大方向,江阴联通也拉开了重组及 3G 发展的序幕,2009 年 12 月无锡联通宣布张洁为中国联合网络通信有限公司江阴市分公司筹备组组长,全面负责江阴市分公司的融合及业务发展工作。

联通 3G 采用全球通用的 WCDMA 技术,目前全球共有 228 家商用 WCDMA 网络,占全球 3G 商用网络的 69.5%,全球市场的 77%。是现在全球漫游能力最强,也是技术最为成熟、网络最为稳定的 3G 制式。

中国联通随后推出的 3G 全业务品牌"沃",由英文"WO"和中文"沃"搭配组成,整个图案色调为橙黄色,没有明显的 3G 字样。该品牌是由惊喜的口语"WO"而来,代表的是想象力释放带来的无限惊喜——有定位时尚群体的"沃精彩";定位商务人群的"沃商务";定位家庭用户的"沃生活",以及"沃"服务等。

3G 业务坚持"网络领先、业务领先、服务领先"的"三个领先"及"统一品牌、统一业务、统一包装、统一资费、统一终端政策、统一服务标准"的"六个统一"。

2009 年 5 月江阴联通 3G 正式放号试用,3G 时代全面到来。到 2011 年,3G 在网用户数已达 2 万户。3G 大发展这两年对于江阴联通而言是机遇与挑战并存的两年,在江阴市委、市政府的正确领导下,在市分公司的支持下,江阴联通抓机遇、求发展,全体员工齐心协力,顽强进取,各方面的工作都取得了一定的成绩。

2010 年行业应用项目初步启动:江阴市公安局道路监控项目、城管车载移动监控项目、天力燃气信息采集项目先后成功签约,投入使用,用户对联通公司提供的 3G 技术应用和服务都比较满意。

2010 年年初,公安监控项目正式启动,主要内容为新建 224 点的道路监控,并要求 6 月开通 224 个点的 90%。由于该工程时间紧、任务重、专业性强,为确保按时完成,公司将其列为一号工程,成立专项小组,调集精兵强将,会同设计单位、施工单位和监理单位一起联合行动。先到 224 个点逐个勘察,再根据网络规划,草拟设计初步方案,再到市分公司和省公司逐一汇报和修改,于 5 月获得通过。项目通过后,公司在材料供应严重滞后的情况下,精心组织施工,通过调配等多种灵活方式解决材料紧缺问题,并按时完成了既定任务,给公安项目划了一个完美的句号,也为联通公司树了一面旗帜。最终,该项目于同年 8 月全部开通。

2010 年 9 月,中国联通获得入网许可证,IPHONE4 在 9 月 25 日正式上市。联通利用 IPHONE4 无与伦比的产品优势成功抢占通讯市场,甚至一度出现脱销缺货现象。3G 在移动通信市场竞争白热化的趋势下注入一股新的力量。

2010 年金鸡百花奖电影节在江阴举行,为保障电影节的通信顺畅,江阴联通在金鸡百花奖电影节开幕之前,在会场附近新建了一个临时基站,完成了敔山湾主会场的分布系统建设,并多次在会场附近做网络测试,根据测试结果做相应调整,确保了电影节期间的通信质量,为电影节做好了通信保障。

2011 年根据上级公司的统一部署,对直销、代理、校园三大销售渠道的工作进行了细化,结合各渠道特点和产品特点制定相应的行动方案。并充分利用 IPHONE 手机的市场热销对全市主要政企大集团安排了有序拜访,以此切入高端群体。充分发挥 3G、宽带及市场推广等多方面的优势,有效破解发展难题,强化产品、投资及服务保障体系,迅速提升自身发展能力,加快规模发展,特别是加快了 3G 业务的推广力度。对集团客户市场来说,是服务加产品,以行业应用为先导,为集团客户提供一揽子解决方案。对公众客户市场来说,要提升 3G 发展的品质,必须在内容上下功夫,在贯彻上级公司要求的基础上,积极创新。通过强化各方面手段的支撑,以提升市场份额。网络建设方面,对 2010 年年底新开通 3G 基站进行信号路测和网络优化,并根据测试结果及公司建设计划进一步新建 3G 基站,打造精品网络;加大室内分布覆盖力度,特别是对一些重点乡镇和企业,为融合业务提供强有力保证。

四、众人拾柴火焰高

成立至今,江阴联通始终坚持"以客户为中心,以市场为导向",通过企业的诚信服务,培育诚信的客户群体,靠"服务竞争"去赢得市场,带动公司业务高速发展。

江阴联通分公司通过展开对外交流学习,取他人长足,完善自己。2003 年江阴联通业务部向昆山分公司、通州营业厅等交流学习经验,明确目标,在逆境中求发展,在各方面都得到了广泛认可。2003 年成功举办"江阴业务部首届窗口人员业务知识竞赛"和"营销人员知识竞赛",大大提升了员工积极性与参与性。

江阴联通分公司强化内部管理,依靠集体的力量创造出一个个佳绩。在集体智慧的努力下,2004 年江阴分公司获得"省份发展贡献一等奖"、"无锡分公司先进集体"等荣誉。这些荣誉是和当时决策领导分不开的。当时江阴分公司领导是一位从基层起步的经理,不论是技术还是业务上都有着丰富的经验,调入江阴分公司任经理后更是如鱼得水,在他的带领下江阴分公司业务取得了骄人的成绩,2002年首次实现收入超亿元,当年增长率90%,在县级分公司中全省排名第一,并在今后的几年中继续保持全省县级分公司领先地位,实现了跨越式发展。

2008年12月,新任江阴市分公司总经理、无锡分公司第七党支部书记张洁是个典型的复合型人才,有韧性,而其职业经历也反映出了这一点。在工作岗位上他始终如一、严谨求实、勤奋刻苦,以饱满的工作热情、扎实的工作作风、优异的工作成绩,受到广大员工的普遍好评,在平凡的工作岗位上,做出了不平凡的事迹,得到了全公司人员的认同,也赢得了大家对他的尊重。敢于创新,务实求真,善经营、会管理,这是公司全体员工对他的一致评价。在他的领导下,江阴联通于2009年与网通正式融合,并平稳度过了人员、网络、业务的融合期。

在江阴累计工作时间达9年之久的江阴市分公司张洁总经理,是一位在江阴工作时间最长的无锡派驻江阴的负责人。在江阴工作期间,正值江阴业务全面发展时期,他倾注了自己全部的精力和时间,在他周围,凝聚、涌动着一个精诚团结、勤奋务实、与时俱进的团队,员工的积极性得到空前提高,涌现出一大批的优秀党员、优秀员工,江阴党支部也被评为2010年度先进党支部,他本人也被评为优秀党员。

江阴营业厅多年来在营业厅主任陈国芳带领下,先后荣获消费者满意单位、江苏省用户满意电信服务明星班组称号,而她本人获得了中国联通优秀共产党员等荣誉称号。多年来,营业厅主任一直坚持在营业厅这个中国联通的窗口,认真而热情地接待每一位客户。她深知自己代表公司的形象,业务不熟练、服务不热情、态度不真诚,都将直接影响到客户对公司的印象,影响到公司的利益。她抓住点滴机会刻苦钻研,努力学习,不仅仅是本职业务精益求精,更是利用业余时间自学了财务本科,拓宽了知识面。她用自己的微笑和问候服务着每一位客户,更用自己的一言一行影响着营业厅的姐妹们。大家看在眼里,记在心里,不知不觉中,她成了这个集体中的榜样,在她的带领下,营业厅学习氛围浓了、钻研劲头足了、微笑服务多了,她用自己的执著和坚韧,让更多的热情和真诚环绕着营业厅。

江阴创建国家可持续发展
先进示范区的前前后后

周凤兴

20世纪80、90年代,我市工业经济迅速发展,与此同时经济、社会和环境协调发展的矛盾也日益突出。为促进我市经济社会可持续发展,市委、市政府从1992年开始规划创建省级社会发展综合实验区,倡导以政府牵头、公众参与,通过创建推动经济、社会、环境协调发展。1993年11月我市被批准为省级社会发展综合实验区,1996年11月通过省级专家组验收。

1997年12月我市开始申报国家可持续发展实验区,1999年11月被国家科技部批准为"江阴国家可持续发展实验区"。同年,我市成立了市科技园区领导小组,全面负责实验区的政策制定、规划论证和工作协调,组织专家编制了实验区规划。同期,我市还成立了实验区办公室,全面协调实验区相关工作,组织实施实验区重点科技示范项目。实施期间,实验区工作做到组织健全、分工明确,有力地保障了实验区工作的顺利开展。同时,市政府设立了社会事业科技项目专项经费,并逐年加大扶持力度,从2000年10万元增加到2006年100万元,围绕实验区工作选择有社会影响力和一定科技含量的社会事业科技项目加以推进引导,树立样板示范工程。6年来共实施社会发展科技示范项目81项。通过示范项目实施,对经济、社会可持续发展起到了引领和推动作用,并对资源、环境、人口等方面协调发展收到了良好的社会效益。

　　1999 年 11 月我市被批准为国家级可持续发展实验区后，我被抽调到社会发展科分管实验区办公室的相关工作。2000 年 1 月 28 日市科技局副局长胡宪和我一起赴北京参加国家可持续发展实验区授牌仪式，地点在北京的京西宾馆，由科技部前任副部长邓楠为我市授牌，胡宪副局长代表我市接牌。会场上，国家 21 世纪中心社会发展处处长宋征专门邀请了《科技日报》的一位记者给邓楠和胡宪照了相，作为授牌仪式的留念。

　　按照科技部和中国 21 世纪议程管理中心的规定，国家可持续发展实验区实施六年后必须进行验收。2006 年 1 月，我市收到科技部《关于 2006 年国家可持续发展实验区中期检查、验收及新区评审等有关工作的通知》后，经过充分准备，于 2006 年 4 月 28 日向国家科技部提交了《江阴国家可持续发展实验区验收申请书》，同时提交了由我市相关部门共同编写的《江阴国家可持续发展实验区工作总结》和由实验区办公室编制的《江阴国家可持续发展实验区示范项目总结》以及《江阴国家可持续发展实验区示范项目汇编》等相关材料。

　　2006 年 7 月 27 日、28 日，科技部牵头组织国家发改委、环保部等有关部委和相关专家对我市进行为期两天的验收工作。验收会议地点安排在江阴暨阳山庄。会上，分管科技工作的副市长薛良汇报了六年来《江阴可持续发展实验区工作总结》、市科技局局长冯爱东介绍了《江阴可持续发展实验区科技示范项目实施情况》。与会专家查看了江阴实验区办公室工作台账和会议记录，并组织召开了机关各单位代表参加的座谈会。座谈会上，与会代表填写了由验收小组分发的《国家可持续发展实验区工作调查问卷》。第二天验收组实地考察了新桥镇和周庄华宏村的新农村建设情况(当年全国参加国家可持续发展实验区验收共有 7 家)。

2006 年 9 月 26 日,我市收到科技部(司发函)《关于参加国家可持续发展实验区验收暨新区评审会的通知》。通知要求参加实验区验收单位的政府领导、科技局主管领导、地方实验区办公室负责人赴京参加国家可持续发展实验区验收评审会。接到通知后,我市派出分管副市长薛良、科技局局长冯爱东、政府办陈鑫和我四人参加会议。2006 年 10 月 12 日上午 8 点 30 分,与会全体人员在北京万寿庄宾馆听取了科技部部长徐冠华《关于国家可持续发展实验区工作报告》,接着验收评审逐个单位进行。下午 2 点江阴实验区进入验收评审程序。评审程序分三步:1. 实验区验收考察组专家介绍验收考察情况;2. 由国家有关 18 个部、委、办、局组成的评审委员会成员质疑,江阴实验区答辩;3. 评审委员会成员讨论、打分。会议总结时,科技部社发司司长马燕合对我市实验区工作的评价为:

江阴市自 1999 年 11 月创建国家可持续发展实验区以来,在可持续发展的探索与实践中,秉承可持续发展的理念,采取了一系列有力有效措施,取得了显著成效,积累了大量的新鲜经验。其中,两条根本经验可供学习和借鉴:

首先,针对当地发展的突出矛盾和问题,探索产业相对聚集的沿海地区的经济社会协调可持续发展模式。江阴市是江南地区工业聚集程度较高的地区,但产业结构以纺织、轻工、冶金等传统产业为主,产业分散、耗能高、污染高,经济发展与环境整治的任务成为制约经济社会发展的难题。江阴市在建设国家可持续发展实验区的过程中,积极转变经济增长方式,突出科技引领和支撑的产业导向,推动传统优势产业实现集约和升级发展,涌现出一批国内外知名的企业和产品。在可持续发展实验区建设的实践中,企业的主体作用得到了有效发挥,在节能降耗、节能减排、清洁生产、循环经济发展上,企业的参与、企业的社会责任得到明显提升和增强。面对资源、环境的双重压力,江阴市积极开展"五整治、两提升"(对小钢铁、小电镀、小水泥、小印染、小化工实施专项整治;以科技创新为动力,提升经济核心竞争力;以"五整治"为重点,提升一、二、三产业的协调发展层次),城乡环境得到综合整治。重视生态功能区建设,切实加强了区内风景名胜区、沿江湿地、山体资源的保护,通过沟通疏浚河道水系等环境建设措施,扩大环境容量,提高环境对经济社会发展的承载能力。

第二,采取积极的改革措施,不断创新发展机制。江阴市从实际出发,敢于突破现有体制机制的束缚,积极探索与经济社会发展需求相适应的可持续发展之路,如在城镇规划和建设中,率先开展了"三集中"的探索,即农业向规模经营和农业园区集中;工业向开发区和工业集中区集中;农民居住向城镇和农村新型社区集中,实现了有限土地的集中和节约利用,促进了经济结构与区域功能的优化发展。在新农村建设中,结合当地农村发展的需要与实践,探索出了城镇集中型、开发区集中型、市政工程集中型等新农村建设的七种模式,积极地推进了新农村建设。通过实施农村住院医疗保险示范工程,将大病住院医疗保险作为农民健康保障模式,让所有农民受益。江阴市通过创新先行先试所积累的经验和创新模式,在长江三角洲地区产生了显著的示范效应。

江阴市把可持续发展的内生需求与推进国家和区域可持续发展的责任使命有机结合,经过仅七年建设,可持续发展能力明显提升,综合经济实力位于全国县级市前茅,先后获得了国家环境保护模范城市、国家生态市、全国科技进步示范市等58项全国荣誉称号,对周边地区乃至全国起到积极的影响和示范作用。

国家可持续发展实验区成立于1986年,2006年是国家可持续发展实验区成立20周年。科技部、中国21世纪议程管理中心为"纪念国家可持续发展实验区成立20周年"开展系列活动。(从1986年至2006年全国被批准为国家级可持续发展实验区共计86家。其中,江苏4家,分别是盐城大丰、无锡华庄、江阴、常州金坛。江苏省级综合实验区18家。)"纪念国家可持续发展实验区成立20周年"开展活动的内容为:

活动之一:各国家级实验区选送"走向可持续发展"电视专题片,经中央电视台和科技部评审录用后,在中央四套国际频道播出。

活动之二:"走向可持续发展成就展"。

活动之三:在北京人民大会堂举行"纪念国家可持续发展实验区20周年总结表彰大会"。

根据上述系列活动的内容和具体要求,我市实验区办公室成立了"走向可持续发展成就展"工作小组,由市科技局局长冯爱东任组长,副局长胡宪任副组长,组员分别是:生产力促进中心副主任徐建军、办事员王一波、网络中心副主任沈益玲和周凤兴。工作小组作了相应的分工,我全面协调"参展"工作,负责收集有关单位的信息和实验工作相关内容和照片,协助拍摄"专题宣传片"工作;徐建军、王一波负责材料整理和照片筛选并制作展板;沈益玲因普通话比较标准而负责展板内容和现场讲解工作。

2006 年 8 月初,省科技厅召集江苏省国家可持续发展实验区和省级实验区就"参展"工作进行了布置。会上科技厅听取并征集了各实验区有关拍摄"走向可持续发展"电视专题片的有关内容和设想。由于当时我市正在进行"农民免费体检、建立健康档案"的工程。这一工程受到了省科技厅领导的高度重视,现场决定以江阴实验区为重点,把江阴案例电视专题片向中央电视台力推,并要求我市全力以赴做好此项工作。会上我提出:"要是江阴电视台来拍摄这个案例电视片的话,可能水平上还达不到中央电视台的要求,能否请省台协作摄制?但费用不能太高。"省科技厅领导表示可以考虑。大概过了一个星期省科技厅通知我,事情已经办妥,他们已委托江苏省广播电视总台负责我市电视专题片的拍摄工作,有关费用不需要我市承担。

2006 年 8 月中旬,江苏省广播电视总台委派江苏国际频道部张大洪编导兼摄影、陈晓莉主任编辑来我市对"案例"进行实地考察、制定拍摄方案。我市农医保中心江莉玲主任介绍了实施"案例"的目的、意义以及进展情况,并决定由顾立中副主任全程协助"案例"的拍摄工作。同时还到南闸镇两个村观看农民体检现场。9 月 22 日,江苏国际频道部拿出"案例"拍摄方案。决定以祝塘卫生院为中心,祝塘镇金庄村村民体检为拍摄主线。9 月 24 日专题节目开机,题目为:为了美好明天——走向可持续发展。反映农民体检、信息登记、健康信号入库(进电脑)和慢性疾病控制的全过程,拍摄工作为期六天。在整个拍摄过程中得到了农村医保中心、祝塘卫生院、祝塘科技办的大力支持和帮助。

参展以前,全国共有 46 个单位提交了专题片,被中央电视台录用 12 部,江阴为其中之一。专题片于 2006 年 11 月 8 日晚间 9 点在中央 4 套"讲述"栏目播出,该片获得中央电视台颁发的二等奖。同年,我市农医中心以"案例"为蓝本申报的《苏南地区农民健康工程信息化服务体系的集成与研究》的省社会发展科技项目,被省科技厅列入 2007 年度重点项目,获得省科技经费拨款 100 万元。

江苏省参加"成就展"的单位,其中 3 家为国家级实验区(盐城大丰、无锡华庄、江阴),6 家为省级实验区。我市以《走可持续发展之路——建设幸福江阴》为主题共制作 12 块展板,具体展板内容为:

1. 幸福江阴的目标

2. 江阴市实验区概况

3. 实验区规划实施取得的成就

4. 人人都有好工作,家家都有好收入——小康型社会全面建成

5. 处处都有好环境——全面建设生态型城市

6. 人人都有好身体,天天都有好心情——现代型文化格局正在形成

7. 形成科技型经济格局

8. 示范项目的实施情况和示范作用

9. 项目之一:循环经济　节约资源——废弃橡胶新技术处理的研究示范工程

10. 项目之二:保障安民——江阴市农村住院医疗保险示范工程

11. 项目之三:复垦复绿　保护环境　造福百姓——江阴市花山植被恢复技术与示范

12. 项目之四：社会主义新农村建设——可持续城镇建设规划与建设模式的科技示范

2006 年 11 月 8 日至 11 日,中国农业展览馆被布置成一片花的海洋,我市"成就展"的布展由江苏省科技厅统一负责,市科技局局长冯爱东、政府办公室副主任周琛出席了展览会。当时,我是参展负责人,讲解员沈益玲,工作人员徐建军。在展览过程中我市"成就展"得到相关部门和参展人员的好评,同时获得了优秀参展奖。

11 月 9 日上午 9 时,"纪念国家可持续发展实验区 20 周年"总结表彰大会在人民大会堂新闻发布厅隆重召开。国务院 17 个部、委、办、局及各省科技厅和国家可持续发展实验区代表参加会议。出席会议的领导有中国可持续发展研究会邓楠理事长、科技部刘燕华副部长等。在总结表彰大会上,我市荣获国家可持续发展实验区工作全国先进集体奖牌,市科技局局长冯爱东上台接牌。表彰大会上,我市分管副市长薛良、科技局副局长胡宪、科技局社发科科长徐全法获得"全国可持续发展实验区工作"先进个人,同时由江苏电视台拍摄的《为了美好明天——走向可持续发展》参赛专题片被科学技术部、中央电视台授予二等奖,并由时任全国人大副委员长许嘉璐和中国可持续发展研究会理事长邓楠为江苏电视台颁奖。

2007 年,我市接到科学技术部(国科社函〔2007〕32 号)《关于开展国家可持续发展先进示范区申报工作的通知》,通知根据《国家可持续发展实验区建议与发展规划纲要》、《国家可持续发展先进示范区管理办法》和《国家可持续发展实验区 2007 年度工作要点》要求,组织有条件的国家可持续发展实验区开展国家可持续发展先进示范区申报工作。

2007年8月,我市成立了江阴市创建国家可持续发展先进示范区领导小组,领导小组组长由市委书记朱民阳、市长王锡南担任,成员单位由各部、委、办、局主管领导组成。原江阴市国家可持续发展实验区办公室承接江阴市创建国家可持续发展先进示范区办公室的职能。

随后,创建领导小组召集成员单位举行创建工作座谈会,会上对示范区示范的主题广泛征求意见并进行热烈的讨论,最后根据江阴经济、社会发展现状以及周边地区社会发展的概况,明确了我市创建国家可持续发展先进示范区的主题——城乡一体化建设。示范内容:1. 城乡规划一体化;2. 城乡交通一体化;3. 城乡管理一体化;4. 城乡社会保障一体化;5. 城乡信息化建设与共享一体化。

明确了示范主题和内容后,示范区办公室和南京大学合作分别编制和编写了《江阴市国家可持续发展先进示范区建设规划》、《国家可持续发展先进示范区申报书》。经无锡市政府同意,江苏省科技厅推荐,2007年9月中旬将所有申报材料送至中国21世纪议程中心。

2007年12月13日至14日,科技部由社发司副司长带队,一行12人来我市开展科技促进区域可持续发展调研工作,重点了解我市可持续发展实验区在现代工业集聚区节能减排、统筹城乡发展方面的实验工作情况,并对我市申报国家先进示范区的工作进行考察。考察会上,我市副市长费平作了《深入贯彻落实科学发展观,又好又快地推进幸福江阴建设》的工作汇报,市科技局局长冯爱东介绍了江阴创建国家可持续发展先进示范区的情况。考察组参观了新桥镇的小城镇建设和周庄镇华宏村新农村建设,实地考察了周庄镇倪家巷集团中水回用科技示范项目以及市公安局110指挥中心。

2008年7月29日,我市派出副市长费平、科技局局长冯爱东和我三人赴北京参加"创建国家可持续发展先进示范区"评审答辩会。

2008年7月30日下午1时,轮到我市答辩。评审团由国家15个部门以及有关专家25位成员组成。首先播放宣传片10分钟,我们播放的是《江南明珠——幸福江阴》,接下来由费平副市长代表江阴市政府作创建国家可持续发展先进示范区申述报告,时间10分钟,然后由评审团质询,由于我市国家可持续发展实验区的工作基础较好,故答辩过程比较顺利。

经科学技术部批准((国科发社〔2008〕594号)《关于北京市西城区等13个单位开展首批国家可持续发展先进示范区建设工作的通知》),我市被确定为首批国家可持续发展先进示范区。同年12月5日上午9点至11点30分,国家可持续发展先进示范区授牌仪式在北京人民大会堂重庆厅隆重举行。我市副市长费平和科技局副局长吴自强参加了授牌仪式。会上全国政协副主席、科技部部长万钢亲自给我市授牌,费平副市长接牌。

国家环境综合整治
优秀城市创建经历

袁康义　夏礼清

　　国家环境综合整治优秀城市创建活动,是我市 1987 年撤县建市以来城市化建设进程具有里程碑式的创建。通过创建,加快了城市发展,完善了城市基础设施建设,强化了城市管理,是造福民众的又一重大举措。我市在 1992 年荣获江苏省城市环境综合整治优秀城市的基础上,认真总结经验教训,对照国家标准明确提出要创全国首批环境综合整治优秀城市的目标。按照"政府组织、部门负责、群众参与、协同作战"的方针,抓住机遇,乘势而上,充分发扬"人心齐、民性刚、敢攀登、创一流"的江阴精神,坚持高起点规划、高标准建设和高效能管理,为争创国家首批环境综合整治优秀城市的目标而努力奋斗。

一、早做准备,迎接考核验收

　　作为担负创建全国环境综合整治优秀城市的主管部门——江阴市建设委员会,在徐发鑫主任带领下,全局上下齐动手,扎扎实实抓硬件建设,分秒必争迎接国家环境综合整治优秀城市专家组来我市验收。我们两人都在市建委工作,一个是市建委分管创建的副主任,一个是市建委办公室主任,直接参与了从 1993 年到 1998 年的这一创建活动,同时分别担任市政环卫组、资料组、公用事业组的组长或副组长,并陪同检查团一起参与现场检查。

实践证明,城市环境综合整治活动是提高城市建设管理水平,不断改善城市环境面貌,完善城市社会化综合服务体系,增强城市总体功能,提高城市人民生活质量,实现城市持续发展的重要手段和主要载体。为切实加强对城市环境综合整治工作的领导,我市及时调整充实了江阴市环境综合整治领导小组,由市长任组长,副市长和市建委一把手担任领导小组副组长,相关部门一把手担任领导小组成员。做到一把手亲自抓,分管领导具体抓。根据任务作了明确分工,领导小组与各部门签订了责任状,确保了整治任务件件有交代,项项有落实。

首先是统一认识,增强广大人民群众的创建意识。

城市环境综合整治是一项动态的过程,工作的反复性较大,只有不断深化认识,确立切合实际激励人心的目标,树立长期作战的思想,做到常抓不懈,才能不断提高工作标准,从而巩固发展,有所创新。在争创国家环境综合整治优秀城市的过程中,我市通过各种途径,进行广泛的宣传发动,讲明综合整治活动的意义作用、任务和要求,领导全市人民积极参与、配合和支持综合整治工作,形成了全民参与、人人动手搞整治的良好氛围。城区有 200 家窗口单位开展了“创三优,树新风”活动;在繁华中心区的人民中路、虹桥中路,创建“六无”文明示范路,并放置了 144 块名人名言广告牌;在各行业系统开展了“人民满意”行业服务达标竞赛活动;在广大市民中推广《市民言语文明行为规范》及文明用语,评选“百佳文明市民”,举行“向不良行为告别”万人签字仪式;组织全市人民认购树木,参与全面造绿;发动居民积极开展创建安全文明小区活动,组织开展“美化家园、洁净江阴"活动等,使广大市民增强了文明意识,激发了全市人民自觉参与城市环境综合整治的热情,为我市巩固、提高发展整治成果提供了强大的内在动力,也为国家卫生城市的创建打下了坚实的基础。

在统一认识的基础上,关键是对照标准,加快建设,不断完善城市基础设施,这是创建的重头。

1992 年以来,我市形成了全社会共同投入搞城市建设的投入方式,城建投入逐年增加,投资比重逐年上升,先后投入 5 亿多元城建资金,用于城市各项基础设施的改造建设,使我市的城市基础设施达到了国家环境综合整治优秀城市的考核标准,有许多指标在全省乃至在全国处于领先地位。

加快城市公用事业发展步伐:城市供水超前建设。1992 年小湾水厂日供水能力 10 万立方米扩建工程正式动工,市政府投资 4 000 万元,于 1993 年 6 月第一期 5 万立方米工程建成投产,1994 年第二期 5 万立方米建成投产。我市日供水能力达 20 万立方米,城区管网形成环网 22 020 米,供水普及率 100%,城区测压点 8 个,管网合格率达 99.3%。燃气事业稳步发展。根据我市实际情况,城市燃气重点放在液化石油气。全市已有 14 个液化气储配场站,总储配能力 11 000 立方米,全年供气总量达 19 712 立方米,其中居民用气 19 632 立方米,用户 125 567 户,城区气化率 100%。在瓶装液化石油气的基础上,我市积极探索管道液化气,建成了花园、文定、高巷、君山、虹桥 1—4 村 5 个管道液化气供气站,铺设管道 26 千米。城市公交整体推进。我市坚持社会办公交的方针,充分发挥政府、集体、个人三方的作用,整体推进公交事业的发展,形成了公交为主体,出租车客运为辅的城市客运交通体系。公交车辆、停车场站等各项设施全面达标。全市公交线路 14 条,公交线路总长 312 千米,公交站点 143 个,公交车 138 辆,折合 111 标台,每万人拥有公交车辆 8.1 标台。全市拥有出租车 364 辆。

加大城市市政工程建设的力度:道路建设加快推进,自 1993 年政府投资 1.3 亿元开工建设"六路工程",经过自上而下的努力,一年竣工投运,拉开了城市骨架,完善了市区交通网络,在城区已形成内环、外环"六纵六横"城市道路交通网络。城区主干道面积 125.5 万平方米,人均拥有道路 10.38 平方米。同时还投入 1 500 多万元,用于人行道板更换成彩色人行道板,城区道板铺设率 100%。城区道路路灯与道路工程同步建设,路灯装灯率 100%,路灯亮灯率 100%。自 1994 年以来还投入 4 000 多万元,新建和改建城市桥梁 15 座。城市污水处理厂运转正常,在建成日处理能力 2 万立方米的城市污水厂以后,我市又投入 200 多万元新建了徐家村和环西路污水管网,确保创建达标。城市抗洪能力增强,排水设施不断完善,新增下水道 51.4 千米,城市下水道全长 185.8 千米,排水管网密度 5 千米/平方千米,排水普及率达 90% 以上。

加速城市市容环境面貌的改观:环卫设施不断完善更新,1992 年创建国家卫生城市以来,我市环卫设施建设标准年年提高,设施年年有改善。1993 年政府投入 600 多万元大力建设澄东花山垃圾填埋场,并投入运行。当年又投入 60 多万元,建设夏港粪便处理场,并在当年投入运行,确保市区垃圾、粪便无害处理均保持 100%。为减轻环卫工人的劳动强度,又增添了运输车辆 28 辆,机械化清运率达到 100%,做到了垃圾日产日清,大大改变了过去垃圾满天飞的脏、乱、差现象,极大地改善了居民生活环境。对全市城区 60 多座旱厕和 200 多只老式化粪池进行改造,市建委专门成立指挥部,抽调市属开发企业、建筑企业的领导和技术骨干,分任务,自包资金,自包建筑材料,按统一设计的水冲式公厕和地埋式无动力生态化粪池的标准要求开展自建活动,在10多天的建设过程中,由于有的公厕位置偏僻,部分在小弄堂内,运输车无法进入,徐发鑫主任下令用他自己乘坐的小轿车将水泥、砖头、面砖等材料运往工地,一鼓作气,完成了旱厕改水冲式厕所和老式化粪池的改造任务,基本达到了创建要求的国家二类以上标准。设施改善了,环卫保洁水平必须跟上。1993年以来,对市区主干道环卫保洁坚持实行全天候16小时保洁制,次干道坚持两天大扫一保洁,清扫质量达到"两净一无"标准化,路面的整洁卫生、公厕保洁编号立档,实行专人保洁,上墙公布,严格达到标准。垃圾和粪便严格按国家标准、技术规范处理,并定期监测,城区清扫保洁率达100%。

绿化美化又创出了新的特色。我市主体完成一个黄山风景区、20块街头绿地、21千米环城绿带、3条傍河绿带和8个市级公园,初步形成内环傍河绿带、外环环城绿带及沿山林景区互相辉映的绿化格局。1993年起,市政府决定开展"绿化、美化、净化年"活动。城市园林以建设环城公园为龙头,全面实施各项绿化工程:环城绿带一期工程建设、澄山河先锋桥至平冠桥的驳岸绿化带、学院场绿化换上一批有特色的造型树种、君山公园建设启动,中山公园完成盆景二期工程。市区道路绿化,主要街道和市中心由园林处分季摆设盆花6万余盆。房地产开发单位对花园、文定、虹桥等小区绿化81 100平方米。同时新增天鹅绿岛"军民鱼水情"、朝阳路"日月同辉"、东横河绿带"儿童系列"等城市雕塑,建成一批街头小品,绿化美化市容,配以灯光艺术,使城市昼夜成景。1993 年,市区绿地面积 6 240 000 平方米,绿化覆盖率达 32.44％;拥有公共绿地面积 1 034 500 平方米,人均公共绿地面积 8.5 平方米。

依法行政,严格管理,不断提高城市环境综合整治总体水平也是创建的关键。自创省级环境综合整治优秀城市以来,我市环境综合整治工作实行了三个转变,即由治标变治本,由突击变经常,由领导督促抓变部门主动抓,实行了综合整治工作长效管理。完善法规体系,健全管理队伍,实现城市管理规范化。我市先后完善了城市规划、管理、建设方面的 82 个地方性法规,并汇编成册,实行了建设系统行政执法责任制度。专门成立了园林、市政、环卫、供水、房产、建工、规划等 7 支监察分队,形成了执法网络队伍。城区还组建了 7 支志愿者总队,在社区服务交通值勤、出租车"黑车"整治、市容市貌整治等活动中发挥了积极的作用。坚持开展专项整治活动,是大力改善市容面貌的重要举措。1993 年以来,我市相继组织开展了城乡结合部的专项整治、河道专项整治、公路沿线"五容五貌"专项整治、主干道和居民区新村市容市貌专项整治等活动。通过专项整治活动,不但城区面貌有了大变,而且在城郊结合部等细部也得到彻底的改善。整个城市面貌大大改观,居民生活质量大大提高;大胆探索实践,在城市环境综合整治过程中,我们因地制宜,大胆探索实践,实施了一系列促进城市发展的重大举措,结合整治工作创出了新的特色和优势。对环境卫生实施了有偿管理的办法,提高了环卫事业整体水平;对公交行业采用营运证拍卖、出租车统一颜色标记和整治"黑车"等办法,加快了公交事业的发展;园林绿化通过声势浩大的全民造绿运动,大大提高了绿化率。为城市长效管理打下了基础,所有这些都受到了上级领导和市民的赞扬。

巩固提高，发展创新，是争创全国首批环境综合整治优秀城市又一重大步骤。自1992年我市荣获省级环境综合整治优秀城市以来，对我市经济社会发展产生了极大的推进作用。为此，我们以抓住创建国家环境综合整治优秀城市为载体，在全面完成国家环境综合整治目标的基础上，市建委主任徐发鑫又专门召开建设系统动员大会，组成资料组、市政环卫组、园林绿化组、公用事业组等4个小组逐项检查，发现问题指定专业部门专人及时整改到位。在临近国家检查团来临之前，市政府又召开千人动员大会，动员全市各部门、各界人士、全市人民积极投入创建活动，以积极的态度迎接检查。

二、考核、验收一举成功

根据1992年建设部城市第132号文《关于印发〈城市环境综合整治定量考核实施办法〉的通知》，1993年10月31日至11月3日，由省建委车念国主任任团长的江苏省城市环境综合整治、城市卫生检查第二分团对江阴市城市环境综合整治进行复查考核验收。检查团第一天首先听取了梅振铨副市长关于《综合整治上台阶，滨江古城展新姿》的汇报，观看了专题纪录片，我市四套班子领导陪同检查看了市容市貌。接下来利用两天时间分公用事业组、市政环卫组、园林绿化组3组对26个项目169点实地明察暗访和评议打分。最后检查团根据检查结果通过大会进行了通报。检查团团长车念国在通报会上高度评价了江阴市在开展环境综合整治和创建国家卫生城市活动中，领导高度重视，城市面貌综合整治工作起点高、标准高、要求高，市民的创建意识热情高涨,江阴市城市建设呈现一派新景象,街道平整宽敞,鲜花绿树相映,交通秩序井然,市容整洁优美,江阴市在创建国家卫生城市和全国环境综合整治优秀城市中,取得了突破性进展,又迈上了新的台阶。希望江阴瞄准国际先进城市,再攀综合整治新高峰,力争达到全国一流水平,为我省的城市环境综合整治事业作出新的贡献。根据建设部综合整治标准打出了 133 的高分,超出了建设部(苏南)区 8 分。建议推荐申报全国环境整治优秀城市。1994 年初建设部召开表彰大会,江阴市被建设部首批授予 1993 年全国城市环境综合整治优秀城市称号。梅振铨、徐发鑫分别被授予优秀市长、优秀建委主任的光荣称号。

根据建设部关于全国环境综合整治 2 年复查验收的要求,1996 年、1998 年我市连续荣获全国环境综合整治优秀城市称号。

1993 年我市荣获全国首批环境综合整治优秀城市,我们亲身体会到,国家环境综合整治优秀城市活动的开展对提高我市知名度,加快和推进城市发展,改善提高投资环境,提高城市管理水平,使人民安居乐业,推动城市发展都具有非常重大的意义。

国家环保模范城市创建前后

浦　强

1996 年,我在市环保局宣传法制科工作。下半年的一天,时任江阴市环境保护局局长徐黑南要我们科室打一份报告给市政府,建议市政府创建国家环境保护模范城市。

我尽管接受了这个任务,但对国家环境保护模范城市的具体要求还没有什么认识。在查阅了有关资料后知道,这是当时国家环保局(1998 年升格为国家环保总局,2008 年又升格为国家环保部)刚刚开展的一项工作。1996 年,国家环保局局长解振华到张家港市视察环保工作后,认为张家港市堪当国家环境保护的典范,当即称张家港市为"国家环境保护模范城市",并在当年 7 月召开的第四次全国环境保护工作会议上,正式给张家港市命名。由此,产生了全国第一个国家环境保护模范城市。

当时,徐黑南局长凭着敏锐的感觉,根据江阴环保工作的实际需要,迅速、适时作出了反应,向市政府提出了创建国家环保模范城市的建议。

1997 年 5 月,国家环保局制定了国家环保模范城市的考核指标体系,下发了《关于开展创建国家环保模范城市活动的通知》(环控〔1997〕349 号)(以下简称《创建通知》),正式在全国范围内开展国家环保模范城市创建活动。6 月,江苏省环保局(2002 年机构改革后为江苏省环保厅)转发的《创建通知》,在全省范围内号召开展创建活动。

国家环保局的《创建通知》明确提出,国家环保模范城市是遵循和实施可持续发展战略并取得成效的典型,是我国环境保护的最高荣誉。其主要标志是:社会文明昌盛、经济快速发展、生态良性循环资源合理利用、环境质量良好、城市优美清洁、生活舒适便捷、居民健康长寿。

其考核指标分基本条件和考核指标两部分。其基本条件共 3 项,考核指标分社会经济、环境质量、环境建设和环境管理 4 个类别 24 项指标。

1997 年 10 月,根据这些精神,我局经过认真调查摸底,详细研究分析,科学制定了方案,并经江阴市人民政府认可后,向省环保局递交了《江阴市关于创建国家环保模范城市的请示》(澄政发〔1997〕129 号),正式向省环保局提出申请,并呈请上报国家环保局,将我市列入 1998 年度国家环保模范城市创建计划。

1999 年 3 月,经过两年多时间的创建,江阴市人民政府向国家环保总局递交了验收申请表,正式提出验收申请。

1999 年 6 月 7 日至 9 日,由江苏省环保局污染控制处处长周迁带队的国家环境保护模范城市省级调研组,对我市创建国家环保模范城市工作进行了调研。

1999 年 9 月 7 日至 8 日,以国家环境保护总局污染控制司综合处副处长于飞为组长的国家环境保护模范城市调研组,对我市创建国家环境保护模范城市工作进行了调研。

2000 年 1 月 10 日至 11 日,省环保模范城市考核验收组对我市国家环保模范城市创建进行省级考核验收。

5 月 11 日至 12 日,国家环保总局污控司张力威副司长带领国家环保模范城市考核组,组织了对我市国家环保模范城市创建的考核验收。

6月7日,国家环保总局宋瑞祥副局长到江阴,授予江阴国家环保模范城市荣誉称号。

现在回想起来,我市开展国家环保模范城市创建活动,其实当时的基础条件不是很好的。当时最大的问题是,工业污染防治很不到位。对水产生污染的企业,基本上都只有一级物化处理设施,而且设施简单,处理效果差;对大气产生污染的企业,设施更差,锅炉除尘采用的是旋风除尘,水膜除尘都很少,窑炉基本都没有处理设施。全市有很多"黑龙",最严重的有两条:城区一条"黑龙"——钢厂;东面一条"黑龙"——三房巷电厂。严重的时候,"黑龙"长达上千米,几十千米之外都可以看得见。

针对当时的情况,我市工业污染防治采取了"三步走"战略:第一步,1998年全年,对77家太湖流域重点水污染企业治理达标。根据国务院批准的《太湖水污染防治"九五"计划及2010年规划》和省人大常委会颁布的《江苏省太湖水污染防治条例》等文件规定:自1999年1月1日起,太湖流域禁止一切单位超标准排放污染物。我市属太湖流域,以这次达标排放为契机,抓住机遇,自找压力,对全市只有一级处理设施和没有达标排放的企业集中整治。为确保企业实现达标排放,我市把这项工作作为整个政府工作的重中之重,并成立了以分管副市长为组长的"限期治理达标排放领导小组"。市政府先后多次召开专题会议,认真分析情况,研究制定了"落实一个责任、抓住两个重点,采取三项措施"的工作方针,即:层层签订责任制状,一级抓一级,一级对一级负责;抓治理资金筹集,抓治污技术攻关;加强达标排放督查,把好达标验收关,巩固达标排放成果,从而保证了达标工作顺利进行,并在 1998 年底前全部实现了达标排放,有效地改善了我市的环境质量。

第二步,从 1998 年下半年起到 1999 年上半年,对全市 77 家之外的 66 家水污染企业,以长江流域达标的要求,进行限期治理达标。

第三步,1999 年,对全市大气污染企业,进行限期治理达标。市政府根据江苏省环境保护委员会(苏环委〔1998〕30 号)《关于下达 2000 年底前必须达标排放大气污染物的主要工业企业名单的通知》要求,对全市列入省第一批烟尘限期治理的 126 家企业,加强督查,并积极帮助经济困难企业解决治理资金,把好达标验收关,从而保证了限期治理工作顺利开展,至 1999 年年底前,126 家烟尘限期治理企业中除 8 家自然停业外,全部完成了任务。

经过"三步走"战略,基本实现了治理工业污染源达标。全市"黑龙"问题基本得到解决,两条"黑龙"得到了根治,不再出现在江阴的上空。

在进行治理的同时,注重吸取历史教训,注重源头控制,提出控制新的工业污染源。1998 年召开的市委九届扩大会议明确提出:今后全市工业要围绕经济规模化、产业高度化、经营国际化、布局合理化,大力推进战略性结构调整,着力提高工业经济的运行质量和整体素质,构筑面向 21 世纪的现代化工业框架。市政府提出,必须坚持"四个不准搞",即:重复建设,布局不合理的项目不准搞;技术落后,劳动密集型的项目不准搞;资金分散、生产规模小的项目不准搞;污染严重,难以治理的项目不准搞。

　　随着环保要求的提高,很多企业在抓污染治理的同时,加快发展,改进设备工艺,抓好清洁生产,在提高经济效益和环境效益上下功夫。江苏阳光集团那几年坚持对外扩张、对内调整,短短几年内,先后兼并7家高耗低效、污染严重的企业,果断淘汰了粗纺、棉纺等污染严重的生产线,先后投资7亿多元,引进300多套先进毛纺、染整设备,使70%以上的装备达到国际20世纪90年代的先进水平。该集团对洗毛污水油水分离工艺实施改造,每年从废水中回收价值240余万元的油脂,在获得巨大经济效益的同时,大大减轻了废水处理的难度和压力。该集团投资1800多万元建成的污水处理厂,不仅实现了自身废水的稳定达标,而且对周围污染源实行了集中处理,实现达标排放。

　　依据国家环保总局要求,国家环境保护模范城市应在实现"一控双达标"工作中作出表率,必须提前一年实现"一控双达标"目标,即在1999年12月31日前实现"一控双达标"。当时我市已通过国家环境保护模范城市调研,省环保局特意将我市与已获得国家环境保护模范城市称号的张家港市、昆山市一并列入"一控双达标"考核范围。为保证此项工作顺利开展,市政府专门组织工作班子,职能部门抽调精兵强将,集中力量打歼灭战,先后完成了1995年至1999年排污企业污染削减情况调查,并从数据库排出330个重点企业,建立一厂一档,每年档案内完善污染治理设施、运转管理等9份基础资料。同时,还分门别类整理了"三同时"、建设项目审批、"15小"企业关停、限期治理、排污申报、污染监测和监理8个类型598册资料。在搞好软件资料收集整理的基础上,市政府加大了对污染治理达标的督查和排污口规范化整治等力度,对每个企业提出具体要求,限期整改到位,从而使"一控双达标"工作得到了较好的落实,并于 2000 年 1 月 11 日,顺利通过了江苏省环境保护委员会的考核,确保国家环保模范城市顺利通过了考核验收。

在近三年的创建工作中,我市认真贯彻执行环境保护法律法规,积极构筑比较完善的城乡环境保护框架,按照环保与国际接轨的模式,坚持不懈地实施可持续发展战略,在各方面都取得了明显成效。

环保意识特别是各级领导环保意识明显提高。创建国家环保模范城市,是江阴环保历史上一个重要转折点。创建前,社会各界对环保的认识不足、意识淡薄。在经济社会发展过程中,主要关注的是经济发展,环保还没有放到应有的位置。创建国家环保模范城市,大大改变了这种状况。各级领导亲自组织、主持各类创建工作会议,协调解决创建过程中的各类问题,并多次到国家、省环保部门汇报创建工作情况,对环保的认识和重视程度,有了质的飞跃。2000 年 6 月初,就在国家环保模范城市即将命名之际,刚交接不久的新老分管环保工作的副市长梅振铨和蒋少军,专程到国家环保总局拜访了有关领导,汇报创建工作情况。2000 年 6 月 7 日,江阴市长王伟成在授牌命名会议暨江阴市创建国家环保模范城市先进个人和先进集体表彰会议上强调:"既要金山银山,又要绿水青山;既要 GDP 增长,又要 COD 下降;既要经济快速发展,又要生态环境可持续发展。"这表达了江阴市委、市政府对环保的决心,也对江阴城乡环保创建工作提出了更高的要求。

国家环保模范城市创建,是我市历史上一个重要的环保里程碑。创建成功后,我市进一步加大工作力度,进一步增强工作的紧迫感和使命感,充分发挥各方面的优势,抓住机遇,开拓创新,埋头苦干,达到了环境质量明显改善,环境基础设施健全完善,环保工作机制不断完善。把江阴建设成为经济快速发展、环境清洁优美、生态良性循环、人民富裕幸福的现代化港口城市,进而为创建生态市打下坚实的基础。2005年,我市顺利通过国家环保模范城市复查,成为全国第二批通过复查考核的城市。2006年,江阴创建成为全国第一批生态市。

江阴创建中国优秀
旅游城市纪实

李人之口述 张华整理

发起创优的背景

改革开放以后,我国旅游业得到了飞速发展。旅游业又是关联度极强、覆盖面极广的产业,涉及许多部门的工作。通过创建中国优秀旅游城市,呼唤出城市党委、政府抓旅游业发展,形成"政府主导、部门联动、社会参与、整体推进"的工作机制,来推动旅游业做大做强,这是国家旅游局在全国开展创建中国优秀旅游城市的初衷。

1995 年 3 月,国家旅游局发出《关于开展创建和评选中国优秀旅游城市活动的通知》。

1996 年 4 月,国家旅游局在北京召开了部分城市旅游工作座谈会,拉开了全国创优工作的序幕。

1998 年,国家旅游局出台了《中国优秀旅游城市检查标准(试行)》和《中国优秀旅游城市验收办法》。同年,经国务院、中央文明办同意,国家旅游局成立创建中国优秀旅游城市指导委员会,为创优工作开展提供了有力的组织保障。

第一批创建城市都是地级市。至 1998 年年底,全国共有54 个中国优秀旅游城市。

江阴,苏南模式的开创者之一,从乡镇工业起步,以工业、港口经济立市的江阴市,一路领跑全国县域经济。

江阴又是一个自然地理条件独特,人文资源丰富的千年古城。江阴紧紧抓住"中国第一桥"建设这一千载难逢的机遇,深挖江阴深厚历史文化内涵,大打旅游牌,江阴旅游从无到有,得到迅速发展,新建的鹅鼻嘴公园内森林茂盛、野趣浓郁,有江滨晓步、江尾海头、石湾古炮、鹅鼻积雪等景。鹅山上还建有高达75米的高空旋转观光塔,大桥旁"江上世界"豪华游轮、快艇等设施齐全,是看大桥雄姿、听惊涛拍岸、观青山秀色的绝佳之处。江阴还开辟出以徐霞客故居为主的人文景观旅游区,以华西村、向阳村为主的江南田园风光旅游区、以阳光集团等重点骨干企业为主的苏南乡镇工业参观旅游区。刘氏兄弟故居、渡江战役纪念馆、中山公园等12个景点也修葺一新。江阴已成为中外游客注目的旅游热点。

因为长江大桥,江阴的旅游风生水起,也是因为大桥,使江阴的旅游在度过了短短一年多的"大桥热"后归于平静。大桥带来的旅游优势没能得到持续充分的发挥,更没有转化为经济优势。江阴旅游业处于发展中的迷茫时期。

如何让江阴旅游真正走上发展之路?江阴作为工业港口城市,传统工业城市形象对今后的发展十分不利,通过创建中国优秀旅游城市,在各级上下确立"城市即旅游"的理念,整合各种资源,提升城市形象,改善城市功能,不仅能够直接推动江阴旅游业取得突破性发展,而且有力推进江阴的建设步伐,这不失为发展旅游的新思路。

1999年,江阴市委、市政府正式提出创建中国优秀旅游城市。11月3日,江阴市旅游局召开了"创建中国优秀旅游城市动员大会",明确了争创第二批优秀旅游城市的目标。11月18

日和 2000 年 1 月 5 日,江阴市政府分别在上海、南京召开"中国第一桥向您招手"江阴旅游说明会,为江阴旅游宣传和创建工作造势。

2000 年 3 月 20 日,江阴市政府正式向无锡市、江苏省、国家旅游局发出了申报中国优秀旅游城市公函。由此拉开了历时一年多的创优攻坚战序幕。

创建形势严峻、压力巨大

创建初期,形势严峻,任务沉重,压力巨大。这是由江阴旅游当时发展现状决定的:由于江阴旅游产品不多,旅游产业不大,旅游行业没有强大的市场冲击力;景点分散,可谓"小散杂差";各项旅游配套功能不完善,旅行社、星级宾馆设施少;江阴市旅游局成立仅几年时间,是属于建委下面的二级局,人员少,旅游专业人才缺乏。

对比评选标准,差距十分大。

整个"创优"工作主要有申报、创建、自检、初审、验收、批准命名六个步骤;"创优"的国家检查标准有 25 个大类,193 个小项,208 个采分点,总分 1 100 分。内容包括城市旅游经济发展水平、城市旅游产业定位与规模、城市旅游业投入和专项政策支持、城市旅游业发展主导机制、城市旅游业和管理机制、城市旅游业精神文明建设、城市自然生态环境、城市现代旅游功能、城市旅游文化娱乐、城市旅游厕所、城市旅游市场秩序等。

这其中好多内容江阴还是处于空白状态,好多项目存在薄弱环节。如没有成立旅游监察大队,不能有效地对旅游市场依法进行管理;现代旅游功能不完善。如中国优秀旅游城市要求城市主要道路有中英文对照的交通指示牌(方向);主要旅游区(点)有中英文对照的说明牌或导游录音;旅游服务场所服务人员能够用普通话接待客人;旅游服务场所有能够用英语会话的服务人员等。旅游景区、旅游饭店等公共区域和公共服务设施内缺乏规范醒目的公共信息图形符号;绿化覆盖率、生活垃圾无害化处理率、城市建成区噪声平均值等还有差距;尚没有观光巴士衔接市区内主要景区;没有形成爽心悦目的夜景;没有开发出晚间水上游览项目;缺乏一批配套的旅游公厕;在旅游专项线路上还有待进一步开发;A级景区体系不完善;尚未开通"一日游"旅游线路;尚未设置旅游紧急救援机构,等等。

列入第二批创优的城市共有127个,按名额只能有50%的城市入围。江苏第二批申报的有地级市3个,县级市8个。相对于昆山、常熟、吴江、宜兴等城市,江阴的自然旅游资源明显不足。

更令江阴感到压力的是,2000年4月18日,江苏省旅游局在昆山召开"江苏省创建中国优秀旅游城市现场会",国家旅游局创优办负责人何力、省旅游局局长陆素洁亲自出席,这意味着昆山已内定为入围城市。这在一定程度上增加了江阴创建的难度。

2000年5月25日,这是值得江阴旅游界纪念的日子,这一天江阴全市创优动员大会召开,江阴市委书记袁静波、市长王伟成到会作重要讲话,明确把创建中国优秀旅游城市作为2000年全市工作任务。袁静波在动员大会上指出,把江阴建设成为发展环境优、综合接待能力强、服务水平高的中国优秀旅游城市,是加快推进江阴旅游业大发展的重要途径,也是江阴优化城市投资环境和扩大对外开放的一张金名片。他号召全体市民进一步统一思想、统一行动,狠下一条心,拧成一股劲,以只争朝夕的精神和决战决胜的姿态打好"创优"这场硬仗。

为确保"创优"工作层层有人抓,事事有人管,各责任部门密切配合,形成合力,成立了 20 多个职能部门和单位主要领导为成员的"创优"领导小组,下设办公室,开展一系列前期基础性的准备工作。

会后,迅速成立了创建领导小组。市直各单位、各重点企业也都成立了相应的"创优"工作领导机构,建立健全了全市"创优"工作领导体系,为创建工作的顺利开展提供了强有力的组织保障。

政府领导小组——组长:蒋少军副市长,软件组:李人之,硬件组:徐发鑫,宣传组:刘忠标,检查组:张新炯,接待组:耿晨新。

旅游局迎检小组——组长:李人之,资料组:任建军,硬件组:周洪坤,检查组:徐国清,迎检组:吴有成,文印组:陆正源,机动组:张华。

各旅游企业——由酒店、旅行社、景点的负责人及相关人员负责迎检创优。

江阴各界以百倍的热情、信心和努力,积极主动地投身到创优洪流中,营造了一个全民参与"创优"的浓厚氛围。

打好环境整治攻坚战

优美整洁的市容市貌,安定有序的旅游环境,是衡量一个优秀旅游城市的基本要求。江阴从市容、交通、治安三个环节入手,抓重点、攻难点,针对群众反映强烈的热点问题,全面开展环境大整治。

首先是整治市容环境。采取罚管并举、疏导结合的方法，对城市主要道路、繁华地段、车站渡口、城郊结合部的各类广告进行全面整治；组织全民性的卫生清理大行动，对必要的地方实施了绿化、美化包装。在各旅游景区建立了保洁队伍，确保景区景点环境清洁，并配合大规模的拆违活动。

其次是实行交通秩序大整顿。完成了通往景点景区的道路改造畅通工程。在实施"畅通工程"的同时，严厉打击旅游车辆的违法违规行为，及时清除危及客运安全的"病车"、"黑车"、"超载车"，切实为游客提供优良的乘车环境。

再次是整治治安秩序。开展打黑除恶、禁赌禁毒等活动，加强对歌舞厅、卡拉 OK 厅等旅游文化娱乐场所的管理。组织旅游、公安、物价等部门联合执法，依法打击欺行霸市、欺客宰客、胁迫消费、制假售假等扰乱旅游市场秩序的行为。此外，还组织各行各业志愿者队伍，开展各类社会文明实践活动。

建设完善旅游设施

全市 83 个创建责任单位中，有 62 个单位涉及硬件建设和完善任务。硬件建设成为创建工作中十分重要的内容。围绕"吃、住、行、游、购、娱"这旅游城市不可缺少的六大构成要素，创建组认真排查，对照标准，根据"创优"工作的轻重缓急，从与优秀旅游城市最密切的项目抓起，缺的补，不到位的进行完善，"创优"重点项目建设有了明确的时间表。

加强景区规划建设，全面完成旅游资源普查和科学规划，相继制定《江阴市旅游业发展总体规划》、《江阴长江大桥风景旅游区总体规划》及一大批重点景区的规划建设,形成较为完善的规划体系。修缮小石湾古炮台,提升鹅鼻嘴公园,充实大桥乐园游乐项目,联通东山、西山,改造君山公园,建设五百罗汉照壁。为丰富东线旅游项目,王伟成市长亲率相关部门,赴周庄鸡笼山、华士向阳村现场办公,研究如何与华西联动发展。

针对标准中要求创建城市有主要游客客源地的特色餐馆,而江阴当时基本没有这些餐馆。为此,创建组以适当补贴部分资金的办法,引导市区一些有意向的饭店,在原来基础上增添特色餐项目,分别在澄康路开设了韩式烧烤、图门烧烤,在滨江路开设了清真寺餐馆、在扬子大酒店开设了西餐馆,等等,较好地解决了硬件上的问题。

提高城市的旅游服务国际化水平。在机场、火车站、客运码头等处设立旅游咨询服务中心,为旅游者提供旅游信息;在城市主要道路、沿线公路(车站)等处设置标准的各类旅游符号信息(导游图)牌,各重点旅游景区完善了游客接待中心、设立了入口导游图道路指示牌;完善旅游通讯服务,各街区增设公用电话亭;提供优质的餐饮、住宿、购物和娱乐服务,改善各类宾馆、饭店的设施;加强对服务人员的培训,积极引导旅游饭店评星创绿,体现以人为本的国际化服务理念。

完成城区道路的亮化工程,与无锡高速游船公司合作,在长江配备游览船只。利用江阴长驳公司的游船,增加晚间游览配套设施,启动晚间水上游览项目。与武汉海外旅游公司合作,在长江增添集观光、游览、餐饮、休闲于一体的"江上世界",丰富了江阴水上旅游项目。

在鹅鼻嘴公园搭建演出舞台,落实外地演出表演节目。落实市音乐厅为旅游团队提供文艺表演的歌舞餐厅;协调相关部门在文明广场以及人口比较密集的居民社区,开展形式多样、内容丰富的晚间娱乐活动等。

专门成立"江阴一日游"旅行社,推出江阴一日游专线。将江阴市长江驳运公司的巴士改为观光巴士,汽车外观贴有醒目的"观光巴士"标志,在市区内沿主要景点和市区繁华地段运行,有规范的录音讲解,车内营运执照齐全,有方便的"游客须知"。

城区公共厕所对照旅游厕所标准完成升级改造,每只厕所均有残疾人厕位。厕所厕位间设隔板和门,有挂钩,有手纸,男厕设小便器,有残疾人专用厕位。厕所公共信息图形符号标识规范、清楚,无秽物,无异味。

精心准备软件资料

在硬件建设热火朝天的同时,软件资料方面的工作也紧张有序地进行。

一定程度上说,创建工作的成败,各种资料准备是否到位是至关重要的。软件组的成员深知这一道理,他们表示,创建工作不能在我们资料组失分。

他们在认真学习国家创优标准的基础上,先后十多次派员赴无锡、苏州等地考察学习创优经验。结合江阴的实际情况,根据《中国优秀旅游城市检查标准》25 个大项的要求,按数据化、标准化要求做好我市创建中国优秀旅游城市档案资料的整理:1. 做好创优档案软件的数据整理和管理;2. 做好创优检查档案资料的整理。

相对于其他组,资料组的成员埋头于枯燥的文字和数据之中,工作量很大。考虑到他们的实际情况,领导买了西洋参含片给他们补充能量。

整个创建资料工程量大,最后定稿文字总数达到700万字,印发创优简报54期,122篇文章。最后连检查组也大为惊叹,表示这是他们"看过的最好最完整的资料"。可以说,这700万字的资料为创建工作加分不少,资料组全体人员功不可没。后来常州市创建时,专门来江阴取经。

在其他软环境的营造上,也做了大量工作。

宣传组充分发挥新闻媒体的作用,全方位宣传"创优"工作的必要性、重要性和紧迫性,跟踪报道"创优"工作动态,表扬先进典型,介绍经验。期间,《江阴日报》开辟"创优"专栏,江阴电视台、江阴广播电台、《江阴广播电视报》设立旅游固定栏目,及时采播我市旅游业发展的情况和创建中国优秀旅游城市的典型经验和做法,并提供稿件目录、播出稿件和有关影像资料;邀请中央、省电台、电视台记者来澄采访旅游和创优方面的记者达50多人次。进一步加大宣传力度,形成了全市上下积极参与"创优"的浓厚氛围。

提高全民素质。市文明办主任蒋尧严把办公地点搬到了创建办公室,具体加强这方面的指导工作,深入推进全市素质提升、文化培育和凝聚力"三大工程",开展多种形式的文明礼仪、社会公德、职业道德和个人品德教育培训和文明创建活动,挖掘提炼江阴精神。加强对窗口单位文明素质培训,使旅游业涌现出一批文明单位、文明示范窗口、"青年文明号"集体以及精神文明建设先进个人、巾帼标兵,提高了全市旅游企事业单位文明素质和工作水平,为"创优"工作夯实了基础。

设立面向公众的旅游咨询电话和旅游投诉电话，并在电话号码簿和主要集散地对外公布。

按照要求，创建城市必须要有一套中英文对照的旅游地图和旅游丛书。市旅游局下属的园林旅游产业服务公司运用市场化手段短时间内完成了中英文对照的《江阴旅游观光图》、《江阴旅游便览》等基本资料。

万众一心迎接检查

全市上下一心努力工作，迎接大考。根据国家旅游局安排，国家对创建验收检查的时间为2000年11月初。"创优"工作进入倒计时。

为做到心中有数，创建组对照标准，对江阴的创建情况进行了一次全面的打分自查，得分为1 049分。

2000年6月12日至14日，江苏省旅游局组织人员到江阴对创建进行检查，提出了101个需要改进的地方。

2000年9月中旬，蒋少军、李人之等专程去北京，向国家旅游局汇报江阴创建工作情况。

在得知国家旅游局对创建验收检查的时间为2000年11月初的情况后，江阴市人民政府分别于10月12日、28日召开"江阴市创建中国优秀旅游城市迎检动员大会"和"再动员大会"，袁静波书记、王伟成市长亲自出席，要求全市人民齐心协力，集中精神，作最后的冲刺，确保创建工作万无一失。

2000年10月14日，创建小组全体人员集中到江阴市第二招待所，封闭式办公，更好地保证最后完成冲刺任务。

2000年10月19日，无锡市旅游局对江阴创建进行初检，在细节上加以指导。

2000年10月31日,国家创建中国优秀旅游城市检查组一行19人在国家旅游局纪检负责人陈友生的带领下正式抵达江阴,当天入住兴澄大饭店,成立了硬件检查组、软件检查组、随机调查组。验收方法为:现场检查硬件设施、查看软件资料、对游客随机抽样调查。

这一切的沟通,以及对检查组成员的住宿、餐饮的个性化服务,从一定程度上增加了他们对江阴的感情,为减少人为因素,公正地检查评分起到了一定的作用。

11月1日,检查组全体人员听取江阴市政府汇报创建情况。下午,检查组分头进行专项检查。

硬件检查组按照标准,对一些必须要有的硬件设施进行检查,具体检查了鹅鼻嘴公园、中山公园、徐霞客故居、开心乐园、华西村、部分酒店和一些公共场所。11月2日,检查组成员还参观了中国航天远洋测量船基地,观看了华西村艺术团的表演。

软件组在宾馆,对浩如烟海的软件资料进行认真的检查。

抽样调查组则分头到鹅鼻嘴公园、华西金塔等地针对游客进行问卷调查。

整个检查历时2天半。在这几天中,验收组看景点,游公园,逛市场,访宾馆,从景区、街道、公园、宾馆、车站的发展变化中,感受到江阴创建优秀城市以来实实在在的成效。

11月3日下午,检查组进行检查情况通报,在通报了检查相关内容后,对整个情况进行了总结,他们对江阴的创建工作作了高度评价:"认识到位,组织有力,措施具体,特点鲜明。起点高,行动快,成效大,检查组对江阴的创优成果总体上是满意的。"这意味着,经过一年多的努力,江阴的创建工作取得了明显的成果。

2000年11月30日,国家旅游局在北京召开中国优秀旅游城市表彰会议,市园林旅游管理局副局长李人之作为江阴代表出席大会,领回了"中国优秀旅游城市"的奖牌,受到了钱其琛副总理的接见并合影留念。

创建工作成效明显

"创优"工作开展以来,全市上下坚定目标,树立信心,狠抓落实,"创优"工作取得了明显的成效。

创优推动了政府主导型旅游发展战略的实施。通过创优,市委、市政府对全市旅游业发展定位更加明确,把旅游业作为全市实现跨越式发展目标的新的增长点和支柱产业加以培育。市委、市政府制定了统一的支持旅游产业发展的财政、税收、土地等配套政策,加大了财政对旅游业的投入,市财政建立了旅游专项资金制度。市人大、市政府制定了一系列有利于旅游发展的规范性文件。建立了以市委、市政府主要领导为组长的江阴市旅游发展领导小组,加大了对旅游工作的领导和协调力度。各级各部门对政府主导型的旅游发展战略有了高度统一的认识,千方百计为旅游产业发展服务,为旅游者服务的意识进一步增强。

提升了城市品位。创建中国优秀旅游城市是一项涵盖面很广的系统工程。通过创优活动的开展,城市建设和管理水平得到全面加强,城市生态环境和人居环境明显改善,城市品位显著提升。

拓展了旅游业的发展思路。通过"创优"活动,进一步明确了旅游产业的定位,坚持把旅游业作为第三产业的龙头和全市新的经济增长点进行培育,努力把旅游业发展成为支柱产业,为实现由旅游资源大市向旅游产业强市跨越夯实了旅游业发展基础。全面加强了旅游行业的软、硬件建设,进一步打牢旅游业发展的基础,促进旅游产业的优化升级。一是健全了旅游管理体制,主要景区都成立了管理机构,全市旅游系统形成了高效、规范的旅游工作网络。二是完善了旅游规划体系。结合资源实际和市场需求,充分发挥规划在发展中的"龙头"作用,全市的旅游规划得到重新修编,旅游重点项目和重点景区也都制定了发展规划。三是推动了旅游企业基础设施建设。旅游景区(点)、星级饭店、旅行社等硬件建设成效明显,旅游行业标准化建设进一步加强,全市旅游场所和旅游经营单位的公共信息图形符号设置已高标准完成,基础设施和服务设施得到了全面提升。

促进了旅游产业的快速发展。江阴市紧紧围绕激活旅游业发展,完善了餐饮、交通、住宿等配套设施,延伸了产业链条,全面提升了产业要素配置水平,提高了旅游业的综合效益。加快推进了干线公路和旅游环线等基础设施建设,开展了旅游商品的评选和旅游商品生产企业的定点工作,挖掘开发了一批具有我市特色的旅游商品。

增强了全市人民建设美好家园的凝聚力。江阴市按照"抓创建、促发展"的思路,进行精心组织、广泛动员,各级、各部门和有关单位密切配合,上下联动,团结协作,全市人民大力支持,积极参与,较好地激发了全民建设美好家园的热情,增强了人民群众发展旅游、美化家乡的自信心和自豪感。

中国优秀旅游城市是我国旅游行业含金量最高的一块奖牌,是国家对地方旅游产业、旅游环境和经济社会环境的最高评价。江阴通过全市上下同心努力,取得这块奖牌,也是江阴精神的最好诠释。

生态市创建的那些年

浦　强

　　在市环保局宣传法制科工作的我,亲历了创建生态市的全过程。这项工作面广量大,利在当前,功及千秋,我有责任让其存入史册,故为此文记之。

　　在国家环保部组织的对江阴生态市创建考核前,时任江苏省环保厅自然生态处处长周迁陪同我市领导到环保部进行工作汇报,称江阴的生态市创建"醒得早,起得迟,跑得快"。这三句话,应该是对江阴生态市创建最确切的评价了。

　　说"醒得早",是因为江阴在生态市创建上,很早就着手谋划。2000年6月,我市"国家环保模范城市"授牌后,江阴环保面临着下一步环保以什么为抓手、抓什么、实现什么目标的考虑。时任江阴市环保局局长周佩芳,在跟省环保厅及有关处室领导交流,以及外出考察、查阅报纸杂志,多方取得信息后,决定开展生态市创建。2000年下半年,江阴市环保局与江苏省环境工程咨询中心签订编制《江阴市生态市建设规划》合同,委托江苏省环境工程咨询中心和南京大学,共同为江阴市编制生态市建设规划,并且明确分两步走,第一步实现生态示范区建设目标,第二步建设生态市。2001年年底,我市生态市建设规划大纲通过了江苏省环保厅组织的专家评审。2002年年底,我市生态市建设规划文本,通过了江苏省环保厅组织的专家评审。这在当时是国内最早启动、提出生态市建设的少数几个城市、地区之一。

说"起得迟",是因为我市生态市建设规划虽然启动较早,生态市建设的主要工作也在紧锣密鼓中组织实施,但是大张旗鼓提出创建生态市的口号,围绕生态市建设目标开展各项工作,与张家港、常熟等市相比,是比较晚的。2003 年 9 月,国家环保总局在苏州召开生态市建设工作会议。时至 2004 年,我市才召开生态市创建动员大会;市人大才审议通过生态市建设规划。而当时,国内生态市创建已经升温,张家港、常熟等地创建国家生态市已经造成一定声势和影响。因此,相对而言,我市生态市的创建工作,起步是比较晚的。

说"跑得快",是因为我们江阴知耻后勇,奋起直追,终于和张家港、常熟、昆山一起坐上了第一批国家生态市考核验收的班车,成为全国第一批国家生态市。这样说的依据是,到 2004 年年底,我市还没有一个国家环境优美乡镇,但是张家港、昆山等市都已经有一批镇获得了国家环境优美乡镇的命名,而生态市建设要求 80% 的乡镇要获得国家环境优美乡镇称号。我市当时除澄江镇之外,还有 15 个镇,因此必须要有 12 个以上的镇获得国家环境优美镇命名。在一年多时间内,我市 15 个镇全部通过了省级环境优美乡镇考核命名,12 个镇在生态市考核验收前获得了国家环保部的命名。

经最后一年多时间的冲刺,于 2005 年 9 月 9 日,通过了江苏省环保厅组织的国家生态市省级技术审核;9 月 28 日到 30 日,通过了由省发改委、省经贸委、省建设厅、省卫生厅和省环保厅等部门组成的国家生态市省级调研组的调研;2006 年 4 月 18 日至 21 日,通过了国家环保部组织的技术审查和现场考察;5 月 10 日,在常熟向国家环保部考核验收组作汇报;5 月 12 日至 13 日,国家环保部考核验收组对我市进行现场考核验收,我市一举通过;6 月 5 日,国务院对全国首批生态市授牌,王锡南市长带领各镇镇长,参加在北京人民大会堂召开的"中国生态安全高层论坛"会议。会上,王市长代表我市从国务院领导手里领到了沉甸甸的生态市牌子。我随同代表团到了北京,但因名额限制,没能进入会场,成了终生遗憾。6 月下旬,时任江苏省委书记李源潮来江阴视察生态市创建工作,赞扬我市以成功创建"国家生态市"的实践,走出了一条保护、恢复、建设生态的新路子。9 月 2 日,我市荣获全国首批生态市总结表彰暨创建国家园林城市工作会议隆重召开,对创建全国首批生态市的先进集体和先进个人进行了表彰。

回顾其创建的全过程,以下一些做法是值得历史留下点记忆的。

一、把环保综合决策作为
生态市建设的切入点

我们在制定规划,广泛宣传发动,明确各级目标和职责的基础上,市政府先后出台了《江阴市创建全国生态市实施意见》和《江阴市生态建设三年行动计划》等文件,并加强政策扶持,出台了《关于加快全市污水处理的意见》、《关于加快建设环境优美乡镇和生态村的实施意见》和《关于对农村环境卫生长效管理的考核意见》等一系列政策性文件,实施经济补贴,着力营造有利于生态市建设的政策环境。其中:对新建的万吨以上污水处理厂按照 300 万元/个的标准进行补贴;对新建的污水管网和生活污水处理,分别按照削减的排污口、生活污水接入量进行适当补贴;对建成省级以上环境优美乡镇的,一次性补贴40万元;对建成省级以上生态村的,一次性补贴10万元;对现有电厂实施脱硫除尘的,给予经济补助;对每年评出的农村环境卫生长效管理先进镇、村实行以奖代补,充分调动了基层单位参与生态市建设的积极性。与此同时,创新运作机制。按照市场运作的要求,在污水处理、垃圾焚烧、工业污泥处理等环境基础设施建设中,充分引入市场机制,鼓励民间资本、外来资本进入环保市场。如我市的污水处理厂大都采用了BOO形式,正在筹建的垃圾焚烧发电厂则采用了BOT方式进行运作。同时,按照"谁污染、谁治理"的原则,建立环境价格体系,促进生态环境与经济社会的协调发展。

通过政府引导、市场运作,探索实践出了一条多元化投入的路子。据初步统计,从2003年以来,我市在生态市建设方面的投入达35亿元,其中市、镇两级政府投入20亿元,为生态市建设提供了强有力的资金保障。

有了政策若不落到实处,必将是一纸空文,为此强化了考核奖惩。我们严格执行了"三个一"制度:一是"第一审批权"。进一步健全完善了专家和市民广泛参与的环境与发展综合决策机制,严格执行环境影响评价制度,重大事项不经科学论证和环境影响不决策,有效提高了环境决策水平。二是"一把手负责制"。为切实加强对创建工作的领导,成立了由市长任组长,分管副市长任副组长,各相关部门主要负责人为成员的生态市创建工作领导小组,统一组织、指挥、协调全市的创建工作;各级也成立了一把手负总责的创建领导小组,具体组织实施创建各项工作,为生态市创建工作提供了强有力的组织保障。同时,按照"块包条管"的原则,把地方各级政府对本辖区生态环境质量负责、各部门对本系统生态环境保护负责的责任制落到实处,建立健全了"政府领导、环保监管、部门负责、公众参与"的创建工作机制,做到"责任全覆盖、创建无死角"。三是"一票否决权"。为加大对生态市建设的考核力度,2004年我市对乡镇的年度综合百分考核进行了调整,环保专项分由原来的2分提高到4分,把环境保护和生态建设工作与各镇领导的政绩考核、镇机关工作人员的年度奖金挂钩,并在考核中实行"一票否决",有力地促进了创建工作的全面开展。

优化人居环境作为生态市建设的落脚点。国家生态市和国家环保模范城市的最大区别在于,前者重在工业污染防治和环境基础设施,后者则重在改善环境质量。为此,全市重点实施了"五大工程":

(一)清水工程。近年来,我市采取综合措施,组织强攻突破,持之以恒地抓好水环境整治。一是截污水。从2003年起,我市始终把加快建设乡镇污水处理厂作为一项实事工程来抓,确保工业集中区内新建项目的污水全部实行集中处理,并逐步把老工业小区的污水和镇区的生活污水接入污水厂进行集中处理,实现"污水归道走、清水遍地流"。同时,市环保局还专门制订了工业排污口削减三年行动计划,并逐个落实到各镇、各企业。要求全市建成27个万吨级综合污水处理厂,日处理总能力为33万吨;总投资4.34亿元,其中市政府补贴1.1亿元;铺设污水管网252千米,削减排污口216个。到2005年年底,各镇污水处理厂基本建成,污水收集管道也基本同步建成。二是调活水。2000年以来,我市充分利用紧靠长江的资源优势,投入1.5亿元相继建成了黄山港调水工程和澄东调水工程,利用长江潮位差的变化和换水泵站的抽引,调入长江水,调活内河水,使全市主要河道的水质得到了有效改善。三是治"死"水。我市在调进长江水、增加内河水容量的同时,重点对张家港河流域进行综合整治,先后投入整治资金2.1亿元,使张家港河水环境质量恶化的趋势得到了有效的遏制。在此基础上,不断扩大延伸水环境整治范围,重点对新桥镇的蔡港河、周庄镇的二号河和芦墩浜、长泾镇的汤村港,进行全面清淤整治,同时,加大河道清淤疏浚力度,3年来共投入资金近4亿元,清淤土500多万立方米,有效地提高了河水的自净能力。

(二)蓝天工程。一是电厂脱硫除尘。2007年,全市所有电厂都安装了静电除尘和高效脱硫装置,减少了全市二氧化硫和烟尘的排放总量。二是实行热电联供。为合理利用热电资源,我市制订出台了《江阴市供热规划》,并根据规划要求,按照"管道建到哪,锅炉停到哪"的要求,实行热电联供,淘汰燃煤锅炉。据统计,全市已停用燃煤锅炉480多台,集中供热用户达2150个,有效地减少了大气污染。同时,结合"西气东输"工程的实施,大力推广使用天然气。目前全市已有一大批企业、饭店和2万多户居民使用天然气,日用气量近35万立方米。三是加强尾气治理。深入开展汽车尾气年检、道路抽检,不达标车辆禁止上路,并强制安装尾气净化装置。积极推行城区"禁摩"工作。从2002年8月1日起,市区划定和限制机动车行驶区域,对城区市民不再发放摩托车牌照,并严格执行车辆强制报废制度,逐步减轻机动车尾气污染。

(三)家园工程。一是清洁农村"家河"。2003年年底,我市针对农村"家河"淤积严重、水质恶化的状况,决定在全市开展清洁"家河"活动,并把该项工作作为农村五件实事之一,切实加大整治力度。市镇两级财政共投入整治资金1亿多元,清洁农村"家河"12 000多条,使农村"家河"的水环境质量得到了根本性好转。二是实现"两个全面"。我市深入开展了以"两个全面"为重点的农村环境卫生综合整治活动,即在全市每个自然村集中建设2—3只大三格式化粪池,全面取缔农村露天粪缸;每20户左右设置一只生活垃圾箱,对农村生活垃圾全面实行集中处理。仅花了7个月的时间,"两个全面"的整治工作都落实到位,全市共取缔露天粪缸12.8万只,新建大三格式化粪池7 156座,新建垃圾箱1.15万只。在此基础上,积极探索农村环境卫生长效管理机制,建立了"市督、镇管、村实施"的三级联动机制,"市奖、镇补、村承担"的三级经费保障机制和"市考核、镇督查、村经办"的人员队伍机制,逐步把农村环境卫生管理工作纳入了规范化、制度化的轨道。三是实施农村改水。为了让全市人民都喝上长江自来水,我市加大投入力度,相继建成了总投资5亿多元的苏南区域水厂一、二期工程,使我市的日供水能力达到70万吨。同时,按照"政府导向、多元投入"的原则,积极筹措资金,加快管网建设,实现了村村通自来水的目标,村、镇饮用水卫生合格率达100%。

(四)绿色工程。根据建设"绿色江阴"的要求,在城区先后规划实施了"1211"、"13388"、"11586"等绿化工程,相继建成了大桥公园、朝阳公园、兴国公园、中山公园、黄山湖公园、五星公园以及锡澄高速、沿江高速等"八路"绿化工程,接着又建设了澄南大道、梅园路等"新八路"绿化工程和永安绿苑、望江公园。各镇也相继建成了一批集镇公园、公共绿地、道路绿化工程,并结合农业结构调整,建成了新桥万亩生态经济林以及向阳农业示范园等一批农业生态园区。

(五)宁静工程。在拓建城区道路、提高道路标准的同时,加强城区交通干道的噪声管理,在城区主要交通干线设立了禁鸣标志,禁止低档劣质车辆进城,对违章车辆予以严肃查处,有效地控制了噪声污染。对城区所有建筑工地实行封闭式施工,并禁止夜间违章施工,最大限度地降低噪声污染。对新办饮食、娱乐、加工生产行业,严格实行环保前置审核,对已办企业确有扰民现象的进行重点整治,严格执法监督,并收到了明显成效。

二、把发展循环经济作为 生态市建设的突破点

(一)以建设和培育"现代农业、现代农村、现代农民"为目标,切实加强农村生态环境保护。

一是发展生态型农业,控制面源污染。乘创建生态农业市的东风,全面推行农业标准化生产,大力发展无公害、绿色食品和有机食品,加快农业产业结构、品质结构和产品结构调整。经几年的努力,全市建成无公害生产基地 19 个,有 41 个农产品通过无公害、绿色认证,主要农产品中有机及绿色农产品比重达到 22.37%。同时,积极引进先进适用技术,控制农业面源污染,化肥施用强度已减至每公顷 249.86 公斤,农用塑料薄膜回收率、秸秆综合利用率分别达 92.37% 和 100%。我们还加强对规模化畜禽养殖污染的防治,全市规模化畜禽粪便综合利用率达 93.6%,其中云亭、祝塘、徐霞客 3 个镇还建立了以沼气工程为纽带,种植业、养殖业、能源建设、环境保护相结合的良性循环生态系统,并取得了较好的效果。2004 年 12 月,我市顺利通过了国家生态农业示范县的考核验收,为全国生态市的创建提

供了驶上快车道的条件。

二是加快"三集中"步伐,建设现代农村。按照"农村城镇化、城乡一体化"的要求,各镇以"三集中"(人口向镇区集中、工业向园区集中、农田向规模经营集中)为工作目标,合理布局产业,完善基础设施,美化城镇环境,并在全市涌现了新桥镇、申港镇、石庄办事处等"三集中"典型,其中新桥镇"三集中"建设被列为全国小城镇的试点,以点带面推动了全市的"三集中"建设,既增强了城镇的辐射集聚效应,又提高了人民生活质量。从 2005 年起,各镇在加快推进"三集中"建设的基础上,深入开展了以保洁、拆违、治乱、整新、增亮、添绿为重点内容的乡镇"五容五貌"整治,全面推进环境优美乡镇建设。2005 年年底前,全市除澄江镇外的 15 个镇,全部通过创建全国环境优美乡镇的省级调研。是年 10 月 9 日,申港、新桥等 12 个镇通过了国家环保总局的考核验收。

三是开展系列化创建,培育现代农民。坚持以"环境优美乡镇"、"卫生镇"、"环境与经济协调示范镇"、"卫生村"、"生态村"等系列创建活动为载体,深入开展群众性精神文明活动,加强教育引导,提高农民素质;破除陈规陋习,倡导现代文明。同时,健全完善生态建设等监督制度,鼓励和引导群众参与生态市建设,使农民群众在参与中养成良好习惯,实现传统到现代、农民到市民意识的提升,使参与环保、保护生态成为广大群众的自觉行动。

(二)以坚定和落实"科学发展、创新发展、率先发展"为目标,切实转变经济增长方式。

一是大力发展循环经济。按照资源高效利用、废物循环利用的要求,大力开展循环经济试点,着力培育循环经济典型,以点带面推动全市循环经济的发展。在企业层面上,积极推进企业清洁生产、ISO 14000环境管理体系认证和循环经济试点工作。至2005年为止,全市有41家企业通过了ISO 14000认证,有67家企业实行了清洁生产审计,兴澄特钢等20家企业被列为发展循环经济示范点。在区域层面上,开展生态工业示范园区建设,实行绿色招商,发展静脉产业,实施"补链"工程,构筑面向共生的循环经济链。如江阴市泰山石膏建材有限公司,就是通过绿色招商引进的项目,并利用热电厂脱硫后的石膏,生产石膏板材,使石膏得到最大限度的利用、增值。同时,提倡发展废纸造纸、粉磨水泥等综合利用行业,对各类废弃物实行综合回收利用。据初步统计,2004年全市综合利用粉煤灰27万吨、煤泥92万吨、煤渣66万吨、钢渣2万吨,实现了经济效益和环境效益的双赢。

二是调整优化产业结构。根据产业发展政策,大力推进战略性结构调整,积极发展科技含量高、经济效益好、资源消耗低、环境污染少的生态工业,促使全市工业企业中轻污染、无污染企业占90%以上。同时,与市科技局一起,采用高新技术和先进适用技术改造传统产业,加大对高能耗、重污染行业和企业的改造力度,加快淘汰污染严重的生产项目,从根本上削减污染物的排放总量。据统计,2002年至2004年,我市共关停和取缔了25个污染严重、难以治理的企业和项目,对267家污染企业实施了限期治理。2005年以来,我市又关停了30家污染企业,对104家污染企业实施了限期治理,其中印染、化工等企业均按照国家一级排放标准进行治理,并确保限期全面整治到位。

三是制定完善产业政策。2003年年初,我市制定出台了

《关于加强环境保护工作的意见》，文件规定：从2003年起，投资5 000万元以下的印染等15类建设项目一律不予批准。2004年以来，面对土地控紧、银根收紧、审批从紧、能源趋紧的严峻形势，我市按照"既要招商引资、更要招商选资"的发展思路，及时研究出台了产业发展导向意见，明确了鼓励、限制和禁止三大类产业、产品和技术指导目录，并作为全市招商选资和企业技改项目的审批依据。在此基础上，我市又进一步提高环保准入门槛，禁止新建投资在5 000万元以下的化工等16类项目，禁止扩建含氰电镀工艺等5类项目，着力提高全市的产业层次。

四是加强建设项目审批。对新扩改建项目，严格执行建设项目环境影响评价和"三同时"制度，坚决做到"五个不批"，即不符合我市产业指导目录的项目不批，不符合我市准入门槛条件的项目不批，不具备污染处理能力的项目不批，污染负荷严重超过当地环境容量的项目不批，不进入工业集中区的项目不批。3年来，我市共预审建设项目近万个，对360个污染严重、选址不当或违反产业政策的项目予以了否决，有效地控制了新污染源的产生。

（三）以改善和提升"城市功能、城市品位、城市形象"为目标，大力发展现代服务业。

一是优化产业布局。按照城市总体规划的要求，在市政府的统一操作下，通过实施工业企业改制及"退二进三"发展战略，先后将位于老城区的标准件厂、化工一厂、纺器厂、毛巾厂、大华织染有限公司、红星染织厂等一批老牌重点污染企业或车间搬出了城区，并就地发展服务业、建设住宅小区或公共绿地。

二是发展生态旅游。协同市园林旅游局，加强旅游资源的合理开发与有效保护,依托江阴的自然景观优势和人文景观特色,加快生态旅游的规划建设,并建成了徐霞客故里旅游区、中国农业旅游示范区、滨江要塞旅游度假区、江苏学政文化旅游区、中国工业旅游示范区五大旅游基地。

三是倡导绿色消费。在市教育局等多个部门的配合下,我们积极培育绿色消费观,引导和规范消费行为,广泛开展绿色社区、绿色企业、绿色学校、绿色宾馆、绿色家庭等系列创建活动,着力构建节约型社会。至2006年年初,徐霞客中学等5所学校通过了江苏省"绿色学校"的验收,长泾中心小学等18所学校通过了无锡市"绿色学校"的验收,江阴市实验小学等29所学校通过了江阴市"绿色学校"的验收,第三实验小学正在申报全国"绿色学校";江正明家庭被评为江苏省"绿色家庭";花园社区等3个社区建成了无锡市"绿色社区",大桥社区等3个社区正在申报省级"绿色社区";新扬子大酒店等正在积极创建"绿色宾馆"。

三、把维护生态平衡作为
生态市建设的支撑点

坚持开发保护并重,合理利用资源,保护自然资源,维护生态平衡,增强可持续发展的环境承载能力。

(一) 禁止开山采石。2001年以来,市政府先后制定、颁布了《关于全面禁止开山采石的决定》和《关于切实加强生态环境保护,全面禁止开山采石的实施意见》,明确提出了至2004年6月8日关闭全市所有矿山企业的目标。通过严格依法监管、强化目标考核,至2004年6月8日,全市92家矿山企业已全部关闭。在此基础上,加快实施石宕复垦复绿工程,复垦矿山废弃地达2 577亩,有效保护了山体资源。

(二)全面禁水封井。从2000年起,我市全面开展禁水封井行动。到2005年9月2日,全市465眼深水井已全部封闭,在全省率先实现了地下水禁采。通过全面禁水封井,我市地下水位平均回升10多米,其中新桥、云亭地下水位分别回升了32.5米和30.9米,有效控制了地面沉降和裂缝等地质灾害的发生。

(三)整治砖瓦窑业。先后颁布、制定了《关于治理整顿砖瓦窑业的决定》和《管理治理整顿砖瓦窑业的实施意见》,明确提出了分期分批关闭砖瓦窑业,确保至2006年年底城市规划用地范围内的砖瓦窑业全部关闭,其余地区一镇最多保留一窑。至8月底,全市已关闭砖瓦企业8家,并同步实施土地复垦,新增农地面积450亩,在减少烟尘排放、改善大气环境质量的同时,保护了土地资源,加强了生态保护。

(四)集约利用土地。会同市土管局,依法加强对土地的集中统一管理,合理利用土地资源,严格执行"开发区每亩地的投入不能低于250万元、镇不能低于200万元"的规定,对工业集中区投资额在1 000万元以下的项目和开发区投资额在2 000万元以下的项目,一律安排进标准厂房,走集约发展道路。

(五)保护自然生态。切实加强对自然保护区、风景名胜区、森林公园和湿地的保护,在巩固提高要塞森林公园和定山风景名胜区两大生态功能保护区建设成果的基础上,新建了长江河流湿地保护区、马镇河流湿地保护区和低山生态公益林保护区三大生态功能保护区,全市受保护地区面积占国土面积的15.65%。同时,加强规划控制,严格执法检查,促进了自然生态的有效保护。

四、把规范企业行为作为
生态市建设的着力点

坚持标本兼治的原则,严格依法行政,加强监督管理,规范企业行为,切实提高可持续发展的调控能力。

(一)实施信息公开,改善环境行为。2002年,我市制订出台了《关于在我市工业企业中实施环境行为信息公开化制度的意见》,对绿色、蓝色、黄色、红色、黑色企业的评定标准作了具体明确。从2002年实施以来,参评企业已由首期的100家增加到300家。通过实施信息公开,参评企业,特别是红色、黑色企业受到了银行贷款制约、社会公众和舆论监督的压力,从而强化了污染控制和治理措施,企业环境行为明显好转。

(二)依靠科技进步,实施远程监控。根据污染治理设施运转管理"三化"的要求,结合我市水污染源排放特点,在市科技局的支持下,我市率先建成了污染源实时监控网络图文信息系统。在此基础上,我市切实加大行政推动力度,不断扩大远距离监控的覆盖面,以提高其监管成效。至2005年年底为止,全市已有72家重点水污染企业安装了远距离监控系统,有39家企业安装了COD在线监测仪。

(三)创新体制机制,完善管理网络。为加快推进我市环境法制建设,促进"依法治市"工作的深入开展,在市公安局的紧密协助下,2003年年初我市成立了7个环境保护分局,加强基层执法和管理,使环保工作"重心下移",更加贴近乡镇、贴近企业、贴近群众。今年又成立了16个乡镇环境保护管理所,统一名称,统一职能,规范乡镇环保机构建设,强化乡镇环保管理职能,并分别配备 3～5 名工作人员,落实相关办公设施和管理经费,从而在全市形成了统一协调、权责明晰、分工负责、三级管理的环保工作体系。

　　(四) 强化监督检查,严查违法行为。在加强环境法制建设的同时,严格依法行政,对超标排污以及有其他环境违法行为的企业,采取"限期整改、经济处罚、新闻曝光、停产整顿、关停企业"等综合措施,依法严肃处理。对屡教不改的企业,坚决做到查事与查人相结合,追究企业法人代表的责任,不徇私情。据统计,3 年来我市共组织各类检查 3 万多厂次,其中夜间、节假日和凌晨检查 6 000 多厂次,对 471 起环保违法案件实施了行政处罚,有效遏制了环境违法行为的发生。

后　记

　　2008年春，江阴市政协及其学习文史委员会，在市级机关和各驻澄单位广泛开展了建国后"三亲"史料的征集工作。由于领导重视，组织有力，发动到位，市级机关各部门、各驻澄单位的干部职工热情高涨，广泛参与，踊跃来稿。经过几轮筛选，结集了党政群团、农林水利、工交城建、商贸财经、教科文卫、社会综合等6卷。为了保证质量，我们组织力量对这些来稿逐篇审阅，认真修改。对部分文稿还派专人上门核实，进一步采访，充实提高。与此同时，通过查漏补缺，补充征集了一批重点史料。在此基础上，我们组成了专门的编审班子，分组对以上6卷进行审核，最后还组织了一轮交叉审稿和全面统稿，较好地保证和提升了史料质量。

　　在史料征编过程中，我们得到了市级机关各部门、各驻澄单位领导的大力支持，特别是许多具体负责史料征编工作的老领导、老同志，他们情况熟悉，阅历宽广，经验丰富，协调有方，本着对历史负责、对社会负责、对事业负责的精神，克服年事已高、精力不济等方面的困难，不避寒暑，不骛名利，不厌其烦，不辞辛劳，以崇高的使命感和强烈的责任感，满腔热情地投入到建国后"三亲"史料的征编工作中去。全体审稿统稿人员也都不顾年龄大、时间紧，以高度负责的态度，坚持原则，认真踏实，严谨细致，一丝不苟，精雕细琢，精益求精。为了做到图文并茂,我们向全体作者广泛征集历史老照片。一批较早从事摄影、老照片保存较多的老摄影工作者和摄影记者也积极支持,认真整理,提供了许多难得一见、非常珍贵的老照片。特别是图片编辑张曾楷先生,为市级机关各分卷的彩页和插图照片的收集整理、文字编辑付出了很多心血。在此,我们一并表示衷心的感谢!

需要说明的是,一批文字质量较高、内容生动翔实的文稿,因不符合建国后"三亲"史料的特点、要求而未能收录,只能作为存稿提供今后的《江阴文史资料》刊用,在此特表歉意。此外,由于《丛书》内容所涉时间跨度大,而编审时间相对紧迫,书中错讹疏漏之处在所难免,敬请读者谅解并不吝指正。

《江阴市建国后"三亲"史料丛书》编委会

2011 年 12 月